中国知名企业家和学者联袂推荐

“在过去的合作中，东方老师在战略选择方面展现了深厚的功力，在战略实践方面有广泛的积累和深入体察，不仅在学术上严谨和精准，而且贴近现实、易于执行。书中的方法论是多年运作实践的提炼，是企业高管的实战指南。”

——三友集团董事长：宋朝阳

“传统竞争战略手段导致了价格战、功能战、广告战、促销战、服务战、品类战，没有消灭竞争对手却导致行业利润急剧下降。行业如水企业如鱼，没有利润的行业就等于没有水的鱼塘，没有水鱼不能活，没有利润企业难以存活。本书作者倡导的发展战略，希望能够给残酷环境下的企业家指点迷津，能够让企业家学会跳出企业看企业，跳出行业看行业，跳出自己看自己，站在圈外看圈内。发展战略希望通过创新，资源与能力集中在客户身上，不断地通过创新而引导顾客领先竞争者。虽然永远被追赶但是从未被超越，把老子的思想变成自己的行动：夫唯不争，则天下莫能与之争。”

——清华大学教授、博士生导师：吴维库

“在锐捷网络，每一年的战略规划季，如果有同事不知道如何开展这项工作，或者希望把规划做得更好，我都会向他们推荐唐东方老师的《战略选择》这本书，我认为这是这么多年来我所看过的，在帮助企业理清规划重点、做出正确选择方面，最为简练实用的一本好书。这一次看到唐老师的第二版出版，又增加许多新颖的案例，对企业经营者、各级战略制定者和执行者，借鉴的意义更大了。”

——锐捷网络总裁：刘中东

“很高兴读了唐东方先生的《战略选择》一书，作者突破了管理学院战略管理教科书的传统框架，从一个全新的角度阐释了公司层战略、业务层战略和职能层战略，每章内容有丰富的案例资料，使得该书具有很强的可读性和现实指导性。”

——山东大学教授、博士生导师：陈志军

“伟大的作品来自实践的思考，中国需要扎根本土研究的管理理论，而不是一味地照抄国外理论与作品。非常感谢唐东方老师长期专注中国企业战略的研究，为中国企业解决实际问题提供方法与思路，其“发展战略四部曲”，分别从战略分析、战略制定、战略决策、战略分解和战略实施系统阐述了企业发展解决之道，对中国企业来说极具实际价值！”

——爱施德董事长：黄文辉

“一本好的《战略管理》教材要在理念、理论和方法上讲清、讲明战略在组织发展中的重要作用，更要突出组织发展战略制定者自我思想、价值、能力、水平在战略管理中的特殊地位。唐东方研究员的《战略选择》努力做到这些，是企业界的朋友们值得一读的书籍。”

——武汉大学教授、博士生导师：谭力文

“本书所阐述的发展战略框架非常系统、简单易用，是一种非常好的战略思考框架，非常利于解决企业的发展问题。喜欢唐东方老师的“发展战略四部曲”，是企业战略难得的经典作品，值得每位企业管理者学习与参考。”

——佳士科技董事长：徐爱平

“从常规管理到战略管理，中国企业须走出行为短期化的困境。就此，非常值得努力和期待！唐东方《战略》系列兼顾理论与实务，致力于此的努力颇为不易。”

——华南理工大学教授、博士生导师：黄培伦

“如果企业深受价格战、广告战、促销战的困扰，深受低利润、无利润、负利润的折磨，应该认真读读唐东方老师的《战略选择》，书中所阐述的发展战略理论体系，将会引领你寻找到解决这些问题的办法。”

——玖道科技董事长：李永安

“《战略选择》一书辅以案例系统阐释了企业战略选择的基本理论与方法，对全面认识企业战略、正确制定与选择战略具有重要的参考价值，是企业各级管理者，从事战略管理教学的高校教师、企业内训教师，以及工商管理专业大学生必读书籍。”

——吉林大学教授、博士生导师：张秀娥

“复杂多变激烈的市场竞争中，企业的董事长们时刻都在思考着类似相同的问题：‘怎么样让我统领的企业走得更好、更快，怎么样才能找到一条适合自己企业的跑道’。唐东方老师的《战略选择》帮助中国的企业经营者了解什么是企业战略，对制定企业战略有非常大的帮助，对企业经营者研究、选择、制定战略，拓宽思路无疑是一本难得的好书。”

——久联化工董事长：廖长风

“唐东方老师的《战略选择》是每位企业管理者都应看的好书，我们以前学习的竞争战略只是战略的一部分，就像瞎子一样只是摸到大象的一部分，而没有认清大象的全貌，而唐老师的这本书使我们系统地了解了竞争战略、合作战略、选择战略、组合战略、时间战略等，学会更加全面、系统地看待问题，让我们看到了战略的全貌。”

——安兴纸业集团总裁：姚锦东

东方战略实战管理丛书

主编：唐东方

战略选择

框架·方法·案例

STRATEGIC SELECT

FRAME & METHODS & CASES

唐东方◎著

中国经济出版社
CHINA ECONOMIC PUBLISHING HOUSE
北京

图书在版编目（CIP）数据

战略选择：框架·方法·案例 / 唐东方著．—2 版．

北京：中国经济出版社，2015.2

（东方战略实战管理丛书）

ISBN 978-7-5136-3347-5

Ⅰ.①战… Ⅱ.①唐… Ⅲ.①企业战略 Ⅳ.①F272

中国版本图书馆 CIP 数据核字（2014）第 154535 号

责任编辑　李煜萍　王译翎

责任审读　贺　静

责任印制　马小宾

出版发行　中国经济出版社

印 刷 者　北京力信诚印刷有限公司

经 销 者　各地新华书店

开　　本　710mm×1000mm　1/16

印　　张　23.5

字　　数　360 千字

版　　次　2015 年 2 月第 2 版

印　　次　2015 年 2 月第 1 次

定　　价　59.00 元

广告经营许可证　京西工商广字第 8179 号

中国经济出版社 **网址** www.economyph.com **社址** 北京市西城区百万庄北街 3 号 **邮编** 100037

本版图书如存在印装质量问题，请与本社发行中心联系调换（联系电话：010－68330607）

总　序

打造智慧型企业

现代社会正面临着前所未有的危机，这个危机不是大家正在谈的经济危机，而是比经济危机更可怕的危机——智慧危机，现代人的智慧，都在面临逐步衰退的困境。

我们先来看看智慧衰退的现象吧：

大家都希望接受轻而易举就能完成的任务，而不愿接受需要充分发挥智慧才能完成的挑战性任务；大家都希望领导直接告诉自己怎么去做，而不是在目标指引下，自己认真思考该如何去做；大家都希望从网络上直接找到答案，而不愿通过自己思考去寻找创造性的方案；大家只习惯于被动接受媒体对自己灌输的大量信息，而不愿主动阅读能提升自己智慧的书籍和论文；大家习惯于拿别人的观点来直接运用，而自己丧失独立的想法和判断；大家都不愿沉下心来系统地读书、学习和思考，而是泡在互联网上无聊地翻看各种资讯、信息和八卦新闻……

总之，大家已经不用脑了，也不想用脑了，智慧正在急剧下降。这是一种非常可怕的现象，个人智慧下降导致个人失去竞争力，企业智慧下降导致企业走向衰败。

与智慧下降相反，现代企业的发展，更需要智慧。它不仅需要企业家的个人智慧，更需要整个企业团队的智慧。我还是以高铁的例子来说明吧：

大家知道为什么高铁能跑得这么快吗？这是因为高铁对传统列车的系统做了根本性的改革。传统的列车，用俗话来说，"火车跑得快，全凭车头带"。但是现代高铁就不再用火车头来牵引列车，而是使用动车组，几乎每个车厢都有电动机，几乎所有车轮都一同运转，不仅团结合作力量大，而且变速也灵活了，这样才能提高速度。传统的列车开动，首先要火车头的车轮转起来，然后拖动列车。可是我们不要搞错了，火车头独自的重量，毕竟比不过整列火车，是不能一口气直接带动整列火车的。实际上火车开动时，火车头要首先牵动第一节车厢，有了第一节车厢一同动起来，增大了火车头运动的能量，才能牵动第二节车厢……整列火车才能开动起来。这样一节一节地牵动起来，是需要相当长的过程和时间的。变速也一样，普通火车要跑这么快，就相当不容易了。再看看高铁，动车组有牵引电机的绝不只是火车头，几乎每个车厢都有电动机，几乎每个车轮都有动力旋转。这样一来，动车组前进，所有车轮一起运转，团结力量大，列车相对就变轻了，列车就跑得快了。总之，高铁原理，就是使用动车组，让所有车轮一同运转，不仅团结力量大，而且动作一致，列车开动和变速都变灵活了。这样一来，高铁的速度就大大加快了。

如今已不再是过去的企业家时代了，仅仅依靠企业家的个人智慧，已经带动不了整个企业的发展了。现代企业发展的原理类似于高铁，需要每一个团队成员都装上电动机，都插上智慧的翅膀，整体协同，才能快速地跑起来。企业的发展不仅需要企业家的个人智慧，更需要企业团队的智慧。因此，无论是企业家，还是企业管理者，或是普通员工，都不能做智慧衰退的个体，都需要更多系统的、深入的学习，提升个人智慧，提升团队智慧，最终打造智慧型企业，推动企业高速前进。

东方战略咨询机构的使命是“聚集顶级人才，提升企业价值”。东方战略顾问们在长期的管理咨询实践中，为许多企业解决了管理问题，助其实现了良好的业绩和快速的发展。但是，迫于团队的时间和精力有限，所能服务的企业数量相当有限，因此东方战略也想借助管理培训和书籍等接触面更广的方式，来帮助更多企业，帮助其提升个人智慧，提升企业团队智慧，打造智慧型企业，最终为企业提升价值和创造价值。现在我们每年都举行许多专题性的管理培训，通过老师现场传递管理思想、方法与技能，帮助企业提升个人智慧和团队智慧，受到了热烈的好评。很多企业对培训表现出很大的热情，部分企业的核心骨干集体参加了我们的培训。这些企业提升智慧的行动，使我们深受鼓舞，同时也坚定了我们进一步努力的决心。但仅靠管理培训还是远远不够的，因此，东方战略也投入很多精力到书籍的撰写中，通过书籍总结我们在咨询实践中的思想、理念、方法与技巧，来帮助更多企业提升智慧。

撰写能提升企业智慧的书籍是一件非常有意义的工作，它是一份精彩并让我感到兴奋的工作。当然，这对我们整个团队来说又是一次磨炼。我期望将西方先进管理理念、中国优秀传统文化与我们的咨询实践相结合，把我们多年积累的心得和体会，精心提炼的思想、方法和技巧介绍给大家，帮助管理者更好地去运用，帮助企业更好地去实践，从而提升企业智慧，打造智慧型企业，最终完成我们“聚集顶级人才，提升企业价值”的使命。

由于时间仓促，书中难免还有不完善或需要改进的地方，非常欢迎大家批评指正。如果有什么疑惑或不同的观点，可以直接来信与我联系，我期待着与大家交流，我的电子邮箱是：tangdongfang@163. com，QQ：876095675，手机：13827463646，微信号：DFZL02。

也欢迎大家登录东方战略的公司网站：www. dfzl. com. cn，我们将及时发表一些新的思想、方法与大家共同分享、交流。谢谢！

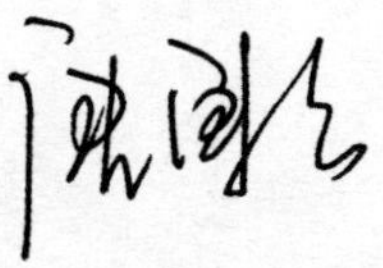

2014 年 5 月

前　言

用发展战略引领企业前进

企业如何快速、健康、持续地发展呢？这是企业家、高管、企业骨干最为关注的一个问题。虽然大家都非常期盼企业发展，然而实际结果却非常糟糕。绝大多数企业发展缓慢、停滞不前、走向衰退；绝大多数企业低利润、零利润、负利润；绝大多数企业陷入价格战、广告战、促销战而不能自拔。

虽然大家都关注企业的发展问题，然而目前还没有一种系统的理论体系来帮助企业解决发展方面的难题。

竞争战略理论是目前主流的解决企业发展问题的战略理论。迈克尔·波特提出的成本领先战略、差异化战略和集中化战略这三种基本竞争战略，其核心思想是建立竞争优势，打败竞争对手。但在这种战略思想的指导下，企业企图以打败竞争对手来获得发展的良好愿望并未转换成美好的现实，过度地打击竞争对手并不能使自己变得更好，伴随而来的是竞争对手同样的竞争战略和战略行动。最终，大家共同的战略行为使自己和竞争对手同时陷入低利润、无利润甚至亏损的不利状态，同时陷入发展缓慢、停滞不前、走向衰退甚至倒闭破产的尴尬状况。大家越是想打败竞争对手，就越是变得更差，最后出现双败、多败的格局。用形象的比喻来说：竞争战略是一场血的战斗。

蓝海战略理论针对竞争战略理论的缺陷，提出了另一种战略理论。W.钱·金和勒妮·莫博涅提出了蓝海战略，其核心思想是通过价值创新手段拓展崭新的市场领域，拓展一片没有竞争的“蓝海”，获得更快的增长和更高的利润。但蓝海战略存在三大方面的缺陷：首先，蓝海相对红海来说，通常是非主流市场，或者说是碎片市场，放弃红海意味着放弃目前的主流市场。其次，开拓蓝海并未像书中所假想的，不需要开拓成本，新产品开发、推广、客户认知及认同都需要非常高的成本。再次，蓝海只是一个相对概念，仅在一段时间内是蓝海——当蓝海未能盈利时，竞争对手未跟进，市场是蓝海；当蓝海有巨大的盈利机会时，众多竞争对手跟进，“蓝海”便迅速地变成了“红海”。蓝海战略只能短期改善企业遇到的竞争状况，并不能解决竞争战略理论的缺陷。而且，如果一遇到竞争就想用蓝海战略来回避竞争，这样的战略思维是不可能使企业实现长期发展的。用形象的比喻来说：蓝海战略是一场梦的幻想。

既然竞争战略和蓝海战略都不能系统地解决企业发展问题，那企业应该如何来解决发展问题呢？今天大家阅读的这本书就是探讨企业如何实现快速、健康、持续发展的书籍。

事实上，无论是竞争的战略思想，还是避开竞争的战略思想，都不能系统地解决企业的发展问题。战略的本质并不是竞争，也不是去开拓蓝海，而是发展。只有发展才能对企业有意义，竞争和避开竞争只能是实现企业战略的手段。企业需要把战略的核心焦点由“竞争”转向“发展”，这样才能系统地考虑如何解决企业发展的问题，才能充分调动企业的精力和资源去解决企业的发展问题，以实现企业快速、健康、持续的发展。

如何来解决企业的发展问题，实现企业快速、健康、持续发展呢？我已经出版的《战略规划三部曲》《战略选择》《战略对决》《战略绩效管理》四部著作，从战略分析、战略选择、战略制定和战略实施等方面全面、系统地阐述了发展战略的思想、理念及其方法论体系。

发展战略理论认为，企业实现持续发展，必须把战略的关注重点由“竞争”转向“发展”，应该从发展方向、发展速度与质量、发展点和发展能力四个方面入手，通过这四个方面的选择、规划及策略，来系统地解决企业的发展问题。而这四个方面又构成了发展战略的四个重要组成部分，即愿景、战略目标、业务战略和职能战略，形成了系统地解决企业发展问题的发展战略框架。

发展战略理论认为，企业战略的本质和核心不是竞争，企业战略的本质应该是发展，企业既可以通过竞争来实现发展，也可以通过合作来实现发展，还可以避开竞争、选择更具前景的领域来发展。发展战略理论是对传统竞争战略理论的颠覆，它摆脱了由竞争战略导致的价格战、功能战、广告战、促销战、服务战、品类战的困扰，使企业更加理性地考虑企业发展与竞争问题，把企业的主要精力和资源投入企业发展问题的解决上，围绕发展方向、发展速度与质量、发展点和发展能力提出整体的、系统的发展战略解决方案，最终实现企业的快速、健康、持续发展。用形象的比喻来说：发展战略是一场金的收获。

我非常欣喜地看到越来越多的企业已经开始重视企业的发展战略问

题。在我出版《战略规划三部曲》《战略选择》《战略绩效管理》和《战略对决》等专著后，陆续收到了很多读者的来信，其中就有许多企业家和企业高管，大家都对发展战略理论及发展战略的思想、理念及方法论体系表现出了浓厚的兴趣，有的读者直接称这四部书为“发展战略四部曲”。许多读者提出了企业发展过程中遇到的战略问题，以及他们运用发展战略框架对自己所在企业的发展方向、发展速度与质量、发展点和发展能力等问题的一些思考。有些企业家及中高层管理人员问我发展战略理论能否帮助他们解决企业的发展问题，有些企业家及中高层管理人员甚至希望在书中能看到他们所在行业的企业战略案例。许多企业给所有的中高层管理者购买了我们这一套发展战略书籍，以方便他们随时查阅。还有很多企业直接让中高层参加了我们的战略课程，与我们进行面对面的沟通。

大家的信息反馈和积极行动让我感到欣喜。这说明越来越多的企业家及中高层管理者开始重视企业的发展战略问题，而且他们在运用发展战略理论及发展战略的思想、理念及方法论来思考企业的发展问题，想通过关注企业的发展方向、发展速度与质量、发展点和发展能力，来实现企业战略发展。

大家的来信我不能一一详细回答，但我想让大家了解更多关于发展战略理论及发展战略框架的一些思考和运用，以期能够给大家提供解决企业发展问题的战略思想、方法及技巧。为此，我们不断发表新专著或更新一些专著，以期把我们最新的发展战略的思想、理念及方法论体系介绍给大家。

本书是在《战略选择》2011年版的基础上修订完成的。由于原书出版已经有3年多了，这段时间我们的思想、理念及方法论体系变得更加成熟，并有了更进一步的发展，因此，我对原书稿进行了大幅度的改动，完善了发展战略框架，突出了以“发展”为核心的主题思想，引进了更多关于发展战略理论运用及实践的新案例，并去掉了不合时宜的内容。通过改版，本书战略思想更加系统，战略分析更加深入，战略方法更加实战，战略案例更加丰富。

本书共分八章。第一章介绍了发展战略框架，阐述了发展战略思想及发展战略框架的构成部分。第二章介绍了愿景及其构建方法。愿景是战略重要的组成部分，它指引着企业的发展方向。第三章介绍了战略目标及其选择方法。战略目标是战略重要的组成部分，它明确了企业的发展速度与发展质量。第四章至第七章分别介绍了产业战略、区域战略、客户战略和产品战略，以及相应的选择方法。产业战略、区域战略、客户战略和产品战略统称为业务战略，它们为企业提供了战略发展点。第八章介绍了核心发展能力与各职能战略制定方法，它指明了企业所需要的发展能力，明确了企业职能部门应做的战略性工作。

本书是一本实战性的战略制定书籍，它系统地介绍了战略选择和战略决策的思想、理论及方法论体系，中间穿插大量案例，让读者一边了解战略思想及方法论体系，一边通过实际案例来印证，最终实现对发展战略思想及方法论体系的掌握及应用。

本书的观点来自我们对百余家企业所做的战略咨询的归纳与总结。在此，我衷心感谢客户多年来的大力支持和帮助。在跟客户不断沟通与探讨的过程中，我们同舟共济，共同成长；同时，让我们感到欣慰的是，很多客户在我们的帮助下，摆脱了价格战、功能战、广告战、促销战、服务战、品类战的困扰，通过明确企业的发展方向、发展目标、发展点和发展能力，系统地解决了企业发展问题，实现了快速、健康和持续发展。

本书是企业管理者必备的战略书籍，它教管理者如何进行战略思考，如何做出战略选择，如何理解战略并更好地实施战略。本书有助于帮助管理者提升战略思考、战略分析、战略决策和战略实施等整体战略能力。

本书还可作为战略研究人员、大学教师以及工商管理硕士战略制定的读本和教材，可以帮助他们更加清楚地认识、理解发展战略思想、理论及方法论体系。

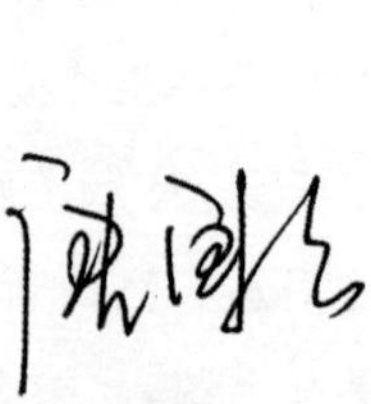

2014 年 5 月

[目 录] >>> CONTENTS

第三章 战略目标：明确发展速度与质量

第四章 产业战略：寻找战略发展点之一

第六章　客户战略:寻找战略发展点之三

第七章　产品战略:寻找战略发展点之四

第一章 发展战略框架：企业发展整体战略思考

第一节 发展战略框架

这些年来，我一直都在思考，企业该如何快速、健康、持续地发展？这同样也是企业家、高管、企业骨干最为关注的一个问题。虽然大家都非常期盼企业的发展，然而实际结果却非常糟糕。绝大多数企业发展缓慢、停滞不前、走向衰退；绝大多数企业低利润、零利润、负利润；绝大多数企业陷入价格战、广告战、促销战而不能自拔。

大家今天读的这本书就是探讨企业如何实现快速、健康、持续发展的书籍。如果我们把企业看作一列行驶的火车，那么在本书中，我将与大家一起来思考和探讨如何让企业这列火车快速、平稳、持续地奔跑。

现在，我们来思考第一个问题。

企业该如何实现快速、健康、持续地发展呢？火车前行首先要看指导火车前行的地图。我们首先要思考的是企业发展需要什么样的理论及方法论体系来指导。能指导企业发展的理论及方法论体系只有战略，我们先来了解一下企业战略。

一、历代战略大师如何看待战略

什么是战略呢？企业战略理论产生的时间不长，从 1962 年第一次提出企业战略概念到现在也只有 50 多年的时间。至于什么是战略，不同的战略学者有着不同的理解。下面我们来梳理一下企业战略理论发展过程中几种经典的、具有代表性的观点，看看哪一种战略理论体系适合指导企业发展。

1. 战略＝适应环境

美国企业史学家艾尔弗雷德·钱德勒（Alfred Chandler）是最早研究企业战略的学者，被认为是战略管理领域的奠基者之一。1962年，钱德勒出版了《战略与结构：美国工商企业成长的若干篇章》①一书。他以杜邦、通用、标准石油、西尔斯4家企业为主要案例，详细考察了20世纪前期美国大企业战略适应社会环境变化、从直线职能结构向多部门结构转变的过程，并提出"战略适应环境，结构跟随战略"的主题，即企业扩张战略必须适应外部环境，反映社会需求，结构跟随战略变化。钱德勒首开企业战略问题研究之先河。

钱德勒提出的战略适应论，是在当时周期性的经济危机时代背景中提出来的。由于当时的绝大部分企业主要根据企业的产能及主观意愿来进行生产，而没有按照终端消费者的需求来生产，这样的结果使得企业生产的产品与消费者的需求不一致，形成供不对求，最终造成周期性的经济大危机。战略适应论对解决当时企业盲目生产，实现商品的供求相对应，解决企业发展问题具有很强的指导意义，对缓解周期性经济危机也起到了非常大的作用。但是战略适应论只是战略的一种初始形态，随着企业经营管理的进步，战略适应论已经不能满足企业进一步发展的要求。

2. 战略＝计划

美国著名战略学者伊戈尔·安索夫（Igor Ansoff）对企业战略管理做了许多开创性的研究，被认为是战略管理的鼻祖。安索夫根据自己在美国洛克希德飞机等大型多元化经营的公司里多年的管理实践和在大学的教学及咨询经验，于1965年出版了著名的《公司战略》②一书，首次提出了"企业战略"这一概念，将战略定义为"一个组织打算如何去实现其目标和使命，包括各种方案的拟订和评价，以及最终将要实施的方案"。安索夫认为，战略构造应是一个有控制、有意识的正式计划过程。企业的高层管理者负责计划的全过程，而具体制订和实施计划的人员必须对高层管理者负责，通过目标、项目、预算的分解来实施所制订的战略计划。

---

① 艾尔弗雷德·钱德勒. 战略与结构：美国工商企业成长的若干篇章[M]. 孟昕，译. 昆明：云南人民出版社，2002.

② 伊戈尔·安索夫. 新公司战略[M]. 曹德骏，等，译. 成都：西南财经大学出版社，2009.

安索夫的战略计划论对企业管理具有重大意义，在战略计划论指导下，企业经营管理活动变成了一种有目的、有计划的行动，改变了以往经营管理行为的无计划性和随意性。但战略计划论只是静态地看待企业发展问题，随着经济、技术、政策、竞争对手等外部环境的快速变化，战略计划论在应对经营环境变化和竞争对手变化方面有所欠缺，在指导企业发展方面面临不足。

3. 战略＝竞争

美国著名战略学家迈克尔·波特（Michael Porter）被称为竞争战略之父，是当今世界上最有影响力的管理学家之一。波特 1980 年出版了《竞争战略》，随后 1985 年出版了《竞争优势》，以及后来出版的《国家竞争优势》，形成了竞争战略三部曲，开创了竞争战略理论体系。

迈克尔·波特认为，构成企业环境的最关键部分就是企业投入竞争的一个或几个行业，行业结构极大地影响着竞争规则的确立以及可供企业选择的竞争战略。行业结构分析是确立竞争战略的基石，理解行业结构永远是战略制定的起点。波特创造性地建立了五种竞争力量分析模型，他认为一个行业的竞争状态和盈利能力取决于五种基本竞争力量之间的相互作用，即进入威胁、替代威胁、买方讨价还价能力、供方讨价还价能力和现有竞争对手的竞争，而其中每种竞争力量又受到诸多经济技术因素的影响。

在竞争战略思想指导下，波特提出了企业战略的核心是获取竞争优势，打败竞争对手①。获取竞争优势，打败竞争对手有三种基本战略：成本领先战略、差异化战略和集中化战略②。企业必须从这三种基本战略中选择一种，作为其主导战略。要么把成本控制到比竞争者更低的程度；要么在企业产品和服务中形成与众不同的特色，让顾客感觉到企业提供了比其他竞争者更多的价值；要么企业集中力量致力于服务某一更小的特产品种类、某一更小的特定细分市场。

迈克尔·波特所提出的行业竞争结构分析理论、三种基本竞争战略理论在过去近 30 年里受到企业战略管理学界的普遍认同，并且成为在进行外部环境分析和战略竞争时最为重要和广泛使用的模型。

---

① 迈克尔·波特. 竞争优势[M]. 陈小悦，译. 北京：华夏出版社，1997：2.

② 同上：33.

近年来，竞争战略理论面临了越来越多的问题。在竞争战略思想及理论的指导下，企业企图以建立竞争优势，打败竞争对手为核心目的，却面临越来越多的挑战。在成本领先战略、差异化战略和集中化战略这三种基本竞争战略指引下，许多企业采取了价格战、功能战、广告战、促销战、服务战、品类战等，以此来建立自己的竞争优势，打败竞争对手。然而，良好的愿望并未转换成美好的现实，过度地打击对手并未使自己变得更好。伴随而来的是所在领域的企业群体混战，最终大家都面临普遍低利润或者亏损的局面，陷入了价格战、功能战、广告战、促销战、服务战、品类战的困境，陷入低利润、无利润甚至亏损的怪圈，企业走向停滞、衰退甚至破产。大家越是想打败竞争对手，就越是变得更差，最后出现双败、多败的格局。

4. 战略＝核心竞争力

哥印拜陀·克利修那·普拉哈拉德（Coimbatore K. Prahalad）和加里·哈默尔（Gary Hamel）是核心竞争力理论的创始人。1990 年，普拉哈拉德和哈默尔在《哈佛商业评论》上出版了《公司的核心竞争力》一文。他们认为："竞争优势将取决于企业能否以比对手更低的成本和更快的速度构建核心竞争力。管理层有能力把整个公司的技术和生产技能整合成核心竞争力，使各项业务能够及时把握不断变化的机遇，这才是优势的真正所在。"①

其后，越来越多的研究人员开始投入企业核心竞争力理论的研究。核心竞争力，就是所有能力中最核心、最根本的部分，它可以通过向外辐射，作用于其他各种能力，影响其他能力的发挥和效果。一般来说，核心竞争力具有如下特征：

（1）价值性。这种能力首先能很好地实现顾客所看重的价值，如能显著地降低成本、提高产品质量、提高服务效率、增加顾客的效用，从而给企业带来竞争优势。

（2）稀缺性。这种能力必须是稀缺的，只有少数的企业拥有它。

（3）不可替代性。竞争对手无法通过其他能力来替代它，它在为顾客创造价值的过程中具有不可替代的作用。

（4）难以模仿性。核心竞争力还必须是企业所特有的，并且是竞争对手难以模仿的，也就是说，它不像材料、机器设备那样能在市场上购买到，而是

① 普拉哈拉德，加里·哈默尔. 公司的核心竞争力[J]. 哈佛商业评论（中文版），2004.

难以转移或复制的。这种难以模仿的能力能为企业带来超过平均水平的利润。

核心竞争力学派认为，现代市场竞争与其说是基于产品的竞争，不如说是基于核心能力的竞争。企业的经营能否成功，已经不再取决于企业的产品、市场的结构，而取决于其核心能力，因此，企业战略的目标就在于识别和开发竞争对手难以模仿的核心能力。

核心竞争力论是竞争战略理论的延续，是以建立竞争优势、打败竞争对手为核心，对企业把资源投向重点能力建设，赢得竞争对手具有重大意义。但是，核心竞争力是以一种静态的观念来看待企业，事实上，越是发展迅速的企业，其现有核心竞争力就越难以满足企业未来的发展需求。企业对未来的发展能力要求，是基于未来的战略要求，而不是基于现有的核心竞争力。

5. 战略＝5P

加拿大著名管理学教授亨利·明茨伯格（Henry Mintzberg）被认为是最具原创性的管理大师。明茨伯格在其2000年出版的《战略过程：概念、情境、案例》[①]一书中提出5P战略概念。明茨伯格认为，人们在生产经营活动中，在不同的场合以不同的方式赋予企业战略不同的内涵，说明人们可以根据需要接受多样化的战略定义。在这种观点的基础上，明茨伯格提出企业战略是由5种规范的定义阐述的，即计划（Plan）、计策（Ploy）、模式（Pattern）、定位（Position）和观念（Perspective），这构成了企业战略的"5P"。这5个定义从不同角度对企业战略这一概念进行了阐述。企业战略5P的具体内容如下：

（1）战略是一种计划（Plan）。战略是一种有意识、有预计、有组织的行动程序，是解决一个企业如何从现在的状态达到将来位置的问题。战略主要为企业提供发展方向和途径，包括一系列处理某种特定情况的方针政策，属于企业"行动之前的概念"。根据这个定义，战略具有两个本质属性：战略是在企业发生经营活动之前制定的，以备人们使用；战略是作为一种计划写进企业正式文件中的，当然不排除有些不公开的、只为少数人了解的企业战略。

① 亨利·明茨伯格. 战略过程：概念、情境、案例[M]. 北京：中国人民大学出版社，2005.

(2)战略是一种计策(Ploy)。战略不仅仅是行动之前的计划，还可以在特定的环境下成为行动过程中的手段和策略、一种在竞争博弈中威胁和战胜竞争对手的工具。例如，得知竞争对手想要扩大生产能力时，企业便提出自己的战略是扩大厂房面积和生产能力。由于该企业资金雄厚、产品质量优异，竞争对手自知无力竞争，便会放弃扩大生产能力的设想。然而，一旦对手放弃了原计划，企业却并不一定要将扩大生产能力的战略付诸实施。因此，这种战略只能称为一种威胁竞争对手的计策。

(3)战略是一种模式(Pattern)。战略可以体现为企业一系列的具体行动和现实结果，而不仅仅是行动前的计划或手段。无论企业是否事先制定了战略，只要有具体的经营行为，就有事实上的战略。如福特汽车公司总裁亨利·福特要求"T"形福特汽车漆成黑色，这一行为就可以理解为一种战略。企业行为模式是在历史中形成的，因此，在制定企业战略过程中就必须了解企业发展史，在选择战略时要充分考虑并尊重企业原有的行为模式，因为它会在很大程度上决定企业未来战略的选择和战略实施的有效性。若要改变企业的行为模式，首先必须充分认识到推行这种变革的难度。明茨伯格认为，战略作为计划或模式的两种定义是相互独立的。在实践中，计划往往没有实施，而模式却可能在事先并未计划的情况下形成。因此，战略可能是人类行为的结果，而不是设计的结果。因此，定义为"计划"的战略是设计的战略，而定义为"模式"的战略是已实现的战略，战略实际上是一种从计划向实现流动的结果。那些不能实现的战略在战略设计结束之后，通过一个单独的渠道消失，脱离准备实施战略的渠道。而准备实施的战略与自发的战略则通过各自的渠道，流向已实现的战略。这是一种动态的战略观点，它将整个战略看成是一种"行为流"的运动过程。

(4)战略是一种定位(Position)。战略是一个组织在其所处环境中的位置，对企业而言就是确定自己在市场中的位置。企业战略涉及的领域很广，可以包括产品生产过程、顾客与市场、企业的社会责任与自我利益等任何经营活动及行为。但最重要的是，制定战略时应充分考虑到外部环境，尤其是行业竞争结构对企业行为和效益的影响，确定自己在行业中的地位和达到该地位所应采取的各种措施。把战略看成一种定位就是要通过正确地配置企业资源形成有力的竞争优势。

(5)战略是一种观念(Perspective)。战略表达了企业对客观世界固有的认知方式，体现了企业对环境的价值取向和组织中人们对客观世界固有的看法，进而反映了企业战略决策者的价值观念。企业战略决策者在对企业外部环境及企业内部条件进行分析后做出的主观判断就是战略，因此，战略是主观而不是客观的产物。当企业战略决策者的主观判断符合企业内外部环境的实际情况时所制定的战略就是正确的；反之，当其主观判断不符合环境现实时，企业战略就是错误的。“战略是一种观念”的定义，强调了战略的抽象性，其实质在于，同价值观、文化和理想等精神内容为组织成员所共有一样，战略观念要通过组织成员的期望和行为而形成共享，个人的期望和行为是通过集体的期望和行为反映出来的。因此，研究一个组织的战略，要了解和掌握该组织的期望如何在成员间分享，以及如何在共同一致的基础上采取行动。

明茨伯格的 5P 理论告诉我们，在当前快速变化的环境中，不能简单地、静态地来认识和看待战略，战略是多样化的、动态的，在不同的企业、不同的发展阶段，战略表现出不同的多样化角色。但是，在战略 5P 理论下，企业战略管理是一个非常复杂并难以管理的过程，我们还不知道如何运用战略 5P 理论来指导企业战略发展实践，只能将其作为一种主流战略理论的有益补充。

6. 战略＝开拓蓝海

韩国著名战略学家 W. 钱 · 金（W. Chan Kim）和美国战略学家勒妮 · 莫博涅（Renée Mauborgne）于 2005 年出版了《蓝海战略》一书，提出了蓝海战略[①]思想。

蓝海战略理论认为，传统竞争极端激烈的市场是“红海”，在红海中，企业试图击败竞争对手，以攫取更大的市场份额、更大的利润空间，随着市场空间越来越拥挤，利润和增长的前景就越来越暗淡，残酷的竞争也让红海变得越发鲜血淋漓。与红海相对，“蓝海”是一个未知的市场空间，是亟待开发的市场空间，它代表着创造新需求，代表着高利润增长的机会，蓝海是从红海产业边界外创建或者从红海内部拓展产业边界开拓出来的，是一片无人竞争的市场。企业应该把视线从超越竞争对手转向买方需求市场，通过价值创新手段得到崭新的市场领域，获得更快的增长和更高的利润。

---

① W. 钱 · 金，勒妮 · 莫博涅. 蓝海战略[M]. 北京：商务印书馆，2005.

为了开拓蓝海，蓝海战略提出了通过四部动作框架来重新设置战略布局图的方法。战略布局图是产品若干主要元素特性组成的价值曲线。为了开拓新的蓝海，企业可以通过四部动作框架，在现有某类产品的特性上剔除、减少、增加、创造若干元素，形成新的战略布局图，以开拓新的某类客户和市场，创造新的发展空间。

蓝海战略理论为解决竞争战略导致的弊端提供了一种新的战略思路，鼓励企业避免残酷的竞争，把关注点从竞争转向创造。但蓝海战略面临一些理论缺陷：首先，蓝海相对红海来说，通常是非主流市场，或者说是碎片市场，放弃红海意味着放弃目前的主流市场；其次，开拓蓝海并未像书中所假想的，不需要开拓成本，新产品的开发、推广、客户认知及认同都需要非常高的成本；再次，蓝海只能是一个相对概念，在一段时间内是蓝海。当蓝海未能盈利时，竞争对手未跟进，市场是蓝海；当蓝海有巨大的盈利机会时，众多竞争对手跟进，“蓝海”迅速地变成了“红海”。蓝海战略只能短期改善企业遇到的竞争状况，并没有解决竞争战略理论的缺陷。而且，如果遇到竞争就想用蓝海战略思想来回避竞争，这样的战略思维不可能使企业实现长期发展。

二、发展战略是什么

以上战略大师们关于战略的定义及理论都是企业战略理论发展历程中具有里程碑式的意义，它们对战略理论发展和企业战略实践做出了巨大的贡献，之后的战略研究者和企业都深受其益。但从目前的企业战略实践来说，很难单一采用上述某一战略理论来指导企业战略实践，来帮助企业实现快速、健康、持续地发展。

有什么战略理论比较适合指导企业发展呢？

在当今最主流的仍是波特竞争战略理论，但其在指导企业战略方面也越来越多地遇到了很多棘手的问题。在东方战略长期的战略咨询实践中，我们深深痛惜许多企业企图通过价格战、功能战、广告战、促销战、服务战、品类战等手段使大家陷入低利润、零利润甚至亏损的困局。企业越是想用最大的力量去打击竞争对手，越是招致竞争对手最大力量的回击，结果不是自己打败竞争对手，而是相互都被打败了，最终导致企业发展缓慢、停滞不前甚至衰落衰退。这些惨痛的现实，给大家带来血淋淋的伤害。我们深深地意识到企业战略的核心不应是竞争，不应是“建立竞争优势，打败竞争对手”。

竞争战略理论的缺陷使我们回过来思考企业战略的本质。战略的本质是为了建立竞争优势，打败竞争对手吗？这也许用在古代的军事战略上是比较合适的，但把这具有两千多年军事战略理论的基本假设移植到企业战略理论上，显然是非常不合适的，企业并不一定非要打败竞争对手，企业在战略层面还可以考虑与竞争对手合作，或者根本不用考虑目前的竞争，完全跳跃出来选择一个机会更大的市场。

既然企业战略的本质不应是竞争，那它是什么呢？笔者经过反复思考，认为企业战略的本质应该是发展。发展是第一位的，竞争应该是发展的一种手段。我们可以通过建立竞争优势，打败竞争对手来实现发展；也可以通过与竞争对手合作，资源共享来实现发展；同时还可以避开现在残酷的竞争，把资源投入更具发展空间与前景的领域来发展。

在长期战略咨询实践中，我们逐步形成了发展的思想、理念及方法论体系来帮助企业制定战略，摆脱价格战、功能战、广告战、促销战、服务战、品类战等陷阱，解决长期发展缓慢，或停滞不前，甚至走向衰退等问题，从而帮助企业实现健康、快速、持续的发展。

我于 2009 年出版的《战略规划三部曲》一书中正式提出企业发展战略理论，2011 年又出版了《战略选择》(第一版)进一步补充和完善了发展战略理论体系。发展战略理论认为，战略的本质是发展，而不是竞争，战略首要关注的应该是企业的发展，而不应该是企业的竞争，竞争应该是企业发展的一种有效手段，另外，还有合作战略、避开竞争战略等手段。

在发展战略思想的指导下，东方战略认为，战略就是关于企业如何发展的重大选择、规划及相关策略。

在发展战略理论关于战略定义的基础上，东方战略形成了一个系统解决企业发展问题的战略框架，即发展战略框架，也称“东方战略框架”。战略由愿景、战略目标、业务战略和职能战略四大部分组成。

(1)愿景：未来要成为一个什么样的企业？(发展方向)

(2)战略目标：未来要达到什么样的发展目标？(发展速度与发展质量)

(3)业务战略：未来需要哪些战略发展点？需要怎样的产业战略、区域战略、客户战略和产品战略？(发展点)

(4)职能战略：未来需要什么样的核心发展能力？需要在市场营销、技

术研发、生产制造、人力资源、财务投资等方面采取什么样的战略措施？（发展能力）

战略的本质是要解决企业的发展问题。在发展战略框架中，所有构成部分都是围绕企业发展来进行。愿景是企业发展的起点，它指引着企业的发展方向；战略目标是企业发展的要求，它明确了企业的发展速度与发展质量；业务战略，包含产品战略、客户战略、区域战略和产业战略，是企业发展的手段，它指明了企业的发展点；职能战略是企业发展的支撑，它明确了企业的发展能力。愿景、战略目标、业务战略和职能战略构成了企业战略自上而下的四个层面，如图1-1所示。上一层面为下一层面提供方向与思路，下一层面为上一层面提供有力支撑，它们之间相互影响，构成一个有机的发展战略系统。

发展战略框架是一种良好的战略方法论体系，它为企业战略选择和战略制定提供了非常好的思考逻辑和思考方法。通过明确企业发展方向、发展速度与发展质量、发展点和发展能力等战略问题，帮助企业真正解决发展问题，实现企业快速、健康、持续发展。

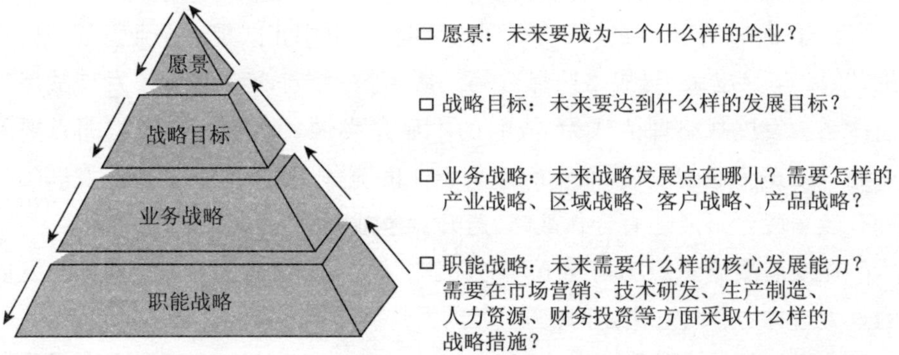

图1-1　发展战略框架

发展战略理论使企业战略的焦点由竞争转向发展，企业既可以通过竞争来实现发展，也可以通过合作来实现发展，还可以避开竞争，选择更具前景的领域来实现发展。发展战略理论是对传统竞争战略理论的一种颠覆，摆脱了价格战、功能战、广告战、促销战、服务战、品类战的困扰，使企业更加良性地参与竞争，把主要精力投到企业发展问题的解决上，发展方向、发展速度与发展质量、发展点和发展能力的规划与实施上，最终实现企业的快速、健康、持续发展。发展战略理论把战略的本质回归到发展,认为战略的本质就是发展,企业战略的真正目的就是要解决企业的发展问题,实现企业的快速、健康、持续发展。

发展战略框架经过十余年、百余家企业的战略咨询实践,对企业战略发展和经营管理起到了非常好的导向作用,成功地帮助众多企业解决了战略发展难题,其中不少企业取得了长足进步和突破性发展。目前发展战略思想、理念及方法论体系已被更广大的企业接纳与运用,正成为一种广泛运用的战略理论。众多企业战略实践证明,发展战略理论是一个对企业战略发展具有重大指导意义,实战性强、实践效果好,能真正帮助企业系统解决企业发展问题,实现快速、健康、持续发展的战略理论体系。

三、发展战略框架的构成

发展战略框架,由愿景、战略目标、业务战略和职能战略四个部分构成。愿景是企业发展的起点,它指引着企业的发展方向;战略目标是企业发展的要求,它明确了企业的发展速度与发展质量;业务战略,包含产品战略、客户战略、区域战略和产业战略,是企业发展的手段,它指明了企业发展点;职能战略是企业发展的支撑,它明确了企业的发展能力。整个发展战略框架都是围绕企业发展构建的,下面我们就对战略框架的组成部分逐一进行阐述。

1. 愿景:树立企业发展方向

企业战略的根本目的是要解决企业的发展问题,企业愿景指引企业的发展方向。

愿景是什么呢?愿景是指企业渴望实现的未来景象,是企业对未来长远发展方向的谋划,它回答的是"企业在未来将成为什么样的企业"。愿景反映企业对长远未来的一种期望,一般考虑10年以上,或者20年左右的时间。想象一下,我们的企业10年后,或者20年后会是什么样的景象?

愿景反映了企业对长远未来的追求与理想,表达了企业未来的梦想、憧憬和渴望,对企业发展起着重大的指引作用。愿景正如企业前行的灯塔,企业在扑朔迷离、变幻莫测的市场大海中航行,需要灯塔的指引才不会迷路,即使处境凶险,仍能信念不灭、信心不减,战胜一个又一个的困难,走得更远。

愿景是企业员工脑海中真正所持有的意象或景象,而不仅仅是文字所描述的景象。真正的愿景是员工对企业未来的憧憬,是渴望实现的愿望,是毕生为之奋斗的梦想。愿景描绘了企业令人向往的未来，是企业长期坚持的奋斗目标，是企业战略的方向舵，它指明了企业的发展方向。

伟大的企业都有伟大的愿景。例如，迪士尼刚建立时的愿景就是要把欢乐带给世界；索尼在刚开创时的愿景是要把产品卖到世界各地去；耐克刚创建时的愿景也非常清楚，那就是“我要打败阿迪达斯”，实际上在10年之内它真的超过了阿迪达斯，但从当时实际情况分析是根本不可能的；柳工从2003年就确立了“成为工程机械行业世界级企业”的愿景。

下面我们来看看一些知名企业的愿景。

【示例1-1】　部分知名企业愿景

◆ **美的愿景**

做世界的美的。（1991年制定）

◆ **格力愿景**

缔造全球领先的空调企业，成就格力百年的世界品牌。（2001年制定）

◆ **国美电器愿景**

成为全球顶尖的电器及消费电子产品连锁零售企业。（2004年制定）

◆ **东方战略愿景**

成为中国咨询行业领航者。（2010年制定）

◆ **苏宁电器愿景**

打造中国最优秀的连锁服务品牌。（2000年制定）

打造全球化竞争力的世界级企业。（2011年制定）

◆ **苹果电脑愿景**

让每人拥有一台电脑。（20世纪80年代制定）

◆ **麦当劳愿景**

成为世界最佳用餐体验的快速服务餐厅。（20世纪50年代制定）

2. 战略目标：明确企业发展速度与发展质量

愿景指明了企业的发展方向。在愿景明确之后，在既定发展方向上，应保持多快的发展速度、保持怎样的发展质量呢？这就是战略目标阐述的内容，下面我们来进一步了解一下企业战略目标。

战略目标是什么呢？战略目标是企业为实现其愿景在一定时期内对主要成果期望达成的目标值，战略目标回答的是“企业未来要达到一个什么样的发展目标”。战略目标反映企业对发展速度与发展质量的要求，它的时限一般是 3 至 5 年。战略目标的设定，是企业愿景的展开和具体化，是企业愿景在企业某个发展阶段的进一步阐明和界定，是企业经营活动所要达到的水平的具体规定。

战略目标与企业愿景不同，企业愿景是对企业长远发展方向和发展景象的高度概括表述，一般没有具体的数量特征及时间限定，而战略目标则不同，是为企业在一段时间内所需实现的主要成果的界定。战略目标可以是定性的，也可以是定量的，如企业营业收入目标、企业获利能力目标、生产量目标或竞争地位目标等。战略目标必须是具体的、明确的和可衡量的，以便对目标是否最终实现进行比较客观的评价考核。战略目标除了包括主营业务收入增长等发展速度目标，还应包括净利润、内部运营等发展质量目标。一般来说，战略目标最核心的指标有两个：一个是收入方面的指标，如销量、营业收入等，主要体现发展速度；另一个是利润方面的指标，如净利润、净利率等，主要体现发展质量。

战略目标是企业整体经营管理的起点，企业会按时间维度把战略目标分解成年度目标、季度目标和月度目标，并形成公司从高层管理者到中层管理者，再到基层员工自上而下的目标体系。战略目标是企业配置资源的依据，企业会根据战略目标、各层级及各业务单元目标的大小，制订实现目标的计划，并配置相匹配的资源支持。

战略目标不仅使整个企业有了明确的发展目标，而且还使企业各层级、各业务单元、各部门及每位员工都有了奋斗目标。战略目标会使企业各方面的力量在战略目标引导下集中起来，形成一股合力，推动企业不断前进。战略目标及围绕战略目标分解形成的目标体系对各层级、业务单元、各部门员工都具有很大的激励作用，它对每位员工都是一种鼓舞、一种动员，激励每位员工充分地发挥自己的积极性、主动性和创造性。

优秀的企业都会制定一个具有挑战性的战略目标。美的为了实现“做世界的美的”的愿景，每个发展阶段都制定了中长期战略目标；万科为了实现“成为中国房地产行业的持续领跑者”的愿景，对企业的每个发展阶段都提出了非常高的要求。

下面我们来看看一些知名企业的战略目标。

【示例 1-2】　部分知名企业战略目标

◆ **美的集团五年战略目标(2010—2015 年)**

到 2015 年,“再造一个美的”,实现集团整体销售收入突破 2000 亿元,位列全球白电前三强,跻身世界 500 强。

◆ **比亚迪战略目标(2007 年制定)**

到 2015 年,成为“中国第一”的乘用车产销企业;到 2025 年,成为“世界第一”的乘用车产销企业。

◆ **三一集团战略目标(2011—2015 年)**

到 2015 年实现营业收入 3000 亿元,其中海外业务将达到 30%,长期目标是出口占比达 50%以上。

◆ **恒安集团战略目标(2010 年)**

到 2020 年,恒安的销售规模要从现在的 100 亿元发展到 1000 亿元,坐上世界生活用纸行业的头把交椅。

◆ **长虹集团战略目标(2010 年)**

2013 年实现销售收入 1000 亿元,2015 年实现销售收入 1500 亿元,且每年 18%左右的增长率。

◆ **中集集团的发展目标(2008—2012 年)**

到 2012 年,销售额达到 1000 亿元人民币,净利润 50 亿元人民币,成为所进入行业的世界级企业。

◆ **联想集团战略目标(2001—2003 年)**

在 10 年内成为全球领先的高科技公司;

销售额年增长率大于 50%,利润年增长率大于 40%;

到 2003 年实现销售额 600 亿元,利润 20 亿元;

力求进入参与业务领域的市场前三名。

◆ **张裕战略目标(2005—2008 年)**

到 2008 年,实现销售收入 50 亿元,利润 15 亿元,进入世界葡萄酒酒业前 10 强,成为国际著名的葡萄酒企业集团。

◆ **卡特彼勒战略目标(2005—2020 年)**

2010 年,总收入达到 500 亿美元,2020 年,总收入达到 1000 亿美元。

◆ **三星电子战略目标(2011—2020 年)**

力争 2020 年销售额达到 4000 亿美元,成为全球 IT 行业的领头羊,位居全球前五。

3. 业务战略:寻找企业战略发展点

战略目标对企业的发展速度与发展质量提出了要求,但战略目标必须有发展点来保证战略目标的实现。否则,战略目标只会飘在空中,不会落在地上。如何来找发展点,保证战略目标的实现呢?这正是业务战略要阐述的内容,我们先来了解一下业务战略。

业务战略指的是企业对未来业务发展方面的重大选择、规划与策略。业务战略的主要目的是解决企业发展点问题,企业发展可以从哪些方面入手呢?一般来说,可以从产业、区域、客户、产品四个方面考虑,这四个方面都有可能形成企业的发展点。对产业、区域、客户、产品的考虑,就分别形成了产业战略、区域战略、客户战略、产品战略四个方面的业务战略。

(1)产业战略。产业战略是企业在一定时期内对产业发展方面的重大选择、规划及策略。产业战略时限比较长,可能是5至10年,甚至数十年。许多企业终身只在一个产业内经营,大的企业可能在几个产业内同时经营,但对不同的产业具有不同的侧重点。企业在产业发展上有什么样的选择,有什么样的规划,应该采取怎样的策略,这就是产业战略需要解决的问题。产业战略对企业发展来说生死攸关,如果产业下行的拐点来临时,没有进行产业战略的调整,或者没有安排新的产业发展点,必然导致企业的衰败及破产。20世纪七八十年代的永久牌自行车就是一个典型的例子,永久牌自行车在80年代可谓是家喻户晓,占领了整个中国交通工具市场,但随着自行车产业的衰退,永久并未进行产业战略调整,随着自行车产业的衰退而衰退。虽然永久推出了山地车、休闲车、赛车等新产品,但这些产品的推出根本无法解决其发展点的问题,并未能挽救最终衰退的结局。相反,日本的本田公司,在20世纪50年代日本自行车即将走向衰落时,进入并大力发展新兴的摩托车产业,在20世纪60年代末摩托车产业即将走向衰落时,进入并大力发展汽车产业。本田目前是全球前五位的汽车公司,全球最大的摩托车公司。本田的发展靠的是一个又一个发展点的接力,最初是自行车产业,随后是摩托车,20世纪70年代后,主要是汽车产业,当然现在本田还有飞机、电机、农机等新的产业。综合分析,永久与本田之所以出现巨大的差异,主要是产业战略方面产生了巨大的差异,当然这也反映了企业的追求,最终反映到愿景和战略目标层面上。

(2)区域战略。区域战略是企业在一定时期内对区域发展方面的重大选择、规划及策略。区域战略的时限可长也可短,长的有 10 年甚至 10 年以上,短的有 1 至 2 年。企业从小到大会经历一个区域经营范围的变化,企业初创时期可能在一个城市经营,到了一定规模可能会在一个省或跨几个省经营,再发展到一定阶段,可能成为一个全国性的公司,如果再发展可能会成为一个全球性的公司。企业在区域发展上有什么样的选择,有什么样的规划,对不同的区域应采取什么样的策略,这是区域战略需要回答的问题。苏宁在 2000 年之前还是一个经营范围主要在江苏南京周边的家电连锁公司,当时苏宁的综合家电连锁店还不到 10 家,全国像苏宁这样的家电连锁公司当时有 100 多家,那时人们购买家电还习惯于在百货公司购买。苏宁看好了综合家电连锁店的巨大发展前景,在 2000 年底,苏宁制定了全国扩张战略,确定了从江苏走向华东地区,再从华东地区走向全国主要大城市,再向中型城市扩张的区域战略。到 2005 年底,苏宁形成了全国主要城市的布局,连锁店数量达到了 224 家。在此之后,苏宁制定进一步全国市场渗透的区域发展战略。与苏宁相比,当时与苏宁处于同一水平的许多城市家电连锁企业,绝大部分现在已经死亡,或者被别人收购了。这些企业与苏宁相比主要的差异在区域战略的思考和布局上。

(3)客户战略。客户战略是企业在一定时期内对客户发展方面的重大选择、规划及策略。客户战略的时限可长也可短,长的有 10 年甚至 10 年以上,短的有 1 至 2 年。不同的客户,他们的需求关注点是不同的,当今社会很难想象在 20 世纪 20 年代福特用单独的一款黑色“T”形汽车就能打动所有家庭消费者,现在的企业只能选择某类客户,然后围绕他们的需求点来设计产品和服务。优秀公司的经营管理是面向客户的,哪些消费者或企业是公司的客户呢?他们最关注的需求是什么呢?采取什么样的策略来对待这些不同类型的客户?这些都需要客户战略来解答。当今社会出现了越来越多的针对客户定位来设计的产品及服务,比如不少地方的儿童医院、妇幼医院就比原来的“第一人民医院”更受客户欢迎,一些美容院主要定位为白领及事业机关的年轻女性,并围绕她们所处区域来安排美容店的建设,这些都是针对客户来设计的。

(4)产品战略。产品战略是企业在一定时期内对产品发展方面的重大选择、规划及策略。这里的“产品”概念既包括实实在在的产品,也包括无形的服务，如理发服务、维修服务、教育培训等。产品战略相对产业战略来说，时限要短一些，长的3至5年，短的可能是1年。企业经营什么样的产品，每个产品的定位是什么，产品的功能、特点怎样设计，这都需要产品战略来解决。产品战略处于业务战略的核心地位，产业战略、区域战略、客户战略都需要通过产品战略才能落实下来，因此，绝大多数企业把业务战略聚焦在产品战略上。比如，2010年，吉利汽车收购了沃尔沃汽车，表明吉利选择了高档汽车产品。沃尔沃汽车是世界上最安全的汽车，客户主要定位高收入人群，如企业家、政治家等，在产品设计上也把安全因素作为最突出的考虑因素来进行设计。吉利收购沃尔沃能取得成功吗？1999年福特汽车以60亿美元收购沃尔沃，于2010年以18亿美元卖给吉利，福特汽车收购沃尔沃战略最终以失败而告终。收购沃尔沃对于吉利汽车来说构成非常大的挑战，吉利需要完成福特汽车当年没有完成的任务。吉利在收购沃尔沃公司后，该如何考虑产品战略？如何考虑产品组合战略？如何考虑产品战略与区域战略、客户战略的整体协同？这些问题都至关重要，关系到吉利未来的生死成败。

产业战略、区域战略、客户战略、产品战略不是孤立的，它们是紧密联系在一起，相互影响、相互作用，不可分离的系统，企业在考虑业务战略时，还需要系统的来考虑这四大业务战略，实现它们之间的协同。产业战略、区域战略、客户战略、产品战略在企业不同的发展阶段可能起的作用不同：在某一发展阶段，可能是区域战略起主导作用，其他业务战略起辅助作用；而在另一发展阶段，可能是产品战略起主要作用，其他业务战略起辅助作用；也有可能在某一阶段，只有产业战略调整，企业才可能持续发展，其他业务已经不能支持企业进一步发展。企业不能将企业资源与力量均分到业务战略中，而应在某个阶段，突出某个业务战略重点，要么是产业战略、要么是区域战略、要么是产品战略、要么是客户战略，这样业务战略才能真正起到战略发展点的作用。

下面我们来看看一些知名企业的业务战略。

【示例1-3】　　百丽产业战略

百丽是中国大陆著名的鞋业品牌连锁经营公司，中国大陆最大的鞋业经营连锁集团。

百丽于1992年从代理香港品牌女鞋产品制造（OEM）起家，刚创立几年，就发现销售环节的巨大发展机会，制定向产业链下游市场渠道拓展的战略。百丽通过与经销商合作的模式，进入了批发零售环节，开展自有品牌的批发零售业务，推出了产、供、销联合“一条龙”式的“直线连锁经营模式”。

百丽这种战略发展模式为纵向一体化经营模式，业务包括产品设计和开发、生产、营销及推广、分销和零售各个环节。纵向一体化经营模式使百丽可对供应链的所有主要环节实施最有效的控制，确保能够迅速应变，调节生产以配合市场走势，缩短了将产品推出市场所需的时间，而其中一项主要优势是生产线能够迅速补货，适应多品种、小批量的产品经营要求。

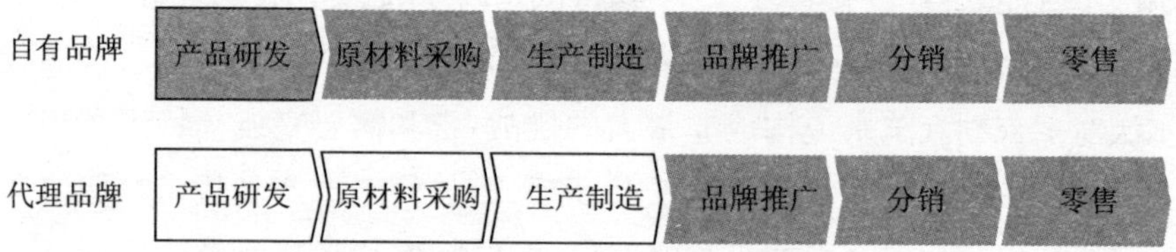

图 1－2　百丽所在鞋及服装价值链

在销售渠道具有一定规模之后，百丽开始代理其他品牌的销售，并以此进入了运动服装的销售领域。在 2004 年底中国放宽对零售业的外商投资限制后，百丽集团采取了大力发展批发零售业务的战略，接管了原来与经销商共同组建的百丽投资公司原来的分销业务，大力拓展鞋类产品零售业务，依托其销售渠道开始大力发展多个自主品牌和代理品牌。2005 年以后，百丽通过风险投资和香港上市融资，通过大力自建零售店和并购其他品牌的零售店，迅速扩大批发零售网络规模，形成规模影响和规模优势，并利用这种优势并购了更多品牌和代理更多品牌的销售。

目前，百丽的产业战略是：专注并大力发展鞋业及运动服装业务，自有品牌主要采用纵向一体化的经营模式，包括产品研发、采购、生产制造、分销及零售，代理品牌的经营方式主要为品牌代理和经销代理。

根据这个战略，百丽采取了一系列战略措施：

第一，扩大零售网络。通过在中国设立更多零售店、零售体育商城以及不断开拓海外商机，提高产品的市场销售，扩大零售网络的地域覆盖范围和提高百丽产品的市场份额。

第二，延伸品牌组合及产品。为逐步扩大百丽在消费市场的覆盖范围，百丽通过引进新品牌和扩大百丽的产品种类来延伸产品。

第三，提升产品设计及开发能力。百丽投入大量资源建立产品研究及开发中心，壮大百丽品牌设计和开发团队的实力。

第四，在目标顾客中建立品牌知名度。百丽推出更多的广告活动来提升百丽的零售店形象，以进一步提高在目标顾客中的品牌知名度。

第五，发掘收购商机。百丽不断寻求机会以收购可与百丽现有业务互补的新品牌、产品或分销平台。

【示例 1-4】　碧桂园区域战略

碧桂园是国内一家知名的房地产开发商。从区域发展来看，碧桂园主要定位于三线城市，或者一、二线城市离中心区比较偏远具有发展潜力的新区。

截至 2013 年底，碧桂园已经进入的城市有：

广东省：广州、江门、佛山、肇庆、东莞、清远、梅州、韶关、惠州、汕尾、茂名、阳江、云浮、河源、中山；

湖南省：长沙、益阳、张家界、湘潭、郴州；

湖北省：武汉、咸宁、随州、荆门、鄂州、黄冈；

江苏省：无锡、泰州、南通、镇江；

安徽省：合肥、滁州、安庆、池州、马鞍山、黄山、芜湖；

辽宁省：沈阳、鞍山；

内蒙古自治区：呼伦贝尔、兴安、通辽；

黑龙江省：绥化；

广西壮族自治区：玉林、百色；

海南省：临高、文昌；

山东省：济南、烟台；

浙江省：杭州；

福建省：泉州；

甘肃省：兰州；

重庆市；

天津市；

马来西亚：雪兰莪州。

与碧桂园不同，国内比较知名的房地产开发商将主要区域定位于一、二线城市。为什么碧桂园会采取与众不同的区域战略，选择三线城市或者一、二线城市偏远地区呢？

碧桂园主要有以下几方面的考虑：

第一，减少投资支出。由于三线城市或者一、二线城市偏远地区土地成本低，对于采取定位于大盘的碧桂园来说，能大幅的减少土地成本的支出，缓解资金周转的压力。

第二，提升增值空间。三线城市或者一、二线城市偏远地区未来的发展潜力大，碧桂园通过荒地造城，开辟城市新空间，能实现土地、房产大幅增值，提高投资回报。

第三，避开主流竞争对手。国内知名的房地产开发商绝大部分定位于一、二线城市，碧桂园通过与这些竞争对手区域定位上的差异，较好地避开了强大竞争对手的竞争。而且对于三线城市来说，由于市场容量的限制，后进入者会面临较大的风险，会因此放弃进入。

第四，提高土地购买话语权。对于三线城市或者一、二线城市偏远地区的当地政府来说，希望引进知名的房地产开发商，推进城市化进程，改造城市形象。碧桂园作为知名的房地产开发商往往会受到当地政府的重视，而且碧桂园通过五星级酒店的建设以及一系列城市基础配套的建设，提升了当地城市形象，满足了当地政府的需求，从而能以较低的价格取得土地。

碧桂园的区域战略非常成功，通过区域战略定位，以及相匹配的产品战略，碧桂园成为中国最优秀的房地产企业之一。碧桂园 2013 年实现销售额 1060 亿元，位居中国房地产公司前五名。

【示例 1－5】 海康威视的产品战略、客户战略

海康威视是全球领先的安防产品及行业解决方案提供商。主要的产品有摄像机/智能球机、光端机、DVR/DVS/板卡、网络存储、视频综合平台、中心管理软件等安防产品。

海康威视 2001 年成立时，主要面向银行开发视音频压缩卡和网络硬盘录像机。视音频压缩卡、网络硬盘录像机属于视音频监控安防系统的中后端设备。随着公司的技术和客户的积累，公司从中后端进入前端产品，开发并生产摄像机，实现了整体安防一体化解决方案。客户也由最初的银行客户逐步拓展到公安、交通、电信、司法、教育、电力、水利、军队等众多行业客户。

随着产品扩张战略及客户扩张战略的实施，海康威视实现了快速的发

展，公司成立仅仅12年，就于2013年实现营业收入107亿元，净利润30.7亿元。

【示例1-6】　　长城汽车产品战略

长城汽车是中国最大、最优秀的民族汽车品牌。但在十多年前，它只是一个不知名的汽车厂商。长城汽车是如何发展起来的呢？

在2002年之前，长城汽车是一家生产皮卡的汽车厂商，2002年，长城汽车做出了一个关键的战略决策，开发、生产经济型SUV汽车——赛弗(Safe)。

2002年，中国家庭汽车市场需求刚刚起步，由于轿车市场容量大，国内众多汽车厂家都选择开发、生产轿车，而长城汽车选择了当时比较冷门的经济型SUV汽车。为什么长城会选择开发、生产SUV汽车呢？

长城汽车做此选择主要理由有三个：

第一，技术优势容易得到发挥。长城原来传统的优势在皮卡，在开发、生产皮卡的过程中，长城积累了适应多种路况行驶技术的经验，这些技术积累比较容易延伸到SUV汽车上。

第二，SUV汽车避开了强劲的竞争对手。由于最初众多汽车竞争对手的产品战略重点在轿车上，SUV作为相对小众的汽车较少受到合资品牌、民族品牌汽车的关注，整个SUV汽车的竞争力相对比较弱。相对于合资品牌和外资品牌，长城SUV汽车价格低廉，具有价格方面的巨大优势。

第三，SUV汽车未来存在发展前景。当人们收入提高时，会有更多休闲、旅游方面的需求，提前布局SUV汽车，积累技术、品牌，会更有利于抓住未来的机会。

长城汽车对经济型SUV汽车的发展战略，为长城汽车几年后的发展提供了发展点。2009年后，SUV汽车消费高潮来临，由于对产品战略的提前布局，长城SUV汽车迈入高速成长阶段，销量由2009年的5.13万辆增加到2013年的41.7万辆。

我们不可想象，如果没有SUV汽车产品战略的布局，长城怎会有如此的发展。借SUV汽车品牌的影响，长城于2008年顺势进入了轿车的开发与生产，2013年，轿车实现销量21万辆，也成为企业重要的发展点之一。2013年，长城汽车实现销售收入568亿元，净利润82.2亿元，是中国业绩最好的民族品牌汽车公司。

4.职能战略:构建企业核心发展能力

业务战略为企业提供了战略发展点,但单有发展点还是远远不够的,它必须有发展能力的支撑,才能成为真正的发展点。那么,企业发展需要哪些发展能力来支撑呢?这是职能战略涉及的内容,下面我们来了解一下职能战略。

愿景、战略目标、业务战略需要发展能力来支撑,尤其是核心发展能力的支撑,而核心发展能力需要职能战略来构建。需要注意的是,核心发展能力不同于核心竞争能力,核心竞争能力是企业相对于竞争对手的现状而言的,而核心发展能力是企业相对于自身未来战略目标、业务战略而言的,是一种支撑未来的核心能力。比如,吉利汽车原来具备的核心竞争能力是低成本竞争力,但从2007年开始吉利的产品战略逐步由低端小汽车向中高端小汽车转型,这时吉利的核心竞争力仍是低成本竞争力,但这种竞争力已经不能满足其未来发展的需求,其未来发展需要的核心发展能力是高品质生产与控制能力,吉利必须由原来的低成本核心竞争力向未来的高品质制造与控制能力转型。又如,由于近年来网络销售的兴起,网络销售逐步抢占了实体店的销售份额。为了适应未来的发展,苏宁调整了产业战略,要大力发展网上商城。苏宁原来的核心竞争力是庞大的实体店网络能力,但这已经不能帮助其进一步发展,苏宁未来发展需要的是网上商城影响力,这时苏宁的进一步发展就需要由原来的实体店网络能力向未来的核心发展能力转型,构建网上商城影响力。简单来说,核心竞争力是基于过去和现在的核心能力,核心发展能力是基于企业未来发展所需要的发展能力。

职能战略是指企业为实现企业愿景、战略目标和业务战略,在企业职能方面的重大选择、规划与策略。职能战略一般可分为市场营销战略、技术研发战略、生产制造战略、人力资源战略、财务投资战略等。

(1)市场营销战略。市场营销战略指企业为实现企业战略目标、业务战略,构建核心发展能力,在市场营销方面采取的重大战略选择、规划及策略。市场营销战略通常包括品牌、渠道、推广、销售、服务等方面的重大选择、规划及策略。

(2)技术研发战略。技术研发战略指企业为实现企业战略目标、业务战略,构建核心发展能力,在技术研发方面采取的重大战略选择、规划及策略。技术研发通常包括技术、研发、服务等方面的重大选择、规划及策略。

(3)生产制造战略。生产制造战略指企业为实现企业战略目标、业务战略，构建核心发展能力，在生产制造方面采取的重大战略选择、规划及策略。生产制造战略通常包括生产布局、品质控制、采购仓储、成本、交货等方面的重大选择、规划及策略。

(4)人力资源战略。人力资源战略指企业为实现企业战略目标、业务战略，构建核心发展能力，在人力资源方面采取的重大战略选择、规划及策略。人力资源战略通常包括组织建设、人力资源规划、招聘配置、培训开发、考核激励等方面的重大选择、规划及策略。

(5)财务投资战略。财务投资战略指企业为实现企业战略目标、业务战略，构建核心发展能力，在财务投资方面采取的重大战略选择、规划及策略。财务投资战略通常包括财务预算、会计核算、现金管理、投资、产权管理等方面的重大选择、规划及策略。

当然，除上述五大职能战略之外，有些企业会把一些自己认为非常重要的职能纳入到职能战略范畴，如企业政府攻关战略、信息化战略、采购仓储、物流运输等，这些只是一些特例，不作为本书重点内容来详细阐述。

职能战略是为战略目标和业务战略服务的，所以必须与战略目标和业务战略相配合。职能战略描述了企业在执行战略目标和业务战略的过程中，企业职能部门在其职能方面做出的重大选择、规划及策略。职能战略一般的年限是等于或小于业务战略，长的 3 至 5 年，短的只有 1 年。职能战略与业务战略有着本质上的不同：首先，业务战略是职能战略制定的根本依据，为职能战略提供基本方向，职能战略是业务战略的支持，服从业务战略的需要；其次，业务战略是解决企业的发展点问题，而职能战略为企业发展点提供核心发展能力支持。

【示例 1－7】　　乐普医疗的职能战略

乐普医疗是一家从事冠状动脉药物支架、先心封堵器、心脏瓣膜、造影机等心血管疾病介/植入诊疗器械及设备产品研发、生产与销售的高新技术企业。其制定的 2012 年职能战略主要表现在以下几个方面：

(1)加强研发力量，整合优势资源

强化自身技术优势，加强技术队伍建设，充分整合国内外优势研发资源，共同合作开发具有国内外市场潜力的优势产品。通过技术受让、合作研究等方式不断强化心脏病治疗领域的优势，加快提升已拓宽的核心产品的技术水平。针对研发成本快速攀升、研发风险日益加大、注册标准不断提高等现状，将积极调整策略，加强立项科学论证，加大新产品开发管理。以药物支架、封堵器、电生理导管、心脏瓣膜、心脏起搏器为核心，以体外检测试剂和大型医疗设备为重点，加快新产品研发进程，积极拓展提升公司介/植入医疗产品技术水平。

(2)进一步加强国内营销体系建设，大力推进海外市场销售

国内营销方面，将通过加强介/植入医疗产品产业链、营销网络及资源的持续整合与优化，提高全产业链各项产品销售团队的营销能力；全面保障心血管支架产品销售业绩的稳步增长，加强二、三线城市的营销网络布局和建设，力争其他配件和基础耗材产品取得经营突破；积极引进各层次营销人才，不断提高营销人员的专业素质，完成全国各营销分部的筹建工作；通过加强学术推广、技术支持和售后服务，进一步提升公司产品的品牌和对外影响力。

国际市场方面，将进一步完善现有海外销售网络的建设工作，注重加强乐普医疗产品的海外市场推介拓展，加快海外产品注册和 CE 认证进程，完成荷兰 Comed 公司的并购工作，使海外市场品牌价值和销售业绩得到持续提升。

(3)持续提高生产能力，加强产品质量控制

将持续推进 TPS 和 TPM 等精益管理工作，从物料采购到产品生产的整个过程都严格按 GMP 要求层层把关，严格控制，全方位保证产品质量；通过严格执行生产全过程质量监控，深入实施生产员工绩效考核办法，建立合理量化的成本、质量、效率三位一体绩效考核体系；同时，加强培训，强化全员质量意识，提高质量管理人员日常监管能力，进一步保证产品质量。

将抓紧实施研发中心、介入导管、介入导丝三个 IPO 建设项目的收尾工作；将根据市场需求，在持续提高生产效率的同时，提高产品质量、降低生产成本，充分发挥建设项目带来的效益。

(4)持续做好资本经营，稳步推进并购业务

坚持围绕心血管介/植入产品企业开展相关医疗器械、诊疗设备并购与合作业务的研究论证工作；本着谨慎性原则，积极寻找行业内的潜力企业，认真分析，合理估值，稳步实施资本扩张战略；对已并购企业将适时注入资金、先进技术和管理理念，充分整合、合理利用公司优势资源，尽快提高产品市场占有率，加快成为所在细分行业的领军企业，为公司产品多元化发展奠定基础，为公司股东创造更大的回报。

(5)加强核心团队建设，建立科学的人才管理机制

根据业务发展需要，将多渠道持续引进各层面的人才，继续完善人才引进及人才培养机制，健全员工的招聘、培训、择岗、留才的人力资源体系，提高现有员工的整体素质和技能水平；进一步优化完善绩效考核管理体系和激励机制，为优秀员工提供良好的发展空间，增强公司的整体凝聚力；同时，继续完善竞争机制，推进人才内部交流，建立高管人员、核心技术人员及业务骨干人员的股权激励机制，稳定公司核心团队以保证公司最终的战略目标和经营目标的实现。

(6)推进科学规范的集团化管理，保障公司稳步持续发展

将适时进行相应的管理体制和经营机制的调整，不断完善优化资产结构。根据证监会统一部署，结合公司实际情况，责成相关部门研究制定内部控制建设发展规划，认真学习《企业内部控制基本规范》及相关配套指引文件，不断加强内部控制建设，构建适合公司发展的业务框架，提高企业抗风险能力，为公司全面协调可持续发展提供有力的保证。

发展战略框架从愿景、战略目标、业务战略和职能战略四个方面来解析企业战略，从多方面、多维度考虑企业战略发展的需要。东方战略通过对多个行业、多个不同成长阶段的一百余家企业的战略咨询实践和实践结果证明，这套方法论无论是对比较成熟的传统行业，还是刚刚起步的新兴行业，无论是对成熟阶段的企业，还是对快速成长中的企业，都是非常可靠且实用的。而且，很多企业通过东方战略的战略培训讲座和对“发展战略四部曲”的学习，已经正在运用发展战略理论解决企业的发展问题，不少企业反映效果非常好。

四、对于战略选择的整体思考

在了解战略发展历程和发展战略理论之后，我们再回到本章开始讨论的话题：“企业如何快速、健康、持续的发展呢？”

发展战略理论将为企业发展方面提供思想、理念及方法论基础。

不知道大家有没有这种感受，人生的几个关键选择决定了人一生的发展。估计大家都深有体会。同样的道理，企业发展过程中，几个关键的战略选择将决定企业的整个发展进程和企业成败，几个关键的战略选择远远胜于几万次非关键的表现。可以下这样一个结论，战略选择决定了企业的生存，战略选择决定了企业的发展，战略选择决定了企业的成败。

那么，企业该如何做好战略选择呢？东方战略通过长期的战略咨询实践经验的积累和总结，设计了非常详细、实用的战略选择框架，如图 1－3 所示。战略选择框架根据发展战略框架的发展而来，为企业战略选择提供了思路。

战略选择包含以下几个方面：

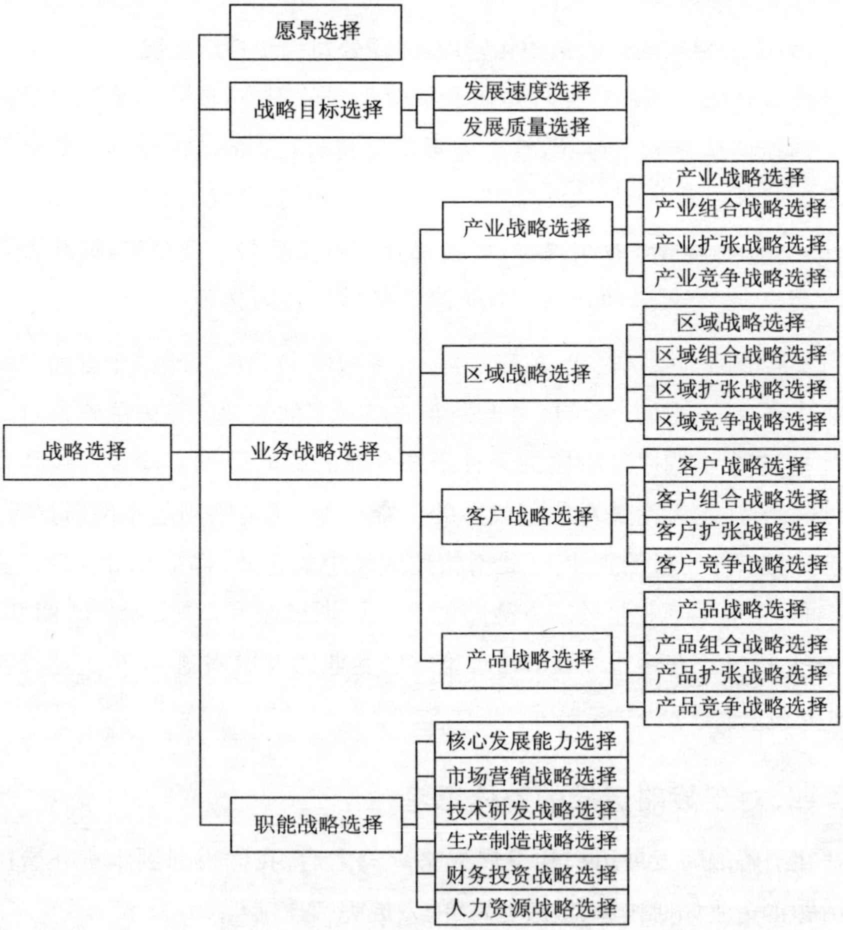

图 1－3　战略选择框架

1. 愿景选择

愿景是企业未来要成为一个什么样的企业。愿景为企业提供了发展方向。愿景是企业对未来发展的最重要选择，企业在战略选择中首要思考的是“企业的愿景是什么”，选择好了愿景就是选择了企业整体的发展方向。

2. 战略目标选择

战略目标是企业为实现其愿景在一定时期内对主要成果期望达成的目标值。战略目标对企业发展速度与发展质量提出了要求。战略目标通常有两个最核心的选择：

(1)发展速度选择。企业的发展速度应该保持多少？是发展、维持，还是放缓？如果选择发展，是高速发展、中速发展，还是低速发展？这些通常是战略目标选择需要重要思考的课题。

(2)发展质量选择。企业发展过程中，发展质量应该保持什么样的水平？是速度优先，还是质量优先？这些通常也是战略目标选择需要重要思考的课题。

3. 业务战略选择

业务战略是企业在未来业务发展方面的重大选择、规划及策略。业务战略为企业提供了发展点。业务战略包括产业战略、区域战略、客户战略和产品战略四种。业务战略选择包括了产业战略、区域战略、客户战略和产品战略的选择：

(1)产业战略选择。产业战略选择包括产业战略选择、产业组合战略选择、产业扩张战略选择和产业竞争战略选择。

(2)区域战略选择。区域战略选择包括区域战略选择、区域组合战略选择、区域扩张战略选择和区域竞争战略选择。

(3)客户战略选择。客户战略选择包括客户战略选择、客户组合战略选择、客户扩张战略选择和客户竞争战略选择。

(4)产品战略选择。产品战略选择包括产品战略选择、产品组合战略选择、产品扩张战略选择和产品竞争战略选择。

由于业务战略选择涉及内容非常多，在整体战略体系中非常重要，在本书中我们把产业战略、区域战略、客户战略和产品战略四大业务战略分别单独设立一章来做详细的、重点的介绍。

4. 职能战略选择

职能战略是指企业为实现愿景、战略目标、业务战略，在企业职能方面的重大选择、规划及策略。职能战略为企业提供了发展能力。职能战略首先要根据愿景、战略目标、业务战略，考虑整体上的核心发展能力，为实现核心发展能力，又进一步考虑市场营销战略、技术研发战略、生产制造战略、和财务投资战略。职能战略选择也分为核心发展能力、市场营销战略、技术研发战略、生产制造战略、财务投资战略和人力资源战略的选择：

（1）核心发展能力选择。核心发展能力是企业为实现未来愿景、战略目标、业务战略所需的最核心能力，核心发展能力包括了企业对未来最重要的能力方面的选择等。

（2）市场营销战略选择。市场营销战略是企业在市场营销职能方面的重大选择、规划及策略。市场营销战略选择通常包括品牌战略选择、推广战略选择、价格战略选择、渠道战略选择、客服战略选择等。

（3）技术研发战略选择。技术研发战略是企业在技术研发职能方面的重大选择、规划及策略。技术研发战略选择通常包括技术战略选择、研发战略选择、工艺战略选择等。

（4）生产制造战略选择。生产制造战略是企业在生产制造职能方面的重大选择、规划及策略。生产制造战略选择通常包括产能规划与布局战略选择、生产工艺战略选择、生产运行战略选择、成本战略选择等。

（5）财务投资战略选择。财务投资战略是企业在财务投资职能方面的重大选择、规划及策略。财务投资战略选择通常包括筹资战略选择、投资战略选择、财务运营战略选择、资本运营战略选择等。

（6）人力资源战略选择。人力资源战略是企业在人力资源职能方面的重大选择、规划及策略。人力资源战略选择通常包括组织发展战略选择、人员配置战略选择、人员激励战略选择、人员开发战略选择等。

战略选择框架是战略选择的总体框架，是一种非常实用的战略选择方法论体系，它为企业战略决策者提供了战略选择的思考方式。在后面的章节里，我们将按发展战略框架的构成部分详细地介绍如何做战略思考和战略选择，如何来实现企业快速、健康、持续地发展。

第二节 从发展战略框架审视万科战略

万科是我国优秀的房地产公司，也是我国最成功的企业之一。万科自1984年创立至今，短短30年，与它同时代的众多企业相比，取得了举世瞩目的成绩，成长为全世界最大的房地产开发企业之一。2013年，万科实现销售面积1490万平方米，营业收入1354亿元，净利润151亿元。从1992年到2013年，在这21年期间万科营业收入增长了205倍，复合增长率达到28.8%；净利润21年期间增长了216倍，复合增长率达到29.6%。

万科的成功是毋庸置疑的，但大家不禁要问，在全国五万多家房地产公司激烈竞争的市场中，万科靠什么脱颖而出，实现长期、持续、快速地发展?

当然万科的成功首先要归功于中国房地产业快速发展的历史机遇，但更多还要归功于其正确的发展战略。万科的发展战略是怎样的呢？下面我们从发展战略框架的角度来审视一下万科的发展战略。

一、万科发展三部曲：多元化、专业化、规模化

万科于1984年创立，从创立至今，经历了三个战略发展阶段，最初是多元化发展阶段，1993年转为专业化调整阶段，2000年转为规模化扩张阶段。

1. 多元化发展阶段(1984—1992年)

1984年，"万科"诞生了，以"深圳现代科教仪器展销中心"的名称注册，属于国有性质，主要经营办公设备、视频器材的进口销售业务；当年开发大陆专业视频器材市场，成为深圳市最大的进口销售商；当年成立第一家内联企业"现代医学技术交流中心"。万科的起家，用王石的话讲，是"靠贸易起家"。

1985年，进口机电产品市场严重萎缩，万科改变策略，多方拓展销售业务，形成了深圳本部调汇、进货，广州点储运，北京点销售的"三点一线"销售模式，营业额一度占国家计划外市场的60%。

1986年，万科又引进办公自动化设备，为树立企业形象，他们赞助大型文艺演出和文化刊物；成立第一家中外合资企业"深圳国际企业服务公司"；开始为摆脱僵化体制而筹措发展资金，准备在两年内完成以公开发展股票为目标的股份制改造。

1987 年，万科改整机进口为散件引进，国内组装、销售，业务进展顺利，与日本 SONY 等公司建立了密切联系；兴办第一个工业投资项目“精时企业有限公司”。

1988 年，万科发生了根本性变革，正式申请股份制改造，11 月，深圳政府批准了万科股份制改组方案，万科正式定名为“深圳万科企业股份有限公司”，这是深圳特区第一家申请改制为股份制公司的国有企业；当年分别与美国富兰克林铸币公司等兴办了 3 家来料加工厂，用工数达 2500 人；同年 11 月，以 2000 万元的价格投标买地，进入房地产业。

1989 年，招股顺利完成，第一届股东例会召开，成立了由王石等 11 人组成的第一届董事会，建立了现代化的公司治理结构；由于走私市场的冲击和计划经济僵化，万科摄录像器材的销售业务日趋萎缩，但工业服务、房地产发展良好，创造了新的利润来源。

1990 年，决定向连锁零售、电影制片及激光影碟等新的领域投资，初步形成了商贸、工业、房地产和文化传播的四大经营架构。

1991 年 1 月 29 日，万科 A 股在深圳证券交易所挂牌交易，成为其第二家上市的公司。

1991 年，万科确定综合商社之发展模式；房地产向上海、厦门拓展；收购蛇口龙环、模特中心的股权，进行扩充公司业务的尝试，转让国企的部分股权，达到优化资源组合的目的；当年影片《过年》获国际大奖，为开拓文化娱乐市场积累经验。

1992 年，跨地域经营发展迅速，重点开发中国东南沿海地区的房地产和股权投资业务。上海、青岛、天津等地项目发展顺利，为公司的规模化发展奠定了坚实的基础。下属 36 家联营和附属企业，遍布全国 15 个重要城市。

万科在早期发展阶段，经过数年的多元化发展，形成商贸、工业、房地产和文化传播四大产业结构，产品涉及贸易、零售、房地产、股权投资、影视、印刷、广告、饮料、机械加工和电气工程。这种多元化是当时新兴企业的普遍特征，主要因为中国当时商品经济刚刚起步，市场供不应求。什么赚钱就做什么是当时中国企业家的普遍心态，企业的投资扩张冲动是一种常态。

万科早期的多元化发展，获取了发展资金，为自身快速发展打下了基础；但多元化的背后，隐藏了不少问题：

(1)每个产业规模都比较小，市场占有率低，虽然各产业销售额之和上了一定规模,但公司整体盈利能力较差。

(2)各产业竞争能力都一般,在产业中欠缺竞争优势。

(3)所有产业业务都不稳定,受经营季节性和宏观调控影响很大,缺乏长期发展基础。

从万科早期发展来看,它主要是走一条多元化发展的道路。公司无明确战略定位,主要以机会导向为主,什么赚钱做什么,这样的结果导致公司资源投入分散,欠缺核心竞争能力。

2. 专业化调整阶段(1993—1999 年)

在介入众多行业时,万科注意到房地产行业即将成为国民经济新热点。这时我国住房制度发生了一系列改革,1988 年 9 月党的十三届三中全会把“加快出售公房、逐步实现住房私有化”作为全面深化改革的重要内容。1987 年,深圳市政府就开始实施土地拍卖政策。中央关于“住房私有化”的政策点燃了我国房地产行业的光明前景。

令人意外的是,万科第一次进入房地产市场的敲门砖竟然是以日后让市场震惊的“地王价”拍到的。1988 年 11 月,万科以楼面地价高于周边住宅的“地王价”拍到了威登别墅地块。这次“猛打猛杀”让万科迈入了奠定其未来主业的房地产行业,也由此杀入房地产市场而一发不可收拾。在后续几年中,万科迅速将房地产业务从深圳拓展到上海、厦门、青岛、天津、北海、北京、沈阳、成都、大连、武汉、石家庄、鞍山共计 13 个城市。在产品设计方面万科寻找市场空白点作为切入点,除住宅以外项目一般还包括写字楼、商业、保税区仓库等。

在这种全国范围的扩张过程中,万科发展存在以下一些特点和问题:

(1)机会为主导——虽然在刚刚开始跨地域发展的时候,万科有意识地选择了一些全国性的经济中心城市和沿海开放城市,比如北京、上海、天津、厦门等,但总体而言,这一阶段的业务是以机会为主导,同样也会选择发展规模和市场经济发展程度不高的城市及区域,如鞍山、北海、石家庄。

(2)产品多元化——万科在第一次扩张阶段,地产业务往往力求寻找市场的空白点进行介入,从而在这一阶段呈现产品发展多元化,缺少核心产品的趋势。以地产产品为例,除住宅之外还有酒店、写字楼、商场、保税区仓库等。到 1992 年,按建筑面积计算,万科房地产产品中只有 20%是住宅,其余 80%是非住宅。

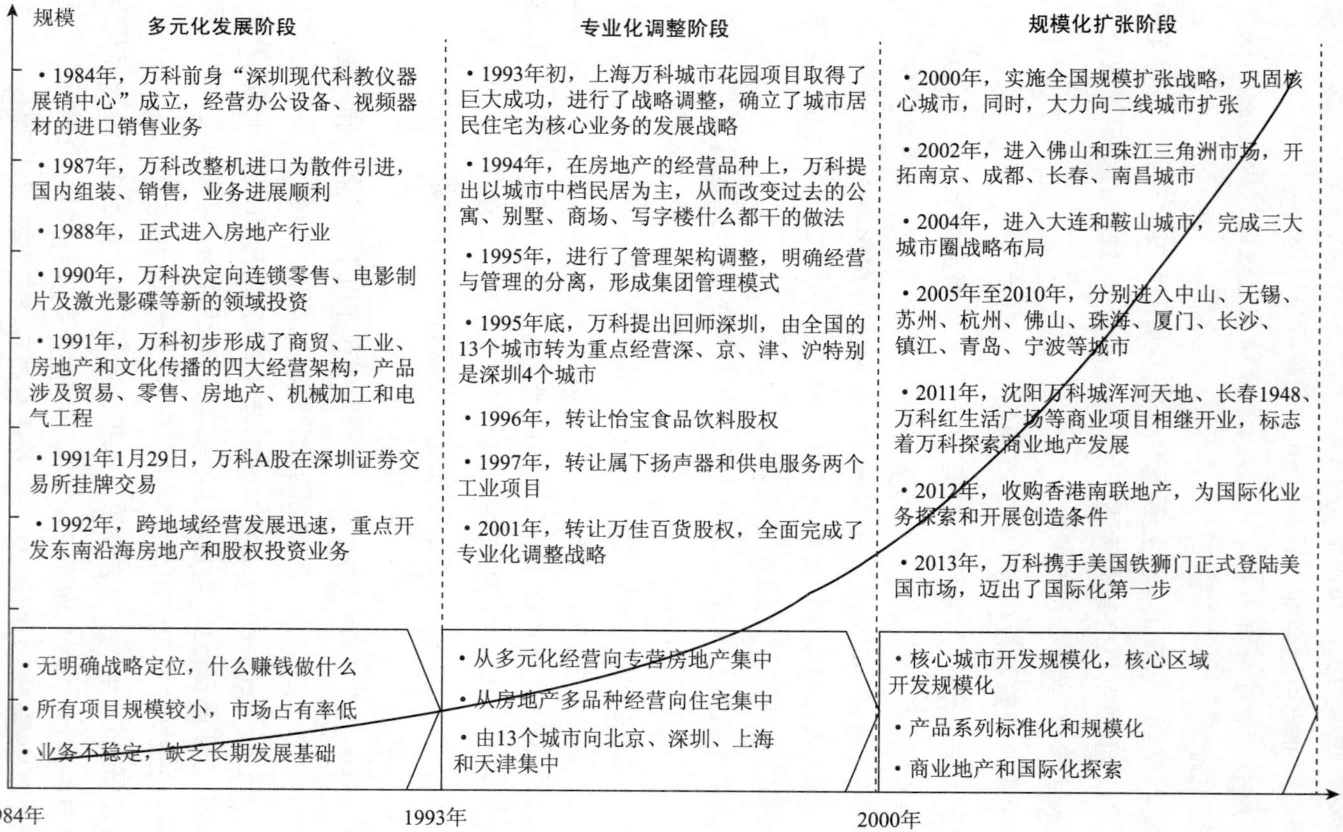

图 1－4　万科战略发展阶段

(3)项目为核心——以项目为核心的发展，缺少战略层面的考虑。

(4)投资分散——以机会为主导的发展造成了万科的项目在全国呈点式分布，缺少战略层面的考虑，缺乏彼此的联系和相互支持。同时，由于在短时间内业务拓展迅速，造成了资金相对分散的局面。

在房地产领域，特别是住宅领域，万科的发展总体而言是相对成功的。产品多元化的发展在客观上起到了"投石问路"的效果。此外，这一阶段的发展，为万科后来的资本积累和进一步发展奠定了坚实的基础。

1993 年 1 月，万科向上海市民推出中档城市居民住宅——上海万科城市花园，该项目占地面积 37.6 万平方米，建筑面积 50.3 万平方米，为万科当时投资规模最大的房地产项目。该项目受到市场热烈欢迎，取得了极大的成功。

上海万科城市花园项目的巨大成功，促使万科管理层对早期发展阶段进行总结和反思。在当时，除房地产开发业务外，万科其他业务的利润率都开始明显降低，在房地产业务中，除住宅地产之外的其他地产盈利能力都较弱。

通过反思，万科最终决定放弃早期以综合商社为目标的发展模式，确立城市居民住宅为公司主导业务的发展战略；同时，对驻各地的商务代表处进行合并，并对业务进行调整，确立了专业化经营的发展思路。

1994 年，万科提出了集中做好城市中档民居，逐步放弃过去的公寓、别墅、商场、写字楼经营品种；4 月北京万科城市花园破土动工，这是继上海万科城市花园之后，独资开发的第二个城市居民住宅项目。

1995 年，万科进行了职能部门管理架构调整，明确经营与管理的分离，形成集团管理模式；公司贸易口进行机构调整和资源整合，原深圳万科贸易有限公司、深圳万科协和有限公司、深圳现代企业有限公司合并为万科贸易有限公司；开发的深圳天景花园、青岛银都花园等住宅小区，被评为"全国物业管理优秀住宅示范小区"。

1995 年，已经形成以房地产为主导的业务架构，只是全资企业和合资合作企业数量大，分布于全国各地，管理难度不断增加。1995 年底，万科提出回师深圳，由全国的 13 个城市转为重点经营深、京、津、沪特别是深圳 4 个城市。

1996 年，万科加大在深投资比重的经营策略，深圳城市花园破土动工；

转让其持有的深圳怡宝食品饮料有限公司股权；工业公司进行机构调整，原下属精品制造公司合并为万科精品制造有限公司。

1997年，万科开发的沈阳城市花园、大连邮电大厦、鞍山东源大厦、上海万科广场、深圳万景花园、天津万科城市花园先后通过了建设部“全国城市物业管理优秀示范住宅小区”的评比，大大提升了万科品牌影响力；10月，万科继续进行资源整合，协议转让下属两个工业项目——深圳万科工业扬声器制造厂和深圳万科供电服务公司，至此，集团基本完成对非核心业务的调整。

1998年，万科加大了房地产开发力度，分别在深圳、天津、北京、上海购进土地开发；11月，转让集团下属广告公司——深圳国际企业服务公司。

1999年，万科加大了对房地产业的投资，在上海、沈阳、天津、深圳主要投资城市进行土地储备；为进一步提高万科地产开发水平，丰富万科品牌内涵，增加项目开发科技含量，成立万科建筑研究中心；先后增持大连万联、成都万科、天津万科、深圳海神置业的股权，使其成为集团全资附属房地产企业。

2001年，将万佳百货股份转让给华润，全面完成了专业化调整战略，成为单一房地产业务的集团，区域主要集中在深圳、上海、北京、天津、武汉、成都、沈阳7个城市。

从1993至1999年的发展来看，万科选择了一条专业化调整道路，对公司业务资源进行重组，突出房地产主业，剥离其他业务。这个阶段的战略调整包括：

（1）产业战略由多个产业向单一房地产产业集中。由原来的商贸、工业、房地产和文化传播四大产业，逐步转变成单一的房地产业。

（2）产品战略由房地产多品种向住宅地产集中。房地产品种由原来公寓、别墅、商场、写字楼多个经营品种，向住宅单一品种转变。

（3）区域战略由多城市向核心城市集中。经营区域由原来的多处开花，四面出击转向北京、上海、深圳、天津等核心城市。

万科专业化战略调整是痛苦的，这种痛苦首先来自对其前10年商业实践的一大否定，另外，在实际操作过程中还有更大的困难需要跨越，对股东利益的保证和剥离企业员工的安抚都是一大挑战。

3. 规模化扩张阶段(2000 年至今)

1998 年,国家对房地产业做了一个重大的战略决定,确定房地产为中国经济新的增长点,并通过取消福利分房、降低贷款利率、发展个人购房按揭、降低税费等一系列政策,来进一步激活并培育房地产市场,使中国房地产业面临空前绝后的历史机遇。

同时,万科在全国范围内逐步完善和推广以"城市花园""金色家国""四季花城"等为代表的房地产开发项目,在全国形成了非常高的知名度和美誉度,成为极具影响力的万科项目品牌。

面临房地产绝好的发展机会和万科全国影响力的提升,万科于 2000 年做了一次重大的战略调整,这个战略调整是怎样的呢?

2000 年,鉴于国家大力发展房地产战略及相关政策的推出,万科做出了对其发展具有里程碑意义的战略调整,正式提出集团市场与规模扩张战略,也就是所谓的"第二次扩张"。战略的核心内容是加大房地产的投资力度,在巩固现有的几大核心城市的同时,大力向全国二线城市扩张。

在核心城市,万科一方面继续进行土地储备、业务拓展,另一方面也开始进行一些个性化产品的实践,如上海的兰乔圣菲、深圳的金域兰湾、北京的西山庭院、天津的水晶城等。在二线城市,万科则根据以往经验对成熟产品进行深入推广。尽管房地产开发的地域性使得房地产企业很难通过产品的简单重复实现规模效益,但万科在第二次扩张中注重选择不同城市的类似用地,以成熟产品为原型建造较为近似的标准产品。这样既可以降低开发成本、规避风险,又可以实现规模效益。

2000 年,万科加大了土地储备的力度。先后签署天津东丽湖、上海春申、深圳锦绣花城、成都万科城市花园、北京豆各庄、深圳下沙等项目,全年新增土地储备 438.8 万平方米,为历史之最。

2001 年开始,万科进入了武汉、南京、长春、南昌 4 个城市,并在原有的深圳、上海、北京、沈阳、成都、天津等城市也加大了投资力度。

2002 年,万科提出了区域集约化发展模式。这是万科首次提出"区域集约"的概念,即所谓的"点—线—面"发展战略:以中心城市向周围 200km 半径拓展市场。在珠江三角洲地区是以深圳为中心,向佛山、东莞、中山和广州拓展;在长江三角洲地区,是以上海为中心,向南京、无锡和昆山拓展;在环渤海湾区域以北京—天津—沈阳为中心，向长春、大连、鞍山拓展。进行这种区域集约发展，可以在同区域城市之间，利用地理、文化、历史、气候、经济相似等优势，实现在获取土地、规划设计、工程管理等方面节约成本的目的，最大限度地发挥规模效益。

2002 年 11 月，万科竞得佛山市南海区黄岐泌冲岗地块，由此进入珠江三角洲市场；与此同时，万科加大了开发力度，当年在南京、成都、长春、南昌等城市实现开盘销售。

2003 年，先后进入中山、广州、大连和鞍山 4 个新的城市，并在深圳、上海、南京、成都、天津等地获得项目资源。

2004 年，万科基本完成珠江三角洲和长江三角洲的战略布局，并开始积极拓展环渤海区域，进入大连和鞍山城市。

2005 年，在布局全国三大经济圈之后，万科完整地提出了城市经济圈聚集战略。万科把中国长江三角洲、珠江三角洲、环渤海湾三大经济发达区域和成都、武汉等区域经济中心城市作为开发的重点。长江三角洲区域、珠江三角洲区域、环渤海湾区域加之成都、武汉等区域经济中心城市，构成了万科“3＋X”区域发展模型。

2005 年至 2009 年，进入了中山、无锡、苏州、杭州、佛山、珠海、厦门、长沙、镇江、青岛、宁波等城市。

2008 年，受美国金融债务危机的影响，调整了发展模式，采取了收购公司或合作方式取得土地和项目的发展模式，降低市场风险。

2010 年，新进入昆明、贵阳、清远、温州、扬州、南通、嘉兴、唐山、廊坊、吉林、抚顺、乌鲁木齐 12 个城市。截至 2010 年末，公司累计已进入了 46 个城市市场，布局更趋广泛。层次丰富的战略纵深，为公司的业务发展提供了更为广阔的空间，同时也有助于公司规避部分市场过热的风险。

2011 年，沈阳万科城浑河天地、长春 1948、万科红生活广场等商业项目相继开业，标志着万科在商业发展及管理方面已经迈出了坚实的第一步。

2012 年，收购香港南联地产，更名为万科置业（海外）公司，为国际化业务探索和开展创造条件。

2013 年 1 月，在北京成立了商用地产管理部，将对旗下各类商用资源进行整合，围绕住宅，发挥商住协同效应，为客户营造“好房子，好服务，好邻居”的生活环境，逐步探索适合公司发展的商业地产模式。

2013年，首次进军海外市场，通过和当地知名开发商合作的方式，先后进入香港、美国、新加坡市场，包括：和新世界发展有限公司合作，开发香港荃湾项目；和铁狮门公司合作，开发美国旧金山 Lumina 项目；和吉宝置业有限公司合作，开发新加坡林曦阁(The Glades)项目。通过参与海外业务，在摸索国际化发展的同时，也学习和借鉴国外优秀同行的经验，进一步强化自身的专业能力和管理水平。

从2000年至今的发展来看，万科选择了一条规模化扩张道路，这个阶段的战略基调是利用发展成熟的模式进行大规模扩张，主要战略包括：

(1)在区域战略上确定了“3＋X”区域发展战略。对核心城市进入深度开发，并围绕核心城市向卫星城市拓展，实现核心城市开发规模化，核心区域开发规模化。

(2)在产品战略上围绕“城市花园”“金色家国”和“四季花城”产品系列，实现产品系列标准化，满足规模化扩张需求。推行“高档”产品系列，以满足个性化产品的需求。

(3)积极探索商业地产和国际化的发展。通过商业地产探索，发挥商住协同效应，为客户营造更好的生活环境；通过对国际化探索，摸索国际化发展道路，并借鉴国际先进经验，提升产品及管理。

通过规模化扩张，万科实现了飞跃式的发展，已经成为覆盖珠江三角洲、长江三角洲、环渤海区域主要一、二线城市的大型房地产集团，规模和利润也取得了飞速增长。

二、万科非凡的经营业绩

万科已经成为我国最成功的企业之一，自1984年创立至今，短短30年，与它同时代的众多企业相比，取得了举世瞩目的成绩。万科的业绩到底怎样呢？我们不妨来分析一下。

1. 营业收入

万科营业收入保持了高速增长。其营业收入从1992年的6.61亿元，增长到2013年的1354亿元，21年期间增长了205倍，复合增长率达到28.8%。具体数据如图1－5所示。

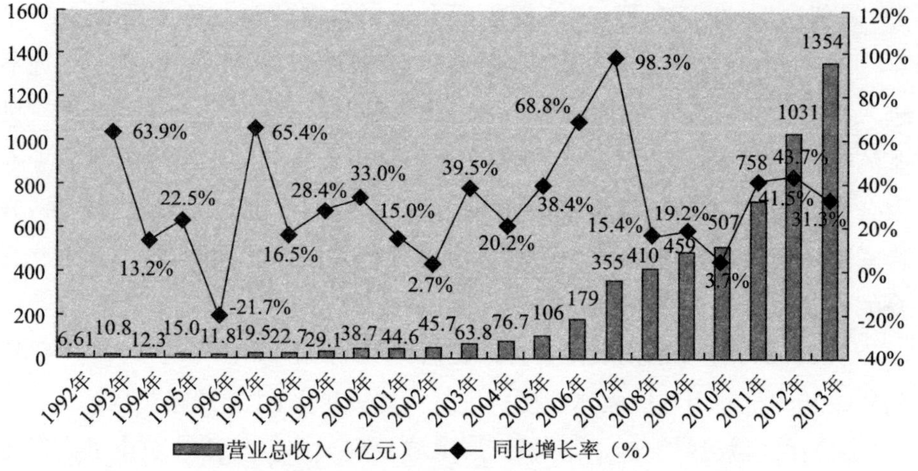

图 1-5　万科营业收入及增长率

资料来源：万科历年年报。

2.净利润

万科净利润增长同样保持了高速增长。其净利润从 1992 年的0.70亿元，增长到 2013 年的 151 亿元，21 年期间增长了 216 倍，复合增长率达到 29.2%。具体数据如图 1-6 所示。

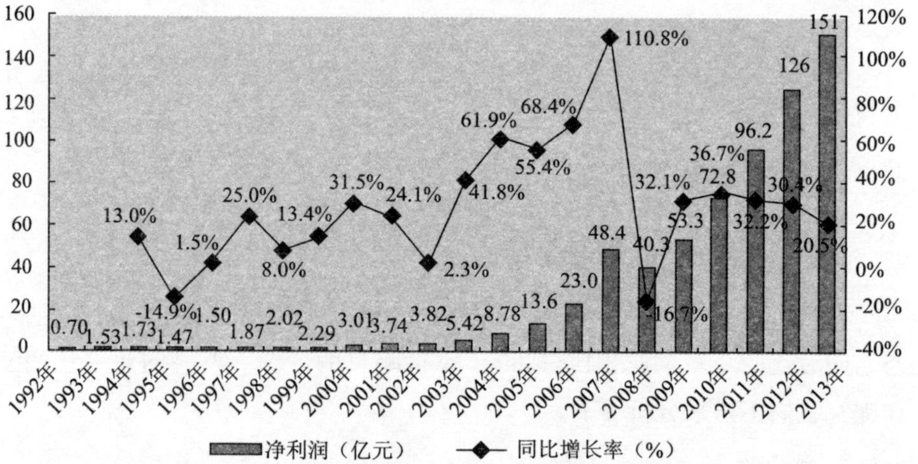

图 1-6　万科净利润及增长率

资料来源：万科历年年报。

3. 业绩点评

从万科的营业收入和净利润我们可以看到，万科实现了长期的、快速的、稳定的增长，在长达 21 年的时间都如此稳定，这简直是难以想象的。

从万科专业化调整阶段的业绩来看，营业收入从 1992 年的 6. 61 亿元，增长到 1999 年的 22. 7 亿元，7 年期间增长了 4. 4 倍，复合增长率达到 23. 6%；净利润从 1992 年的 0. 70 亿元，增长到 1999 年的 2. 29 亿元，7 年期间增长了 3. 27 倍，复合增长率达到 18. 5%。在进行产业调整时期，能取得如此的业绩，是非常不错的。

从万科规模化扩张发展阶段的业绩来看，营业收入从 1999 年的 6. 61 亿元，增长到 2013 年的 1354 亿元，14 年期间增长了 46. 5 倍，复合增长率达到 31. 6%；净利润从 1999 年的 2. 29 亿元，增长到 2013 年的 151 亿元，14 年期间增长了 66 倍，复合增长率达到 34. 9%。规模化扩张战略无疑取得了巨大的成功。万科对中海地产的超越，就是通过规模化扩张阶段来实现的。2000 年，中海地产营业收入 62. 2 亿元，净利润 2. 68 亿元，而万科营业收入是 38. 7 亿元，净利润是 3. 01 亿元，与中海相比还有较大的差距；但到 2005 年，万科实现了营业收入 106 亿元，净利润 13. 6 亿元，中海的营业收入 69. 7 亿元，净利润 16. 7 亿元，万科的营业收入首次超越了中海地产，成为中国房地产行业的领跑者。

然而，规模化扩张阶段与专业化调整阶段相比，无论是营业收入增长率还是净利润增长率，都高于专业化发展阶段。那么，是不是万科规模化扩张战略比万科专业化发展阶段更成功呢?

我们要这样来看，专业化调整阶段的许多战略积累，都是在规模化扩张阶段才体现出业绩的，没有通过专业化调整形成的产品体系和品牌影响力，万科的规模化扩张是没有基础的，同样，如果没有万科后续的规模化扩张战略，其专业化调整阶段形成的产品能力和品牌影响力就不能很好地发挥价值。

三、从发展战略框架审视万科战略

万科无疑是中国最成功的企业之一，在万科快速发展的背后，我们可以感受到万科关键时刻做出明智的战略选择，可以说万科的成功就是战略上的成功。万科的发展战略是怎样的呢? 下面我们分别从发展战略框架的几个构成部分，即愿景、战略目标、业务战略和职能战略这几个方面，来看万科发展战略。

1. 愿景

愿景是指企业渴望实现的未来景象，它为企业树立了发展方向。万科的愿景是怎样的呢？

万科在1993年放弃多元化战略，确立了以房地产为核心业务，以居民住宅作为房地产的主导开发方向。在2000年确立了全国规模化扩张战略，明确了万科愿景——“成为中国房地产行业的领跑者”。在愿景的指引和激励下，万科人通过不懈追求和共同努力，使万科在2005年基本成为房地产行业的领跑者。

在2005年成为房地产行业的领跑者后，原来的愿景已经失去了牵引企业前行的动力，这时万科添加了“持续领跑”的概念，改动后的愿景是“成为中国房地产行业的持续领跑者”。

2012年，万科在愿景中又增加了“绿色”的概念，调整后的愿景为“成为中国房地产行业的持续领跑者，卓越的绿色企业”。

为了实现这个愿景，其要做到：

· 不断钻研专业技术，提高国人的居住水平；

· 永远向客户提供满足其需要的住宅产品和良好的售后服务；

· 展现“追求完美”之人文精神，成为实现理想生活的代表；

· 快速稳健发展我们的业务，实现规模效应；

· 提高效率，实现业内一流的盈利水准；

· 树立品牌，成为房地产行业最知名和最受信赖的企业；

· 拥有业内最出色的专业和管理人员，并为其提供最好的发展空间和最富竞争力的薪酬待遇；

· 以诚信理性的经营行为树立优秀新兴企业的形象；

· 为投资者提供理想的回报。

“成为中国房地产行业的持续领跑者，卓越的绿色企业”是一个远大的愿景，目前正在指引和激励万科迈上更高的目标，持续领跑中国房地产行业。

2. 战略目标

愿景为企业树立了发展方向，愿景的实现需要战略目标来支撑。万科的战略目标是怎样的呢?

为实现愿景,万科对企业每个发展阶段都提出了非常高的要求。我们来看万科的两个阶段性发展战略目标:

万科战略目标(2001—2005 年):万科的发展规模将以年均30%~40%的速度增长,在 2005 年,销售收入达到 150 亿元。

万科战略目标(2006—2010 年):2010 年实现销售收入 1000 亿元,净利润 100 亿元,市场占有率 3%。

万科战略目标(2011—2020 年):未来 4 年,复合增长率 20%,2014 年实现营业收入 2000 亿元,2020 年实现营业收入 3000 亿元。

万科 2005 年未能完全达到当初制定的战略目标,但其制定的具有挑战性的战略目标确实充分调动了其经营管理层和全体员工的潜力,如果没有挑战性的战略目标,我们不敢想象万科能取得如此飞速的发展和如此惊人的业绩。2010 年,通过万科人的集体努力,万科实现了销售额 1082 亿元,如期实现了"千亿万科"的目标。目前,万科正在努力冲击"2014 年实现销售收入 2000 亿元,2020 年实现营业收入 3000 亿元"的战略目标,我们相信,在挑战性战略目标指引下,万科人能更好地发挥和挖掘自己的潜力,促使万科进步和能力提升,铸就更加强大的万科。

3. 业务战略

业务战略是指企业为实现其愿景和战略目标在一定时期内对业务发展的选择、规划及策略。业务战略包括产业战略、产品战略、区域战略和客户战略,它为企业提供了战略发展点。万科的业务战略是怎样的呢?

我们分别从发展战略框架的产业战略、产品战略、区域战略、客户战略来看。

(1)产业战略。1990 年,万科初步形成了商贸、工业、房地产和文化传播的四大产业战略,虽然是多元化发展,但也隐藏了一些问题,如公司产业规模小,资源分散,没有形成产业核心竞争力。1993 年,万科确立了以房地产为核心业务、以居民住宅作为房地产主导开发方向的专业化调整战略,逐步从工业、商贸等其他行业中退出。在 2001 年,万科产业战略调整完成,确定了集中于住宅地产实行规模化扩张的战略。万科认为,中国经济的快速发展、中国人口数量众多和中国城市化快速发展,将长期有力地推动中国房地产行业发展。万科将坚定地走以房地产为核心业务、以居民住宅作为房地产的主导开发方向。2012年后，为了迎合城市发展和居住需求的变化趋势，在坚持专注于住宅地产发展的同时，适度探索商业地产的发展，尤其是与住宅配套的社区性商业地产。

(2)区域战略。1993年以前，万科是机会型的区域战略，哪里有机会就在哪里发展，1993年在全国13个城市开展业务。由于企业数量大，分布于全国各地，管理难度不断增加。1995年底，万科提出回师深圳，由全国的13个城市转为重点经营深、京、津、沪特别是深圳这4个城市，实行了区域集中经营战略。2000年，万科确立了在巩固现有核心城市的同时，大力发展全国二线城市的规模化扩张战略。

2005年，万科正式提出了城市经济圈聚集战略。以上海、北京、深圳、广州为核心城市，同时选择以上海为龙头的长江三角洲地区，以北京为龙头的环渤海地区和以深圳、广州为龙头的珠江三角洲地区为3大城市圈开发住宅，还将选择成都、武汉等腹地区域经济中心城市作为发展目标，逐步把44个100万以上人口的城市覆盖，进一步扩大在各地的市场份额，实现成为行业领跑者的愿景。

“公司以房地产为核心业务，并初步形成了以长江三角洲、珠江三角洲和环渤海地域为主，以其他区域经济中心城市武汉、成都为辅的‘3＋X’跨地域布局”①，这就是万科著名的“3＋X”区域发展战略。

万科在年度报告里这样描述中国三大经济圈的发展前景以及对其发展的定位：②

“我们正处在一个非凡的年代。我们或许已经看到了过往的奇迹，但是历史的恢宏其实才刚刚开篇。在以三大经济圈为中心的中国沿海，正在诞生着全球有史以来最大规模的城市带。数以亿计的个人和数以千万计的家庭来到这些地方，当他们到来的时候，他们可能只拥有自己的双手和智慧，但终有一天，他们将成为城市的主人。而只要具备对他们足够的尊重和珍惜，以及为他们服务的足够技能，住宅企业就能够在这个过程中，获得近乎无限的发展空间。而这一点，才是住宅行业持续繁荣的真正奥秘。

“万科在未来十年，将把业务聚焦在城市经济圈，特别是长江三角洲、珠江三角洲、环渤海区域三大城市圈。万科将集中资源，在这些地区实现集约

①② 参见万科2005年年度报告。

型的扩张，成为这三大区域的市场领导者。”

2012年后，万科在巩固国内“3+X”区域发展战略的同时，开展了中国香港、美国、新加坡等国家与地区的探索道路。在培育未来国际市场的同时，也为提升国内产品及服务水平提供借鉴。

(3)客户战略。2005年，万科在客户战略方面实行了客户细分战略。从原来以项目为核心的运营方式，转向以客户价值为中心的运营方式。在一个竞争与开放的市场中，企业持续的竞争优势，只有一个来源，就是客户价值。没有对客户价值的精确理解与把握，就不可能真正形成企业的核心竞争力。

在客户细分战略下，万科将不局限于以职业、收入、年龄等“物理”方式去把握客户，而将从客户的内在价值出发，按不同生命周期找到重点客户，并围绕他们各生命周期的需要，建立梯度产品体系，有的放矢地充实品牌内涵、获取项目资源、提供产品和服务，获得客户更坚实的信任和支持，通过为客户创造价值，实现客户的终身锁定。

(4)产品战略。万科的住宅产品主要定位于中高档城市居民住宅。通过研究居民未来生活需求，万科在细分市场的基础上细化品牌，实现产品精细化、产品标准化，然后对精品项目进行全国化复制的产品战略。

万科在发展过程中，城市花园、四季花城、金色家园等项目获得了空前的成功，于是在这些项目的基础上进行了改进和复制，逐步形成了标准化、系列化，形成了金色、城花、四季和高档四大系列产品的产品战略，其中城市花园、四季花城、金色家园已经形成其拳头品牌产品。

城花系列，主要定位是提供位于城郊的住宅，其代表产品是城市花园。1993年，上海城市花园脱颖而出，这是万科集团城市花园品牌系列的第一个项目，万科城市花园在七宝地区的发展极大地推动了当地的经济转型和发展，并成为地区的核心。与此同时，北京城市花园、天津城市花园、沈阳城市花园和长春城市花园接踵而出，直到2001年成都城市花园——坡地住宅的出现和2003年武汉城市花园的再掀高潮。

四季系列，主要定位是提供位于郊区的住宅，其代表产品是四季花城。1999年深圳四季花城诞生，它是深圳万科地产的第 个大型社区，也是万科四季花城系列的第一个项目，它的成功开发带动了周边地区的发展。在以后的时间里，武汉四季花城、沈阳四季花城、南昌四季花城以及上海四季花城项目相继诞生。2005 年，万科对四季花城进行了升级，推出了万科城，将城市化思路体现得更加彻底。万科是将它放大到大区域框架下进行住区开发，已上升成为一种“自觉的行为”，并引用新城市主义理论造城。

金色系列，主要定位是提供位于城市中的住宅，其代表产品是金色家园。在 1999 年至 2002 年成功开发了深圳福田景田片区的金色家园后，万科围绕金色家园品牌实行了产品系列化和标准化开发，先后开发成都万科金色家园、沈阳万科金色家园、南京万科金色家园、佛山万科金色家园、天津万科金色家园。金色家园系列产品揭开了万科在城市中心区住宅开发的序幕。在城市中土地面积相对狭小的局限下，规划出良好的居住环境对万科来说又是一个新的挑战，在巨大的压力下，万科获得了成功，不仅注重了环境的改善，而且符合了城市更新的性质，同时获得了品牌宣传、定位策划、规划设计、建筑施工等方面的规模化运用。

高档系列，主要定位是提供位于稀缺地段或占有稀缺景观资源的住宅。2003 至 2004 年，在建筑文化的探寻上，万科开始确立自己的建筑观，在尊重自然、尊重文脉的原则上，主动创造住宅的产品形式。比之从前，这一时期的作品增加了更多的建筑张力、更强烈的文化取向、更进取的表现风格，同时，住宅多样性已经随地域扩张进一步强化。泰式风情社区深圳金域蓝湾项目，大型生活度假社区深圳东海岸项目，沿袭原有地址风貌的大型街道社区天津水晶城项目，反映原生态的住宅别墅上海兰乔圣菲项目，以及反映人文生活院落空间的北京西山庭院项目，关注街区邻里生活氛围的上海蓝山小镇，依照山体原有地形地貌的深圳 17 英里花园。

随着社会的发展，万科一方面把房地产开发项目标准化、产品化、系列化，另一方面又结合城市发展和客户需求变化趋势，对产品进行改进、完善和升级，或者开发出新的系列产品。2012 年，万科按产品功能分，又形成了新的四大产品系列，分别是：城市主流系列、养生度假系列、高端尊贵系列和综合体系列。每一系列产品又进一步细分，例如，城市主流系列细分为金域华府、万科城、万科中心等产品系列。在商业地产方面，万科又形成了邻里家、万科生活中心、万科广场三大产品系列，主要定位为以社区商业为主，做城市综合配套服务商。

在产品战略上实行产品系列化战略之外，万科在产品竞争上还实行以客户需求、城市发展趋势、社会发展趋势为导向的差异化战略，主要表现在以下几个方面：

第一，积极推行住宅产业化战略。“像造汽车一样造房子”，这是多年来万科掌门人王石最宏大的梦想。从生产方式来看，一次性设计、作坊式生产曾经是这个行业的常规。这种落后的生产方式，带来了难以克服的质量通病和企业资产的慢速周转，也催生了优秀企业成熟产品被复制的现象。而随着品质导向、规模效应和周转要求等一系列生存法则的变迁，未来看到的，将主要是标准化设计、工业化生产的住宅产品。

万科的住宅产业化分为四步：第一步是分区域建立万科自己的《住宅使用标准》和《住宅性能标准》。第二步是标准化设计，按照万科自己的住宅标准完成住宅产品体系的标准化设计，同时形成标准化部品体系。标准化的住宅产品设计是从市场的需求出发，也会每年随着市场的发展而升级、演进。第三步是部品的工业化制造，实现工业化规模生产。第四步是全面推行产业化。

万科产品研究特点：住宅标准化体系应包括产品标准化、管理标准化和服务标准化。产品标准化是标准化的核心和首要任务，管理标准化是标准化的基础，服务标准化是产品标准化的延续。

目前，万科住宅产业化的思路正结合标准化项目逐步实施，工厂化住宅已经正式投入市场。按照万科的规划，2014 年万科旗下的所有住宅产品都将使用工业化生产。不过，当万科将这一产品尝试向全国大规模推广时，却不得不一次次扯紧缰绳，受上下游配套不足、技术工人缺乏、产品成本造价过高等因素的影响，都让万科欲快不能。如果万科打算以一己之力，凭空打造一条产业链，难度是非常大的。

第二，提供精装修房战略。“提供装修房系列产品”是万科制定的产品战略之一。虽然目前绝大多数房地产商只提供毛坯房，但从未来发展趋势看，精装修房是一个方向，虽然在推行初期很容易引起投诉增多，但出于减少装修垃圾、摆脱装修噪音、节约社会资源的考虑，万科把精装修房作为提供住宅产品的理念和策略。目前，万科每年都在提高精装修房的比例，可以预见，精装修房很快将成为万科产品的新标志。

第三，提供优质的物业服务战略。跟许多房地产企业把物业管理看成是住宅产品之外的部分不同，万科认为，“万科不仅是在建房子，卖房子，更重要的是我们在为自己的客户提供细致、周到的物业服务，创造一种新的生活氛围，引领一种新的生活方式……”万科通过多年对客户服务需求和服务模式的研究、创新、实践和积累，2005 年底万科物业正式推出“五步一法”创新服务体系，其核心要点为：通过理解客户需求、感知客户价值，对现有的服务流程和关键环节进行梳理，合理配置资源，“认识客户—了解客户—帮助客户—理解客户”，进而“感动客户”和“成就客户”，最终实现客户价值的最大化。目前，万科把物业管理公司或物业管理处已改为“物业服务”，万科更强调的是服务，而不是管理。

4. 职能战略

围绕万科战略目标与业务战略，万科明确了支撑战略目标与业务战略实现的职能战略体系，主要包括研发战略、生产战略、营销战略、财务战略和人力资源战略等。

(1)研发战略。万科研发战略主要围绕其产品战略来进行，其主旨是把规划中的产品转化成实际的产品，并实现高质量、低成本的生产。万科研发战略简单来说可以概括为几点：一是根据客户需求，对目标客户进行市场细分来推出产品；二是采用关注普通人的开发模式；三是积极推行住宅产业化，推行产品标准化、设计标准化、部件标准化和建筑施工流程标准化。

万科于 1999 年成立建筑研究中心。中心扮演着资源整合者的角色，研究住区理论和住宅品质如何提升。目前已经完成开放住区、住区行为、住区公共空间的研究。2002 年，万科提出“模块化必须要有基础”的观点，而这个基础万科最后认定就是“标准化”。从 2001 年到 2003 年，万科完成了从单项技术研发到标准化项目规模应用实践，将以往经过实践检验的 9 项技术整理成《成果汇编》(2003 版)，使其成为符合万科住宅开发流程需要的核心技术。2004 年，万科建立了《万科生态住宅标准》，目标是 5 年内让实实在在的生态全面进入万科开发的住宅，并开始建立《万科住宅节能成果标准》和《产品使用说明书》。交楼时提供的这本说明书里有对结构、功能性配件的尺寸和性能指标、埋线、开关插座的详细说明。2005 年公司对部门进行调整，专门成立了创新研究部和产品品类部两个新部门，产品研发部主管公司产品的研究和创新。

(2)生产战略。万科生产战略是其产品战略的具体落实过程，是对产品标准化、建筑施工流程标准的进一步落地。万科生产战略从总体上来说，可以概括成三点：一是严格控制产品质量；二是控制好成本；三是按计划进度完成建筑施工。

万科对单栋楼体的设计、产品的组合，到每个开关、插座、管线的位置，都给予了标准化的设计。万科还根据各个地区，如华南、华东和华北市场具体气候的不同，形成不同的版本，然后将这些标准化设计直接复制到其他市场。这使得万科提高了建筑施工效率，大幅度降低了施工成本，也提升了产品品质。

2003年，万科工程管理年会在天津召开，启动了以"整合资源，关注过程，经验共享"为主题的工程管理战略。整修计划分三年完成，内容涵盖内部架构与规划制订、外部资源整合、内部与外部关系处理三大方面。具体分为：完善组织架构与建设、承建商与监理的管理、集团工程管理体系建设和公共关系管理四部分。

万科推行全面质量管理，建立了完整的质量管理架构，还建立了一套以设计带动质量、追求零缺陷的工程建造流程，强调扁平化操作，使业务系统趋向简单化、产品标准化、质量控制制度化。对于承建商和监理的管理，万科制定了合作规则，对他们的选择标准、招投标中标率控制、管理方式、评估方法以及发展方向都有清晰的规定。万科建立并实施了一套高效的管理流程，同时培养了一批专业化的工程管理队伍，使工程管理成为万科品牌有力的支撑点。

万科在产品成本控制上，设立了成本管理中心，对项目成本进行控制，并制定了《目标成本管理办法》，把成本责任落实到人。为了降低材料成本，万科建立了统一采购模式，制定了《材料设备采购规定》，并引入了"战略供应商"概念，把采购分为集团战略供应商采购、区域战略供应采购、网上招标采购、小额直接采购四个层次。为了加强前期成本控制，万科还设立了万创设计研究中心，负责项目初步规划、工艺改进、材料把关、样板间装修装饰等方面的职责。

（3）营销战略。万科营销战略分为品牌建设和品牌传播两个方面。它是产品战略、区域战略的有效支撑，总的目标是支持公司战略目标，做到市场占有率第一，实现行业领跑。

在品牌建设上，万科建立了系统的母、子品牌和主、副品牌的关系，系统规范了品牌管理结构和内容。在企业品牌和项目品牌的运作上，形成以项目品牌带动企业品牌，再通过企业品牌带动多项目的互动式发展模式。万科品牌建设步骤分为四步：第一步在全国各地建立知名项目，异地复制产品；第二步形成产品系列化，建设项目品牌；第三步通过项目品牌效应形成良好的品牌体系；第四步对项目品牌进行整合。

在品牌传播上，万科建立了决策层、策划层、执行层三级品牌管理组织架构：①决策层：集团副总经理、各区域总经理，主要职责是对项目实现统筹规划，并管理一线公司项目运营全过程；②策划层：集团企划部或品牌管理部，主要职责是全面统筹各市场区域的项目品牌策划与管理，对各区域项目品牌策划给予资源支持和全面指导，及时就各区域项目品牌的市场反馈进行策略调整；③执行层：项目营销部，主要职责是负责项目品牌方案的策划，及时将项目品牌的市场反馈给集团企划部品牌小组，配合企划部开展市场调研及推广工作。

通过品牌管理内容系统化，建立并持续完善品牌识别系统，进行项目品牌传播。在传播方式上实现内外兼顾的传播策略，内部传播主要以员工为主，通过举办内部品牌培训、利用企业周刊和建设OA系统传播；在外部传播上，万科通过各种方式优化组合企业品牌，进行品牌资源整合，制定并实施全国性品牌战略，陆续推出一系列企业形象宣传，并根据品牌不同阶段和不同传播渠道进行有效的品牌整合传播，让消费者更好地理解万科的企业理念和产品内涵。

万科的传播渠道有电视广告、网络广告、户外广告、推广会。万科借项目品牌来宣传企业品牌，并运用企业文化带动项目营销。万科企业领导人王石也作为企业代言人，在各种场合、向各种媒体不断阐释和推广万科经营理念与企业文化，提升万科企业形象与品牌。

(4)财务战略。万科财务战略为万科战略目标提供了有力的资源支持，是万科战略目标、业务战略实现的基石。万科一贯坚持稳健的财务战略，资产负债率在60%左右，在整个债务中，银行贷款约占1/3，长期债券、信托、境外融资约占2/3。合理的财务结构既避免了债务风险，又实现了资产的高效利用。

万科在融资方面一直在进行融资创新，不仅融资形式多样，而且单次融资规模也越来越大，有效地支撑了自身在不断发展壮大过程中的资金需求。例如，2004年，万科通过第二次可转债融资19.9亿元，成为第一家连续两次发行可转债的企业；2005年，通过新华信托的“集合资金信托计划”为大梅沙项目融得 4.6 亿元，之后又从农业银行担保取得广州南湖、黄埔项目的 4 亿元信托融资。

万科在财务战略方面构建了著名的三大纪律即构建公众公司应有的治理结构、有效投资并保持稳健、以透明化运作强化资本信任。

万科财务战略主要包括以下几个方面：第一，实行适度从紧的稳定财务政策，通过银行贷款、股权融资、债券融资、信托融资等多种融资手段，满足企业发展资金需求；第二，通过标准化产品、标准化流程，加强项目进度管理，缩短项目周期，提升资产周转率方式，提升资产的运作效率和效益；第三，通过信息公开，经营机制透明化，吸引更多资本进入，满足企业发展不断的资金需求；第四，对区域公司、项目公司实行集中化管控，推行公司预算和项目预算，强化项目成本管理，降低项目成本。

(5)人力资源战略。万科战略目标、业务战略的成功得益于其成功的人力资源战略。万科人力资源战略包括以下几个方面：

①组织管理。万科组织结构实行“战略总部—专业区域—执行一线”为主线的三级架构和“四大主线管理体系”的管理线条。四大主线分别为：产品线、运营线、管理线、监控线。产品线负责从产品的客户分析，规划设计，到工程管理，全过程营销；运营线负责融资、财务安排，运营管理，企业发展战略规划；管理线包括人力资源、物业、流程与信息、总裁办公室等；监控线负责公司的内部审计、风险防范以及党务工作。另外，董事会办公室负责投资者关系，媒体关系和政策研究工作。

②人才理念。万科有三个重要的人才理念：“人才是企业最宝贵的资本”“尊重和善待每一位员工”和“保持持续沟通”。尊重人，为优秀的人创造一个和谐而富有激情的环境，是万科吸引并保留优秀人才、取得最终成功的根本原因。

③职业发展机制。万科关注员工的职业发展，为员工制定了专业系列和职务系列两种职业发展通道，鼓励员工在公司指导和帮助下制订个人职业发展计划。万科建立了公平的内部流程机制和晋升机制，鼓励员工为增强职业经验与技能进行内部流动，通过公开的晋升标准与流程实现员工晋升的公平化。

④招聘培训机制。万科在招聘上实行内部培养为主，外部引进为辅的策略。万科非常重视高校应届生的招聘，启动了“万科新动力计划”，在全国

重点高校招揽人才，进行人才储备。万科在培训上给员工的成长提供最大的想象空间，重视员工长期的系统性培训，注重职业经理人的培养。在人才任用方面主张"注重培养职业经理人""德才兼备，以德为先""举贤避亲与任人唯贤"。

⑤绩效管理机制。万科公司实施以平衡计分卡为核心的组织绩效管理。在每一个管理年度，通过集团述职会议，对公司高级管理人员进行考评。针对集团高层，主要考虑集团整体业绩状况、高层的岗位价值及相对于岗位职责要求的绩效状况；针对各一线公司负责人，主要考虑其所负责一线公司的业绩状况、其岗位价值及相对于岗位职责要求的相对绩效达成状况。根据平衡计分卡思想，高级管理人员的业绩考核在公司中长期发展战略目标的基础上，根据年度经营目标的达成情况来确定，分别从公司业绩、财务、客户、内部流程、员工学习与发展以及公司可持续发展等多个维度对公司业绩进行评估。在各个维度，公司均建立了客观的组织绩效衡量指标。对于员工满意度调查和客户满意度指标，为获取尽量客观的数据支持，公司聘请独立的第三方进行调查。每年年底，集团总经理根据当年集团及各公司客观的经营业绩、整体管理指标达成状况以及考核评估情况，并结合同行业收入水平后，确定高级管理人员报酬。公司总经理的经营业绩由董事会进行考评。

四、万科战略点评

万科无疑是非常成功的企业，它的成功有中国房地产业高速发展的背景，但更多还是要归功于其明智的战略选择和对战略严格的执行，正确的发展战略使万科取得了非凡的成功。

从愿景看，"成为中国房地产行业的领跑者"的伟大愿景为万科树立了发展方向，为万科人指明了努力的方向，激励万科人保持高追求、高要求，不断地超越对手、超越自我。从战略目标看，万科在每个战略发展阶段都对发展速度和经营业绩提出了非常高的要求，使得万科人永葆斗志，并充分地挖掘了个人和企业的潜力，为企业发展提供了速度与质量。从业务战略看，万科有着明确的产业战略、区域战略、客户战略和产品战略，使万科每个阶段都有明确的战略发展点，真正支持企业战略目标，确保了企业的发展速度与发展质量。从职能战略看，万科通过清晰的职能战略，构建了企业所有的发展能力，使万科愿景、战略目标、业务战略有了坚强的保障。正是由于万科有了清晰的发展方向、明确的发展速度与质量、突出的战略发展点和明晰的发展能力，它才能不断取得战略突破，实现长期、健康、持续地发展。

但是，万科现有的战略在未来会面临挑战，现有的房地产开发市场的快速发展是建立在中国城市化快速发展的基础上的，正是从农村进入城市的庞大人口产生了中国房地产市场的巨大需求。2013年，中国市场城市化率已经达到了53.7%，以过去13年中国城市化进程来看，每年平均城市化率为1.35%，以这种速度，中国城市化会在20年时间内基本完成，那时房地产开发市场基本是替换型需求和改善型需求，市场需求会出现显著萎缩。以目前发展趋势来预测，估计房地产开发的好日子不会超过10年。那10年后万科该怎么办呢？也许，万科正在思考这些战略问题，因为他们要在未来战略发展中掌握主动权。

第二章　愿景:树立发展方向

第一节　如何创建愿景

前面我们已经通过探讨决定了用发展战略理论来指导企业火车前行,接下来我们就需要思考一个问题,企业这列火车该往何处前行?这就是愿景要谈的:企业的发展方向是什么?

回溯几百年前的中国古人,飞翔上天是一种看似不可能实现的梦想,但当杨利伟坐着"神五"环游地球的时候,你却不得不感叹如果没有持之以恒的梦想,今日世界将会怎样;当亨利·福特在1920年说福特的愿景是"使每一个家庭都拥有一辆汽车",当时人们都认为他是一个疯子,但仅过了20年,美国就基本实现了每个家庭拥有一辆汽车,福特的梦想完全实现了。

"国家的真正力量并非来自我们的武器威力或财富规模,而是来自我们理想的持久力量:民主、自由、机会和不屈的希望。"[①]奥巴马在竞选美国总统获胜时的演讲中这样谈及美国理想,凭借对理想的执着追求和坚持不懈的奋斗,他成功地以美国草根阶层的少数族裔出身,最终登上总统宝座。

与国家理想、个人理想能激发潜能一样,企业也需要一个远大的愿景,以此来引导、感召、激励志同道合者投身共同的事业。没有远大愿景的企业,犹如没有理想与追求的个人,很难在发展上有所作为。伟大的愿景能够为企业提供一种强大的能量,从企业高管到普通员工,从投资者到广大客户,都能感受到愿景的照射与温暖。

---

① 参见奥巴马在竞选美国总统获胜时的演讲:《美国的变革时代已经到来》(Change Has Come To America)。

那么，企业愿景是什么？如何建立企业愿景呢？

一、愿景是什么

战略选择的第一个部分就是要明确企业愿景，树立企业的发展方向。愿景是指企业渴望实现的未来景象，是企业对未来长远发展方向的谋划，它回答的是“企业在未来将成为什么样的企业？”这一问题。愿景反映企业对长远未来的一种期望，一般考虑10年以上，或者20年左右的时间。想象一下，我们的企业10年后，或者20年后是什么样的景象，愿景为企业指明了发展方向。

愿景是企业长期发展的方向、目标、理想、愿望，以及企业自我设定的社会责任和义务，明确指定企业在未来社会范围是什么样子以及达到什么样的状况。其“样子”的描述主要从企业对社会的影响力，在市场或行业的排位，与客户、股东、员工、社会等利益相关者的关系来表述。一般来说，企业愿景包括三个基本要素：大家愿意看到的（期望的）、大家愿意为之努力的（主动的）、通过努力可以步步接近的（可接受的），是一个“胆大包天”的梦想。

愿景反映了企业对长远未来的追求与理想，表达了企业对未来的梦想、憧憬和渴望，对企业发展起着重大的指引作用。愿景正如前行的灯塔，企业在扑朔迷离、变幻莫测的市场大海中航行，需要灯塔的指引才不会迷路，即使处境凶险，仍然信念不灭、信心不减，战胜一个又一个困难，走得更远。

愿景是企业员工脑海中真正所持有的意象或景象，而不仅仅是文字所描述的景象。真正的愿景是员工对企业未来的憧憬，是渴望实现的愿望，是毕生为之奋斗的梦想。愿景描绘了企业令人向往的未来，是企业长期恪守的奋斗目标，是企业战略的方向舵，它指明了企业的发展方向。

美国管理学大师彼得·圣吉（Peter Senge）被誉为学习型组织理论之父，他在《第五项修炼》中把“建立共同愿景”作为企业的五项修炼[1]之一。圣吉认为，在人类群体活动中，很少有像共同愿景能激发出这样强大的力量。愿景能使组织从“适应性学习”再转向“创造性学习”，愿景能使组织成员从

---

① 彼得·圣吉．第五项修炼[M]．郭进隆，译．上海：上海三联书店，1998．圣吉认为，学习型组织需要五项修炼，即自我超越（Personal Mastery）、改善心智模式（Improving Mental Models）、建立共同愿景（Building Shared Vision）、团体学习（Team Learning）、系统思考（Systems Thinking）。

“遵从”转向“投入”，再转向“奉献”。“遵从只是去做所有被期望去做的事，投入是一种选择成为某个事物一部分的过程，奉献是一种境界，不仅只是投入，而且心中觉得必须为愿景的实现负完全责任……奉献是衷心向往之，并愿意创造或改变任何必要的法则，全心全意地实现它。”[①]寻求建立共同愿景的理由之一，就是他们内心渴望能够归属于一项重要的任务、事业或使命。

“如果有任何一项领导的理念，几千年来一直能在组织中鼓舞人心，那就是拥有一种能够凝聚、并坚持实现共同愿景的能力。一个缺少全体衷心共有的目标、价值观与使命的组织，必定难成大器。

“有了衷心渴望实现的目标，大家会努力学习、追求卓越，不是因为他们被要求这样做，而是因为衷心想要如此。”

詹姆斯·柯林斯（Jim Collins）和杰里·波勒斯（Jerry Porras）在其畅销书《基业长青》（Built to Last）[②]中，讨论位居世界前列的18家公司（visionary company）为什么能基业长青，得出的结论是：那些能够长期维持竞争优势的企业，都有一个基本的经营理念，而这个基本理念是公司发展过程中最重要的组成部分。这种核心理念，柯林斯和波勒斯将它定义为“愿景”（Vision）。

美国管理学家加里·胡佛（Gary Hoover）经过30多年的潜心研究，发现了企业家开启成功大门的真正“密码”——那就是描绘愿景。胡佛在《愿景》[③]一书中指出：“伟大的企业之所以伟大，是因为它们能够看到别人看不到的东西，将洞察力与策略相结合，描绘出企业独一无二的愿景。”

愿景概括了企业的未来目标、使命及核心价值，是企业哲学中最核心的内容，是企业最终希望实现的图景。它为成功点亮了一座灯塔，让我们看清楚通向成功的道路不是追随，而是与众不同。

二、愿景的神奇力量

企业任何时候都需要有愿景的指导。一个没有愿景的企业，犹如一列没有目的的列车，不知道驶向何处，会在行驶中迷失方向。具体来说，企业愿景对企业发展的作用主要体现在以下几个方面：

(1)愿景为企业提供了努力的方向。愿景使企业各层管理者及员工对

---

① 彼得·圣吉. 第五项修炼[M]. 郭进隆，译. 上海：上海三联书店，1998.

② 詹姆斯·柯林斯，杰里·波勒斯. 基业长青[M]. 真如，译. 北京：中信出版社，2002.

③ 加里·胡佛. 愿景[M]. 薛源，夏扬，译. 北京：中信出版社，2008.

企业的长期发展方向有一个清晰的认识，减少了企业管理者由于对企业发展方向认识不一致带来的风险。当管理者认为组织愿景清晰时，他们更容易从事与愿景方向一致的活动，对企业重大经营活动也会更多在愿景方向上来考虑，相应地从事与愿景方向一致活动的动机就提高。当愿景清晰时，管理者行为会表现更多与愿景方向一致的战略参与、战略承诺。愿景像是企业发展道路上的指南针，在企业发展遇到波折、阻力，特别是组织处于转型阶段时，愿景可以使每个成员看清方向、看清目标，依据共同愿景确定自己的行为准则和努力方向。没有愿景的引领，企业往往只是延续过去的方式行事，今天重复昨天的事情，明天又重复今天的事情，今年重复去年的事情，明年又重复今年的事情。这样的企业，其现在仅仅是过去一种简单的延续，未来仅仅是现在的一种简单的延续，当真正的变化或危机来临时，就可能覆亡。

(2)愿景能激发企业最大的潜力。愿景唤起了企业的使命感，唤起了员工的承诺，激励他们为企业愿景实现而努力。愿景会改变员工与企业间的关系，特别是当愿景是企业员工真正的共同渴望时，就不再是“他们的愿景”，而成为“我们的愿景”，公司不再是“他们的公司”，而成为“我们的公司”；愿景使大家产生一体感，视彼此为共同的伙伴、生命的共同体。员工都认为愿景是一个伟大的愿望与理想，将有利于激发员工设置高质量的目标，不断挑战自我、提高自我效能以提高绩效，实现自我价值。当愿景成为企业全体成员执着的追求和内心的强烈信念时，它就成了企业凝聚力、动力和创造力的源泉。企业由此看到了自身在社会中的定位，看到了自身的历史责任，员工感到他们隶属于一个优秀的团队。共同愿景能使员工极具敬业精神、自觉投入、乐于奉献。因为他们看到工作本身对于他们的意义非同以往，它不仅是谋生手段，更是一种社会责任，他们在工作中充满激情和乐趣，也从中体会到了生存的意义。

(3)愿景使企业形成团队合力。愿景能引导企业的所有组成单位、所有部门确定努力方向，使企业各部门行动保持方向一致，形成合力。愿景对企业绩效的影响是通过将自身整合为员工的工作行为来实现的。员工将愿景和工作行为结合的过程就是愿景共享的过程。当愿景被行为化到员工的工作中后，就没有必要实行传统的严格的等级控制了。员工知道企业的愿景，理解愿景与工作之间的关联和一致性后，就会将愿景作为日常工作的指导。

因此组织关注的重点不应该是简单地灌输理念，而是帮助员工将愿景和他们的工作结合起来。

我们可以这样来理解愿景的魅力，传统的惩罚管理是“大棒”管理，传统的物质奖励是“胡萝卜”管理，而愿景领导就像给员工加上了一个“发动机”，是“发动机”管理。“大棒”和“胡萝卜”管理都是外力来推动员工工作，员工是被动的，所做的一切并不是其真心所愿；而愿景领导则不同，它刺激员工的内心，使员工装上“发动机”，员工是主动的，他所做的一切是真心所愿，是一个快乐的过程，是在为共同的梦想而奉献。愿景就是通过远大的目标来激发人的潜能，使人沿着“充满野心的”“胆大妄为的”理想不断前进，实现自我价值和共同理想。

东方战略在给企业做管理咨询时，一般会做 10～20 年的企业愿景。很多企业家会说，我们关心的是 3 年内的事情，10 年时间太长了，谁都不知道会发生什么事情。这或许是中国企业的悲哀，如果未来 20 年都漫长，那我们又如何建立中国企业的百年基业呢？如何“为人类创造美的生活或创造价值”呢？短视、注重眼前利益、胸襟狭隘，或者人云亦云，提出连自己都不清楚是怎么回事的所谓愿景，这就是当前大部分中国企业愿景规划的基本现状。

战略学家迈克尔·波特曾经提出过一个“10 年以上周期”的时间概念，认为只有持续时间超过 10 年的战略，才是真正的战略。但是我们现在的战略又有多少家企业是做 10 年的呢？3～5 年已经算不错了，很多企业根本连战略的概念都没有。

中国古语有云：人无远虑，必有近忧。企业不能只是就现在而发展，还应该为未来而发展，必须有一个长期的发展愿景，不管这个愿景能否实现，但它必须至少是 10～20 年的，而且必须是大胆的，甚至是可望而不可即的。

没有远大愿景的企业，不可能成为伟大的企业。远大的愿景可以激发所有人的力量，促使大家团结一致为这个目标而奋斗，亨利·福特在 1920 年，就提到福特的愿景是“使每一个家庭都拥有一辆汽车”。在 20 世纪 20 年代，汽车还是奢侈品，只有极其富有的人才能买得起。为了让“每一个家庭都拥有一辆汽车”，福特汽车想尽一切办法降低成本，最终建立了新的生产方式，发明了流水线，大幅度降低了汽车价格。福特汽车以当时平均工资 3 倍的工资支付给汽车生产工人，使这些工人自己成为汽车的消费者，带动了整个社会对汽车的消费。通过近20年的努力，在20世纪30年代中后期，美国大部分家庭拥有了汽车，福特基本实现了当初制定的愿景。微软在20世纪80年代制定了“计算机进入家庭，放在每一张桌子上，使用微软的软件”的愿景，当时计算机主要是研究机构、只有企业在使用，通过微软及其他计算机公司的努力，到20世纪末，众多家庭都拥有了计算机，微软最终实现了这个愿景。愿景对企业的引导力量是巨大的。

愿景可以更有前瞻性、更有想象力，愿景是需要跨越时空的想象力的，它可以是10年、20年甚至是30年。时间对愿景来说并不是障碍，障碍在于企业家的志向、心胸与魄力。

【示例2－1】　幸福地产的企业愿景

幸福地产①是一家房地产开发公司。依托良好的政府关系，公司在深圳取得了许多市中心地块，所开发项目都取得了非凡的成功，公司并由此从房地产开发进入商业地产开发与经营。2007年年底，公司想进一步发展，于是请我们辅导其制定发展战略。

如何制定企业战略呢？我们首先要做的是愿景的选择。

从幸福地产当时的情况看，经营范围主要是房地产开发、商业地产经营，区域集中于深圳。幸福地产未来要成为一个什么样的企业呢？我们组织了公司核心管理层来讨论，经过几轮讨论，代表性的意见有几个：①成为深圳最优秀的房地产企业；②成为珠三角最优秀的住宅地产开发企业；③成为中国房地产业一流品牌企业。

愿景选择是一个非常困难的过程，由于幸福地产原有的核心竞争力主要依托政府关系，而这一能力并不能有效地移植到其他发展区域，跨区域发展是其致命伤。但是，深圳的发展潜力已经充分得到挖掘，未来的发展机会更多在二、三线城市和其他区域，公司未来要追求更大的发展，必须走出深圳，走向全国。经过多次沟通讨论，幸福地产最终将公司愿景定为“成为中国房地产业一流品牌企业”。

中国房地产业一流品牌企业释义：

(1)经营范围覆盖全国多个省市；

① 为保护客户，我们用“幸福地产”代替原客户公司名称。

(2)主要经济指标处于行业领先水平；

(3)品牌提及率及美誉度处于行业领先水平；

(4)具有行业领导地位的产品和业务组合；

(5)拥有强大的资金和技术实力；

(6)公司发展战略对行业产生一定影响；

(7)具有高度统一价值观的经营管理团队。

制定愿景后，公司根据愿景制定了战略目标，并制定了全国区域发展战略和三大产品战略。目前幸福地产已经走向了华东、华北地区，并形成了两大住宅产品和一个商业产品，逐步向中国房地产业一流品牌企业迈进。

三、愿景、使命与核心价值观

提到愿景，也许大家还会联想到使命、核心价值观。与愿景一样，使命、核心价值观在企业发展过程中也扮演了至关重要的作用，是企业战略核心考虑的内容。那么，使命、核心价值观与愿景有怎样的联系，又有怎样的差异呢?

为了回答这个问题，我们先来了解一下使命和核心价值观的基本概念。

1. 使命："企业为什么要发展?"

使命是什么呢? 使命是企业生存、发展的价值和意义，或者说是企业生存、发展的根本目的，它回答了"企业发展的目的是什么"的问题。企业使命是企业最根本、最有价值、最崇高的任务和责任。

简单地理解，企业使命应该包含以下含义：

(1)企业使命实际上就是企业生存、发展的原因或者理由，也就是说，是企业生存、发展的目的定位。不论这种原因或者理由是"提供某种产品或者服务"，还是"满足某种需要"或是"承担某个不可或缺的责任"，如果一个企业找不到合理的原因或者存在的原因连自己都不明确，这个企业就已经没有存在的必要了。就像人经常要问问自己"我为什么活着?""我为什么要发展?"的道理一样，企业的经营者对这一问题更应该了然于胸。

(2)企业使命是企业生产经营的哲学定位，也就是经营观念。企业确定的使命为企业确立了一个经营的基本指导思想、原则、方向和经营哲学等，它不是企业具体的战略目标，或者是抽象的存在，不一定表述为文字，但影响经营者的决策和思维。其间包含了企业经营的哲学定位、价值观凸显以及企业的形象定位：我们经营的指导思想是什么？我们如何认识我们的事业？我们如何看待和评价市场、顾客、员工、伙伴和对手？等等。

(3)企业使命是企业生产经营的形象定位。它反映了企业试图为自己树立的形象，诸如"我们是一个愿意承担责任的企业""我们是一个健康成长的企业""我们是一个在技术上卓有成就的企业"，等等，在明确的形象定位指导下，企业的经营活动就会始终向公众昭示这一点，而不会捉摸不透、摇摆不定。

使命足以影响一个企业的成败。美国著名领导力大师弗兰西斯女士认为：一个强有力的组织必须要靠使命驱动。企业的使命不仅回答企业是"做什么"的，更重要的是回答"为什么做"，是企业终极意义的目标。崇高、明确、富有感召力的使命不仅为企业指明方向，而且使企业的每一位成员都明确工作的真正意义，激发出其内心深处的动机。试想"让世界更加欢乐"的使命令多少迪士尼的员工对企业、对顾客、对社会倾注更多的热情和心血。"整合全球信息，让人人受益"的使命，让多少谷歌员工不知疲惫地、全身心地投入工作和激情。

许多公司虽然没有明确的提出使命，但其暗含的使命是为股东赚取更多的利润，企业的一切行为和措施都是围绕股东的利益来展开的。维护股东利益是企业重要的使命，以致企业太少地考虑到客户、员工、社会等因素的利益，失去他们的支持，企业是不可能长期健康、持续地发展的。中国不少公司甚至较为出名的公司在使命上就出现过非常大的错误，他们打着"产业报国"的使命，却又想走向国际化。但是这样的使命对于其他国家和地区来说，从思想层面就是与之对立的关系，不可能得到对方真心的拥护和支持。因此，公司越大越需要宽阔的胸怀，只有胸怀世界时，才可能接受全世界消费者的拥护和爱戴。

2. 核心价值观："企业发展要遵循什么原则?"

核心价值观是什么呢？简单来说，核心价值观是指企业经营、发展时依据的是非标准，遵循的行为准则。核心价值观通常是指企业在经营过程中坚持不懈，努力使全体员工都信奉的信条。核心价值观是企业哲学的重要组成部分，它是解决企业在发展中处理内外矛盾的一系列准则，如企业对市场、对客户、对员工等的看法或态度，它是企业表明如何生存的主张。

企业的核心价值观是一个企业本质的和持久的一整套原则。它既不能混淆于特定的企业文化或经营实务，也不可以向企业的财务收益和短期目标妥协。价值观深深地根植于企业内部。它是没有时限地引领企业进行一切经营活动的指导性原则，在某种程度上，它的重要性甚至要超越企业的战略目标。伟大的企业都有各自的使命、愿景和核心价值观，价值观是所有企业目标的先驱，是一切企业目标为之奋斗的基础。

简单地理解，企业核心价值观应该符合如下标准：

（1）它必须是企业核心团队或者是企业家本人的肺腑之言，是企业家在企业经营过程中身体力行并坚守的理念，如有些企业的核心价值观中有“诚信”的字眼，但在实际经营过程中并没有体现出诚信的行为，那么它就不是这家企业的核心价值观。

（2）核心价值观必须是真正影响企业运作的精神准则，是经得起时间考验的，它一旦确定下来就不会轻易改变。从这个角度说，核心价值观不能够去追求时尚，世界500强企业有的核心价值观不一定就是你的核心价值观，如创新、以人为本或追求卓越等，它可以是你价值体系的一部分，但并不一定是你的核心价值观。

（3）所谓核心，就是指最重要的关键理念，数量不会太多。核心价值观一般以3～6条为宜，如果企业列出的价值观超过6条，那么可能就没有抓住居于核心地位的价值观，也不容易被人铭记在心。

当今中国企业越来越缺少信仰和价值观，不少企业为了发展，可以在牛奶中添加三聚氰胺，在猪肉里添加猪肉精，以老鼠肉冒充羊肉。不少企业认为，现在的时代就是骗人的时代，不少企业品牌战略就是糊弄消费者，它的核心就是怎样把消费者骗到手。虽然有些企业以取巧的手段也取得了成功，我们仍然坚定地认为，遵循正确价值观的企业经营行为是一切成就的根本，取巧行为可能带来一时的成功，但只有坚持正确价值观的企业才能走得更远。

不知你的企业是否是这样的企业？如果是，为了企业的长远发展，赶快回到正规的发展轨道上来，善待客户、为客户创造价值是永恒的商业逻辑，以正确的价值观来指导企业的经营管理与长远发展。没有核心价值观的企业有可能会取得短期的成功，但不可能取得长期持续的成功。

3. 愿景、使命与核心价值观的联系与区别

愿景、使命与核心价值观都是企业经营管理最核心的理念部分，是企业经营管理遵循的方向或基本原则，它们之间既有区别，又有联系。

愿景回答了“企业的发展方向是什么”的问题。它指的是员工们渴望共

同创造的未来企业景象。进一步说，愿景就是企业的梦想，它强调企业内在的一种追求。

使命回答了“企业为何要发展”的问题。它指的是企业的使命或终极目的，是企业存在的宗旨，它强调企业对社会的价值体现。这里需要强调的是，盈利不应是一个目光远大企业的使命或终极目的。诚然，利润是企业存在和取得更大成就的必要条件，但它不是企业存在的真正原因。利润是企业在完成其使命过程中的重要成果。很多成功的企业都印证了或正在印证着这一点。詹姆斯·柯林斯和杰里·波勒斯在其畅销书《基业长青》里指出：“利润是生存的必要条件，而且是达成更重要目的的手段，但是对很多高瞻远瞩的公司而言，利润不是目的，利润就像人体需要的氧气、食物和血液一样，这些东西不是生命的目的。但是，没有它们，就没有生命。”①

核心价值观回答了“企业发展应遵循什么原则”的问题。在完成使命、达成愿景的过程中，核心价值观是一切行动、任务的最高准则和依据。核心价值观不需要理性的或外在的理由，它不随趋势和时尚的变化而变化，完全是内在的东西。核心价值观关键不是其内容，重在身体力行。联想集团就一直以“成就客户、创业创新、精准求实、诚信正直”为主题，建构起公司的核心价值观，一直引导着联想前行。

使命、愿景和核心价值观三者之间是一种相互依存的关系。使命述说企业的任务或目的，愿景使目的更具体、更明确，但目的很抽象，而愿景是长期性的。因此企业需要核心价值观来引导日常决策的方向，以确保使命完成和愿景实现。

使命、愿景和核心价值观构成企业的基本理念，是企业的追求和信仰。任何没有使命、愿景和核心价值观的企业，即使能取得短期的辉煌，但最终会被员工、消费者、社会抛弃，不可能取得持续的辉煌与成功。

企业必须善用使命、愿景和核心价值观，通过对这三者的归纳和提炼，使之明确化，并加以修炼，以保持企业思想与理念的健康，引导和激励全体员工，形成推动企业前进的合力，保证企业持续健康地发展。

下面，我们来看一看几家知名公司的使命、愿景与核心价值观。

① 詹姆斯·柯林斯，杰里·波勒斯. 基业长青[M]. 真如，译. 北京：中信出版社，2002.

【示例 2-2】 吉利使命、愿景与核心价值观

◆ **吉利使命**

造最安全、最环保、最节能的好车，让吉利汽车走遍全世界！

◆ **吉利愿景**

让世界充满吉利！

◆ **吉利核心价值观**

快乐人生，吉利相伴！

◆ **吉利精神**

团队精神、学习精神、创新精神、拼搏精神、实事求是精神、精益求精精神。

【示例 2-3】 阿里巴巴使命、愿景与核心价值观

◆ **阿里巴巴使命**

让天下没有难做的生意。

◆ **阿里巴巴愿景**

分享数据的第一平台。

幸福指数最高的企业。

"活 102 年"。

阿里巴巴集团拥有大量市场资料及统计数据，为履行对中小企业的承诺，阿里巴巴正努力成为第一家为全部用户免费提供市场数据的企业，希望让他们通过分析数据，掌握市场先机，继而调整策略，扩展业务。阿里巴巴同时希望成为员工幸福指数最高的企业，并成为一家"活 102 年"的企业，横跨三个世纪（阿里巴巴于 1999 年成立）。

◆ **阿里巴巴核心价值观**

阿里巴巴坚持"客户第一、员工第二、股东第三"。

阿里巴巴集团有六个核心价值观，是阿里巴巴企业文化的基石和公司 DNA 的重要部分。其六个核心价值观为：

客户第一：关注客户的关注点，为客户提供建议和资讯，帮助客户成长；

团队合作：共享共担，以小我完成大我；

拥抱变化：突破自我，迎接变化；

诚信：诚实正直，信守承诺；

激情：永不言弃，乐观向上；

敬业：以专业的态度和平常的心态做非凡的事情。

【示例 2-4】　　格力使命、愿景与核心价值观

◆ **格力使命**

弘扬工业精神，追求完美质量，提供专业服务，创造舒适环境。

◆ **格力愿景**

缔造全球领先的工业企业，成就格力百年的世界品牌。

◆ **格力核心价值观**

少说空话、多干实事；

质量第一、顾客满意；

忠诚友善、勤奋进取；

诚信经营、多方共赢；

爱岗敬业、开拓创新；

遵纪守法、廉洁奉公。

四、如何创建企业愿景

企业发展战略首先要思考这么一个问题：我们企业的愿景是什么？也就是说，企业 10～20 年后要成为一个什么样的企业？10～20 年后企业想在行业中取得怎样的地位？企业未来的产业、区域、顾客、产品发展的重点是什么？对企业的长期发展方向做谨慎仔细的思考，并得出周全缜密的结论，将推动企业管理者认真研究和分析企业所处的内外部环境条件，对企业在今后 5 年甚至更长的时间里是否需要变革以及怎样变革有一个更加清醒的认识。

管理者关于"企业的长远发展方向是什么，其在产业、区域、顾客和产品方面的重点在哪里"等问题的基本观点和结论，就构成了企业愿景。因此，企业愿景反映了管理者在企业组织及其业务发展方面的追求，从总体上思考"我们将向哪里去"这一问题，并据此做出详细的未来业务发展规划。愿景清楚地反映了组织所确定的长期的业务目的和模式，它引领着企业向着特定的方向发展，并勾勒出企业发展的战略轨迹。

1. 创建愿景注意事项

企业需要创建愿景。有效的愿景促使企业及其员工超越自我，不再把目光拘泥于目前的状态，而是展望未来的成就。同时，制定愿景也就是为组织和个人建立期望。这些期望必须远大、清晰、简洁。具体来说，创建企业愿景，需要注意以下几点：

第一，企业愿景必须方向正确。愿景是企业为之奋斗、希望达到的图景，愿景所指示的企业未来发展领域一定要有前景，如果未来发展领域前景不好，企业未来的发展前景也不会好，对企业的长远发展会更加不利。因此，愿景所指示的领域需要在10～20年时间内有足够大的发展前景，以使企业在相当长的时间里有实现持续发展的空间。

第二，企业愿景必须远大而且切实可行。企业愿景应该是一个充满理想、可以给人带来憧憬和向往的远大目标。企业愿景必须具有前瞻性、开创性和挑战性，一般需要通过企业10～20年，甚至更长时间的努力才能达到。这样企业可以用它来鼓舞人心、激发企业员工的激情。如果企业愿景在短期内容易实现，就无法起到鼓动和统一军心的作用，只会被人视而不见。另外，愿景也必须让员工觉得它实实在在，最佳方式是让员工真切体会到愿景实现后企业将呈现怎样的面貌。管理者所面临的挑战是让明天切实可见，然后才能逐步制定具体的战略与手段，使其切实可行，从而能够实现。

第三，企业愿景必须相对清晰。企业愿景一定要反映企业未来的发展行业、区域或客户。企业愿景是企业未来发展的方向灯，如果未来发展在行业、区域、客户方面反映不太清晰，企业在经营管理中很容易迷失方向。愿景需容易理解和传播。一般用短小精悍的语句比较好，太长或太复杂的愿景阐述容易被员工们忽视；愿景要容易传播，而且不易产生歧义。只有当企业愿景能够被比较好地理解且真实地传播时，它才能真正发挥企业向心力的作用。

第四，企业愿景的制定最好有更多的人参与。愿景不只属于企业负责人所有，企业内部每位成员都应参与构思，制定愿景与沟通共识，通过制定愿景的过程，大家能进行充分沟通，达成对企业未来发展方向的共识。只有愿景成为组织中每个成员的真心向往时，其实施的效能才会高。双向沟通本身就是愿景的共享过程，只有在组织的各个层面进行横向、纵向的反复酝酿、不断提炼，才能建立真正的愿景。

第五，企业愿景一旦制定，就要对其大加宣扬。要谈论企业愿景、推销愿景，将其传达到企业的每个角落，让企业每一位员工深刻领会企业愿景，让每一位员工都觉得自己是集体愿景的一个关键组成部分，并能真心为实现愿景去奉献，最终形成良好的凝聚作用。

2. 创建愿景程序

如何制定愿景呢？在企业愿景的制定程序上，没有普遍适用的程序。建立共同愿景是一种比较理想的方式，东方战略在咨询实践中比较多地采用了“企业愿景开发五步走”的程序，来制定企业的共同愿景，实际效果还比较好，可供大家参考。

第一步，建立愿景规划小组。在企业中选取若干个来自各部门的员工代表，形成愿景开发小组，这些愿景开发小组成员将着手进行一个领悟力训练。通过这个训练，员工能够分享并更好地理解他人心目中对企业将来形象和状态的想象和希望。

第二步，形成愿景的核心要素。要求开发小组内每一个成员说出各自心目中企业的未来状态是什么样的，并把各自的观点压缩为简短的句子或者不严格的词组。然后要求小组的每个成员说出并讨论他们各自的愿景。每个成员说出对自身以及对企业的抱负志向是什么，他们的期望是什么，企业的具体目标、价值观和观念是什么。

第三步，讨论这些核心要素。通过第二步的过程，开发小组已形成了愿景的一些可能的要素清单。这时，小组成员通过头脑风暴的方法来判断哪些因素对愿景来说是关键的。

第四步，形成若干备选愿景。经过愿景开发小组的多次讨论与修订，从中挑选出 3～4 个备选愿景。

第五步，对愿景进行测试。选定多个部门来测试备选愿景。该部门员工对这个愿景的反应积极吗？如果存在抵制情绪，那么这种抵制情绪产生的原因是什么？经过多次反复测试，最终由企业高层管理者确定企业愿景。

【示例 2－5】 飞天公司愿景：成为中国最具竞争力的水泥企业

飞天公司[①]是我国一家区域性的水泥建材上市公司。2004 年我们帮飞天公司制订战略规划，对水泥行业进行了分析。我们认为，中国经济快速增长、中国城市化进程高速发展、人均收入迅速提高，将会带动基础设施建设、市政建设和房地产行业发展，进而增加水泥建材的需求，而且这种趋势还会保持相当长的时间，因此，中国水泥行业是一个非常有前景的行业。

① 为了保护客户机密，用“飞天公司”代替了原公司名。

通过对水泥行业的分析，我们对水泥行业未来的发展趋势做了预测：①我国未来10年内水泥行业将保持较快的增长，每年水泥需求量增长率将保持在10%左右；②我国水泥行业集中度将进一步提高，大量上不了规模的小企业将被大企业兼并或自行淘汰。

水泥行业发展前景比较好，有比较大的发展机会，但是未来竞争也会比较激烈，要么做强做大，要么被对手淘汰。最重要的是，飞天公司是一个有着远大追求和崇高志向的企业，为此，在为飞天公司制定公司愿景时，我们与公司领导层最终决定公司愿景为“成为中国最具竞争力的水泥企业”。

【示例2－6】 宇宙公司愿景：成为中国餐饮行业第一连锁品牌

宇宙公司[①]是一家餐饮连锁企业，由于宇宙公司创始人李华具有较强的创业能力和经营管理能力，公司在创业后取得了非常快的发展，公司从1998年创业时的一家餐馆，快速发展到2004年的35家餐馆，在我国珠三角地区具有较强的影响力和竞争能力。但李华和其核心管理团队还不满足于只做一个区域性的餐饮连锁企业，他有更大的野心，就是要成为全国性的优秀餐饮连锁企业。为了实现全国范围内的快速扩张，宇宙公司请我们帮助其进行战略规划。

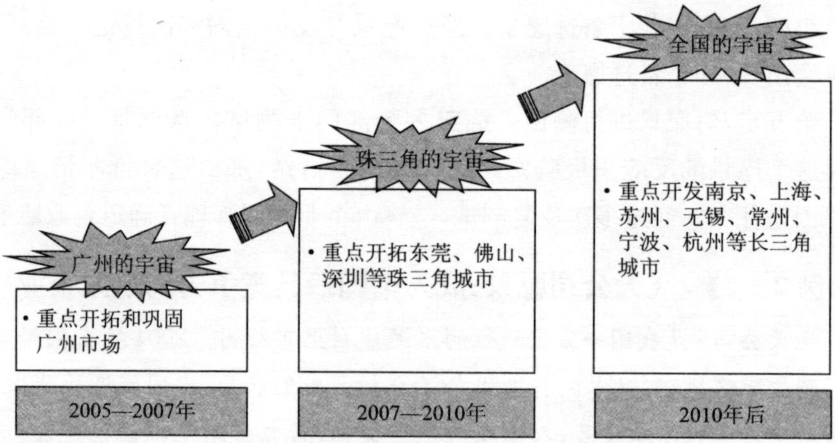

图2－1 宇宙公司战略三步走

考虑到未来我国餐饮行业具有非常大的发展空间，而现在我国餐饮企

① 为了保护客户机密，用“宇宙公司”代替了原公司名。

业小而多、全国知名餐饮企业品牌少，我们与公司管理层共同提出了要发展成为全国第一餐饮连锁品牌的愿望，于是把公司愿景定为“成为中国餐饮行业第一连锁品牌”。

为了实现“成为中国餐饮行业第一连锁品牌”的远大愿景，宇宙公司在战略发展阶段规划实行三步走：

第一阶段（2005—2007 年）：重点开拓和巩固广州市场。

第二阶段（2007—2010 年）：重点开拓东莞、佛山、深圳等珠三角发达城市市场。

第三阶段（2010 年之后）：首先重点开发南京、上海、苏州、无锡、常州、宁波、杭州等长三角发达城市市场；随后进一步开拓青岛、大连、北京、天津等环渤海主要发达城市市场。通过全国主要一、二线城市的布局，基本实现“成为中国餐饮行业第一连锁品牌”的远大愿景。

第二节　华为：愿景引领成长

华为是全球领先的电信解决方案供应商。2014 年 3 月 31 日，华为公布了 2013 年年报，2013 年实现销售收入 2390 亿元人民币，实现净利润 210 亿元人民币。按汇率折算①，华为 2013 年实现销售收入 395 亿美元，净利润 34.7 亿美元。超越爱立信此前发布的营业收入 353 亿美元，净利润 19 亿美元。华为成为全球第一大通信设备商，成为中国企业最闪亮的明星。

华为成立于 1987 年，短短 27 年时间，就迅速实现了从一家小型的交换机代理商，到全国最大的通信设备商，再到全球最大的通信设备商的三级飞跃。

为什么华为能取得如此快速的发展？其成功背后的原因是什么？下面我们来了解一下华为。

一、华为发展阶段

从华为的发展历史来看，共经历了全国化发展阶段、国际化发展阶段、

① 按 2013 年 12 月 31 日人民币兑美元汇率。

多客户发展阶段三个战略发展阶段。

1. 全国化发展阶段（1987—1999 年）

1987 年，深圳市在国内率先出台鼓励科技人员走出去，兴办科技企业的规定，并出台相关措施鼓励科技人员以技术入股方式创业。华为于同年创立，主要经营小型程控交换机、火灾报警器、气浮仪开发生产及相关的工程承包咨询。虽然公司有“技术”字眼，但华为最初是无自主研发能力的，主要代销香港一家生产用户交换机（PBX）。

通过两年程控交换机代理，华为获得了第一桶金，随后做了公司发展战略的重大调整，转向了自主研发程控交换机。1990 年，华为开始自主研发面向酒店与小企业的 PBX 技术并能进行商用的小型程控交换机。1991 年 12 月，华为开发出的 BH－03 交换机通过基本功能测试，取得了较大的成功，于 1992 年实现产值过亿元。1992 年开始研发 C&C08 大型万门程控交换机，于 1994 年 11 月研发成功，比原交换机容量更大、性能更优良。这是华为核心技术的首次突破。

20 世纪 90 年代是中国电信业的 10 年黄金发展期，政府主导下的电信业基础设施投资带动了国内电信行业的整体发展。但是，由于通信设备是中国最早开放的市场，全球跨国电信巨头纷纷抢占中国市场，这些企业有贝尔、朗迅、西门子、爱立信、摩托罗拉、北电等。它们都是世界级的跨国大型企业，华为与国外竞争对手的差距是几千倍、几万倍，简直就是蚂蚁与大象的差距。

面对强大的跨国巨头，华为初期在战略上主要是避开跨国公司的竞争，以跨国巨头比较薄弱的农村市场为切入点，主攻国内农村市场，采取超低价策略抢占市场。其中 C&C08 机的价格就比跨国巨头的同类产品价格便宜 2/3。为了弥补产品性能上的不足，华为在国内每一个省、直辖市和自治区都建立省级市场办事处和工程服务体系，确保发生设备故障时的及时抢修。华为在每一个地区、市、县都设立客户经理部，几乎覆盖了中国各运营商的所有相关部门，客户在计划部门、运营维护部门、总工办和项目建设相关科室，都随时可以看到华为市场或技术人员的身影。

通过对产品的区域战略定位、价格策略及服务策略的运用，华为取得了快速的增长，1994 年实现销售额 4.1 亿元，1995 年，实现销售额 15 亿元，其销售额主要来自中国农村市场，华为因此成为中国农村通信市场主流设备供应商。

1996 年后，华为在农村市场发展到一定规模之后，农村市场的发展空间已经不能满足其进一步快速发展的要求，于是，华为逐渐把战略重点转移至中国主要城市，实行“农村包围城市”战略的转化。

技术研发还是这个阶段的首要工作，华为继续加强技术研发的投入，从国内至国外建立了多个研发中心。1995 年成立了北京研发中心，1996 年成立了上海研发中心。1997 年起，先后与 IBM、Intel 和 Microsoft 等多个国际知名公司合作，成立了联合研发实验室，共同开发新产品。1999 年，在印度班加罗尔设立研发中心。2000 年，在瑞典首都斯德哥尔摩设立研发中心。

通过技术研发，华为推出了多个核心产品，1996 年，华为推出综合业务接入网和光网络 SDH 设备。1997 年，推出无线 GSM 解决方案，为成就国际霸业奠定了基础。1998 年，产品数字微蜂窝服务器控制交换机获得了专利。2001 年，华为在业界率先将 IP 技术引入接入网，提出了具有划时代意义的 IPD-SLAM 理念，引领宽带接入跨入 IP 时代，为宽带接入的普及奠定了基础。

在技术研发取得突破的同时，华为在市场上也取得了飞速发展。1996 年，华为与香港和记黄埔签订合同，为其提供固定网络解决方案。1999 年，成为中国移动全国 CAMEL Phase Ⅱ智能网的主要供应商，该网络是当时世界上最大和最先进的智能网络。1998 年，华为的销售收入达到 89 亿元，其核心产品已经进入中国所有发达省份和主要城市，基本实现了“农村包围城市、最终夺取城市”的战略设想。在传统交换机市场，华为超越了西门子、朗讯和上海贝尔等跨国巨头，成为国内最大供应商，市场份额达到 22％。在接入网市场，华为的国内市场份额超过 50％，智能网、接入服务器等产品国内市场份额超过 30％。

在经营业绩取得快速发展的同时，华为加强内部管理。从 1997 年起，引入多家国际咨询机构进行管理体系建设和管理变革，它们包括 IBM，Towers Perrin，The Hay Group，Pricewaterhouse Coppers(PWC)和 Fraunhofer Gesellschaft (FhG)等。通过这些咨询机构的帮助，华为在流程变革、员工股权计划、人力资源管理、财务管理和质量控制方面都取得了非凡的进步。

在早期的全国化发展阶段，华为的战略有以下几个特点：

(1)重视技术研发，继续加强研发投入，研制出核心产品；

(2)以农村市场为切入点，逐步向城市市场拓展；

(3)加强基础管理体系建设与管理变革。

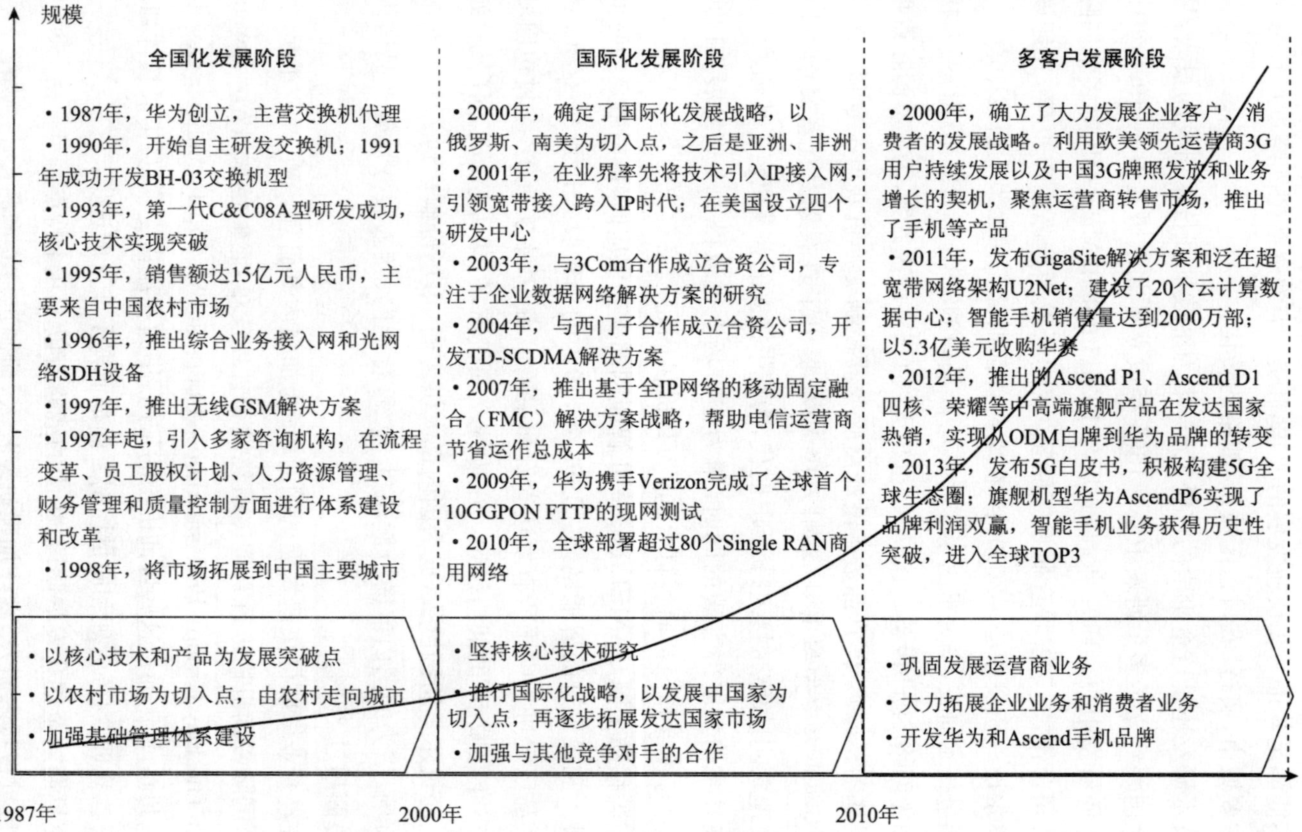

图 2-2　华为战略发展阶段

2. 国际化发展阶段(2000—2009 年)

经过国内主要城市市场的拓展,华为已经确立了国内通信设备行业的龙头地位,远远领先于国内同行。通过不断基于客户需求的技术与产品创新,在产品和技术层面也与跨国巨头达到同等水平。但华为不满足于现有的成就,仍有着更高、更远的追求。2000 年,华为提出了国际化战略,开始了国际化之旅,逐步将战略重心调整到国际市场,加大了国际市场的拓展。

在国际市场开发方面,华为选择了亚非拉的发展中国家为切入点,然后向欧美发达国家扩张的模式。最初拓展的重点是市场规模相对较大的俄罗斯和南美地区,2000 年之后,开始在泰国、新加坡、马来西亚等东南亚地区,以及中东、非洲等区域市场进行拓展。尽管选择了欧美大公司看不上的发展中国家市场,但由于华为在海外市场知名度不高,其海外市场的扩张也经历了艰苦漫长的过程,在许多国家和地区长达三四年时间都一无所获,亏损严重,华为也经历了公司创业以来最艰难的日子。

为了打开国际市场,华为逐步将公司营销系统的精兵强将陆续抽调到国际市场。经过几年艰苦卓绝、锲而不舍的坚持和努力,在海外市场逐渐取得了一些突破。2002 年,中标俄罗斯下新城电信及阿塞拜疆巴库电信智能网项目。2003 年,为阿联酋电信公司(Etisalat)提供了一项覆盖全国范围的 UMTS 服务,强化了 Etisalat 技术领导者的地位,同时帮助其成为中东和阿拉伯世界中第一个引进第三代网络的运营商。2004 年,华为获得荷兰运营商 Telfort UMTS 网络设备的合同,首次实现在欧洲的重大突破。2005 年,华为赢得了为泰国 CAT 建设全国性 CDMA2000 的 3G 网络项目,之后与沃达丰签署《全球框架协议》,正式成为沃达丰优选通信设备供应商。

此后,华为开始在“觊觎”已久的发达国家市场有所行动。在西欧市场,从 2001 年开始,以 10G SDH 光网络产品进入德国为起点,通过与当地著名代理商合作,华为产品成功地进入了德国、法国、西班牙和英国等发达国家。2005 年,华为成为英国电信(简称 BT)首选的 21 世纪网络供应商,为 BT21 世纪网络提供多业务网络接入(MSAN)部件和传输设备,当年,海外合同销售额首次超过国内合同销售额。2007 年,成为欧洲所有顶级运营商的合作伙伴。同年推出的基于全 IP 网络的移动固定融合(FMC)解决方案战略,帮助电信运营商节省运作总成本,减少能源消耗。2008 年,华为首次在北美大规模商用 UMTS/HSPA 网络,为加拿大运营商 Telus 和 Bell 建设下一代无线网络,被《商业周刊》评为全球十大最有影响力的公司,根据 Informa 的咨询报告，华为在移动设备市场领域排名全球第三。

2009 年，华为无线接入市场份额跻身全球第二；成功交付全球首个 LTE/EPC 商用网络，获得的 LTE 商用合同数居全球首位；率先发布从路由器到传输系统的端到端 100G 解决方案；获得 IEEE 标准组织 2009 年度杰出公司贡献奖；获英国《金融时报》颁发的“业务新锐奖”，并入选美国 *Fast Company* 杂志评选的最具创新力公司前五强；主要产品都实现资源消耗同比降低 20%以上，在全球部署了 3000 多个新能源供电解决方案站点；携手 Verizon 完成了全球首个 10GGPON FTTP 的现网测试。华为 2009 年实现合同销售额 302 亿美元，销售收入达到 215 亿美元，在中国市场突破了 100 亿美元的销售额。根据市场研究机构 Dell'Oro 的报告，华为已成为全球第二大移动设备供应商。

在全球化发展阶段，坚持技术研发为核心依然是华为的重点。华为对 3G 技术的重大投入对其发展的影响是决定性的，虽然华为在 GSM 技术上晚了 10 多年，但在 3G 研发上实现了与世界级水平同步。从 1995 年华为就开始 3G 技术跟踪，在 1999 年就启动了 ASIC 项目，采用了 WCDMA 世界最广泛采用的 3G 标准，投入了 50 多亿元，最终成就了 3G 领域的全球领导者。

为了加强技术的开发与应用，2001 年前后，华为先后在美国设立四个研发中心。2003 年，与 3Com 合作成立合资公司，专注于企业数据网络解决方案的研究。2004 年，与西门子合作成立合资公司，开发 TD - SCDMA 解决方案。2006 年，与摩托罗拉合作在上海成立联合研发中心，开发 UMTS 技术。2007 年，与赛门铁克合作成立合资公司，开发存储和安全产品及解决方案，后又与 Global Marine 合作成立合资公司，提供海缆端到端网络解决方案。

在国际化发展阶段，华为通过国际市场的开拓，打开了新的发展空间，继续保持了快速、持续的发展。在这个阶段华为战略有以下几个特点：

(1)继续加强研发投入，重点投入核心技术和核心产品研发；

(2)大力推行全球化战略，以非洲、亚洲第三世界国家市场为切入点，再逐步拓展发达国家市场；

(3)加强与客户和竞争对手的合作，借用全球领先运营商及竞争对手的经验，并与它们合作开发产品。

3. 多客户发展阶段(2010 年以后)

随着对全球市场布局的完成，华为距离通信网络市场的天花板越来越近。与此同时，全社会正经历着一个数字化的浪潮，电信行业正处于一个新的发展起点，正在全力实现四大转变：从聚焦语音转变为聚焦数据，从聚焦管道转变为聚焦内容，从聚焦人的通信转变为聚焦机器通信，从聚焦 CT 转变为聚焦 ICT。基于这些转变，电信行业将联结宽带与数字化，获得巨大的产业发展机会。

在新的发展环境下，华为一方面面临挑战，另一方面也面临机遇。

华为的战略是怎样调整的呢？

华为把战略眼光瞄向了企业客户和消费者。2010 年，确定了在巩固发展现有电信运营商网络的同时，大力发展企业业务和消费者业务的战略思路。通过发展企业客户和消费者客户，为企业提供了更为广阔的发展空间。

2010 年前，华为曾经在终端市场做了一些铺垫，利用欧美领先运营商 3G 用户持续发展以及中国 3G 牌照发放和业务增长的契机，聚焦运营商转售市场，推出了手机、移动宽带、整合终端、视讯等多种形态的产品。

2010 年，华为全球部署超过 80 个 SingleRAN 商用网络，在英国成立安全认证中心，与中国工业和信息化部签署节能自愿协议，加入联合国世界宽带委员会。

2011 年，华为组建运营商网络业务、企业业务和消费者终端三大业务集团，进一步加大消费终端市场和企业网市场的发展力度。华为发布 GigaSite 解决方案和泛在超宽带网络架构 U2Net，建设了 20 个云计算数据中心，其智能手机销售量达到 2000 万部，以 5.3 亿美元收购华赛，在全球范围内荣获 6 大 LTE 顶级奖项。

2012 年，华为加强了在欧洲的投资，重点加大了对英国的投资，在芬兰新建研发中心。组建“2012 实验室”，聚焦 ICT 关键领域持续投入，致力于提供更宽、更智能、更高能效的管道。发布业界首个 400G DWDM 光传送系统，成为业界传输容量最大的波分系统，并在 IP 领域发布业界容量最大的 480G 线路板。与全球 33 个国家的客户开展云计算合作，并建设了 7 万人规模的全球最大的桌面云。推出的 Ascend P1、Ascend D1 四核、荣耀等中高端旗舰产品在发达国家热销，实现从 ODM 白牌到华为品牌的转变。

2013 年，发布 5G 白皮书，积极构建 5G 全球生态圈，并与全球 20 多所大学开展紧密的联合研究。持续领跑全球 LTE 商用部署，华为 LTE 已经进入了全球 100 多个首都城市，覆盖 9 大金融中心。发布全球首个以业务和用户体验为中心的敏捷网络架构及全球首款敏捷交换机 S12700，满足云计算、BYOD、SDN、物联网、多业务以及大数据等新应用的需求。旗舰机型华为 AscendP6 实现了品牌利润双赢，智能手机业务获得历史性突破，进入全球 TOP3，华为手机品牌知名度全球同比增长 110%。

在多客户发展阶段，通过对企业客户和消费者客户的开发，华为打开了新的发展空间。这个阶段的战略有以下几个特点：

（1）通过增加运营商的增值服务，巩固并发展运营商业业务；

（2）大力拓展企业业务和消费者业务，开拓更大的发展空间；

（3）开发自己的品牌，形成终端品牌影响力。

二、华为的经营业绩

通过 27 年的发展，华为从一家小型的通信设备代理商转变成全球领先的电信解决方案供应商，并取得了世界通信设备行业第一的宝座。华为这些年的业绩表现如何呢？通过以下内容我们来看一下。

1. 营业收入

华为销售收入保持了高速增长。华为销售收入从 1992 年的 1 亿元，增长到 2013 年的 2390 亿元，21 年增长了 2390 倍，复合增长率达到44.8%。具体数据如图 2－3 所示。

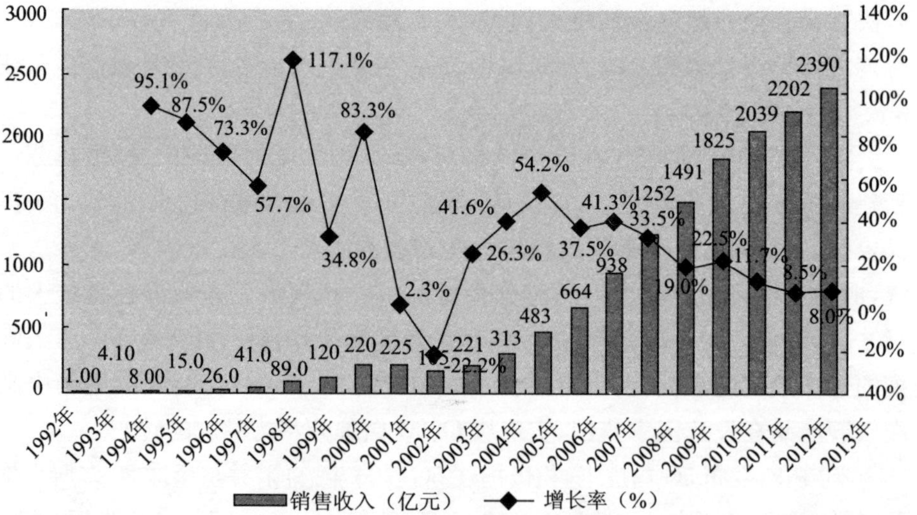

图 2－3　华为销售收入及增长率

资料来源：1992 年至 2001 年为销售额数据，来自华为内部文章和相关报道；2002 年至 2013 年为销售收入数据，来自华为历年年报。华为财务统计口径中，销售额与销售收入统计口径略有不同，销售额通常会大于销售收入。

2. 净利润

华为净利润同样保持了高速增长。华为净利润从2002年的12亿元，增长到2013年的210亿元，11年增长了10.9倍，复合增长率达到24.3%。具体数据如图2-4所示。

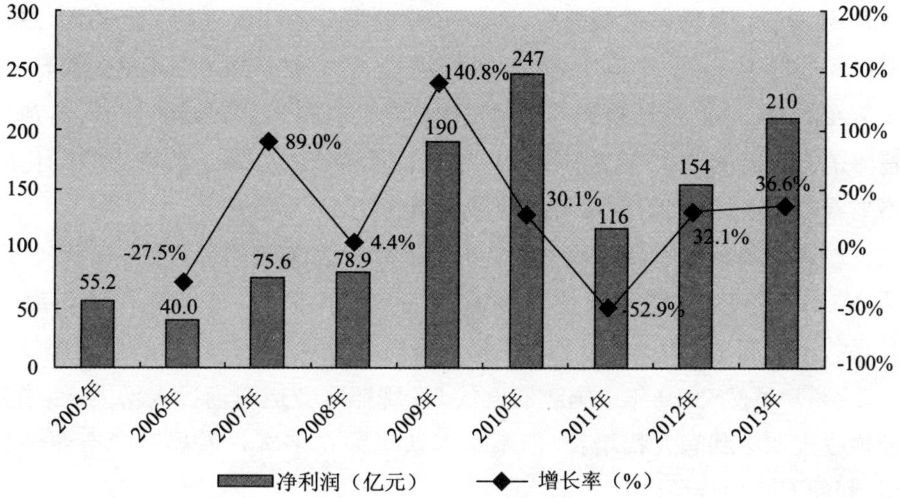

图2-4　华为净利润及增长率

资料来源：华为历年年报。

3. 业绩点评

从华为的销售收入和净利润我们可以看到，在长达20年的时间里，华为实现了长期的、快速的、相对稳定的发展，虽然中间曾经有过波动，但整体是非常成功的。

从华为全国市场发展阶段的业绩来看，营业收入从1992年的1亿元，增长到2000年的220亿元，8年增长了220倍，复合增长率达到96.2%；净利润从1992年的约0.1亿元，增长到2000年的29亿元，8年增长了290倍，复合增长率达到103%。在全国化发展阶段能取得如此的业绩是非常不易的。

进入国际化发展阶段之后，华为迎来了公司业绩的调整期，2002年销售收入出现了公司创立以来的首次下降，而且净利润也出现了大幅的下降。那时华为面临国际化战略调整导致巨大投入而无业绩的阵痛，同时还受到竞争对手思科知识产权官司的影响。

通过全体员工坚持不懈的努力，华为于2003年度过了“寒冬”，并且在全国化战略方面取得了收获。销售收入从2002年的175亿元，增长到2010年的1825亿元，8年增长了10.4倍，复合增长率达到34.1%；净利润从2002年的12亿元，增长到2010年的247亿元，8年增长了20.6倍，复合增长率达到46.0%。从海外业绩来看，2000年华为海外销售收入约1亿美元，占其销售额的约3%，到2005年，海外销售额为47.6亿美元，占其总销售额82亿美元的58%，海外销售额首次超过国内，到2010年，海外销售收入占到了整体销售收入的66%，已经完全成为一个国际化的公司。从华为国际化战略来看，在度过艰难的投入期之后，无疑取得了巨大的成功。

当进入多客户发展阶段之后，华为业绩有放缓的趋势。华为销售收入从2010年的1825亿元增长到2013年的2390亿元，三年复合增长率为9.4%，净利润从2010年的247亿元下降到2013年的210亿元，增长率仅为−5.3%。虽然2010年中国政府发放3G牌照导致运营商投入增大，使华为销售收入和净利润大幅增长，但不可否认华为在多客户发展阶段有业绩放缓、利润下降的现象。

从华为的三大业务看，运营商网络业务的销售收入从2010年的1518亿元，增长到2013年的1665亿元，三年复合增长率为3.1%；企业业务2010年营业收入很少，2011年91.6亿元，到2013年153亿元，两年复合增长率为29.1%；消费者业务从2010年的307亿元，增长到2013年的570亿元，三年复合增长率为22.9%。运营商网络业务发展相对缓慢，消费者业务发展较快，企业业务发展也非常快。消费者业务发展虽然较快，但目前来讲，利润率还非常低，与传统运营商网络业务相比，差距很大。

如果将华为与消费者业务的国际顶级公司苹果、三星做比较，差距还是很大的。苹果营业收入从2010财年的652亿美元增长到2013财年的1709亿美元，三年复合增长率为37.9%，净利润从2010财年的140亿美元增长到2013财年的370亿美元，三年复合增长率为38.3%。三星营业收入从2010财年的1358亿美元增长到2013财年的2135亿美元，三年复合增长率为16.3%，净利润从2010财年的142亿美元增长到2013财年的256亿美元，三年复合增长率为21.7%。华为与苹果、三星相比，无论是发展速度还是规模，都有很大的差距。

拿华为与企业业务的国际顶级公司思科来做比较，也有一定差距。思科营业收入从2010财年的400亿美元增长到2013财年的486亿美元，三年复合增长率为6.7%，净利润从2010财年的77.7亿美元增长到2013财年的99.8亿美元，三年复合增长率为8.7%。华为发展的速度和收入规模都接近于思科，但盈利水平方面还有较大的差距。

当然，华为在消费者业务和企业业务方面还处于战略投入期，未来战略收获期的增长速度和盈利水平还不确定。但有一点是肯定的，华为选择了更为广阔的市场空间，同时也是高手云集的地方，华为未来怎样，还取决于基于客户需求的产品价值表现和运营能力。

三、华为成功的基石：愿景引领成长

华为是中国本土企业自主创新战略和国际化战略的最佳典范。华为的成功，有机会、机制、领导人和团队等多方面的因素，但其原动力来自华为远大的追求与理想，以及华为人围绕愿景点点滴滴、锲而不舍的艰苦追求。在1998年，华为总裁任正非就提出了"成为世界级通信设备制造商"的远大愿景，他将此看作是一种使命感和信念，以此来引导华为的发展。

为了统一公司的愿景、使命与核心价值观，华为于1996年至1998年编写了《华为基本法》。在《华为基本法》第一条就提出了华为的愿景是"华为的追求是在电子信息领域实现顾客的梦想，并依靠点点滴滴、锲而不舍的艰苦追求，使我们成为世界级领先企业"。

华为通过多篇企业文化文章来阐释和宣传华为愿景，以求华为员工达成对愿景的共识：

"现在社会上最流行的一句话是追求企业的最大利润率，而华为公司的追求正好是相反的，华为公司不需要利润最大化，只将利润保持一个较合理的尺度。我们追求什么呢？我们依靠点点滴滴、锲而不舍的艰苦追求，成为世界级领先企业，来为我们的顾客提供服务。

"我们若不树立一个企业发展的目标和导向，就建立不起客户对我们的信赖，也建立不起员工的远大奋斗目标和脚踏实地的精神。因为电子网络产品大家担心的是将来能否升级，将来有无新技术的发展，本次投资会不会在技术进步中被淘汰。华为公司若不想消亡，就一定要有世界领先的概念。"（任正非：《华为的红旗到底能打多久》）

尽管实现“世界级领先企业”这一目标并不容易，但任正非认为，所有要完成的事情都有困难，找借口、光喊困难而不去努力克服的人绝不是一个称职的管理者。任正非将美国麦克阿瑟将军要求西点军人始终坚持的三大信念“责任、荣誉、国家”修改为“责任、荣誉、事业、国家”，以此作为华为新员工必须永远牢记的誓言。任正非所加入的“事业”概念，就是“成为世界级领先企业”的追求。

在2000年他提出，华为要成为世界级企业，海外市场收入要在5年之内超过总收入的50%。

弗朗西斯(C. Francis)曾经说过：“你可以买到一个人的时间，你可以雇一个人到固定的工作岗位，你可以买到按时或按日计算的技术操作，但你买不到热情，你买不到创造性，你买不到全身心的投入，你不得不设法争取这些。企业愿景会帮你争取到这些东西。”

正是华为“成为世界级领先企业”的远大愿景，指引着、激励着华为自上而下各层华为人，自老而新各代华为人，为实现共同的梦想，竭尽所有，全力以赴，去创造一个世界级领先企业。

“创建之初，办公条件简单，蚊子又多，张燕燕躲在蚊帐中写信封，向用户发信函，令人难以忘怀。郑宝用同志从40门交换机做起，既做生产工人，又去前线装机。

“一个25岁身轻如燕、骨瘦如柴的李一男，担负起中央研究部总裁的担子，任期内要与国际接轨，不仅要在技术上，在人才的质量与数量上也要与年科研经费数十亿美元、研究人员16600名的爱立信靠拢，担子之重，可以想象。我脑子里老想着他端着一体化网络平台，大喊‘狭路相逢勇者胜’冲过独木桥，杀出一条血路……华为公司经历了多少困难，它摧残了一代创业者的健康，又在给一代年轻人施加压力。唯有在世界领先，否则随时都可能破产。

“想想HJD48出厂的情景与背景，想想毛生江在义乌开局，肩负着全体华为人的期望，率领几十个从来没有见过交换机、更没有开过局而研制成功C&C08交换机的年轻研究人员，几个月在山沟沟里守着问题百出的试验局，而家里有数百员工及家属企盼着等米下锅。这里面就毛生江看别人开过一次局，称半瓶醋，其他瓶子里还没有醋。相继万门机要快推出来了，绝大多数万门机的开发者，还没有见过万门机局，还专门飞去长春参观一次。历史给我们留下的笑料，也是历史给我们创造了机遇。

“公司(华为)一次又一次地面临危机,一次又一次被推到危险的边缘。是谁挽救了公司,是什么神暗中保佑?是集体奋斗之神,是数千员工及家属之魂,托起的气场保佑了公司。尤其是在市场部‘胜则举杯相庆,败则拼死相救’的工作原则感召下,多少英雄儿女放弃科学家梦,一批又一批奔赴前线。”(任正非:《目前形势与我们的任务》)

2005年,华为海外市场实现合同销售额47.6亿美元,海外合同销售额首次超过国内合同销售额,占总销售额的58%。华为并于年内第三次登上Frost & Sullivan亚太区技术大奖的领奖台,获得2005年亚太区“年度无线设备供应商”“年度NGN设备供应商”和“年度光网络供应商”三项大奖。

2005年,华为已经接近或者可以说实现了“世界级领先企业”的愿景,这时,华为并不满足于现状,提出了更远大的企业愿景:“丰富人们的沟通和生活”。

华为2008年社会责任报告中说道:“一百多年前,电话的出现,让天各一方的人们有机会告别‘鸿雁传书’的传统方式,以便捷的语音交流方式进行沟通;今天,电信网络已成为改善人们沟通、提升生活质量、提高社会效率的关键驱动力量之一;不久的未来,在一个网络化世界里,人人可以创建、获取、使用和分享信息及知识,从而帮助每一个人发挥无限潜力,推动社会不断进步。

“沟通是人类的基本需求,满足人们的沟通需求、推动社会可持续发展是整个电信行业的使命所在。作为全球领先的电信解决方案供应商,华为以‘丰富人们的沟通和生活’作为愿景,运用通信领域专业经验,帮助不同地区的人们平等、自由地接入信息社会,消除数字鸿沟,创造最佳的社会、经济和环境效益。”

任正非在《华为的核心价值观》中也说道:“华为的愿景就是不断通过自己的存在,来丰富人们的沟通、生活与经济发展,这也是华为公司作为一个企业存在的社会价值。我们可以达到丰富人们的沟通和生活,也能够不断促进经济的全球化发展。华为自身也不可能回避全球化,也不可能有寻求保护的狭隘的民族主义心态。因此,华为从一开始创建就是全开放的心态。

“未来能够颠覆这个世界秩序的,只有互联网。美国的一份报告中指出,未来20年有可能摧毁美国国家价值观的只有互联网。

“我们在愿景部分最主要是讲丰富人们的沟通与生活,其实这里面也是讲未来网络对这个世界的作用。网络的存在使得经济全球化是不可避免的,不仅对于我们华为是不可避免的，实际上是世界所有国家都不可避免的。因此，这个时候希望封闭起来不要走全球化的道路，实际上是错误的。这个时候必须勇敢地面对全球化，发挥自己国家的优势，为自己争取更多的机会。”

“成为世界级领先企业”的企业愿景引领着华为走向了世界级领先企业，现在“丰富人们的沟通和生活”的企业愿景引领华为进一步发展，成为中国最优秀、全球最好的企业之一。

“丰富人们的沟通和生活”也许是一个永远都无法实现的愿景，但它可以激励华为人以此为方向，全心投入，围绕一个伟大的追求与理想竭力工作，去无限接近这样一个奋斗目标。

围绕此愿景，华为致力于提供全IP融合解决方案，使最终用户在任何时间、任何地点都可以通过任何终端享受一致的通信体验，丰富人们的沟通与生活。围绕此愿景，华为业务涵盖了移动、宽带、IP、光网络、电信增值业务和终端等领域，具备面向未来转型发展的先发优势，能够为客户提供有竞争力的通信解决方案和服务。

近年来，电信行业的快速发展对全球尤其是发达地区的经济发展做出了卓越的贡献。然而，在欠发达地区，受经济发展水平和自然环境制约，许多人无法享用基本的通信服务；不同地区和不同群体之间的数字鸿沟正日益加深。华为利用在通信领域的专业技术和经验，致力于消除数字鸿沟。一方面，华为提供客户化的通信解决方案，使不同收入、不同地区的人们均能便捷地接入信息社会；另一方面，华为积极帮助欠发达地区发展通信教育事业，培养通信人才，提高当地通信技术水平，从而促进通信的普及。

在一些欠发达地区，基础设施较差，同时ARPU值也远低于发达国家水平，这给运营商在当地建网并持续运营带来了极大的挑战。华为为运营商量身定制的低ARPU值解决方案，能保障运营商在快速建网的同时，获得可持续经营的商业收益，从而帮助这些地区的人们平等地接入信息社会、借助现代通信手段提升生活质量甚至改变自己的命运。

我们来看华为的“经济的接入解决方案服务非洲马里”的案例。几年前的马里，是一个互联网普及率不到0.4%的国度，人们大多像小女孩希塔一样，认为互联网只是“遥不可及”的奢侈品。尽管很理解女儿对互联网的渴望，希塔的爸爸妈妈却无能为力，因为当地高昂的上网资费让他们望而却步。“现在，合理的上网价格让我们家也能够享受到互联网带来的乐趣。有了互联网，希塔的视野开阔了很多。”看着飞快敲打着键盘的女儿，希塔的爸爸欣慰地说。正是因为华为提供的低 TCO、成熟的 ADSL 技术，帮助运营商普及马里的互联网接入服务，超过 6000 个家庭开始享受到互联网的便利性和先进性，运营商也因此备受用户好评。

我们再来看看华为的“巴基斯坦乡村连接方案”的案例。“乡村连接方案”为巴基斯坦乡村搭起通信沟通桥梁，在巴基斯坦南部，有一个名叫 Theri Mirwah 的村庄，常年来，由于地理位置偏僻，以及传统基站覆盖的高运营成本，当地网络覆盖密度低，很多地方网络质量较差。2008 年，华为充分利用当地日照充足的优势，为 TheirMirwah 量身定做了一套使用太阳能基站的“乡村连接方案”。耗时 2 个月，克服 60 摄氏度高温等困难，华为终于建设完成了巴基斯坦第一个太阳能基站，不仅大大降低了运营成本，还显著改善了网络覆盖质量。

我们再来看看华为的“象牙海岸”助运营商开展农村普遍服务的案例。科特迪瓦，在法语中是“象牙海岸”的意思。这个地处几内亚湾畔的国家资源丰富，是整个西非的贸易、金融和航运中心。在科特迪瓦的广大农村地区，地广人稀、地形复杂、施工困难，如果采用传统的固定电话模式将耗资巨大。为支持科特迪瓦政府提出的普遍服务项目，改善当地村民的通信状况，华为提出了高可靠性、大容量和低运营成本的 CDMA WLL 无线接入解决方案。目前，该解决方案帮助科特迪瓦广大农村近 200 万用户享受到电信服务，这为当地经济发展注入了新的活力。同时，华为在 100 个重点村庄分别建设多媒体中心，通过该中心，村民可以享受打电话、收发传真和浏览 Internet 等服务。村民及时获取到最新信息，进一步缩短了和外界的距离，生活质量得以改善。

“看着非洲小男孩有生第一次通过我们的无线网络与外部世界通话时脸上欢快而惊奇的表情，我们心头洋溢着无限的自豪与喜悦。”华为员工表达着自己激动的心情。

为促进当地通信技术水平的提升，华为在全球设立了 29 个培训中心，为当地培养大量优秀通信技术人才。此外，华为通过向加纳、委内瑞拉等多个国家捐赠教育网络及设备等方式，让当地青少年能够更好地通过互联网接受教育，了解外面的世界。

华为启动的“播种通信行业未来”计划，给欧洲、亚洲、非洲十多个国家的学生，提供了深入了解新技术、新趋势的平台。

华为致力于使全球不同地区的人们均能便捷地接入最基本的语音通信，为消除数字鸿沟做出贡献。华为的产品和解决方案，已经服务全球170多个国家和地区，其中包括很多欠发达国家和地区。华为促进人人享有宽带，使宽带处处可及，宽带无处不在；同时，积极推广面向未来的信息通信技术，帮助当地便捷地接入信息化社会，提高人民生活水平。

所有这些，都是“丰富人们的沟通与生活”这一愿景带给华为人巨大的能量。

【示例2-7】 华为愿景、使命、核心价值观与战略

◆ **华为愿景**

丰富人们的沟通和生活。

◆ **华为使命**

聚焦客户关注的挑战和压力，提供有竞争力的通信解决方案和服务，持续为客户创造最大价值。

◆ **核心价值观**

公司核心价值观是扎根于我们内心深处的核心信念，是华为走到今天的内在动力，更是我们面向未来的共同承诺。它确保我们步调一致地为客户提供有效的服务，实现“丰富人们的沟通和生活”的愿景。

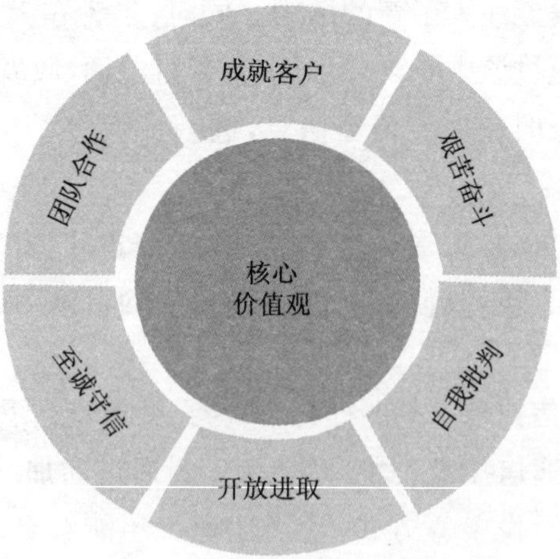

图2-5 华为核心价值观

成就客户　为客户服务是华为存在的唯一理由，客户需求是华为发展的原动力。我们坚持以客户为中心，快速响应客户需求，持续为客户创造长期价值进而成就客户。为客户提供有效服务，是我们工作的方向和价值评价的标尺，成就客户就是成就我们自己。

艰苦奋斗　我们没有任何稀缺的资源可以依赖，唯有艰苦奋斗才能赢得客户的尊重与信赖。奋斗体现在为客户创造价值的任何微小活动中，以及在劳动的准备过程中为充实提高自己而做的努力。我们坚持以奋斗者为本，使奋斗者得到合理的回报。

自我批判　自我批判的目的是不断进步，不断改进，而不是自我否定。只有坚持自我批判，才能倾听、扬弃和持续超越，才能更容易尊重他人和与他人合作，实现客户、公司、团队和个人的共同发展。

开放进取　为了更好地满足客户需求，我们积极进取、勇于开拓，坚持开放与创新。任何先进的技术、产品、解决方案和业务管理，只有转化为商业成功才能产生价值。我们坚持客户需求导向，并围绕客户需求持续创新。

至诚守信　我们只有内心坦荡诚恳，才能言出必行，信守承诺。诚信是我们最重要的无形资产，华为坚持以诚信赢得客户。

团队合作　胜则举杯相庆，败则拼死相救。团队合作不仅是跨文化的群体协作精神，也是打破部门墙、提升流程效率的有力保障。

◆ **战略**

为适应信息行业正在发生的革命性变化，华为做出面向客户的战略调整，华为的创新将从电信运营商网络向企业业务、消费者领域延伸，协同发展“云-管-端”业务，积极提供大容量和智能化的信息管道、丰富多彩的智能终端以及新一代业务平台和应用，给世界带来高效、绿色、创新的信息化应用和体验。华为将继续围绕客户的需求持续创新，与合作伙伴开放合作，致力于为电信运营商、企业和消费者提供ICT解决方案、产品和服务，持续提升客户体验，为客户创造最大价值，丰富人们的沟通和生活，提高工作效率。

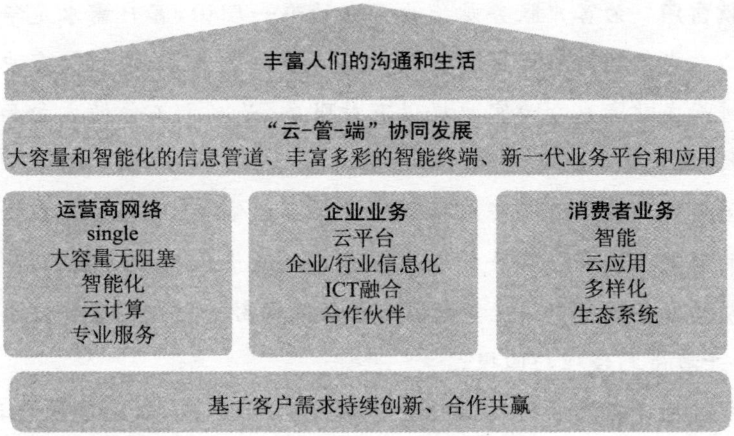

图 2-6　华为战略

运营商网络　华为向电信运营商提供统一平台、统一体验、具有良好弹性的 Single 解决方案，支撑电信网络无阻塞地传送和交换数据信息流，帮助运营商简化网络及其平滑演进和端到端融合，快速部署业务和简单运营，降低网络 CAPEX 和 OPEX。同时，华为专业服务解决方案与运营商深度战略协同，应对无缝演进、用户感知、运营效率和收入提升等领域的挑战，助力客户商业卓越。

企业业务　华为聚焦 ICT 基础设施领域，围绕政府及公共事业、金融、能源、电力和交通等客户需求持续创新，提供可被合作伙伴集成的 ICT 产品和解决方案，帮助企业提升通信、办公和生产系统的效率，降低经营成本。

消费者业务　华为将继续以消费者为中心，通过运营商、分销和电子商务等多种渠道，致力打造全球最具影响力的终端品牌，为消费者带来简单愉悦的移动互联应用体验。同时，华为根据电信运营商的特定需求定制、生产终端，帮助电信运营商发展业务并获得成功。

华为还将对网络、云计算、未来个人和家庭融合解决方案的深刻理解融入各种各样的终端产品中，坚持“开放、合作与创新”，与操作系统厂家、芯片供应商和内容服务商等建立良好的合作关系，构建健康完整的终端生态系统。

四、华为战略点评

华为通过短短 27 年时间，成为全球领先的电信解决方案供应商，并取得世界通信设备行业第一的宝座。可以说，华为的成功来自其愿景，是愿景，引领华为成长。从创立不久时提出的"成为世界级通信设备制造商"，到2005年提出的"丰富人们的沟通和生活"，远大的愿景指引着、激励着一代又一代的华为人，为实现共同的梦想，竭尽所有，全力以赴，依靠点点滴滴、锲而不舍的艰苦追求，实现华为长期的、持续的、超越式的发展。

在业务战略层面，华为通过开拓企业业务和消费者业务，为企业开拓了更大的增长空间，同时，面临的挑战也越来越大。随着进入的领域越来越多，华为的经营管理复杂程度越来越高，面临的强大对手也越来越多，比如消费者业务领域的苹果、三星、联想等，企业业务领域的思科等。

历史经验也给华为造成更大的压力。历史上就没有一家既面向电信运营商，又面向企业，还面向消费者的电信设备提供商成功过，或者说成功也没有太长时间。摩托罗拉曾经成功过，西门子也曾经成功过，但时间都不长。爱立信把消费品牌卖掉了，阿尔卡特、西门子也卖掉了，摩托罗拉也拆分了。华为实际在走前人没有走成功的路，与同行现在走的方向是相反的，同行是剥离这些业务，而华为是发展这些业务。

然而，我们还需冷静地看待问题，伟大的公司是在别人失败的道路上成就伟大的。新业务的成功，既要选对方向，也要选准时间点，同时还要把握好节奏。华为未来企业业务和消费者业务发展会怎样呢？留给大家去关注和思考。

第三章 战略目标:明确发展速度与质量

第一节 如何制定战略目标

前面我们已经通过探讨了解到企业火车前行需要愿景来引领发展方向,接下来我们就需要思考一个问题:企业这列火车该保持多快的发展速度、多好的发展质量来前行? 这就是战略目标要谈的,企业的发展速度与发展质量是什么。

如果我们考察杰出企业的成功轨迹,就会发现它们走向成功之前大都有着明确的挑战性战略目标。一个企业追求的战略目标越高,企业发展就可能越快。一心向着自己目标前进的企业,其他企业都给它让路。企业的成功,都必须先确立一个明确的、具有挑战性的发展目标,当企业对战略目标的追求变成一种执着时,你就会发现所有的行动都会带领企业朝着这个战略目标迈进。

美国管理学家彼得·德鲁克在 1954 年出版的《管理的实践》一书中,首先提出了"目标管理和自我控制"的主张。他认为:

"企业的使命和任务必须化为目标,企业的各级主管必须通过这些目标对下级进行领导,以此来达到企业的总目标。如果一个范围没有特定的目标,则这个范围必定被忽视,如果没有方向一致的分目标来指导各级主管人员的工作,则企业规模越大,人员越多时,发生冲突和浪费的可能性就越大。

"管理层的首要职能是经济绩效,在制定任何决策、采取任何行动时,管理层必须把经济绩效放在首位。管理层只能以所创造的经济成果来证明自已存在的价值和权威。”[①]

愿景作为企业渴望实现的未来景象和长期的发展目标，必须转化成近期的、可执行的目标，而企业战略目标发挥了将企业愿景转化成近期可执行的目标的作用，战略目标可以将企业愿景转换成明确的、可执行的目标，使得企业每个阶段的发展都有一个可以测量的标准。

成功的战略目标往往需要各层执行者付出巨大的努力。大胆的、积极进取的战略目标所带来的挑战往往会使公司变得更加富有创造力，更加迫切地想要改善和提高公司的财务业绩和市场地位，在采取行动时目标更加明确、精力更加集中。挑战性的战略目标有助于企业付出真正的努力，充分发挥组织的积极性、主动性和创造性，有助于抵御组织的自满情绪，防止组织产生小富即安的思想。

如果企业愿景没有转化成具体的战略目标，如果企业管理者没有逐步达到这些目标的压力，那么企业愿景最后只能是一些美丽的词句，只能是无法实现的梦想。

一、战略目标是什么

战略选择的第二个部分就是要制定战略目标，明确企业的发展速度与发展质量。战略目标是指企业为实现其愿景在一定时期内对主要成果期望达成的目标值。企业愿景主要是指引企业的发展方向，而战略目标则是企业愿景的展开和具体化，是企业愿景的进一步阐明和界定，也是企业在既定的战略经营领域展开战略经营活动所要达到的发展速度和发展质量的具体规定。

彼得·德鲁克说：“目标是工作的起点，并非先有工作，后有目标；相反，正是因为有了目标，才能确定每人应该做的工作。”

要使企业的目标体系成为衡量组织业绩以及组织前进进度的标准，它就必须以一种可以计算或者说可以测量的方式表述出来，同时，它还必须有一个最后的完成期限。一般来说，企业战略目标分为长期目标、中期目标和短期目标。长期目标为10年以上，中期目标为3～5年，短期目标为1年。战略目标的时限与其经营环境的稳定性有关，经营环境越稳定，越容易制定更长时间的战略目标；如果经营环境变化快，则适合制定较短时间的战略目

① 彼得·德鲁克. 管理的实践[M]. 齐若兰，译. 北京：机械工业出版社，2009.

标。由于现有外部环境变化迅速，长期目标只能是方向性的指导，过于具体就会失去指导意义，因此，目前企业战略目标通用的时限以3～5年为宜。

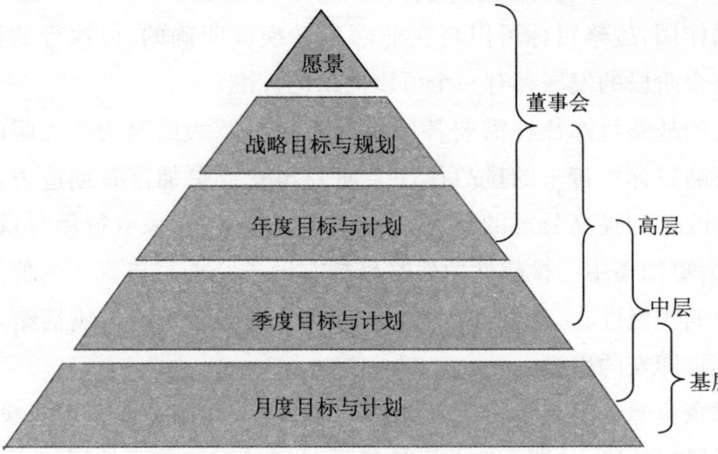

图3-1　公司的目标与计划体系

在制定战略目标之后，企业会按时间维度把战略目标分解成年度目标，而后又分解成季度目标和月度目标，并形成公司从高层管理者到中层管理者、再到基层员工的自上而下的目标体系。战略目标和年度目标是企业年度经营计划及资源配置计划的依据，企业会根据战略目标、各层级及各业务单元目标，制订相对应的计划，并配置相匹配的资源支持。与战略目标相匹配的经营计划及资源配置计划是实现战略目标的保证，没有相应的经营计划与资源配置计划，战略目标就无法落实与执行，将沦为一个空洞的口号。

优秀的企业每个阶段都会制定一个具有挑战性的战略目标。他们通过挑战性的战略目标不断牵引自己进步，最大限度地挖掘自己的潜力，从而不断提升自己的能力。在实现挑战性战略目标之后，能力提升了，进而继续制定更加具有挑战性的战略目标。

万科为了实现"成为中国房地产行业的持续领跑者"的愿景，对企业每个阶段的发展速度和经营业绩目标都提出了非常高的要求。

2001年初，万科确定了"将以年均30%～40%的速度增长，在2005年，销售收入达到150亿元"这个具有挑战性的5年战略目标。

2006年，在超额实现5年战略目标之后，万科又确定了"2010年实现销售收入1000亿元、净利润100亿元、市场占有率3%"的"千亿级企业"5年战略目标。

2010年底，万科提前实现5年战略目标之后，又制定了"未来4年，复合增长率20%，2014年实现营业收入2000亿元，2020年实现营业收入3000亿元"的战略目标。万科在不断挑战更高的战略目标过程中，不断地提升自己，又不断地提出更高的战略目标。

二、战略目标应包含哪些内容

战略目标是多元化的，既包括经济目标，又包括非经济目标；既包括定性目标，又包括定量目标。尽管如此，各个企业需要制定目标的领域却是相近的，所有企业的生存与发展都取决于类似的一些因素。

美国管理学家彼得·德鲁克在《管理的实践》一书中提出了8个关键领域的目标[①]：

(1)市场方面的目标：应表明本公司希望达到的市场占有率或在竞争中达到的地位。

(2)技术改进和发展方面的目标：对改进和发展新产品、提供新型服务内容的认知及措施。

(3)提高生产力方面的目标：有效衡量原材料的利用，最大限度地提高产品的数量和质量。

(4)物资和金融资源方面的目标：获得物质和金融资源的渠道及其有效的利用。

(5)利润方面的目标：用一个或几个经济目标表明希望达到的利润率。

(6)人力资源方面的目标：人力资源的获得、培训和发展，管理人员的培养及其个人才能的发挥。

(7)职工积极性发挥方面的目标：对职工的激励、报酬等措施。

(8)社会责任方面的目标：注意公司对社会产生的影响。

哈佛商学院教授罗伯特·卡普兰(Robert Kaplan)和诺朗诺顿研究所所长、美国复兴全球战略集团创始人兼总裁大卫·诺顿(David Norton)认为，企业战略目标包括财务目标、顾客目标、内部运营目标和学习创新目标[②]，这

① 彼得·德鲁克. 管理的实践[M]. 齐若兰，译. 北京：机械工业出版社，2009.

② 罗伯特·卡普兰，大卫·诺顿. 平衡记分卡——驱动业绩提高的测评体系[J]. 哈佛商业评论(中文版)，1992(2).

就是全球著名的平衡记分卡的概念和理论框架。平衡计分测评法使管理者能从4个重要角度来考察企业，如图3-2所示。

(1)客户角度：顾客如何看待我们？

(2)内部流程角度：我们必须擅长什么？

(3)学习和创新角度：我们能否继续提高并创造价值？

(4)财务角度：我们怎样满足股东要求？

第一，从客户角度看。许多企业都认识到客户的重要性，明白客户是企业效益的来源、客户资源是现代市场经济最缺的资源，因此，企业取得效益就是要考虑客户的需要、为客户创造价值。企业怎样在测评体系中考虑客户的需求呢？平衡计分法要求把客户的需求转化为具体的测评指标，通过这些指标反映为客户带来价值的程度。

第二，从内部流程角度看。客户的测评指标十分重要，那么，企业必须做什么才能实现客户预期的需求呢？客户的满意来自组织内部的程序、决策和行为，当自己具备这些核心能力时，为客户创造价值的问题就自然得到解决。因此，管理者需要关注企业内部业务活动，确定和测量自己的核心能力。

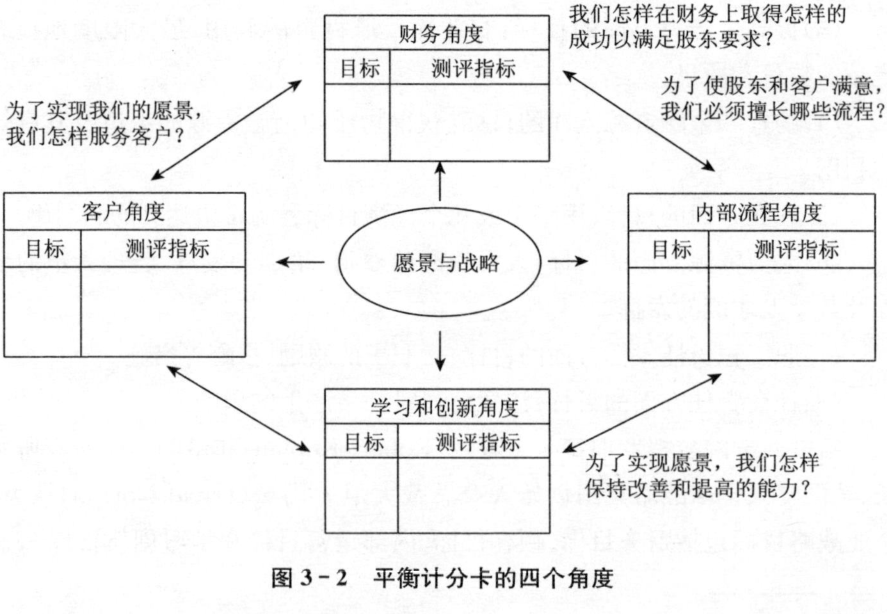

图3-2　平衡计分卡的四个角度

第三，从学习和创新角度看。内部业务决定了企业为客户创造价值的能力，确定了企业的竞争优势。但是，企业的环境是不断变化的，激烈的竞争需要企业不断地改进产品和程序、开辟新的业务。因此，企业需要测评自己的学习与创新能力，以保证未来发展的需要。

第四，从财务角度看。财务测评指标如主营业务收入、净资产盈利率、利润等，是企业过去一段时间业绩的直接表现，是股东最为关注的指标。

在从4个不同角度向企业提供信息的同时，平衡计分测评法限制了使用测评指标的数目，从而使信息过载最小化。企业很少会由于测评指标过少而受损。更常见的是，只要有员工或顾问提出有价值的建议，企业就会增加新的测评指标。

彼得·德鲁克和罗伯特·卡普兰关于目标的论述都说明：一个企业既要关注发展速度方面的目标，同时也要关注发展质量方面的目标；既要关注近期的目标，同时也要关注有利于公司长期发展的目标。

无论是股东，还是员工，抑或企业的领导者，都不会对一个无法带来收入增长的企业继续投入资本。即便如此，获取满意的收入增长也是远远不够的，我们还必须密切关注企业的健康性——企业盈利和长远运营状况。

在长期的战略咨询实践中，东方战略认为，企业需要建立两种类型的战略目标：发展速度和发展质量方面的目标。发展速度方面的核心指标是与收入相关的目标，发展质量方面的核心指标主要是利润目标以及内部运营目标。如果没有收入的增长，企业就实现不了发展；如果没有足够的利润和内部运营能力，企业所追求的愿景、企业的长期健康性，乃至企业的生存，都将受到威胁。

东方战略认为，战略目标一般包括以下几个方面的内容。

一是发展速度方面的目标：通常用销量、销售额、营业收入、市场占有率等来表示。

二是发展质量方面的目标：通常包括盈利能力和内部运营能力。主要的内容及目标包括以下几个方面的内容。

(1)盈利能力：用利润、资产收益率、每股平均受益、销售利润等来表示。

(2)生产率：用投入产出比率或单位产品成本来表示。

(3)产品：用产品线或产品的销售额和盈利能力、开发新产品的完成期来表示。

(4)资金：用资本构成、新增普通股、现金流量、流动资本、回收期来表示。

(5)生产:用生产量、生产效率、生产成本来表示。

(6)研究与开发:用花费的货币量或完成的项目来表示。

(7)组织:用将实行的变革或将承担的项目来表示。

(8)人力资源:用人均利润、人均产值、劳动生产率、缺勤率、人员流动率、培训人数或将实施的培训计划数来表示。

当然,一个企业并不一定在以上所有领域都规定目标,并且战略目标也并不局限于以上几个方面。就大多数企业而言,比较强调收入能力和盈利能力方面的目标。在东方战略的战略咨询中,有时为了突出企业发展速度和发展质量,在制定3~5年战略目标时,比较强调收入和利润方面的目标,而在年度经营目标时,再补充其他方面的运营性指标,如客户满意度、劳动生产率等。

【示例3-1】 白云公司5年战略目标

白云公司①是一家高科技环保公司,主要研发、生产、销售环保型添加剂和环保技术解决方案。2012年营业收入为1.33亿元,净利润为0.28亿元。2013年初,我们辅导白云公司制订未来战略规划,与公司管理层共同讨论确定了公司的愿景为"致力于成为中国领先环保技术解决方案提供商"。为实现其企业愿景,与其管理层根据内外部形势,讨论制定了5年战略目标,即2017年要实现的战略目标。

1. 财务目标

(1)营业收入≥5亿元;

(2)新产品及服务收入占比≥30%;

(3)净利润率≥22%;

(4)5年内实现股票证券市场上市。

2. 运营目标

(1)客户满意度≥80%;

(2)年度新产品开发≥5个;

(3)添加剂产品CO_2减排≥18吨/千克;

(4)劳动生产率≥150万元/人年;

① 为了保护客户机密,我们用"白云公司"代替了原公司名。

(5)员工满意度≥75%。

【示例 3-2】　　　　希望药业 5 年战略目标

希望药业①是专业从事多肽药物研发、生产和销售的高新技术医药企业。2008 年，实现营业收入 0.75 亿元，净利润 0.21 亿元。公司所处产业拥有非常大的发展前景，而且公司拥有非常好的技术和产品。2008 年，我们辅导希望药业陇西公司制订五年战略规划，通过近 3 个月的调研、分析、讨论，我们与管理层共同明确了 5 年战略目标。希望公司未来 5 年的战略目标如下：

(1)2013 年实现营业收入：2.5 亿元；

(2)2013 年实现净利润：0.7 亿元；

(3)2013 年实现综合市场占有率：25.0%；

(4)5 年内实现重大新产创新个数：2 个，专利申报数量 50 个；

(5)3 年建立覆盖全国的销售网络；

(6)3 年内实现证券交易市场上市；

(7)2013 年实现客户满意度：80 分；

(8)核心员工流失率≤15%；

(9)劳动生产率：60 万元/人。

根据 5 年战略目标，希望药业公司又对 5 年战略目标进行了分解，把可以量化的战略目标分解到 2009 年至 2013 年各年度经营目标，如表 3-1 所示。

表 3-1　希望药业公司 2009—2013 年经营目标

	2008 年	2009 年	2010 年	2011 年	2012 年	2013 年
营业收入(亿元)	0.75	0.95	1.21	1.54	1.97	2.50
净利润(亿元)	0.21	0.26	0.34	0.43	0.55	0.70
综合市场占有率	18.3%	19.0%	20.0%	22.0%	23.5%	25.0%
重大产品创新(个数)	0		1		1	
专利申报数量(个数)	3	5	7	10	13	16
客户满意度	75.0%	76.0%	77.0%	78.0%	79.0%	80.0%
核心员工流失率	15%	15%	15%	15%	15%	15%
劳动生产率(万元/人年)	29.2	35.0	40.0	46.0	53.0	60.0

① 为了保护客户机密，我们用“希望药业”代替了原公司名。

三、战略目标的分类

战略目标反映了企业对发展速度和发展质量的追求。战略目标有哪些类型呢？我们通常有两种方法来区分：一是按照发展速度来区分；二是按照对发展速度和发展质量的关注程度来区分。

（一）发展速度分类：发展型、维持型和收缩型

按照企业追求的发展速度程度，我们可以把企业战略目标分为三类：发展型战略目标、维持型战略目标和收缩型战略目标。

1. 发展型战略目标

企业普遍比较喜欢选择发展型战略目标。发展型战略目标指企业对未来战略目标的要求比现有基础更高。从企业发展的角度来看，只有发展型战略目标才能不断地扩大企业规模，使企业从竞争力弱小的小企业发展成为实力雄厚的大企业。

发展型战略目标具有以下特征：

(1)实施发展型战略目标的企业一般要比整个经济增长速度或其所在行业的发展速度要快。一般来说，行业市场占有率可以说是衡量增长的一个重要指标，发展型战略目标体现的不仅应有绝对市场份额的增加，更应有在市场总容量增长基础上的相对份额的增加。

(2)实施发展型战略目标的企业一般要求发展后企业的利润率要超过社会平均利润率。通过发展，企业更易获得较好的规模经济效益、降低生产成本、获得超额的利润率。

(3)采用发展型战略目标的企业需要解决战略发展点的问题，这要求企业不仅要巩固现有市场，而且还要开发新市场、新区域、新客户、新产品。企业需要提升自身竞争能力，使发展具有坚实的基础。发展型战略目标的实现宜以相对更为创新的产品和劳务以及管理上的高效率作为竞争手段。一般不主张企业采取既损伤行业也损害自己的价格战。

(4)发展型战略目标鼓励企业的发展立足于创新。与简单地适应外部条件不同，采用发展型战略目标的企业倾向于通过创造以前本身并不存在的某物或对某物的需求来改变外部环境并使之适合自身。这些企业常常开发新产品、新市场、新工艺和旧产品的新用途，以把握更多的发展机会，谋求

更大的风险回报。

发展型战略目标按其对发展速度的追求，可分为3种不同类型的发展型战略目标，它们分别是激进型发展战略目标、稳妥型发展战略目标和保守型发展战略目标。

(1)激进型发展战略目标。激进型发展战略目标是指企业对自身发展速度的期待大于行业发展速度的许多倍，以其现有的资源与能力来看，要实现这样的战略目标有非常大的挑战性。激进型发展战略目标需要企业投入较大的资本或其他资源。当行业面临绝佳的发展机会时，如行业被众多消费者认知、正进入快速增长阶段时，或者国家政策的重大变化可能改变行业格局时，或者企业自身在某个技术方面取得突破时，比较适合采用激进型发展战略；如果错失，企业可能会永远难以找回类似的机会。

(2)稳妥型发展战略目标。稳妥型发展战略目标是指企业对自身发展速度的期待大于行业发展速度，充分发挥其现有的资源与能力基本能实现目标。稳妥型发展战略目标需要企业进行一定的资本或其他资源的投入。当行业环境未出现重大变故、企业自身能力也未出现重大变化时，比较适合采用稳妥型发展战略目标。

(3)保守型发展战略目标。保守型发展战略目标是指企业对自身发展速度的期待稍快于行业发展速度，以其自身拥有的资源与能力基本能实现目标。保守型发展战略目标不需要企业投入过多，可基本维持现有资本与资源状况。当行业环境和企业自身能力都未出现重大变化、企业也不想投入过多资源来发展时，比较适合采用保守型发展战略目标。

企业的发展要靠发展型战略目标来实现，但企业不能一味地采取发展型战略目标。是否采用发展型战略目标，由企业所处的外部环境和企业自身的实力来决定。

发展型战略目标既有优点，也有缺点，其优点如下：

(1)发展型战略目标可以使企业通过发展扩大自身规模、实现更大的价值，体现为公司市场份额和绝对财富的增加，这种价值既可以成为企业员工的一种荣誉，又可以成为企业进一步发展的动力。

(2)发展型战略目标可以使企业通过不断变革来创造更高的生产经营效率与效益。企业可以获得过去不能获得的崭新机会、避免企业组织的老化，从而总是充满生机和活力。

(3)发展型战略目标能保持企业的竞争实力、实现特定的竞争优势。当竞争对手都采取发展型战略时,如果企业还在采取维持型战略或收缩型战略,那么企业在发展规模上会落后于竞争对手,并很有可能在未来与竞争对手相比丧失竞争优势。

发展型战略目标的缺点如下:

(1)发展型战略目标获得初期的效果后,很可能使企业盲目扩张、为了发展而发展,因此发展目标如果超出企业自身资源和能力,会适得其反,欲速则不达。为克服这一弊端,要求企业在做每一个战略决策之前都必须重新审视和分析企业的内外部环境、判断企业的资源状况和外部机会。

(2)发展型战略目标很可能降低企业的综合素质,使企业看上去应变能力不错,而实质上却出现内部危机和混乱。这主要是由企业新增机构、设备、人员太多而未能形成一个有机的相互协调的系统所引起的。针对这一问题,企业可以考虑设立一个战略管理的临时性机构,负责统筹和管理发展后企业内部各部门、人员之间的协调,待各方面因素都融合后,再考虑取消这一机构。

(3)发展型战略目标很可能使企业管理者更多地注重投资结构、收益率、市场占有率、企业的组织结构等问题,而忽视产品的服务或质量,重视宏观发展而忽视微观问题,因而不能使企业达到最佳状态。为克服这一弊端,需要企业管理者对发展型战略有一个正确而全面的理解,要意识到企业的战略态势是企业战略体系中的一个部分,因而在实施过程中必须全盘考虑。

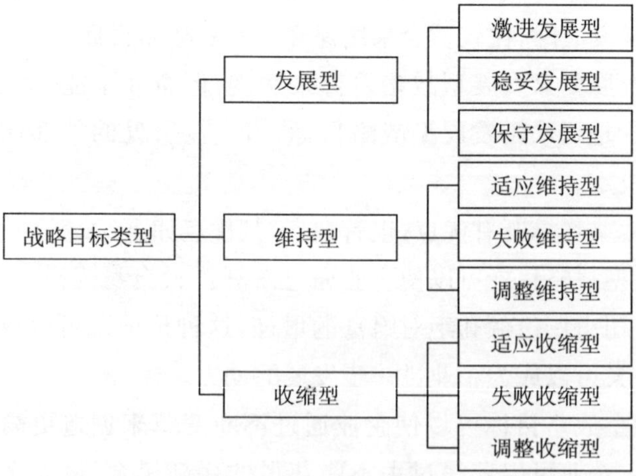

图 3-3　按发展速度分的战略目标类型

2. 维持型战略目标

企业不能一味地选择发展型战略目标，有时也需要选择维持型战略目标。就如快速前进的火车，有时也需要适当的刹车来保持列车的平稳与舒适。维持型战略目标是指企业对未来战略目标的要求基本保持在目前状态和水平上。按照维持型战略目标，企业基本遵循目前的经营方向，维持目前的产品和所占领的市场领域，在其经营领域内的产销规模和市场地位都大致不变或以较小的幅度增减。

维持型战略目标的风险是相对较小的，对那些处于平稳发展趋势的行业或在一个稳定环境中活动的企业会很有效。维持型战略目标从本质上追求的是在过去经营状况基础上的稳定，它具有如下特征：

(1)维持型战略目标表示企业对过去的经营业绩感到满意，但对未来的发展前景不是特别看好，从而决定追求既定的或与过去相似的经营目标。比如，企业过去的经营目标是在行业竞争中处于市场领先者的地位，但行业又进入了成熟阶段，维持型战略意味着在今后的一段时期里依然以这一目标作为企业的经营目标。

(2)维持型战略目标可能追求现有基础上的一定幅度的增长，这种增长考虑了经济增长、物价增长等因素。与发展型战略目标不同，这里的增长是一种常规意义上的增长，而非大规模的或迅猛的发展。例如，维持型战略目标是指在市场占有率保持不变的情况下，随着总的市场容量的增长而实现企业销售额的增长，而这种情况并不能算典型的发展型战略。

(3)维持型战略目标使企业准备以与过去相同的或基本相同的产品或劳务服务于社会，这意味着产品的创新较少。维持型战略主要依据前期战略，它坚持前期战略对产品和市场领域的选择，以前期战略所达到的目标作为后期希望达到的目标。

采取维持型战略目标的企业，一般处在市场需求及行业结构稳定或者动荡较小的外部环境中，因而企业所面临的竞争挑战和发展机会都相对较少。有些企业在市场需求增幅较大或是外部环境提供了较多发展机遇的情况下也会采取维持型战略，一般来说，是企业资源与能力状况不足导致其抓住新的发展机会而不得不采用相对保守的战略。

维持型战略目标按其目的可分为 3 种，分别是适应型维持战略、失败型维持战略、调整型维持战略。

(1)适应型维持战略。适应型维持战略是企业为了适应外界环境而采取的一种战略。当外部环境面临经济衰退，或者产业进入成熟期，或者企业产品或服务需求基本无增长，或者外部环境变化不明朗需进一步观察时，企业可以采取适应型维持战略。适应型维持战略的使用条件就是企业预测到或已经感知到了外界环境对企业采取发展型战略不利时，只能采用维持型战略。

(2)失败型维持战略。失败型维持战略是企业经营失误造成竞争地位不稳固、经营状况较差时，采用维持型战略保存实力，待度过暂时困难再寻找进一步发展的战略。失败型维持战略的使用条件是企业出现一些问题，如产品滞销、财务状况恶化等。

(3)调整型维持战略。企业采用调整型维持战略的原因既不是外部经济衰退，也不是内部经营失误，而是为了积蓄能量，以寻找机会进一步发展。在一段较长时间的快速发展后，企业可能会遇到一些问题，使得效率下降，这时就可以采用调整型维持战略，即在一定时期内降低企业的目标和发展速度，将更多精力和资源投入经营管理基础建设，解决企业快速发展后经营管理体系滞后的问题。调整型维持战略可使企业积聚能量，为今后的发展做准备。

维持型战略目标既有优点，也有缺点，其优点如下：

(1)维持型战略目标使企业的经营风险相对较小。由于企业基本维持原有的产品和市场领域，因而可以避免开发新产品核心市场的巨大资金投入、激烈的竞争抗衡和开发失败的巨大风险。

(2)维持型战略目标能避免因改变战略而改变资源分配的困难。由于经营领域主要与过去大致相同，因而不必考虑原有资源的增量或存量的调整，相对于其他战略态势来说，显然要容易得多。

(3)维持型战略目标能回避因发展过快而导致的弊端。在行业迅速发展的时期，许多企业无法看到潜伏的危机而盲目发展，结果造成资源的巨大浪费。

(4)维持型战略目标能给企业一个较好的休整期，使企业积聚更多的能量，以便为今后的发展做好准备。从这个意义上说，适时的维持型战略是增长型战略必要的酝酿阶段。

维持型战略目标的主要缺点如下：

(1)维持型战略目标的执行是以市场需求、竞争格局等内外条件基本稳定为前提的。一旦企业的这一判断没有得到验证，就会打破战略目标、外部环境、企业实力之间的平衡，使企业陷入困境。因此，如果环境预测有问题的话，维持型战略也会有问题。

(2)维持型战略目标在特定细分市场也会有较大的风险。由于企业资源不够，企业会在部分市场上采用竞争战略，这样做实际上是将资源重点配置在这几个细分市场上，如果对这几个细分市场把握不准，企业可能会更加被动。

(3)维持型战略目标也会使企业的风险意识减弱，甚至形成害怕风险、回避风险的文化，大大降低企业对风险的敏感性、适应性和冒风险的勇气，从而增加了以上风险的危害性和严重性。

3. 收缩型战略目标

企业不能一味地选择发展型战略目标或者维持型战略目标，火车有时也需要倒退，当然倒退是为了更好地前进，因此企业有时也可能选择收缩型战略目标。收缩型战略目标指企业对未来战略目标的要求比现有基础更低。与维持型战略目标和发展型战略目标相比，收缩型战略目标是一种消极的发展战略目标。通常来说，企业实施收缩型战略只是短期的，其根本目的是避过危机后转向其他的战略选择。有时，只有采取收缩和撤退的战略措施，才能抵御竞争对手的进攻、避开环境的威胁并迅速实现自身资源的最优配置。可以说，收缩型战略目标是一种以退为进的战略目标。

收缩型战略目标有以下特征：

(1)收缩型战略目标意味着对企业现有的产品和市场领域实行收缩、调整和撤退战略，比如放弃某些市场和某些产品线系列，因而从企业的规模来看是缩小的，同时，一些效益指标，比如利润率和市场占有率等，都会有较为明显的下降。

(2)收缩型战略目标意味着对企业资源的运用采取较为严格的控制并尽量削减各项费用支出，往往只投入最低限度的经济资源，因而收缩型战略的实施过程往往会伴随着大量的裁员、一些奢侈品和大额资产的暂停购买，等等。

(3)收缩型战略目标具有明显的短期性。与维持型战略目标和发展型战略目标相比，收缩型战略目标具有明显的过渡性，其根本目的并不在于长期节约开支、停止发展，而是为今后的发展积蓄力量。

企业采用收缩型战略目标是出于不同的动机，根据动机的不同可分为3种不同类型的收缩型战略：适应型收缩战略、失败型收缩战略、调整型收缩战略。

(1)适应型收缩战略。适应型收缩战略是企业为了适应外界环境而采取的一种战略。这种外界环境包括经济衰退、产业进入衰退期、对企业的产品或服务的需求减小等。在这些情况下，企业可以采取适应型收缩战略来度过危机，以求发展。因此，适应型收缩战略的使用条件就是企业预测到或已经感知到了外界环境对企业经营不利，并且认为采用维持型战略尚不足以使企业顺利度过此阶段。如果可能企业应当尽量采用维持型战略来避开外界威胁，为今后发展创造条件，因为它的冲击力要小得多，对企业可能造成的伤害也要小得多。

(2)失败型收缩战略。失败型收缩战略是指企业由于经营失误造成企业竞争地位低下、经营状况恶化，只有采用收缩型战略才能最大限度地减少损失、保存企业实力。失败型收缩战略的使用条件是企业出现重大的问题，如产品滞销、财务状况恶化、投资已无法收回的情况。这里就涉及一个“度”的问题，即究竟在出现何种严重经营问题时才考虑实施收缩型战略？要回答这一问题，需要对企业的市场、财务、组织机构等方面做一个全面估计，认真比较实施收缩型战略的机会成本，经过细致的成本收益分析，最后才能下结论。

(3)调整型收缩战略。调整型收缩战略的动机既不是经济衰退，也不是经营失误，而是为了谋求更好的发展机会，使有限的资源分配到更有效的使用场合。因而，调整型收缩战略的适用条件是企业存在一个回报更高的资源配置点。为此，需要比较的是企业目前的业务单位和实施收缩型战略后资源投入的业务单位。在存在着较为明显的回报差距的情况下，可以考虑采用调整型收缩战略。

收缩型战略目标既有优点，也有缺点，其优点如下：

(1)收缩型战略目标能帮助企业在外部环境恶劣的情况下，节约开支和费用，顺利渡过难关。

(2)收缩型战略目标能在企业经营不善的情况下最大限度地降低损失。

在许多情况下，盲目而且顽固地经营无可挽回的事业，会给企业带来致命的打击。

(3)收缩型战略目标能帮助企业更好地实现资产的最优组合。如果不采用收缩型战略目标，企业在面临一个新的机遇时，只能运用现有的剩余资源进行投资，这样做势必会影响企业在这一领域发展的前景，相反，通过采取适当的收缩型战略，企业往往可以从不良运作处转移部分资源到新的发展点上，从而实现企业长远利益的最大化。

收缩型战略目标的缺点如下：

(1)收缩型战略目标的尺度较难以把握，如果盲目使用，可能会扼杀具有发展前途的业务和市场，使企业的总体利益受到伤害。

(2)收缩型战略目标会引起企业内外部人员的不满，从而导致员工情绪低落。因为实施收缩型战略常常意味着不同程度的裁员和减薪，而且实施收缩型战略在某些管理人员看来意味着工作的失败。

无论是发展型战略目标、维持型战略目标还是收缩型战略目标，我们都称为“发展战略目标”，都是为了企业更好地发展。一般来说，维持型战略目标和收缩型战略目标都是暂时的，都是为了给企业积蓄更多的能量，以便未来更好地发展。

(二)关注重点分类：“大跃进”型、保守型、高效型、稳妥型、小富即安型

企业单纯关注发展速度是远远不够的。如果火车只有速度，但失去平稳，会摇晃前行甚至翻车；企业如果只有速度，失去了发展质量，很可能会陷入亏损甚至倒闭的局面，也因此失去持续发展的力量。所以，企业在关注发展速度的同时，也需要关注发展质量。发展速度与发展质量哪个重要呢？企业应该发展速度优先，还是发展质量优先呢？我们需要来了解一下按关注重点来分类的战略目标。

战略目标按照对发展速度和发展质量的关注程度，又分为“大跃进”型、保守型、高效型、稳妥型、小富即安型。

1.“大跃进”型战略目标

“大跃进”型战略目标是指非常关注发展速度，而比较忽视发展质量的战略目标。采取“大跃进”型战略目标的企业，往往其发展速度的目标要高于其行业发展速度许多倍，且高于竞争对手很多倍，以其现有的资源与能力

来看，战略目标的实现是有非常大的挑战性的。

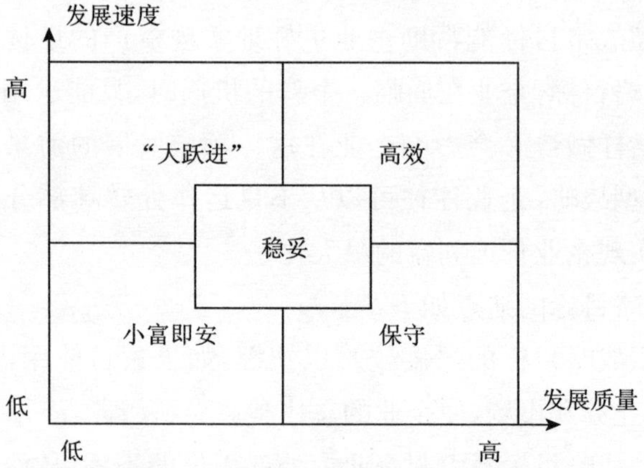

图 3-4　按关注重点划分的战略目标类型

“大跃进”型战略目标需要企业非常大的资本投入或其他资源的投入。当行业面临绝佳的发展机会时，如行业被众多消费者认知，正进入快速增长阶段时，或者国家政策的重大变化可能改变行业格局时，或者企业自身在某个技术方面取得突破时，比较适合“大跃进”型战略；如果错失，企业可能会永远难以找回类似的机会。

“大跃进”型战略目标可能会使企业能够快速成长，扩大市场份额和市场影响力，但缺点也很明显，即很可能使企业盲目发展，为了发展而扩张，而其发展目标超出自身资源和能力，从而导致欲速则不达。

2. 保守型战略目标

与“大跃进”型战略目标相对应的是保守型战略目标。保守型战略目标是指非常关注发展质量但忽视发展速度的战略目标。采取保守型战略目标的企业更关注毛利率、净利率的增长，而忽视销售额、营业收入的增长。

保守型战略目标一般不需要企业进行多少资本或其他资源的投入。当企业面临的产业环境比较稳定，自身能力也未出现重大变化时，比较适合保守型发展战略目标。

保守型战略目标可能会使企业关注现金流、关注利润，得到实实在在的现期回报，同时避免大额投入的风险，但缺点也很明显，即很可能使企业丧失快速发展的机会，成长速度缓慢。如果企业较长时间没有速度保证，发展的质量也不会提升。

3. 高效型战略目标

“大跃进”型和保守型战略目标都有缺陷，最理想的状况是既高度关注发展速度，又保证高质量发展，这种战略目标叫作高效型战略目标。采取高效型战略目标的企业既高度关注销售额、营业收入的增长，又高度关注毛利率、净利率的增长。

高效型战略目标需要企业进行较大资本或其他资源的投入，同时要求立刻得到较高的投入回报。高效型战略目标能实现的概率较低，只有在行业环境未出现重大变故同时企业开发出一种具巨大优势的产品或盈利模式时，才适合使用。高效型战略目标是一种理想的目标，绝大部分情况下，这种战略目标是不现实的。

4. 稳妥型战略目标

与高效型战略目标相比，比较现实的是稳妥型战略目标。稳妥型战略目标既比较关注发展速度，也比较关注发展质量。企业在关注销售额、营业收入较快增长的同时，也追求毛利率、净利率保持较快的增长。

稳妥型战略目标需要企业进行一定的资本或其他资源的投入，这种投入不会太多超过自己的能力，同时也要求企业取得一定的回报。稳妥型战略目标对外部环境和企业内部变化的适应性很强，通常企业可以采取稳妥型战略目标等待战略机会的出现。当出现重大战略机遇或者威胁时，可以较为容易地调整到其他战略目标类型。

5. 小富即安型战略目标

最没追求的战略目标就是小富即安型战略目标，企业既不太关注发展速度，也不太关注发展质量，用中国古话来说，叫“做一天和尚撞一天钟”。这类企业很普遍，大部分情况是企业创始人完成了财富的原始积累之后，失去了创业激情，只满足于企业现有的状况，对企业未来发展不再关注。

小富即安型战略目标使企业很难再有发展，企业通常会陷入长时间的停滞不前。当所在产业环境恶化或者竞争加剧时，企业会逐步衰退或者陷入困境。要知道，以放弃未来发展来求得现有的平安通常是不长久的，只可能保一时，不可能保一世。

企业到底采取“大跃进”型、保守型、高效型、稳妥型还是小富即安型战略目标，取决于企业对外部环境和自身实力的评判，当然也取决于企业家的志向、胸怀和战略决策能力。

四、战略目标选择：发展、维持、收缩？质量优先还是速度优先？

企业到底是选择发展型战略目标、维持型战略目标，还是收缩型战略目标呢？到底是关注发展速度，还是发展质量呢？这主要取决于两个因素，一个是企业所处的外部环境，另一个是企业自身的实力。

1. 外部环境

外部环境到底是能给企业带来机会，还是带来威胁，这影响企业战略目标的选择。影响外部环境的因素有很多，包括宏观环境、产业环境、竞争环境等，其中最主要的影响因素如下：

（1）行业或产品发展阶段。行业或产品的发展阶段影响战略目标的选择。当行业处于快速发展阶段时，产品需求、市场规模增长很快，产品技术还有待完善，企业往往需要新产品改进和新产品开发来取得成功，同时竞争对手的数目和企业的竞争地位都变化很快，这时实行发展型战略目标和更关注发展速度型战略目标有利于提高企业的市场占有率、改变市场地位；相反，当行业处于成熟阶段时，产品需求、市场规模趋于稳定，产品技术成熟，新产品的开发和以新技术为基础的新产品的开发难以取得成功，因此以产品为对象的技术变动频率低，同时竞争对手的数目和企业的竞争地位都趋于稳定，这时提高企业市场占有率、改变市场地位的机会很小，因此较为适合采用维持型战略目标和更关注发展质量型战略目标。

（2）行业政策变化。行业政策对企业战略目标选择具有重大影响。我国行业政策有时变化很大，当行业突然出现某个重大政策变化，如要淘汰一批落后生产线时，要抓住机会采取发展型战略目标和更关注发展速度型战略目标，使企业迅速做强做大；如果行业政策非常透明，预期非常明确，而且相对稳定，宜采取维持型战略目标和更关注发展质量型战略目标。

（3）行业集中度。如果企业所处行业集中度非常低，是由许许多多的中小企业来提供产品，行业壁垒较低，这时适合发展型战略目标和更关注发展速度型战略目标；如果企业所处的行业集中度非常高，由少数企业向市场提供产品，行业竞争格局相对稳定，竞争对手之间很难有较为悬殊的业绩改变，则企业适宜采用维持型战略和更关注发展质量型战略目标，如果采用发展型战略会打破市场平衡，导致行业恶化和企业收益降低，对自己和行业都是不利的。

(4)行业的技术创新程度。行业技术创新程度影响企业战略目标的选择。如果行业技术创新快，行业的利润率水平较高，同时也需要企业不断地投入，这时企业就适宜采用发展型战略目标和更关注发展速度型战略目标；如果企业所在的产业技术相对成熟，技术更新速度较慢，企业过去采用的技术和生产的产品无须经过较大的调整就能满足消费者的需求和与竞争者抗衡，使得产品系列及其需求保持稳定，从而使企业采取维持型战略目标和更关注发展质量型战略目标。

(5)消费者需求偏好的变动。消费者需求偏好变化影响战略目标选择。如果行业消费者偏好变化较快，行业的利润水平较高，适合采用发展型战略目标和更关注发展速度型战略目标；如果消费者的需求变动较为稳定，企业可以考虑采用维持型战略目标和更关注发展质量型战略目标。

(6)宏观经济状况。宏观经济增长状况会影响到行业发展速度，这势必影响到企业对战略目标的选择。如果宏观经济保持低速增长，势必影响到该企业所处行业的发展速度，使其无法以较快的速度增长，此时企业适宜采用保守型发展战略目标或维持型战略目标，注重企业的利润，以适应外部宏观经济环境；相反，如果宏观形势良好，行业保持较快发展速度，企业适宜采用发展型战略目标，注重发展速度。

2.企业能力

企业采取什么类型的战略目标，既取决于外部环境，同时又取决于企业自身能力。当行业发展前景好、企业能力非常强时，适合采用发展型战略目标，但当企业资源不充分，如资金不足、研发力量较差或人力资源有缺陷无法满足发展型战略目标的要求时，就无法采用发展型战略。

企业能力指企业在经营管理活动中能够满足企业生存、促进企业发展所具备的综合表现水平。企业的主要能力如下：

(1)战略决策能力。战略决策能力指对企业经营管理重大事件进行分析与决策的能力，战略决策能力包括企业识别外部环境机会与威胁的能力，判断自身优势与劣势的能力，以及根据机会与威胁、优势与劣势做出相关战略决策的能力。战略决策是企业经营成败的关键，它关系到企业的生存和发展。战略决策正确可以使企业沿着正确的方向前进，提高竞争力和适应环境的能力，并取得良好的经济效益，也可能给企业带来巨大损失，甚至导致企业破产。为了提高企业战略决策能力，一些公司聘请外部专家为常年战略顾问或者外部董事。

（2）研发能力。研发能力是指企业进行产品改进、产品研发、技术支持、技术研究的能力。企业的研发能力主要从研发计划、研发组织、研发过程和研发效果方面进行衡量。

（3）生产能力。生产能力指企业进行产品生产时在数量、进度、质量、成本等方面的管理能力。生产管理能力主要涉及生产计划、生产过程、生产能力、库存管理、人员管理和质量管理等方面。

（4）营销能力。营销能力指企业进行产品销售时在品牌宣传、销售渠道、销售管理、服务管理等方面的能力。营销能力主要涉及品牌策划能力、品牌推广能力、市场策划能力、销售渠道能力、销售活动能力和销售服务能力等方面。

（5）财务管理能力。财务管理能力指企业进行投融资、财务预算与管理、成本分析与控制、资金资产管理等方面的能力。

（6）人力资源管理能力。人力资源管理能力指企业进行组织分工、职责管理、人员选拔、人员激励和人员培训与开发等方面的能力。

企业能力一般通过有形资源与无形资源的不断融合而产生，许多能力的基础建立在企业管理机制和员工的技能和知识上，通常来说，企业的人力资本所拥有的知识是最重要的能力，最终会成为所有竞争优势的来源。

3. 战略目标选择

外部环境和企业能力都影响战略目标选择，我们到底怎样来设定什么类型的战略目标呢？根据外部环境和企业能力两个维度，我们可以建立战略目标选择矩阵，如图 3－5 所示。纵坐标代表外部环境提供的机会与威胁程度，横坐标代表企业的能力程度，按照外部环境和企业能力的维度，我们可分成四个方格，每个方格对应不同的外部环境机会与威胁，企业能力程度，以及根据所对应方格应采取的战略目标类型。

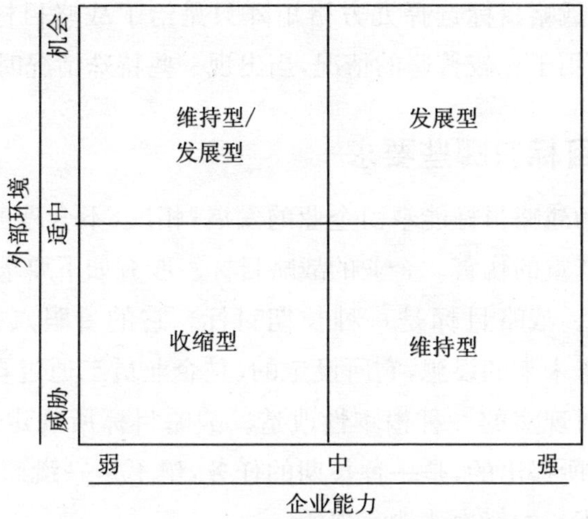

图 3-5　战略目标选择矩阵

我们来分析以下几种情况应采取的战略目标类型：

第一种情形，企业外部环境有机会，且内部能力强，应该选择发展型战略目标。这是一种理想的情形，这种情况出现的概率一般比较小。大部分情况下，当企业能力达到强大的时候，外部环境提供的机会已经消失了。

第二种情形，企业外部环境有机会，但企业内部能力较弱，这时企业可以选择维持型战略目标或者发展型战略目标。企业的最终选择往往与企业高层领导的决策风格相联系，很多企业的高层领导会倾向选择发展型战略目标，这就需要考虑企业如何弥补内部劣势来把握发展机遇。当然企业如果不能弥补内部劣势，可以考虑维持型战略。这是一种常见的情形，当一个产业中有新的机会出现时，往往绝大部分企业的能力相对来说是不足的，至于是否会选择机会，还取决于企业未来对机会的认识及实现未来所需能力的决心。

第三种情形，企业内部有优势，但外部环境威胁较大。在这种情形下，企业最好选择维持型战略目标，尽量不要选择发展型战略目标。因为企业没有必要在外部无机会的情况下还加大各项投入，其结果往往事与愿违，不会带动企业的增长。这种情形也是一种常见的情况，如果企业还想继续发展，必须通过创新，去创造新的机会。

第四种情形，企业外部威胁较大且内部能力较弱，一般采取收缩型战略目标。

当然，以上战略目标选择九方格矩阵只是给了战略目标选择一个大致的原则，它只适用于比较普遍的情况，当出现一些特殊情况时，要具体考虑。

五、战略目标有哪些要求

科学合理的战略目标能牵引企业的发展；相反，不合理的战略目标可能会对企业造成严重的伤害。企业的战略目标一般有如下要求：

(1)长期性。战略目标是一种长期目标。它的着眼点是未来和长远。战略目标是关于未来的设想，它所设定的，是企业员工通过自己的长期努力奋斗而达到的对现实的一种根本性改造。战略目标所规定的，是一种长期的发展方向，它所提出的，是一种长期的任务，绝不是一蹴而就的，而是要经过企业职工相当长的努力才能实现的。

(2)有挑战性。目标本身是一种激励力量，特别是当企业目标充分体现了企业成员的共同利益，使战略大目标、与部门目标和个人小目标很好地结合在一起时，就会极大地激励组织成员的工作热情和奉献精神。一方面，企业战略目标的表述必须具有激发全体职工积极性和发挥潜力的强大动力，另一方面，战略目标必须既具有挑战性，又是经过努力可以达到的，从而使员工对目标的实现充满信心和希望，愿意为之贡献自己的全部力量。

(3)现实性。在制定企业战略目标时，必须在全面分析内部条件和外部环境的利弊的基础上，判断企业经过努力后所能达到的程度。既不能脱离实际将目标定得过高，也不可把目标定得过低。过高的目标会挫伤员工的积极性、浪费企业资源；过低的目标容易被员工所忽视、错过市场机会。也就是说，战略目标必须切实可行。

(4)可衡量性。为了对企业管理活动进行准确的衡量，战略目标应该是具体的和可以检验的。目标必须明确，具体地说明将在何时达到何种结果。目标的定量化是使目标具有可检验性的最有效方法。但是，有许多目标难以量化，时间跨度越长、战略层次越高的目标越具有模糊性。因此，应当用定性化的术语来表达其达到的程度，要求一方面明确战略目标实现的时间，另一方面须详细说明工作的特点。

(5)可分性。战略目标作为一种总目标、总任务和总要求，总是可以分解成某些具体目标、具体任务和具体要求的。这种分解既可以在空间上把总目标分解成一个方面又一个方面的具体目标和具体任务，又可以在时间上把长期目标分解成一个阶段又一个阶段的具体目标和具体任务。人们只有把战略目标分解，才能使其成为可操作的。可以这样理解，因为战略目标是可分的，所以才是可实现的。

(6)相对稳定性。战略目标既然是一种长期目标，那么它在其所规定的时间内就应该是相对稳定的。战略目标既然是总方向、总任务，那么它就应该是相对不变的，不能因为企业内外环境的一些变化，就随时修改战略目标，要保持相对稳定性。这样，企业员工的行动才会有一个明确的方向，大家对目标的实现才会树立起坚定的信念。当然，如果企业内外环境确实发生了重大变化，企业战略目标也应相应做调整和修正。

(7)系统性。战略目标是一种整体性要求，它虽着眼于未来，却没有抛弃现在；它虽着眼于全局，却又不排斥局部。科学的战略目标，总是对销售额与利润率，现实利益与长远利益，局部利益与整体利益的综合反映。科学的战略目标虽然总是概括的，但它对人们行动的要求，却又总是全面的，甚至是相当具体的。在制定战略目标时需要进行三种平衡：第一，不同利益之间的平衡，扩大市场和销售额的目标与提高投资利润率的目标往往是有矛盾的(因扩大销售而牺牲了利润，或因提高了利润而影响了销路)，必须把两者摆在适当的位置来求得平衡。第二，近期需要和远期需要之间的平衡，只顾近期需要，不顾长远需要，企业难以在未来继续生存，相反，只顾远期需要而不兼顾近期需要，企业也将难以为继。因此，战略目标的制定必须兼顾企业的长短期利益。第三，总体战略目标与职能战略目标之间的平衡。

六、战略目标制定步骤

战略目标的制定，需要一个规范的过程。一般来说，确定战略目标需要经历调查研究、拟定目标、评价论证和目标确定这四个具体步骤。

1. 调查研究

战略目标的选择必须建立在实事求是地对内外环境进行分析、预测的基础上。首先，要明确企业的现状，充分估计企业发展的潜力，分析企业的优势与劣势；其次，通过对外部环境的分析判断，确认将带给企业的机会和威胁，从而制定出本企业的发展趋势和战略目标。在制定企业战略目标之前，必须进行调查研究工作，在进入确定战略目标的工作中还必须对已经做过的调查研究成果进行复核，进一步整理研究，把机会和威胁，优势与劣势，自身与对手，企业与环境，需求与资源，现在与未来加以对比，搞清楚它们之间的关系，才能为确定战略目标奠定比较可靠的基础。

调查研究既要全面进行，又要突出重点。为确定战略而进行的调查研究不同于其他类型，它的侧重点是企业与外部环境的关系和对未来的研究和预测。虽然关于企业自身历史与现状的陈述自然是有一定作用的，但是对战略目标决策来说，最关键的还是那些对企业未来具有决定意义的外部环境信息。

2. 拟定目标

经过细致周密的调查研究，便可以着手拟定战略目标了。拟定战略目标一般需要经历两个环节：拟定目标方向和拟定目标水平。

在既定的战略经营领域内，依据对外部环境、需要和资源的综合考虑，确定目标方向，通过对现有能力与手段等诸多条件的全面衡量，对沿着战略方向展开的活动所要达到的水平也做出初步的规定，这便形成了可供决策选择的目标方案。

在确定过程中，必须注意目标结构的合理性，并列出各个目标的综合排列次序。另外，在满足实际需要的前提下，要尽可能地减少目标个数。一般采用的方法是：①把类似的目标合并成一个目标；②把从属目标归于总目标；③通过度量求和，求平均或过程综合函数的办法，形成一个单一的综合目标。

3. 评价论证

战略目标拟定出来之后，就要组织多方面的专家和有关人员对提出的目标方案进行评价和论证。战略目标的评价与论证，要注意以下几个方面：

(1)拟定的战略目标是否符合企业的使命和愿景，是否符合企业的整体利益与发展需要，是否符合外部环境及未来发展的需要。

(2)要论证和评价战略目标的可行性。论证与评价的方法，主要是按照目标的要求，分析企业的实际能力，找出目标与现状的差距，然后分析用以消除这个差距的措施，而且要进行恰当的运算，尽可能用数据说明。如果制定的途径、能力和措施，对消除这个差距有足够的保证，那就说明这个目标是可行的。如果外部环境及未来的变化对企业发展比较有利，企业自身也有办法找到更多的发展途径、能力和措施，那么就要考虑提高战略目标的水平。

(3)要对所拟定的目标完善化程度进行评价。要着重考察:目标是否明确,目标是否只有一种理解,而不是多义的,多项目标还必须分出主次轻重;目标的内容是否协调一致,如果内容不协调一致,完成其中一部分指标势必会牺牲另一部分指标,那么,目标内容便无法完全实现;有无改善的余地。

如果在评价论证时,人们已经提出了多个目标方案,那么这种评价论证就要在比较中恰当进行。通过对比、权衡利弊,找出各个目标方案的优劣所在。

拟定目标的评价论证过程,也是目标方案的完善过程。要通过评价论证,找出目标方案的不足,并想方设法使之完善。如果通过评价论证发现拟定的目标完全不正确或根本无法实现,那就要回过头去重新拟定目标,然后再重新评价论证。

4. 目标确定

在选定目标时,要注意从以下三个方面权衡各个目标方案:①目标方向的正确程度;②可望实现的程度;③期望效益的大小。对这三个方面宜作综合考虑。所选定的目标,三个方面的期望值都应该尽可能大。目标决断还必须掌握好决断时机。战略决策不同于战术决策,战术目标决策常常会因为时间比较紧迫,回旋余地很小,而战略目标决策的时间压力相对较小。在决策时间问题上,一方面要防止在机会和困难都还没有搞清楚之前就轻率决策;另一方面又不能优柔寡断,贻误时机。

从调查研究、拟定目标、评价论证到目标确定,这四个步骤是紧密结合在一起的,后一步的工作要依赖于前一步的工作,在进行后一步工作时,如果发现前面工作的不足,或是遇到新情况,就需要重新进行前一步或前几步的工作。

【示例 3-3】 星宝服装如何制定战略目标

星宝服装①是一家集设计、生产、销售于一体的服装公司。2002 年以来遇到了发展瓶颈,业绩增长缓慢,于 2008 年请我们帮助其制定发展战略。

首先,我们与公司核心管理层经过充分讨论,建立了公司的伟大企业愿景,就是要"成为中国一流的服装品牌"。其次,在制定企业五年战略目标

① 为了保护客户机密,我们用"星宝服装"代替了原公司名。

时，我们进行了充分的探讨，最终，大家达成了两个方面的共识：一是公司销售收入增长速度目标不能低于行业增长速度；二是公司增长速度不能低于行业领先企业增长速度的平均水平。

我们通过调研分析，发现我国服装行业近些年年均增长速度为16.3%，行业中前三位竞争对手的前5年增长率分别为46%、39%和36%；而且预计未来5年服装行业的增长速度还会保持15%以上的增长，行业中前三位竞争对手增长速度会有一定放缓，会保持在30%左右。

综合对未来5年服装行业发展速度、竞争对手发展速度的预测，并结合星宝服装自身能力，公司管理层采取了稳妥发展型战略目标，发展速度与发展质量兼顾，并保持较快发展。发展速度采用了营业收入为核心指标，营业收入大约保持年均30%的增长；发展质量采用了净利润为核心指标，每年净利润保持在约12%的水平。

2009—2013年的战略目标如下图所示：

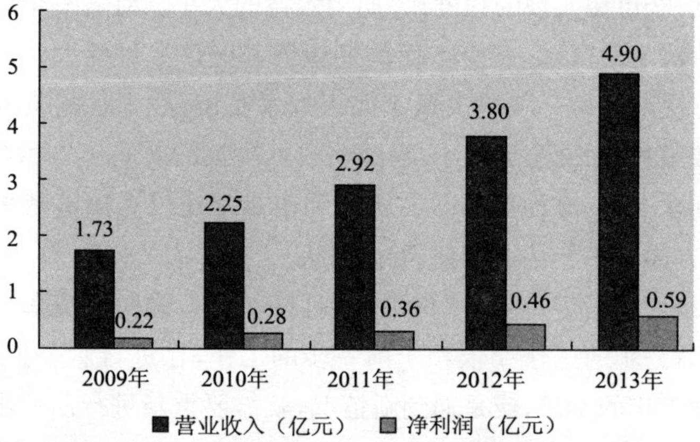

图3-6 星宝服装2009—2013年战略目标

制定战略目标之后，如何来实现战略目标？我们主要通过区域、产品的发展来实现战略目标，制定了相应的区域发展战略和产品发展战略来确保战略目标达成。在制定业务战略后，我们根据战略目标、业务战略，设计了未来发展所需要的核心发展能力，并把它转化为职能战略。

通过5年战略规划的实施，2013年，星宝服装无论是营业收入还是净利润都远远超出了当初制定的战略目标。

【示例3-4】 苏宁不断挑战的战略目标①

翻开苏宁电器的发展历史，是一个不断制定较高战略目标来挑战自己，又不断通过自己的努力去达成战略目标，再通过制定更高的目标不断挑战自己的发展历程。

2000年10月，苏宁提出在全国大力发展零售连锁网络战略，设计了全国连锁经营与全国连锁经营管理体系。提出了“用3至5年时间，建立1500家连锁店，实现年销售额250亿～300亿元”的战略目标。

2005年，苏宁电器实现销售额392.7亿元，但连锁店仅有224家。苏宁实现了销售额战略目标，但未实现连锁店数量目标，这主要是由于其对连锁店未来发展趋势估计不足。事实上，后来连锁店的发展状况是大店适合更丰富的产品品类及品牌选择，大店发展模式取代了原来的小店发展模式，虽然总的店面面积增速非常快，但店的数量增长远远小于最初的战略目标数量。

2005年底，苏宁制定了新的5年战略目标：“2006至2010年，苏宁将以每年180～200家的速度开店，在未来5年将家电零售网络扩张到全国300～450个城市，到2010年，全国连锁店数量达到1300家，营业额达到1500亿元。”

2010年，苏宁实现销售额近1500亿元，拥有连锁店数量1342家，基本接近了5年前制定的战略目标。

2010年底，苏宁制定了新的战略目标：

电器连锁方面。苏宁将坚持实体网络和虚拟网络同步建设，继续保持稳健、高速的发展态势，到2015年完成60个物流基地，到2020年，实体店面总数突破3500家，销售规模达3500亿元，虚拟店面销售实现3000亿元。依托信息化技术的创新运用，苏宁向消费者提供更加智能化、人性化的家居生活，全面提升服务品质和客户体验，升级企业内部管理平台。

综合地产开发方面。苏宁将坚持商业、物流工业、住宅、科技、旅游五大领域协同发展，同步带动高星级酒店、购物中心，到2020年完成300家自建电器旗舰店、60个物流基地、100个高星级酒店和50个大型购物中心，营业规模达到2000亿元。

---

① 唐东方. 战略对决[M]. 北京：中国经济出版社，2012：41.

从苏宁的战略目标发展历程来看，苏宁在不断地挑战自己、制定具有挑战性的战略目标。当通过全体苏宁人的共同努力，提升了公司整体经营管理能力、实现了战略目标后，苏宁又根据新的公司能力，制定一个更高的、更具挑战性的战略目标。苏宁的战略目标给苏宁人注入了源源不断的活力、压力和动力，使苏宁不断跨过一个又一个更高的战略目标，实现持续、快速、健康的发展。

第二节　柳工：不断挑战的战略目标促进企业发展

柳工是我国一家工程机械企业，在 2001 年之前，陷入了长达 10 年的发展停滞期，公司营业收入接近于 10 亿元，但始终没有突破 10 亿元。然而，2001 年之后，公司调整了发展战略，实现了质的飞跃，公司营业收入从 2001 年的 9.78 亿元直奔 2009 年的 102 亿元。短短的 8 年时间，就从一个营业收入不足 10 亿元的小型企业，发展成为营业收入超过 100 亿元的大型企业。

柳工如何突破发展方面的瓶颈，使公司实现跨越式发展的呢？接下来我们不妨来了解一下。

一、柳工发展阶段

柳工从 1958 年建厂至今，共经历了 52 年、三个战略发展阶段：第一个阶段是专业化发展阶段；第二个阶段是全国化、多元化发展阶段；第三个阶段是国际化发展阶段。

1. 专业化发展阶段（1958—2001 年）

1958 年，上海华东钢铁建筑厂部分职工和设备搬迁到柳州，创建“柳州工程机械厂”，拉开了柳工建厂序幕。

1960 年 7 月，80 马力履带式推土机试制成功，开始了生产工程机械的历史。同年 9 月，大型建筑设备 2 - 6 吨塔式超重机试制成功。

1966 年 10 月 1 日，中国第一台轮式装载机 Z435 在柳工试制成功，从此开创了我国生产装载机的历史，成为中国工程机械史上的里程碑。

1969 年 1 月，Z435 装载机开始批量生产，开始走向装载机生产专业厂。

1975 年，研制我国最大型（400 马力）ZL90 装载机，次年 1 月，ZL90 装载机试制成功。

1976 年 9 月，DZL50 井下装载机试制成功，为我国矿山工程机械填补了一项空白。

1978 年 5 月，ZL50、ZL90 装载机获 1978 年全国科学大会奖。

1980 年 4 月，DZL50 井下装载机获 1980 年第一机械工业部科技成果二等奖。

1983 年 5 月，在机械工业部举办全国装载机 500 小时可靠性对比试验中，ZL50、ZL40 性能良好，各项指标符合要求，均被评为一等品。

1991 年 12 月，研制成功 ZLD70 井下装载机，填补了我国工程机械的又一项空白。

1992 年 8 月，试制成功 WY40 液压履带式挖掘机，9 月，引进美国卡特彼勒公司技术而试制成功的 ZL60E 装载机在北京国际工程机械展览及技术交流会上，获得"外观设计和表面质量特等奖"。

1993 年 11 月，广西柳工机械股份有限公司成立，在深圳证券交易所上市，成为广西第一家向社会公开发行股票上市的企业。

1994 年 12 月，柳工技术中心被认定为国家技术中心。

1996 年 8 月，ZL60F 装载机研制成功并投产，该机传动系统由电子控制，在国内率先采用了这一先进技术。

1997 年 3 月，新产品 ZL50D 装载机诞生，该机采用了德国采埃孚技术的变速箱和驱动桥，并且各项技术指标均居国内外同类产品前列。

1998 年 7 月，ZL40B、ZL50C 轮式装载机荣获中国机械工业名牌产品称号。

1999 年 4 月，被认定为广西首家机械行业大型高新技术企业；同时其 ZL40B、ZL50C 装载机被认定为高新技术产品。

2001 年 5 月，公司成功研制开发我国第一台也是世界第一台 ZLG50G 高原型轮式装载机。

纵观柳工早期发展历史，主要是围绕装载机生产经营，表现为较强的专业化特征。这个阶段的战略表现为以下几个特点：

(1)主营装载机，取得了装载机产业领先地位；

(2)重视技术研究和产品开发，形成了较强的技术研发能力；

(3)经营区域主要在西部和西南部地区。

早期的柳工更多表现为计划经济下的体制，管理机制相对落后，大锅饭现象严重，员工积极性不高，公司没有明确的战略目标和发展战略，整体发展缓慢。但柳工早期积累的专业技术及产品研发能力，为后期发展奠定了坚实的基础。

2. 全国化、多元化发展阶段(2002—2009 年)

进入 21 世纪后，国家对房地产的支持逐步带动了基础设施建设，而中国经济发展的重心，也逐步从珠江三角洲地区转向长江三角洲地区。由于国家对基础设施建设的大量投入，工程机械行业迎来了黄金发展期。民营企业、外资企业也纷纷进入中国工程机械行业，来争夺这一块产业蛋糕。

然而，地处西南地区的柳工，却陷入了近 10 年来的发展停滞，自 1993 年实现营业收入 9.88 亿元，无限接近于 10 亿元之后，公司一直没有突破 10 亿元，直到 2001 年，公司的营业收入仍为 9.78 亿元。公司面临一个巨大的发展瓶颈，新上任一年多的领导班子显然不能接受发展停滞的现状，但如何来突破现有的发展瓶颈呢?

2002 年，柳工确定了多元化战略和向华东地区为核心的扩张战略。多元化战略在明确了巩固发展装载机核心产品的同时，大力发展挖掘机、压路机战略产品，培育起重机、叉车等种子产品；明确了向华东地区拓展的东扩战略，包括大力加强华东地区营销网络建设、收购和兼并华东地区的工程机械生产基地。

2001 年 10 月，柳工挖掘机分公司成立，实现了装载机、挖掘机和压路机 3 大产品的整合，这标志着柳工多元化战略的开始。

2002 年 2 月，柳工自行开发的 CLG230 挖掘机通过专家技术鉴定，整机性能达到国际同类产品先进水平，在挖掘机产品及技术方面实现了新的突破。

2002 年，柳工加大技改投资力度，年内先后启动实施 2 亿元技改项目，如 ZL100 装载机暨总装扩建改造技改工程，G 系列装载机技改工程，形成年产千台挖掘机的技改工程，并加大了国内销售渠道的建设。

2002 年，柳工江阴柳工公司进行资产重组后，并整体收购上海叉车厂，成立上海柳工叉车有限公司，柳工东扩战略正式开始。

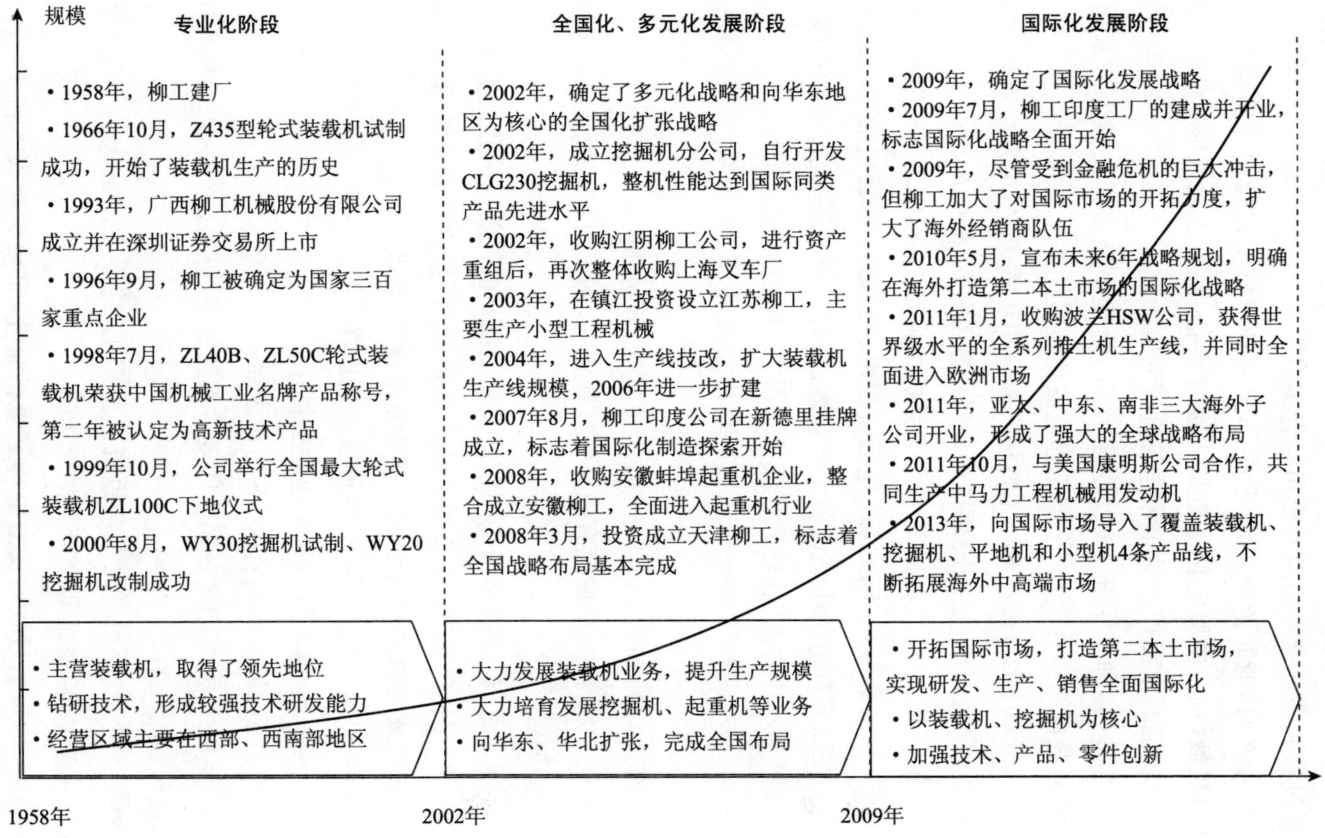

图 3-7　柳工战略发展阶段

2002 年底，柳工附件公司出资 3000 多万元，承债式收购柳州市专用汽车厂，通过资源整合进一步提升公司综合实力。

2003 年 2 月，兼并扬州建设机械厂，成立扬州柳工建设机械有限公司，进入建设机械行业，主要定位于混凝土搅拌设备、混凝土输送泵（拖泵）、混凝土砌块机、混凝土搅拌运输车等建筑机械的生产。

2003 年 6 月，柳工斥资 2 亿元入驻镇江，组建小型工程机械生产基地，主要承担装载机结构件生产、小型工程机械总装等任务。

2003 年 11 月 18 日，江苏柳工机械有限公司正式成立，主要生产轮式装载机、滑移转向装载机、挖掘装载机等系列小型工程机械产品。

2004 年 7 月 9 日，江苏柳工小型工程机械批量下线，CLG375 滑移装载机、CLG380 滑移装载机、CLG766 挖掘装载机、CLG818 装载机和 ZL30E 装载机，柳工在江苏打造的小型设备生产基地以“柳工速度”跃入行业的视线。

2004 年 9 月，“柳工”牌轮式装载机获得“中国名牌产品”称号。

2005 年 7 月，柳工 2005 年最大一单出口摩洛哥 33 台 G 系列装载机发运。

2005 年 12 月，柳工 CLG568 沥青冷铣刨机研制成功。

2006 年 1 月，柳工挖掘机有限公司挂牌成立，柳工对挖掘机发展的重视程度进一步加强。

2006 年 4 月，位于扬州市蜀冈西路 8 号的扬州柳工新厂区正式启用。

2006 年 5 月，柳工“提升装载机核心制造能力”技改项目正式开工。柳工投资 3.3 亿元，进行“提升装载机核心制造能力”技改工作。

2006 年 9 月，柳工 CLG563 铣刨机研制成功。

2006 年 12 月，柳工万台叉车建设项目开工。

2007 年 1 月，柳工国内首家 4S 店在成都开业。

2007 年 8 月，柳工印度公司在印度首都新德里挂牌成立，标志着柳工国际化制造探索的开始。

2007 年 10 月，公司再次重金投资江苏柳工，建设中国最大的小型工程机械全球生产基地，形成年产万台的能力。

2008 年 2 月，通过收购安徽蚌埠起重机企业，整合成立安徽柳工，全面进入起重机行业，并重新制订战略规划，增加投资，新建柳工蚌埠起重机研发制造基地。

2008年2月,CLG425平地机在柳州柳工路面公司装配下地。这是针对国际市场需求开发的大马力全轮驱动平地机,填补了公司在平地机高端市场的空白。

2008年3月,投资成立天津柳工,在华北地区建设柳工北部工程机械研发、制造和出口基地,主要生产推土机、装载机及其他相关工程机械产品。天津柳工的成立,标志着柳工全面进入华北区域,正式完成全国化研发、生产、销售的总体战略布局。

2008年3月,在美国休斯敦投资成立柳工(北美)公司;5月,成立柳工(香港)公司。

2008年10月,在北京成立柳工国际租赁有限公司,开始融资租赁业务,围绕客户需求,将业务向服务业延伸。

2009年2月,柳工北部研发制造基地天津柳工公司正式开业,柳工的技术创新能量再次强力释放。先后研制出包括推土机主要机型的系列产品,如CLGB230推土机、CLGB320推土机、CLGB160推土机、CLGB161L推土机。

2009年10月,投资成立柳州柳工液压件有限公司,经营范围主要为大型装载机、挖掘机、起重机等各类工程机械配套用液压元件的研发制造与生产。这有利于柳工提升液压元件的研发制造水平以及主机产品的技术水平,减少对核心部件进口的依赖,降低主机制造成本。

2009年12月,年产能达5000台的安徽柳工起重机有限公司蚌埠研发制造基地正式投产。

从2002—2009年柳工的发展历程来看,柳工选择了一条全国化、多元化的扩张道路。这个阶段的战略主要表现为以下几个特点:

(1)大力发展装载机业务,提升生产规模;

(2)大力培育挖掘机、起重机、压路机、叉车等新产品;

(3)通过向华东、华北等地区生产基地和市场的扩张,形成全国战略布局;

(4)加强技术与产品创新力度,进一步提升产品竞争力。

通过全国化、多元化战略,柳工在巩固发展装载机龙头地位的同时,由单一产业发展成为挖掘机、路面机械、建筑机械、起重机械多产业发展的企业集团,由原来集中西部地区发展成为全国化经营的大型企业。公司在这个阶段实现了突破式、飞跃式的发展。

3. 国际化发展阶段（2010 年以后）

随着国内市场及生产布局的完成，柳工把未来发展的重点瞄向了国际市场。

早在 2002 年，柳工就曾提出了“建设开放的、国际化的柳工”的战略目标，而且对企业国际化发展做了许多有益的探索。到 2010 年，柳工把产品销售到了五大洲 80 多个国家和地区。但柳工早期的国际化探索，属于较为初级的国际贸易阶段。

柳工接下去的国际化，就是研发、制造、品牌的国际化。

2008 年 3 月，柳工北美公司在美国休斯敦正式挂牌。

2008 年 4 月，首个海外配件中心——柳工 OBM 配件中心在荷兰建成并投入使用。

2009 年 7 月，柳工第一个海外工厂，年产 2000 台装载机生产厂房在印度中央邦印多尔市建成，主要生产装载机和挖掘机。印度工厂建成并正式开业，跨出国际化战略具有里程碑意义的一步，这标志着柳工研发、生产、销售全面国际化战略的开始。

2009 年，尽管受到金融危机的巨大冲击，柳工仍加大了对国际市场的开拓力度，实现了俄罗斯、欧洲、中东物流中心及北美销售公司的建设，扩大了海外经销商队伍。

2010 年 5 月，柳工宣布未来 6 年的战略规划，将聚焦优势资源，巩固装载机的绝对领先地位，加强挖掘机和起重机等核心业务的市场领先地位，加大沿价值链各个环节的能力提升，并加快在海外打造第二个本土市场。

2011 年 1 月，收购波兰 HSW 公司，获得世界级水平的全系列推土机生产线，同时实现了欧洲市场研发、生产、销售布局。

2011 年 9 月，收购首钢重汽，成功迈入矿用汽车和桩工机械领域。

2011 年 10 月，柳工与美国康明斯公司合作，共同生产中马力工程机械用发动机，初期规划产能可达 5 万台。

2011 年，亚太、中东、南非三大海外子公司正式开业，柳工在全球几乎所有重点市场实现本土化经营，形成了强大的全球战略布局。

2012 年，柳工根据市场需求，大力打造各产品线的明星产品，完成装载机、挖掘机、起重机等新产品项目 90 个，完成零部件研发项目 37 个，产品技术、零部件开发能力水平都实现了大幅提升。

2013年，向国际市场导入了满足不同排放标准的15款新产品，覆盖装载机、挖掘机、平地机和小型机4条产品线，不断拓展海外中高端市场，实现了海外市场较快的增长。

从2009年后柳工的发展历程来看，柳工明显加大了国际化进程，这个阶段的战略主要表现为以下几个特点：

(1)立足本国，大力开拓国际市场，打造海外第二本土市场，实现研发、生产、销售全面国际化。

(2)大力发展装载机、挖掘机核心产品，培育叉车、推土机等业务，形成提供工程机械全套解决方案的能力；加速发展融资租赁、服务配件和再制造等业务，形成提供综合性产品和服务的能力。

(3)坚持核心产品、技术及关键零部件的发展，形成产品品质及技术优势。

(4)改善内部管理，优化和固化公司主要管理流程，提高组织整体效率和整体运营能力。

通过开拓国际市场，柳工大大提升了企业在国际市场中的地位，在国际化方面也取得了一定的成绩。但柳工的国际化战略相对庞大的国际市场来说，也仅仅是开始，未来还会面临较为严峻的国内国际复杂形势。国内市场基础设施建设投资政策的推出，导致了国内需求的大幅萎缩，国际市场在缓慢地复苏。柳工在艰难的国内国际形势下，坚持核心产品、核心技术以及核心零部件来提升后续发展能力是难能可贵的。

二、柳工业绩

柳工是我国近十多年来发展最快的企业之一，短短十年时间，就实现了从一个不到10亿元的企业向100亿元级企业的跨越，从一个局限于西部地区的企业向准世界级企业的跨越。柳工业绩是怎样发展的？接下来，我们具体来看看柳工历年的业绩。

1. 营业收入

柳工近20年来，营业收入保持了快速的增长，从1992年的5.20亿元，增长到2013年的126亿元，21年时间增长了24.2倍，年均复合增长率达到16.4%。

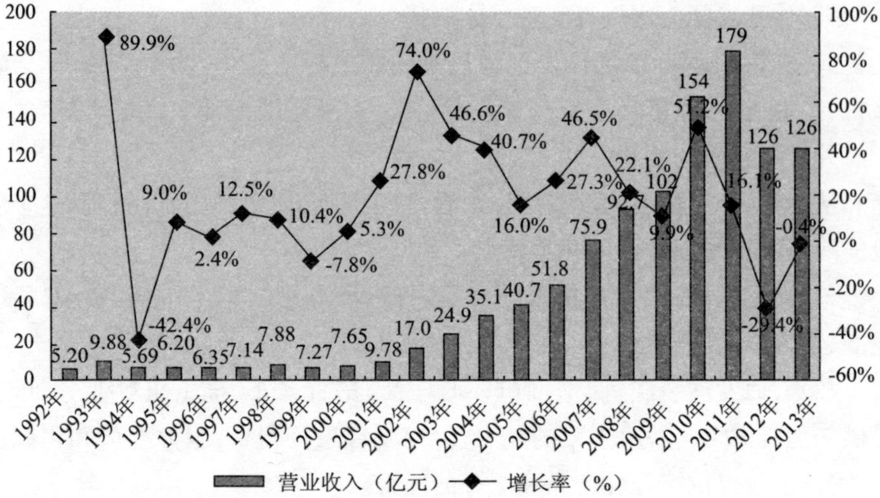

图 3－8　柳工近年营业总收入及增长率

资料来源：柳工各年年度报告，并根据历史会计准则调整做了相应调整。

2. 净利润

柳工近年净利润保持了较快的增长，净利润从 1992 年的 0.76 亿元，增长到 2013 年的 3.35 亿元，21 年时间增长了 4.43 倍，年均复合增长率达到 7.3%。

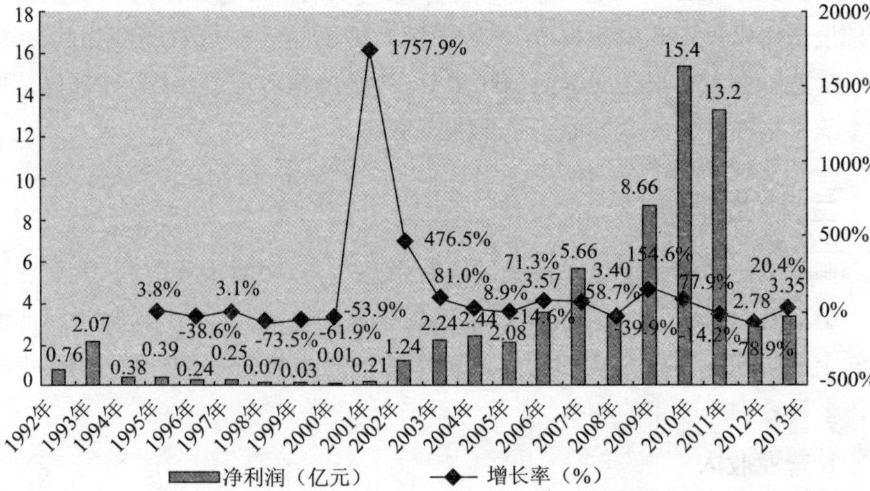

图 3－9　柳工近年净利润及增长率

资料来源：柳工各年年度报告，并根据历史会计准则调整做了相应调整。

3. 业绩点评

从柳工的销售收入和净利润我们可以看到，在长达20年的时间里，柳工整体表现是较为成功的，但就其不同发展阶段，其业绩是不平衡的。

从柳业专业化发展阶段的业绩来看，营业收入从1992年的5.20亿元，增长到2001年的9.78亿元，9年时间增长了0.8倍，年均复合增长率达到7.3%；净利润从1992年的约0.76亿元，下降到2001年的0.21亿元，复合增长率为－13.1%。在专业化发展阶段，业绩表现较为普通，可以说是停滞了10年。

进入全国化、多元化发展阶段之后，柳工营业收入从2001年的9.78亿元，增长到2010年的154亿元，9年时间增长了15.8倍，年均复合增长率达到35.8%；净利润从2001年的约0.21亿元，增长到2010年的15.4亿元，复合增长率为77.9%。在全国化、多元化发展阶段，柳工迎来了10年辉煌时期，实现了跨越式发展，营业收入从一个不足10亿元的公司，成长为超过150亿元的大型企业。公司也从地方性企业成长为一个全国性企业。

进入国际化发展阶段，柳工营业收入从2010年的150亿元下降到2013年的126亿元，3年时间下降了18.3%，年均复合增长率为－6.5%；净利润从2010年的约15.4亿元，下降到2013年的3.35亿元，复合增长率为－39.8%。国际化发展阶段业绩下滑的主要原因是受到国内基础设施建设投资政策退出的严重影响，而国际业务表现相对健康，营业收入从2010年的13.1亿元增长到2013年的24.4亿元，增长了0.86倍，年均复合增长率为23.0%，部分国家和地区的子公司也开始实现盈利。

三、柳工成功基因：不断挑战的战略目标

柳工为什么从2001年之后的10多年里能取得如此快速的发展，其成功背后的逻辑是什么呢？原因是多方面的，既有国内基础设施建设投资和房地产发展10多年高速增长的外部客观因素，也有柳工比较过硬的产品技术与品质；但对柳工发展起决定性作用的是其不断制定的挑战性战略目标。下面我们来看看柳工发展过程中几个阶段的挑战性战略目标。

1. 2004—2006年战略目标：三年再造一个柳工

2004年初，柳工战略提出了“成为工程机械世界级企业”的愿景。围绕

愿景，柳工制定了“三年再造一个柳工”的战略目标。2003年柳工各类工程机械销量为11984台、主营业务收入24.9亿元，“三年再造一个柳工”是指通过2004至2006年三年努力，柳工股份2006年在2003年的基础上翻一番，即实现各类工程机械年销量2万台，主营业务收入翻一番，达到50亿元。

柳工董事长王晓华阐述了“三年再造一个柳工”更深层次的含义：“三年再造一个柳工是一场管理的提升战，是一场理念的转变战。三年在历史的长河中可以被忽略，但对于一个企业的发展，不能算是太短暂，如能把企业中一些固有的、不适合进一步发展的东西剔除，励精图治，三年再造一个柳工的目标，完全可以实现。”

为了实现“三年再造一个柳工”战略目标，柳工主要采取了六个方面的战略。

(1)加大了核心产品装载机市场开发，提升装载机生产能力。柳工通过营销渠道东扩战略、加大经销商开发与投入、扩大生产规模、一系列技术改造，实现了销售能力与生产能力的提升。

(2)加大了战略产品挖掘机、压路机的投入，通过联合、兼并、重组等方式，做大做强战略产品，并通过研发、营销、生产方面的投入，增加企业战略发展点。

(3)探索与培育土石方机械、路面机械和小型工程机械新兴产品，为柳工未来发展预留空间。

(4)实施东扩战略，向经济发展迅速的华东地区拓展，包括大力加强华东地区营销网络建设、收购和兼并华东地区的工程机械生产基地。

(5)继续实施公司的品牌战略，提升产品性能和质量，调整市场营销策略，加大国内、国际市场的开拓力度，进一步提高市场占有率。

(6)加强核心技术与产品研发，提升产品品质，提高企业效率，提高生产水平，加强信息化体系建设，提升物流体系。

2006年12月31日，柳工举行隆重的庆典仪式，庆祝柳工股份公司年产销装载机突破2万台。2006年柳工各类工程机械销量2万台，根据初步测算，营业收入超过50亿元，实现“三年再造一个柳工”的战略目标。三年间，柳工发展取得了重大突破，综合竞争力显著增强，国内国际影响力明显提升。

2. 2007—2009年战略目标：三年再造一个柳工

2007年初，在完成2004—2006年“三年再造一个柳工”战略目标的基础上，柳工又提出了2007—2009年“三年再造一个柳工”战略目标，即2009年的主营业务收入在2006年基础上翻一番，实现100亿元，产销整机35000台，出口总额将占总收入的15％，将柳工初步打造为一个世界级品牌。

柳工董事长王晓华说：

“争第一，历来就是柳工的秉性！在我们看来，要做就做第一。在中国工程机械史册上，记载了桂柳工许多个全国第一：生产出中国装载机史上第一台轮式装载机Z435、第一台铰接式装载机Z450、第一台井下装载机、第一台最大吨位的装载机、第一台国内国际首创的高原型装载机、第一个创造出月产装载机900台的纪录、第一家工程机械行业上市公司、第一家推出品牌服务的工程机械制造商……柳工实现轮式装载机产销居世界前列，不过是水到渠成、顺理成章的事情！

“不断追求、不断争第一的精神能成就我们百亿梦想。”

为了实现“三年再造一个柳工”的百亿梦想，柳工2007—2009年三年期间，以“建设开放的、国际化的柳工”为旗帜，以工程机械产业为核心，重点发展装载机产品、挖掘机产品、路面机械产品、小型工程机械产品、配件业务及国际化业务。通过国际化、深度营销、六西格玛、技术创新四项措施，不断提升解决客户需求的能力，提升企业核心竞争力。

2009年岁末，正值人们喜迎新年之际，柳工股份公司传出胜利捷报：全年销售收入首次突破100亿元！实现了“三年再造一个柳工”的宏愿。

3. 2010—2015年战略目标：六年再造四个柳工

在完成2004—2006年“三年再造一个柳工”战略目标，实现百亿柳工之后，柳工又制定了更为挑战性的战略目标。

2010年5月，柳工发布了《柳工2010—2015年发展战略规划》，规划提出：2012年力争实现销售收入260亿元；2015年力争实现销售收入500亿元，其中国际市场销售收入100亿元；跻身世界工程机械企业前10名。换个角度来看，2009年，柳工股份年报显示，当年柳工主营业务收入是101.83亿元。与这个数据相比，500亿元这个数字意味着，柳工将用6年的时间再造4个现在规模的柳工，即“六年再造四个柳工”。

规划指出：公司未来六年的战略重点是树立装载机、挖掘机和起重机三大核心业务的优势地位；同时，推动叉车和推土机等战略性业务的有效发展；并积极开展二手设备、融资租赁、再制造和物流等新兴业务，形成提供整体解决方案的能力；加强国际化发展，打造海外第二本土市场。为此，公司将大力培育三项核心竞争能力：卓越的品质、领先的效率和创新的文化，为战略目标的实现及公司的长期持续发展奠定基础。

从柳工的发展历程看，挑战性战略目标给了柳工各层级管理层更高的目标、责任与压力，同时也给了他们无穷的力量，促使他们不断追求与前进，挑战一座又一座更高更大的“高峰”。

目前，柳工正在“成为工程机械世界级企业”愿景的指引下，承载“6 年500 亿，跻身世界十强”的梦想，不断创新，以领先者的经营策略精妙布局日臻完整的产品线，以合作创造价值的态度合力合心，整合全球领先技术和资源，创新而系统地在价值链的每一个环节上积累着新能量。

四、柳工战略点评

柳工为什么短短 10 年时间能实现跨越式发展，从一个营业收入不足 10 亿元的小型企业转变成一个 100 多亿的大型企业呢？柳工的成功有中国基础设施建设高速发展的外部背景，但更主要的则是来自柳工正确的战略。柳工21 世纪初就确定了“成为工程机械世界级企业”的远大愿景，围绕愿景制定了一个又一个远大的战略目标，从“三年再造一个柳工”到“六年再造四个柳工”，柳工人在不断地挑战自我，不断地追求、超越，去实现柳工人的梦想。柳工在挑战性战略目标的指引下，还明确了产业战略、产品战略、国际化战略，明确了技术、质量、服务战略，使战略目标得到有力的支撑。正是正确的战略使柳工实现了超越式发展。

然而，随着近几年中国基础设施建设的减少，柳工迎来了最为艰难的日子，近几年经营业绩有所下滑。在过去，柳工曾经抓住了中国基础设施建设难得的十年黄金时期，但在未来，这种长时间的大规模基础设施建设很难再有。过去曾经支撑柳工快速发展的经验和核心竞争能力，都不足以支撑柳工未来的发展，柳工的未来发展靠什么呢？这是柳工未来发展面临的一个重大课题，也是中国其他许多大型企业面临的课题。如果解决了这一个课题，柳工“成为工程机械世界级企业”的愿景将不再是梦，而成为鲜活的现实。

第四章 产业战略：寻找战略发展点之一

第一节 业务战略：寻找战略发展点

前面我们已经通过探讨了解到企业在愿景指引的发展方向上保持合适的发展速度与发展质量，接下来我们就需要探讨另一个问题，企业这列火车发展速度与发展质量需要什么来提供前行的动力？这就是业务战略要谈的，即：企业的战略发展点是什么？

我们经常在新闻媒体上看到“经济增长点”的字眼，大家都非常关注国家经济增长点，也许大家还会思考，我们国家未来的经济增长点在哪里。经济增长点对国家发展来说太重要了，国家在某个阶段有没有发展、发展得快不快，关键看有没有经济增长点。我国改革开放后保持了多年的经济高速增长，主要是因为每个不同发展阶段都有其主要经济增长点。从1979年改革开放至20世纪80年代中期主要依靠农村土地承包责任制促进农业经济快速发展提供经济增长点；从20世纪80年代末至90年代初依靠轻工业快速发展提供经济增长点；20世纪90年代中后期主要依靠民营经济快速发展提供经济增长点；21世纪初至2007年主要依靠出口、房地产快速发展提供经济增长点；而2008年全球金融危机后，出口、房地产这两个经济增长点已经失去了作用，未来中国需要什么经济增长点来支撑未来的发展呢？目前我国正在寻找新的经济增长点。

与国家寻求经济增长点一样，企业也要去寻求战略发展点。企业每一个发展阶段都需要一个主题比较明确的战略发展点，没有战略发展点，就意味着企业发展停滞了，甚至会走向衰退。企业可以制定远大的战略目标，但背后需要战略发展点来支撑，否则远大的战略目标只能成为空中楼阁，无法落地和实施。

一、战略发展点选择

战略选择的第三部分就是要明确业务战略，寻找企业的战略发展点。在制定了战略目标之后，如何来实现战略目标呢？企业需要寻找战略发展点来支撑企业的战略目标。许多公司拥有非常远大的战略目标，但是欠缺支持战略目标实现的有效支撑点，战略目标只不过是几句空洞的口号，最后是很难实现的。当我们制定远大的战略目标后，接下去需要重点考虑的是以什么战略发展点来支撑战略目标，这是业务战略需要考虑的问题。

什么是业务战略？我们认为：业务战略指的是企业在一定时期内对未来业务发展的重大选择、规划与策略。业务战略为企业提供了战略发展点，解决了企业发展问题。企业战略发展来自哪些方面呢？一般来说，企业战略性发展主要来自产业、区域、客户、产品四个方面。那么，企业在一定阶段内对产业、区域、客户、产品的重大选择、规划与策略，就分别形成了企业的产业战略、区域战略、客户战略和产品战略。

怎么来考虑企业战略发展点呢？

我们举一个例子来说明。假设一个中国摩托车企业制定了每年增长率不低于15%的战略目标，接下去就是考虑如何来实现这个战略目标，这时企业的决策者会考虑从哪些方面来保证年增长率15%的战略目标？通常来说可以从产业、区域、客户和产品来考虑。

(1)产业。现有国内摩托车产业还有发展空间吗？是否还能支撑15%的增长？国内摩托车产业已经进入衰退期，市场增长已经在衰退，可能难以支撑15%的增长速度。如果企业要继续发展，可能需要考虑新产业的发展或者突破国内市场，考虑国际市场的发展。如果考虑新产业发展，应该进入哪些产业，大力发展哪些已经有一定基础的培育产业呢？

(2)区域。如果在摩托车产业继续发展，这家摩托车企业也可以考虑国际市场来发展。应该选择进入哪些国家？应该大力发展哪些国家摩托车市场？如果进入新产业，比如汽车产业，应该优先在哪些区域发展，然后再向哪些区域发展？能支撑每年15%增长率战略目标吗？

(3)客户。如果进入汽车产业，应该优先考虑哪些客户？是家庭客户、企业客户还是政府客户？如果选择家庭客户，是选择高收入人群、中高收入人群还是中等收入人群？

(4)产品。为了满足这些客户需求，需要考虑生产哪些产品？是小汽车、客车、货车还是多功能车？如果选择生产小汽车，是低档车、中档车还是高档车？如果从中低档车入围，汽车应该有哪些特性来吸引消费者，在竞争中取胜？

总之，考虑清楚我们未来需要什么战略发展点：是产业、区域、客户还是产品？在考虑清楚这些问题之后，如何从产业、区域、客户和产品来考虑企业的战略发展问题，我们将在后面的章节中介绍。

二、业务发展种类选择

企业如果看好某业务，准备去发展，这时对战略的选择是有力度差异的，有时候可能是大力发展，有时候可能是适度发展，有时候可能是探索性发展。就像拳击手比赛一样，当看准机会时可能是重拳，当有一定机会时是适度力量的拳，当机会不明朗时是试探性的拳。当然也不能够一味地出拳，还要会收拳，所以企业对某些领域有时候要懂得收缩和退出。

那企业对业务选择有哪些分类呢？

东方战略在长期的战略咨询实践中，建立了业务选择的一套有效方法，即业务选择五方格模型。业务包括产业、区域、客户和产品。具体来说，业务战略选择可分为5种方式，它们分别是进入、发展、维持、收缩、退出。

我们还是以产业为例来进行说明。产业选择可分为5种方式，它们分别是进入、发展、维持、收缩、退出。如图4-1所示。

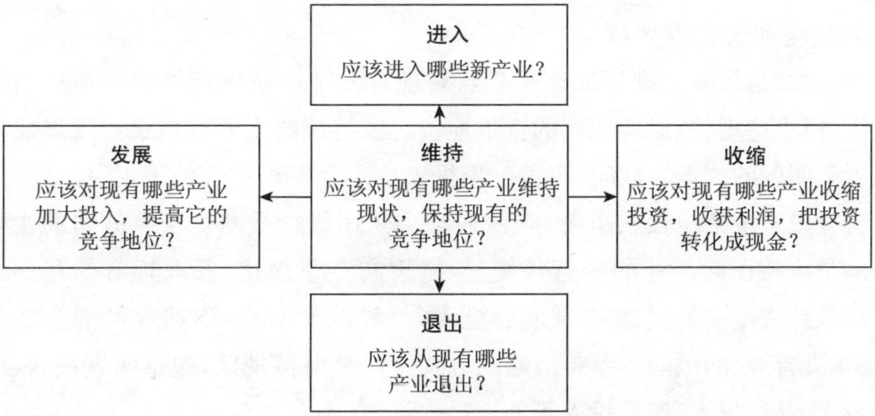

图4-1 产业战略选择五方格模型

(1)进入战略。进入战略指的是企业进入新的产业。企业进入一个新产业，一般是试探性进入，投入适当的资源进行探索性工作或者培育性工作，待对未来产业环境熟悉并确认产业具有巨大前景时，再进行较大的投入。当企业认定某产业有发展却还没有建立起相应的资源与能力、大力投入还存在较大的风险时，适用进入战略。进入战略的主要目的是熟悉和了解产业环境、积累经验，一般是少量的试探性投入，即使失败也不会对企业经营造成重大影响。进入战略的方式较多，包括建立小规模研究机构、代销其他企业产品、局部区域建立市场渠道、适当广告投入、进行小规模生产等。

(2)发展战略。发展战略指企业对现有某个产业加大投入，以提高它的竞争地位、谋求更大的发展。发展战略主要针对有发展前景而企业的资源与能力还有所欠缺、需大力加强的产业。通常来说，当企业进入一个新产业，通过一段时间的了解，确定该产业具有巨大的发展前景，而且确信自己有能力建立相应的资源来支撑该产业的发展时，宜采取发展战略。发展战略的主要目的是扩大在此产业的经营规模，以获取更强的竞争地位，以求未来获取更多利润。发展战略一般都是适当减少现有利润水平来进行较大规模的投入，如果失败，可能会对企业经营造成重大影响，因此，发展战略都是在发展前景比较明朗时进行。发展战略的方式也非常多，包括建立研究机构、大规模建立市场渠道、大规模广告投入、大规模生产场地建设等。发展战略也有力度的区分，按照企业投入的力度，还可以进一步细分，可分为探索发展战略、培育发展战略、适度发展战略和大力发展战略。

(3)维持战略。维持战略指企业对现有某个产业保持原有的或适当的投入，以维持现状，保持现有的竞争地位。维持战略主要针对那些发展成熟或者不明朗的产业。此时，再进一步投入也不会带来更大的发展，但减少投入会导致竞争地位较快下降，企业通常会采用维持战略。维持战略的主要目的是维持在此产业的经营规模，保持现有竞争地位，获取现有的利润水平。维持战略一般是维持原来的投入，一般风险不大，当然也可能会面临“温水煮青蛙”的风险。维持战略的方式主要是保持现状，包括研发投入、市场投入、品牌投入、生产投入等。

(4)收缩战略。收缩战略指企业减少某产业的投入，加大现金流回收，以期把原来的一些投入转为现金，收回原来的投资。收缩战略就像企业在此产业进入了收获成果的季节，把原来的投入转化成回报，尽可能地获得更多的现金利润。收缩战略的主要目的是把原来的投入转化为现金，适当降低投入水平，牺牲适当的产业经营规模、竞争地位。收缩战略的方式也非常多，一般都是适当减少投入，包括减少研究与开发投入、减少营销投入、减少广告投入、减少生产改进投入、减少内部管理投入等。

(5)退出战略。退出战略指企业通过出售或清理产业中的资产，从现有某个产业完全退出。退出战略一般发生在产业无利可图或者企业把投资转到了未来投资回报率更高的产业时。退出战略的主要目的是完全退出这个产业，一般采取的方式是出售公司、出售资产、清算资产等。

当然，企业做出的产业选择通常要转化成产业发展的战略目标，大力发展的产业意味着企业的投入大，制定的产业发展目标也会高；适当发展的产业，企业投入资源适当，制定的产业发展目标也是适当的。各产业发展目标总体上要与企业整体战略目标相对应，从而实现企业战略目标的有效支撑，它们本身也是企业整体战略目标的分解。同样，企业通过对产业战略目标的设置，实现对产业战略的有效管理与控制。关于产业战略目标制定的方法和原则，我们已经在战略目标章节做了详细的阐述，原理类似，在此不再进一步论述。

上面只是以产业选择的五种类型来进行说明。区域选择、客户选择、产品选择也可以分为5种方式，它们分别是进入、发展、维持、收缩、退出。同样可以按照类型和力度的不同，制定相应的业务战略目标。

三、业务发展手段选择

如果企业做出进入某个产业的战略选择，这时我们会思考采用什么样的手段进行。手段是多样的。通常我们可能建立自己的产业子公司，建立产业子公司的手段可能要花费比较长的时间；为了加快发展，我们也可能以收购或者兼并的手段进入，但是会面临整合的难度；当然我们也可以采取与其他公司合作的手段进入。

进入或者发展某一业务的手段有哪些呢？通常来讲，主要包括自建、收购、兼并、联合、加入强者或形成战略联盟等几种。

(1)自建。自建指企业通过自己独自建立或者开发的方式，来实现产业发展、区域发展、客户发展或者产品发展的手段。例如，企业在准备开拓的区域市场去建立区域分公司及相应的销售网络来实现区域发展；企业自己去发展某客户，实现客户发展；企业自己去开发新产品，实现对新产品的进入；等等。自建只涉及企业自己一方，相对容易控制，对未来的预期也相对比较准确，但该手段只能依靠自己的力量，发展起来通常比较缓慢。

（2）收购。收购是指通过购买的手段来实现产业发展、区域发展、客户发展或者产品发展的手段。例如，企业通过购买另一产业公司的全部或部分股权，取得控制股权而进入某一目标新产业；企业通过收购某一企业某区域的生产制造基础，实现此区域的扩张；企业通过购买某企业，进行其相应的客户服务领域；企业可以通过购买相应的产品技术及专利技术，来实现对某产品领域的进入；等等。由于收购是在别人的基础上来求发展，减少了原始的积累过程，因此相对自建来说要快得多。但收购可能要付出更多的成本，而且收购存在由于不了解而导致的风险。例如，可口可乐想进入中国果汁市场时，曾经想通过收购汇源果汁的形式，实现到中国果汁市场的发展。

（3）兼并。兼并是指通过产权的有偿转让，把其他企业并入本企业，使被兼并的企业失去法人资格或改变法人实体，从而实现企业产业发展、区域发展、客户发展或者产品发展。兼并与收购有相同的一面，都是通过购买的形式去实现企业业务方面的发展。兼并是实现企业现有资产与被购买企业资产的整合，其结果并没有形成一个新公司，而收购并没有取消原企业的法人形式，通常没有大幅度改变原有被收购企业的运行，一般会保留其原有的管理团队。兼并相对收购来说，整合难度比较大，特别是人员、文化方面的整合。兼并的好处与收购一样，实现了快速的发展，尤其是所在产业或者市场饱和时，不会增加市场供给，改变市场供需方面状况。

（4）联合。联合是指与其他企业共同出资、利润共享、风险共担，进入新的业务领域，实现产业发展、区域发展、客户发展或者产品发展的手段，例如，中国汽车产业的发展最初就采用了与外资企业联合来开发中国汽车市场的手段，形成了上海大众、上海通用、一汽大众、一汽通用等合资公司，当然也可以与其他企业一起来联合开发新产品。与其他企业联合发展的模式，其好处是实现各自的优势，同时能弥补相互之间的缺陷；但也有缺点，即可能大家最终的想法不一致，同床异梦，只把联合当手段，没有把它作为最终使命。

(5)加入强者。加入强者指企业为了提高自身实力和持续的盈利能力，通过被强大竞争对手收购的方式，加入对方，并取得对方的股东地位，与其形成一体并共赢的局面。加入强者是许多企业不太愿意接受的方式，但这一方式有时非常奏效。

(6)形成战略联盟。企业与竞争对手形成战略合作关系，保持某些重大经营决策的一致性，从而减少大家相互之间的竞争性，提高与竞争对手的整体利益，达到合作共赢的局面。

以上介绍的是产业、区域、客户、产品等业务发展的常见手段，各种手段都有自己的优缺点，企业可以根据自己的具体情况进行选择。绝大多数企业习惯性的做法就是自建方式，但这种方式有时候太慢甚至并不合适。大家一定要学会运用多种手段，有必要时运用收购、兼并和联合等手段来实现产业、区域、客户及产品方面的发展。

四、业务发展时机选择

也许你还能回忆起奥运会中长跑比赛中的场景，开始冲在最前面的，并不一定能最后取得金牌。企业业务发展是一场长时间的赛跑，不是短时间的冲刺，既需要关键时刻的爆发力，也需要长时间的耐力和意志，更需要在整个赛跑过程中速度与节奏的适当掌控。

美国学者雷蒙德·迈尔斯(Raymond Miles)和查尔斯·斯诺(Charles Snow)在1978年出版的《组织战略、结构和方法》一书中阐述了企业在与竞争对手竞争过程中所采取的四种战略类型。企业在发展过程中相对于竞争对手扮演的角色分别是：防御者、探索者、分析者和反应者。

(1)防御者。防御者(Defender)战略寻求向整体市场中的一个狭窄的细分市场稳定地提供有限的一组产品或几组产品。在这个有限的细分市场中，防御者拼命奋斗以防止竞争者进入自己的地盘，不愿意积极探索熟知领域以外的机会。他们努力的方向主要是提高效率。这种战略倾向于采用标准的经济行为，如以竞争价格和高质量的产品和服务作为竞争手段。防御者倾向于不受其细分市场以外的发展和变化趋势的诱惑，而是通过市场渗透和有限的产品开发获得成长，除非顾客有需要，否则企业不愿意就运作方法或企业的结构做出较大程度的调整。经过长期的努力，真正的防御者能够开拓和保持小范围的细分市场，使竞争者难于渗透。

(2)探索者。与防御战略形成对照，探索者(Prospector)战略致力于发现和发掘新产品和新市场机会，对新产品和服务的创新发展择优而行，以满足变化的客户需求，乃至于创造需求。探索者通常是该产业的标杆，它的核心技能是客户开发、产品研发和市场拓展能力，它可以拥有较多的技术类型和较长的产品线，通常拥有较高的产品边际利润率。探索者对创新能力的要求胜于对效率的要求，喜欢任用通才，鼓励部门间合作。探索者战略取决于开发和俯瞰大范围环境条件、变化趋势和实践能力，灵活性对于探索者战略的成功来说是非常关键的。

(3)分析者。分析者(Analyzer)战略靠模仿生存，他们复制探索者的成功思想。分析者必须具有快速响应那些领先一步的竞争者的能力，与此同时，还要保持其稳定产品和细分市场的经营效率。而探索者必须有很高的边际利润率以平衡风险和补偿他们生产上的低效率。一般来说，分析者的边际利润低于探索者，但分析者有更高的效率。分析者必须保持现有产品和服务的质量、水准和效能，与此同时，要采取足够的灵活性以及时捕获新的商业机会。当市场稳定时，分析者通过技术改进来保持低成本；当市场发生变化时，分析者通过发展新产品和服务来保持竞争力。

(4)反应者。最后一种战略类型是反应者(Reactor)战略，对企业外部环境缺乏控制的企业，它既缺乏适应外部竞争的能力，又缺乏有效的内部控制机能。它没有一个系统化的战略设计与组织规划。除非迫不得已，否则企业不会就外部环境的变化做出调整。一般来说，反应者总是对环境变化和竞争做出不适当的反应，绩效不佳，并且在承诺某种特定战略时表现得犹豫不决。

迈尔斯和斯诺认为，没有哪一种战略是最好的，决定企业成功的关键并不在于选择哪一种特定的战略模式，只要所采取的战略与企业所处的环境、技术、结构相吻合，都能够取得成功。迈尔斯和斯诺论证了采用前 3 种战略的任何一种都能够取得成功，但是，迈尔斯和斯诺发现，反应者战略常常导致失败。

企业到底应该采取防御者、探索者还是分析者战略呢？

通常在比较稳定的环境中，消费者、竞争对手、供应商等因素相对稳定，产品及技术也处于相对稳定的状态中，企业宜采用防御者战略。但也不能一味地防御，现在社会任何稳定的环境都是相对的，而不稳定是长期的。企业在采取防御者战略时，要学会观察和预测突如其来的变化，及时做好战略调整的准备。

在快速变化的环境中，企业外部的供应商、竞争者、消费者等因素都处于快速变动的状态，且该市场的产品服务和技术水平都处于快速更新的状态。企业一方面面临着比较混乱的行业信息，另一方面也可能从混沌中获取非常好的发展机遇。因此，企业在动态性高的情况下，会倾向于探索者或者分析者战略。

企业无论在何种环境不确定的情况之下，为了保证获利以及可持续发展，应该都不会选择相对消极的反应者战略。

根据环境竞争性的特征分析，可以得知在竞争性较高的情况下，消费者、供应商的要求以及议价能力越来越高，而且行业内的竞争非常激烈，企业难以获取供自身发展的必需资源。在这种情况下，企业的发展机遇会受到限制，取而代之的是无与伦比的竞争压力，一旦没能很好地应对外部环境因素的敌对效应，企业就可能面临失败或衰落的局面。因此，在竞争性高的情况下，企业会倾向于冷静地分析环境，并采取适当的防御措施。同时，为了集中精力应对来自各方的压力，企业应该不会再选择积极地开发新产品并进入新市场。

大多数企业在环境动态性高的情况下，更倾向于选择探索者及分析者战略；在敌对性高的情况下，更倾向于选择防御者及分析者战略。然而，每个企业所处的行业不同，其所面对的环境不确定性也就有所差异。此外，由于每个企业的规模、经验、能力等因素参差不齐，因此即使是在相同的行业和环境下，不同的企业对环境不确定性的感知也是有差异的。

因此，不同的企业必须依据自身所感知到的环境不确定性来匹配相应的战略。具体来看，当环境不确定性较低的时候，实力强的企业可以考虑采取积极的探索者战略，从而扩大与其他企业的领先优势；针对实力较弱的企业，努力模仿竞争者并取其之长为己所用，无疑是比较明智的选择。当环境不确定性较高时，无论企业实力强弱，其所面临的威胁以及风险都较大。实力较强的企业仍可在充分分析市场形势后采取探索者或分析者战略；而那些实力较弱的企业，在高度不确定的市场环境下，适时采取防御者战略、确保基本的生存发展需求，也许才是可取之道。

第二节　产业战略的整体思考

在业务战略中，我们第一个思考寻找的战略发展点就是产业战略。

你的企业属于什么产业？这个产业有发展前景吗？你的企业在这个产业有竞争力吗？把这些问题思考清楚对企业发展至关重要。

许多企业领导者根本不思考这些问题，现在为什么做这个产业，是因为原来一直在做这个产业，他们总是用过去的延续思维来做企业。例如，我国珠三角地区、长三角地区的许多出口加工企业，原来一直给国外企业代工生产，没有进行产业的调整或者产业价值链延伸，而是“坚定地”在原产业领域一直努力地做下去。一些出口代工制衣企业给国外企业服装代工，最初每一件衣服有30元的利润，但由于产业成熟，利润率逐步减少，经过几年利润减少到20元，再过几年减少到10元，最后减少到几元甚至亏损。近几年来，在国际金融危机的冲击下，我国外贸进出口增长速度快速下滑，非常多的中小企业陷入增长缓慢、利润下滑，有的甚至亏损、倒闭。我们深思这些企业陷入困境的自身原因，主要是这些企业不思考产业发展前景，没有对产业进行升级或调整，最终导致企业现有的被动局面。

产业战略是企业在一定时期内对产业发展方面的选择、规划及策略，有时也称“行业战略”。一个企业所经营的产业不宜轻易变化，因此企业产业战略时限比较长，可能是5～10年，甚至数十年。许多企业终身只在一个产业内经营，大的企业可能同时在几个产业内经营，但会对某一个产业有所侧重。企业应该选择什么产业发展、制订什么样的规划、采取怎样的竞争策略，这就是产业战略需要解决的问题。

企业如何制定产业战略呢？产业战略通常需要思考四个方面的问题：

(1)如何进行产业选择？

(2)如何进行产业组合？

(3)如何进行产业扩张？

(4)如何在选择的产业中进行竞争？

回答了这四个问题就分别构成产业战略的四种类型，即产业选择战略、产业组合战略、产业扩张战略和产业竞争战略。

产业选择战略指企业对所经营产业的选择；产业组合战略指企业所经营产业组合的选择；产业扩张战略指如何进行产业扩张的选择；产业竞争战略指企业在已经营的产业中如何获取有利位置和取得竞争优势。

一般来说，只在一个产业内经营的企业一般都采用产业竞争战略，比较少考虑到产业选择战略和产业组合战略，只有考虑进入新产业或者退出产业时，才用到产业选择战略；而一个多产业经营的企业，则要考虑到产业选择战略和产业组合战略，让业务单元(事业部或子公司)考虑产业竞争战略。万科在 1991 年确定了商贸、工业、房地产和文化传播四大产业发展战略，1992 年对产业战略进行了调整，正式确立了以房地产为核心业务的发展战略，并将居民住宅作为房地产主导开发方向的产业战略，这一产业选择战略保持了近二十年，还会在相当长的时间内保持不变。华为 1988 年从通信设备贸易行业起家，1990 年确定通信设备研发、生产、销售、服务一体的产业经营战略，直到近几年，才对产业选择战略进行了一些调整，从通信中端设备往终端设备延伸。

第三节　产业选择战略：如何选择产业

一个企业对产业的选择非常重要，当企业选择的是一个快速发展的产业时，就如顺水行舟，产业的发展会带动企业的发展；当企业选择一个衰退的产业时，就如逆水行舟，产业会给企业带来倒退的力量，稍有不慎，就会被水淹没。

前面介绍了业务选择战略的五种方式，对于产业战略，我们到底选择哪种方式呢？是应该采用进入战略、发展战略、维持战略、收缩战略，还是退出战略呢？

东方战略在战略咨询长期实践过程中，对产业选择方法论做了一些总结，下面我们介绍一些方法论来帮助你做战略选择。

一、产业不同发展阶段的战略选择

在产业不同的发展阶段，企业应该做出不同的产业战略选择，如产业处于快速发展时期，应该进入或加大投入，如果产业处于衰退时期，则应做收缩或退出选择。那如何根据产业生命周期来进行战略选择呢？我们可以利用产业生命周期理论进行相关的战略选择，下面我们来了解一下产业生命周期理论。

产业生命周期指一个产业从其产生到完全退出社会经济活动所经历的时间。不同的产业，其生命周期长短不一样，有的产业生命周期很长，如粮食产业，从古到今都有；而有的产业生命周期相当短，如寻呼机，只有短短10年。一般来说，产业的生命发展周期包括四个发展阶段：导入期、成长期、成熟期和衰退期。产业发展的各个阶段，产业的技术特征、组织形态、发展的主要驱动因素等均具有明显差异。

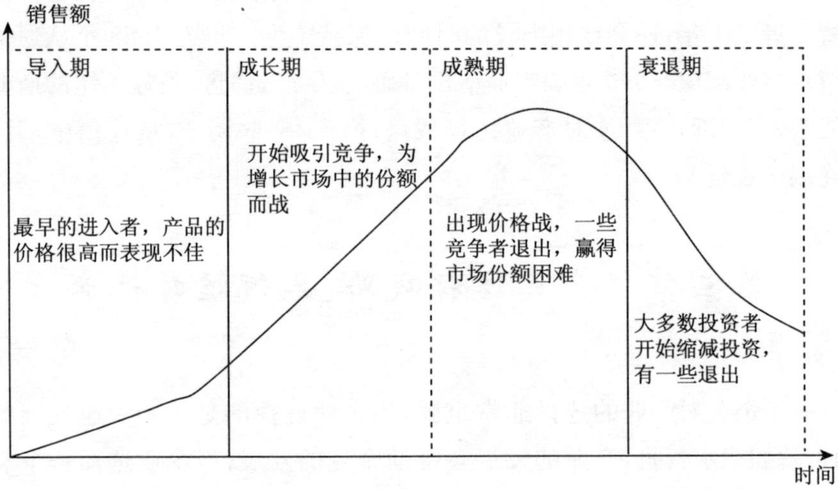

图4-2　产业生命周期模型

(1)导入期。产业导入期是指从新技术或新工艺出现到逐渐成熟，形成生产能力进入市场，为部分目标消费者所认识和接受的时期。产业处于导入期的基本特点是：由于发明创造，或者优先引进新技术，最初只有少数企业进入该产业；技术不很成熟，具有较强的自然垄断性；进入该产业的企业在经历投资初期的亏损经营后开始逐渐获得大量的垄断利润，产业进入壁垒较高，风险较大；产业一般从经济发达、科研技术水平较强的先发地区萌芽。产业导入期的市场增长率较高，需求增长较快，技术变动较大，产业中的企业主要致力于开辟新用户、占领市场，但此时技术上有很大的不确定性，在产品、市场、服务等策略上有很大的余地，对产业特点、产业竞争状况、用户特点等方面的信息掌握不多。比如我国的新能源汽车产业就处于这个阶段。

(2)成长期。随着新技术的不断改进与完善、市场不确定因素的减少，新兴产业的投资风险得到了较大程度的释放，加上产业发展的需要、政府的扶持和鼓励、高额利润的吸引，许多投资者开始进入该产业，也使该产业得到迅速发展，并逐渐形成了一种类似诸侯割据的全面竞争状态。产业处于成长期的主要特点是：产业技术逐步完善与成熟；自然垄断利润逐步消失，新加入者很多，竞争重点表现为激烈而此起彼伏的价格战；不少企业开始注重通过经营观念、技术创新、提高生产效率等方式构筑未来竞争的战略优势，从而为产业进入下一生命周期阶段奠定基础。产业成长期的市场增长率很高，需求高速增长，技术渐趋定型，产业特点、产业竞争状况及用户特点已比较明朗，企业进入壁垒提高，产品品种及竞争者数量增多。比如我国的汽车产业，现在就处于产业成长期，未来还会有更多的人进入汽车消费市场。

(3)成熟期。经过全面竞争阶段的洗礼，产业出现了分化，产业内部分企业由于生产效率较高和经营理念、手段创新的成功，从众多竞争者中脱颖而出，无论是企业规模还是经济实力都有了较大的发展，成为产业中的领导者；而另一部分则由于各种不同的原因或成长缓慢，在市场竞争中处于极为不利的地位。少数成功企业希望通过产业内的资源重新配置进一步提高产业效率，同时巩固其产业领袖的地位；而大多数经营状况不理想的企业，则希望通过适当的方式退出，或以其他形式重新参与产业竞争。产业发生革命性变革的时机也逐渐成熟，即产业进入以优胜劣汰为主要特征的重组阶段。产业成熟期的市场需求处于一种相对饱和状态，市场增长率不高，需求增长率不高，技术上已经成熟，产业特点、产业竞争状况及用户特点非常清楚和稳定，买方市场形成，产业盈利能力下降，新产品和产品的新用途开发更为困难，产业进入壁垒很高。比如我国的电视产业现在就处于产业成熟期。

(4)衰退期。经过产业整合重组后，各企业为了竞争，也为了满足消费者的需求，一般都是投入大量的人、财、物资源进行原有技术的升级与创新。这样，产业进入衰退阶段。

产业衰退期市场增长率下降，需求下降，产品品种及竞争者数目减少。从衰退的原因来看，有四种类型，分别是：①资源型衰退，即生产所依赖的资源枯竭所导致的衰退；②效率型衰退，即效率低下的比较劣势引起的产业衰退；③收入低弹性衰退，即因需求收入弹性较低而衰退；④聚集过度性衰退，即经济过度聚集的弊端引起产业衰退。

当然，对有些产业的分析还要进行细分，如彩电产业。整体彩电产业已经处于成熟阶段，但其细分产业——液晶电视，还处于成长期，将来还有很大的增长空间。

产业生命周期在运用上有一定的局限性，因为生命周期曲线是一条经过抽象化的典型曲线，各产业按照实际销售量绘制出来的曲线远不是这样光滑规则，因此，有时要确定产业发展处于哪一阶段是困难的，识别不当，容易导致战略选择上的失误。此外，影响销售量变化的因素很多，关系复杂，整个经济中的周期性变化与某个产业的演变也不易区分开来，再者，有些产业的演变是由集中到分散，有的产业由分散到集中，无法用一个战略模式与之对应，因此，应将产业生命周期分析法与其他方法结合起来使用，才不至于陷入分析的片面性。

根据产业生命周期理论，在产业不同生命发展阶段，我们怎样进行产业选择呢？是进入、发展、维持、收缩还是退出呢？

(1)产业导入期的产业选择。产业处于导入期，产业发展存在许多不确定性，技术上不成熟、产品性能不稳定、初始成本非常高，企业在导入期进入产业存在较大的风险。产业最初进入者为产业开拓做出了许多贡献，为后来者提供顾客认知、知识积累的方便，还能为追随者提供学习经验。产业最初进入者很可能借助较低的进入障碍及早期的产业品牌形成有利的产业竞争地位。在产业处于导入期时，企业一般采用做一些了解但不进行投入的策略，或者采取进入战略，做适当的培育战略。

(2)产业成长期的产业选择。该时期产业发展逐步明朗，技术走向成熟，产品质量也相对稳定，产业最初进入者为产业发展排除了许多障碍，积累了许多经验，而且产业也被更多的消费者认知，这时产业发展迅速、利润率较高。一般而言，成长期初期是企业进入和发展的绝佳时机，因此，产业成长期宜采用进入战略或发展战略。

(3)产业成熟期的产业选择。产业迈入成熟期，产业市场规模最大，企业盈利水平最高，但利润率在逐步下降。在产业处于成熟期时，企业一般倾向于采用维持战略，当发现有更好的投资回报产业时，有可能在原产业采取收缩或退出战略，转入投资回报比较高的产业。

(4)产业衰退期的产业选择。产业处于衰退期，产业市场规模逐步减少，企业利润下降，产业未来发展前景不太看好，这时需要采取收缩或退出战略，转型进入其他相关产业。当然有些企业也可能采取发展战略，进行大规模收购兼并，形成一定垄断，从而取得较高的垄断利润。

二、根据产业发展前景和企业实力来做战略选择

一般来说，企业产业选择战略主要基于两方面因素：一方面是产业发展的前景，另一方面是企业在产业中具备的实力。比较偏重于产业发展前景的战略，我们称之为“机会型战略”；比较偏重于企业自身实力的战略，我们称之为“能力型战略”。

如何根据产业发展前景和企业实力来做战略选择呢？

波士顿矩阵法和 GE 矩阵法是我们常用的两个方法。下面我们来了解一下如何利用这两个方法来帮助企业做战略选择。

1. 波士顿矩阵法

波士顿矩阵法是一个重要产业分析方法，是产业选择战略的重要工具。波士顿公司在 1970 年创立并推广了“市场成长率相对市场份额矩阵”的投资组合分析方法。如图 4－3 所示。

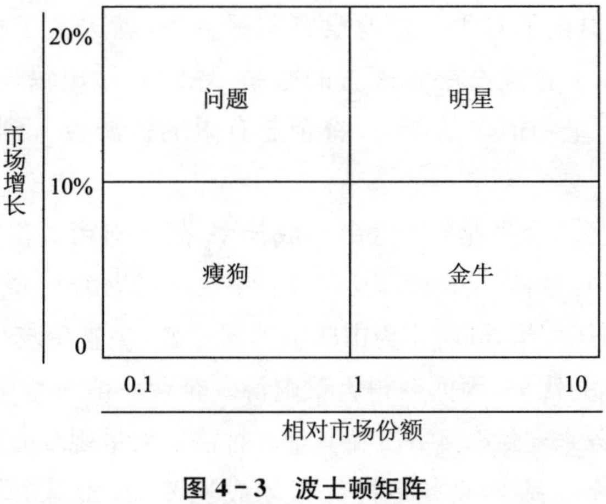

图 4－3　波士顿矩阵

图中，纵坐标市场成长率表示该业务的销售量或销售额的年增长率，用

0～20%表示，并认为市场成长率超过10%就是高速增长。横坐标相对市场份额表示该业务相对于最大竞争对手的市场份额，用于衡量企业在相关市场上的实力。用数字0.1(该企业销售量是最大竞争对手销售量的10%)～10(该企业销售量是最大竞争对手销售量的10倍)表示，并以相对市场份额1.0为分界线。需要注意的是，这些数字范围可能在运用中根据实际情况的不同进行修改。

波士顿矩阵法将一个公司的业务分成4种类型：问题、明星、金牛和瘦狗。

(1)问题业务。问题业务是指高市场成长率、低相对市场份额的业务，这往往是一个公司的新业务。为发展问题业务，公司必须建立工厂，增加设备和人员，以便跟上迅速发展的市场，并超过竞争对手，这些意味着大量的资金投入。“问题”二字非常贴切地描述了公司对待这类业务的态度，因为这时公司必须慎重回答“是否继续投资以发展该业务”这一问题。只有那些符合企业发展长远目标、体现企业资源优势、能够增强企业核心竞争能力的业务才能得到肯定的回答。

(2)明星业务。明星业务是指高市场成长率、高相对市场份额的业务，这是由问题业务继续投资发展起来的，可以视为高速成长市场中的领导者，它将成为公司未来的金牛业务。但这并不意味着明星业务一定可以给企业带来滚滚财源，因为市场还在高速成长，企业必须继续投资，以保持与市场同步增长，并击退竞争对手。企业没有明星业务，就失去了希望，但群星闪烁也可能会耀花了企业高层管理者的眼睛，导致其做出错误的决策。这时必须具备识别行星和恒星的能力，将企业有限的资源投入到能够发展成为金牛的恒星上。

(3)金牛业务。金牛业务指低市场成长率、高相对市场份额的业务，这是成熟市场中的领导者，它是企业现金的来源。由于市场已经成熟，企业不必大量投资来扩展市场规模，同时作为市场中的领导者，企业在该业务享有规模经济和高边际利润的优势，因而获得大量财源。企业一般对金牛业务采取收缩战略，用金牛业务来支付账款并支持其他3种需要大量现金的业务。

(4)瘦狗业务。瘦狗业务是指低市场成长率、低相对市场份额的业务。一般情况下，这类业务常常是微利甚至是亏损的。瘦狗业务存在的原因更多是感情上的因素，虽然一直微利经营，但像人对养了多年的狗一样恋恋不舍而不忍放弃。其实，瘦狗业务通常要占用很多资源，如资金、管理部门的时间等，多数时候是得不偿失的。对瘦狗业务一般适合采用退出战略或收缩战略。

波士顿矩阵法可以帮助我们分析一个企业的业务组合是否合理。如果一个企业没有金牛业务，说明它当前的发展中缺乏现金来源；如果没有明星业务，说明在未来的发展中缺乏希望。一个企业的业务投资组合必须是合理的，否则必须加以调整。如巨人集团在将保健品业务发展成明星业务后，就迫不及待地开发房地产业务，可以说，在当时的市场环境下，保健品和房地产都是明星业务，但由于没有能够提供源源不断的现金支持的金牛业务，企业不得不从本身还需要大量投入的保健品业务中不断抽血来支援大厦的建设，最后两败俱伤，全面陷入困境。

在明确了各项业务单位在公司中的不同地位后，就需要进一步明确战略。通常来说，我们分别对几种业务采用以下战略：

(1)问题业务的战略选择。当看到产业发展的巨大前景，而且能在未来建立发展需要的资源与能力时，企业采取进入或发展战略；虽然看到产业的巨大发展前景，但感觉自身无法建立竞争所需的资源与能力时，或者有更好的产业投入时，企业采取收缩或退出战略；当看好未来发展前景，但发展还不明朗时，企业可以考虑少量投入，主要是了解产业、积累经验。

(2)明星业务的战略选择。对于明星业务，企业一般采取发展战略，继续大量投资，目的是扩大市场份额。

(3)金牛业务的战略选择。对于金牛业务，企业一般采取维持战略，投资维持现状，保持业务单位现有的市场份额。

(4)瘦狗业务的战略选择。对于瘦狗业务，企业一般采取收缩或退出战略，目标是在短期内尽可能地得到最大限度的现金收入，或者出售和清理，将资源转移到更有利的领域。波士顿矩阵法的应用产生了许多收益，它提高了管理人员的分析和战略决策能力，帮助他们以前瞻性的眼光看问题，更深刻地理解公司各项业务活动的联系，加强业务单位和企业管理人员之间的沟通，及时调整公司的业务投资组合，收缩或放弃萎缩业务，加大在更有发展前景的业务中的投资。

同时，也应该看到这种方法的局限性，首先，评分等级过于宽泛，可能会造成两项或多项不同的业务位于一个象限中；其次，评分等级带有折中性，使很多业务位于矩阵的中间区域，难以确定使用何种战略；最后，这种方法也难以同时顾及两项或多项业务的平衡。

2.GE 矩阵法

通用电气公司（GE）针对波士顿矩阵所存在的问题，于 20 世纪 70 年代开发了"吸引力实力矩阵"。GE 矩阵可以用来根据事业单位在市场上的实力和所在市场的吸引力对这些事业单位进行评估，也可以表述一个公司的事业单位组合判断其强项和弱点。在需要对产业吸引力和业务实力做广义而灵活的定义时，可以以 GE 矩阵为基础进行战略规划。按产业吸引力和业务自身实力两个维度评估现有业务（或事业单位），每个维度分三级，分成九个格以表示两个维度上不同级别的组合。两个维度上可以根据不同情况确定评价指标。

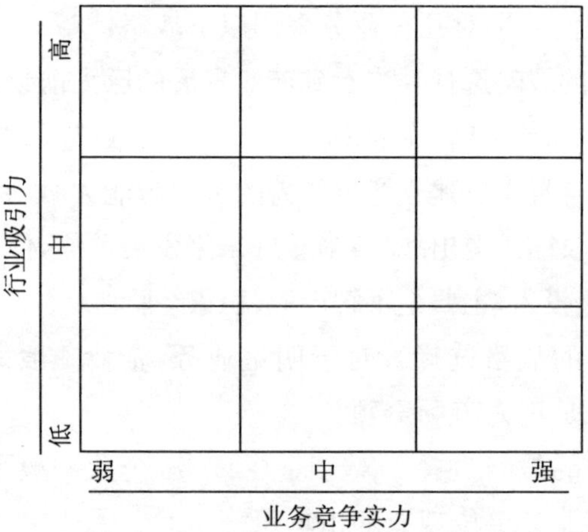

图 4-4　通用电气（GE）矩阵

GE 矩阵也提供了产业吸引力和业务实力之间的类似比较，但波士顿矩阵用市场成长率来衡量吸引力，用相对市场份额来衡量实力，而 GE 矩阵使用数量更多的因素来衡量这两个变量。由于该矩阵使用多个因素，可通过增减某些因素或改变它们的重点所在，很容易使矩阵适应经理的具体意向或某产业特殊性的要求。GE 矩阵可以用来根据事业单位在市场上的实力和所在市场的吸引力对这些事业单位进行评估，也可以表述一个公司的事业单位组合判断其强项和弱点。在需要对产业吸引力和业务实力做广义而灵活的定义时，可以以 GE 矩阵为基础进行战略规划。绘制 GE 矩阵，需要找出内部和外部因素，然后对各因素加权，得出衡量内部因素和外部因素的标准。当然，在开始搜集资料前仔细选择那些有意义的战略事业单位是十分重要的。

表 4-1　产业吸引力与业务实力通常考虑的因素

项目	考虑因素	所占权重
产业吸引力	总体市场大小	20%
	年市场成长率	20%
	产业毛利率	15%
	竞争密集程度	15%
	技术要求	15%
	通货膨胀	5%
	能源要求	5%
	环境影响	5%
	社会/政治/法律	必须是可接受的
业务竞争实力	市场份额	10%
	销售增长率	10%
	业务毛利率	10%
	产品质量	10%
	品牌知名度	10%
	分销网	5%
	促销效率	5%
	生产能力	5%
	生产效率	5%
	单位成本	10%
	物资供应	5%
	开发研究能力	10%
	管理人员	3%

(1)定义各因素。选择要评估业务实力和产业吸引力所需的重要因素。在GE内部，分别称之为"内部因素"和"外部因素"。表 4-1 中列出的是经常考虑的一些因素(可能需要根据各公司情况做出一些增减)。确定这些因素的方法可以是头脑风暴法或名义小组法等，关键是不能遗漏重要因素，也不能将微不足道的因素纳入分析中。

(2)估测内部因素和外部因素的影响。从外部因素开始，纵览这张表(使用同一组经理)，并根据每一因素的吸引力大小对其评分。若一因素对所有竞争对手的影响相似，则对其影响做总体评估，若一因素对不同竞争者有不同影响，可比较它对自己业务的影响和对重要竞争对手的影响。在这里可以采取5级评分标准(1＝毫无吸引力，2＝没有吸引力，3＝中性影响，4＝有吸引力，5＝极有吸引力)。然后也使用5级标准对内部因素进行类似的评定(1＝极度竞争劣势，2＝竞争劣势，3＝同竞争对手持平，4＝竞争优势，5＝极度竞争优势)，在这一部分，应该选择一个总体上最强的竞争对手来作为对比的对象。

(3)内外部因素重要性评估。对外部因素和内部因素的重要性进行评估，得出衡量实力和吸引力的简易标准。这里有定性和定量两种方法可以选择。

定性方法：审阅并讨论内外部因素，以在第二步中打的分数为基础，按强、中、弱三个等级来评定该战略事业单位的实力和产业吸引力。

定量方法：将内外部因素分列，分别对其进行加权，使所有因素的加权系数总和为1，然后用其在第二步中的得分乘以其权重系数，再分别相加，就得到所评估的战略事业单位在实力和产业吸引力方面的得分(介于1～5之间，1代表产业吸引力低或业务实力弱，而5代表产业吸引力高或业务实力强)。

(4)将该业务标GE矩阵。矩阵坐标纵轴为产业吸引力，横轴为业务竞争实力。每条轴上用两条线将数轴划为三部分，这样坐标就成为网格图。两坐标轴刻度可以为高、中、低或1～5。根据经理的战略利益关注，对其他战略事业单位或竞争对手也可做同样分析。另外，在图上标出一组业务组合中位于不同市场或产业的战略事业单位时，可以用圆来表示各企业单位，其中直径与相应单位的销售总额成比例，而阴影面积代表其市场份额。这样GE矩阵就可以提供更多的信息。

(5)对矩阵进行诠释。通过对战略事业单位在矩阵上的位置分析，公司就可以选择相应的战略举措。

GE矩阵还可以用于预测战略事业单位业务组合的产业吸引力和业务竞争实力，只要在因素评估中考虑到未来某个时间每一因素的重要程度及其影响大小，就可以建立预测矩阵。由此我们可以看出，GE矩阵比较全面地对战略事业单位的业务组合进行规划分析，而且可以针对企业实际和产业特性，具有广泛的应用价值。

根据通用电气矩阵分析情况，我们可以针对业务的产业吸引力和业务实力状况，最终确定对业务进行重大投入、有限投入还是剥离。具体的战略选择如下：

(1)产业吸引力大，企业在产业竞争力小。属于有问题产业，企业应采取集中资源选择性进入或发展战略，对选定的产业积极发展，提高企业实力，提高市场占有率。

(2)产业吸引力中等，企业在产业竞争力小。属于风险产业，企业应采取收缩或退出的战略。

(3)产业吸引力和企业在产业竞争力都很小。企业应采取退出战略，以减少损失。

(4)产业吸引力大，企业在产业竞争力中等。企业应采取发展战略，努力提高实力，大力发展产业。

(5)产业吸引力和企业在产业竞争力均为中等。企业应采取维持战略，保持企业现状，或者选择性收缩战略。

(6)产业吸引力小，企业在产业竞争力中等。企业应采取全面收缩战略，把原先固定的投入转化为现金回报。

(7)产业吸引力和企业在产业竞争力都很大。企业应采取积极发展战略，发挥优势，大力发展，提高市场占有率。

行业吸引力

	弱	中	强
高	选择性进入或发展	发展	成长性渗透
中	收缩或退出	选择性维持或收缩	保持优势
低	退出	全面收缩	有限收缩

业务竞争实力

图 4-5　通用电气(GE)矩阵的应用

(8)产业吸引力中等，企业在产业竞争力大。企业应采取维持战略，保持现有优势，适当获利。

(9)产业吸引力小，企业在产业竞争力大。属于微利、无后劲的产业，企业应采取有限收缩的战略，逐步减产和退出。

三、产业融合与产业创新

现代社会最突出的特点就是变化，整个经济社会都在快速地变化。前面比较多地从静态来考虑产业战略，但产业也在不断变化，其中最主要的是产业融合和产业创新对企业的产业战略形成的重大影响。

(1)产业融合。产业融合指的是两个原来完全不同的产业融合成一个产业。现在产业融合成为一个趋势。例如，原来谁都不敢相信在电脑上、手机上看电视，但现在从技术上已经完全能够实现了，已有少数人通过电脑看电视，同样电视也充当了电脑的功能，有部分人通过电视屏来实现电脑化工作。

从未来趋势看，电视、电脑、手机屏幕呈融合趋势，后面是IT、互联网、电信和传媒四大产业的融合。IT对传媒产业的影响不仅是提高了它的工作效率，降低了成本，而且在很大程度上重新塑造或者创造性地颠覆了原来传统的传媒产业，因为它不仅影响传媒产业的成本，同时也影响其运营和收入，比如搜索引擎的营业额来源是广告。

产业融合对企业产业战略有重大影响，企业应主动迎合产业融合趋势，进行相关的技术研究、市场等方面的创新，以求在未来产业中占据一席之地。不关注产业融合趋势、跟不上产业融合步伐的企业，最终会在融合的产业里被淘汰。例如，现有电脑产业的发展，不关注手机、电视产业的发展，可能在未来三网合一的产业竞争中失去席位。

(2)产业创新。产业创新是由企业首先开展或几个大型企业联合开展的技术创新、产品创新、市场创新或组合创新等，通过扩散成为整个产业的共同创新，或者企业通过技术创新、产品创新、市场创新或组合创新等开创新产业的过程。

产业创新是产业链上的某一环节的创新所引发的整个产业创新，或者根据需求而形成的新兴产业。如果单纯从技术的角度来看，产业创新起码包括：①原料、材料和燃料技术创新；②产业核心技术和关键技术创新；③产品构架创新和零部件技术创新；④产业技术创新中的标准锁定和主导设计；

⑤产业共性技术创新;⑥产业主导型工艺创新。

产业创新对企业产业战略形成重大影响,在开创新产业的过程中尤为明显。企业可以通过产业创新从原来衰退的产业中退出,进入一个创新产业,并通过技术专利手段,形成产业进入壁垒,形成先发优势。谁能准确地预测和把握产业融合与创新趋势,谁就会在未来发展中占有主导地位。

以上一些方法只是提供了普遍适用的一些观点,在战略实践中我们要根据具体情况进行一些变通的运用。总之,产业选择要记住最重要的一条,应在产业发展前景和企业实力之间进行有效的结合,否则容易导致战略决策失误。

【示例 4-1】　创兴集团是否该进入 3D 打印产业

创兴集团[①]公司是国内一家自动化设备研发、生产及销售的优秀企业,主要从事机械成套设备的研发、生产、销售及相关技术服务,公司产品主要应用于动力、汽车、工程机械、船舶等行业。

3D 打印产业是近年来提出的一种新的自动化设备生产技术,作为一种新的产业,3D 打印产业处于导入期。一旦 3D 打印产业技术成熟,制造成本较大幅度下降,这将会引来自动化设备制造产业的一场革命。

创兴集团是否该此时进入 3D 打印产业呢?如果过早进入,对于 3D 打印的投资将会较长时间出现亏损;如果过迟进入,可能会丧失先机,未来难以在产业中立足。

为此,我们对 3D 打印产业进行了调研分析,其产业发展现状如下:

(1)2012 年,全球 3D 打印产业的销售收入规模已达 22.04 亿美元,如果从 1993 年算起,年均复合增速为 17.7%,但近两年有加快的趋势,年均增长 25%。根据 Wohlers 预测,未来 8 年,全球 3D 打印产业将保持 19.31%的增长速度,2021 年行业产值达 108 亿美元。

(2)按地区市场份额来看,欧美地区是 3D 打印机的主要市场,美国占 61%,欧洲占 19%,以色列占 16%,亚洲占 5%。由于 3D 打印诞生于美国,在美国发展 20 多年以后,第一波的尝鲜需求可能日益饱和,未来渗透率的提高主要依靠更高性能打印设备和耗材对 3D 打印应用边界的拓展,以及与云制造相关商业模式的再创新。但亚太地区市场规模正处于从无到有的扩张

① 为了保护客户机密,用“创兴集团”代替了原公司名。

阶段,未来有望保持60%以上的高速增长。

(3)从我国目前3D打印市场应用份额看,汽车及零配件领域占据37%,消费品领域占据18.2%,航空航天和国防军工占据近14%,商业机器领域占据11.2%,医疗领域占据8.8%,科研占据8.6%。

(4)3D打印市场基本处于欧美龙头企业领跑的局面。目前全球3D打印领域上市的企业一共3家,分别是Stratasys、3DSystems以及ExOne。3DSystems和Stratasys在2012年的产值占全球3D打印行业收入规模的25.81%;从工业级打印机的出货量看,Stratasys(加上最近合并的Solidspace和Objet)、3DSystems等的出货量占比高达75%。欧美各国3D打印行业在工艺技术、研发投入、人才基础、产业形态、材料等领域都处在领先位置,而国内企业一直止步于模仿生产,整体科研能力不强。

(5)成本高昂是阻碍3D打印市场增长的最大桎梏。实际上,3D打印市场规模增速基本维持在40%以下,很难用"爆发性增长"来形容。其中,高昂的成本是3D打印推广的最大桎梏。3D打印的直接制造成本主要分为设备折旧、原材料、设计成本和后处理成本,其中设备折旧(固定成本)和原材料(变动成本)占绝大多数。设备折旧主要取决于3D打印机的购置成本和工件处理量对购置成本的分摊,原材料则主要取决于其制备和加工难度。显然,成本的下降只能依靠加工技术的不断进步以及生产3D打印机和原材料厂商的规模经济和同业竞争。

(6)在全球范围内整个产业仍处于起步阶段,应用市场还未完全打开,即便是技术较为领先的欧美企业也不例外,3D打印究竟能够为工业生产带来什么样的改变目前依然存在一定的争论。

假如你是创兴集团的高管,你将如何考虑公司的发展,是否即刻进入3D打印领域,或者先观察一段时间再考虑,或者有其他的选择?

第四节　产业组合战略:如何选择产业组合

前面讲述了产业的选择战略,它们更多是就单个产业来考虑战略问题,没有考虑到企业应采取什么样的产业组合。良好的产业组合能推动企业持续发展,还有可能通过互补提升企业的整体竞争力。那么,企业如何来考虑产业组合呢？

对于产业组合战略选择，我们通常考虑两个方面：一是从时间方面来考虑，二是从产业互补性来考虑。

一、近期、中期、远期三层次组合战略

许多企业在经历过几年的高速发展之后，就步入很长时间的发展停滞期。为什么会出现这种状况呢？我们对众多企业进行研究后的最大感受是，当原有的战略发展点完成历史使命后，没有一个新的战略发展点接力原来的发展，企业在战略发展点的时间组合方面欠缺考虑。一个企业要长期持续发展，必须有不断的战略发展点进行接力，比如日本本田最初的发展是靠自行车，20 世纪 60—70 年代的发展主要是靠汽车，20 世纪 70 年代后期及之后的发展主要是汽车。

因此，一个企业的战略选择不但应关注近期的发展，还应关注中长期的发展。如果企业只关注近期的发展，而没有关注中长期的发展，可能的结果是企业现有效益非常好，但缺乏未来发展的潜在发展点，不利于其长期持续地发展；相反，如果企业非常关注中长期的发展，而对近期发展关注不足，企业效益不好，对未来发展也缺乏足够的投入能力，这也不利于企业的发展。企业是否能够选择一个产业组合，既考虑到现在现金流对企业的支持，也兼顾到企业未来中长期的发展呢？三层面业务战略理论是一个较好地从时间方面来考虑业务组合的理论，下面我们可以来了解一下三层面业务战略理论。

美国战略学者梅尔达德·巴格海、斯蒂芬·科利与戴维·怀特通过对世界上不同产业的 40 个处于高速增长的公司进行研究，提出所有不断保持发展的大公司的共同特点是保持三层面业务的平衡发展：第一层面是拓展和巩固核心业务；第二层面是大力发展即将涌现增长动力的战略业务；第三层面是创造有生命力的种子业务。它们能够源源不断地建立新业务，从内部革新其核心业务，同时开创新业务，它们所掌握的技巧在于保持新旧更替的管道畅通，一旦出现减退势头便不失时机地以新替旧。这就是著名的三层面业务理论[①]。

① 梅尔达德，巴格海，斯蒂芬·科利，戴维·怀特. 增长炼金术：企业启动和持续增长之秘诀[M]. 奚博铨，许润民，译. 北京：经济科学出版社，2000.

对于企业来说，一个宏伟的远景目标加上有效结合长、中、短三个时间层面的业务组合是其增长的关键。要达到领先，企业必须对三个发展层面进行均衡管理，对不同层面的业务应该采用不同的战略与管理。

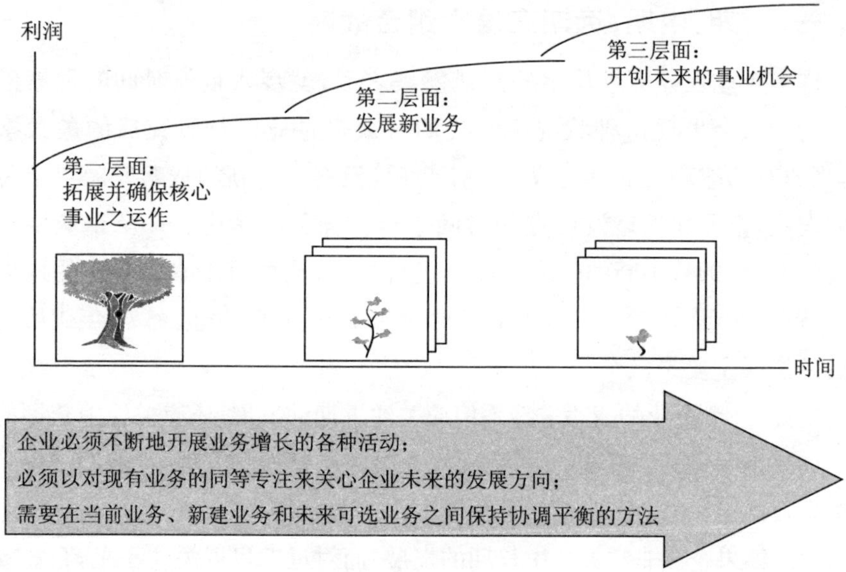

图 4－6　三层面业务

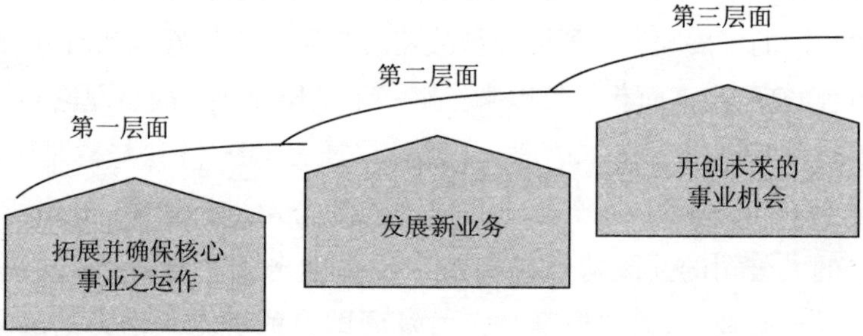

关键成功因素	·注重绩效	·营造创业环境	·独特的竞争优势
评估标准	·利润 ·投资资本回报率（ROIC）	·营业收入 ·净现值（NPV）	·选择权价值
所需人才能力	·企业经营者 ·完全结合现况的实力平台	·企业创建者 ·自行发展或从外部取得能力	·前瞻开拓者 ·所需能力可能不确定

图 4－7　三层面业务特征

对于寻求发展的企业来说，要成功地启动三层面的增长，首先，必须取得增长的资格。为了获得增长的资格：第一要以优良的运营业绩力图成为领先市场的强竞争力企业，在为建立增长的基础提供必要的资源保证的同时，使管理者有足够的财务和相关能力支持增长；第二要剥离对企业未来无关紧要的业务，将关注的重心放在企业现在的业务；第三是使投资者确信增长举措是好的投资，这样在投资者的支持下可以确保足够的资金以实现增长。

其次，企业希望增长必须下定增长的决心。由高层领导做出增长的承诺，统一领导层对于增长的认识，选出能够领导增长并且具有相关能力的关键管理人员。提出更高的目标对于做出增长的决心也很重要，这样可以推动员工采用新思维，也使得企业活动和投入有重点。下定增长的决心必须去除组织结构中的障碍，确保企业文化、个人偏见、管理系统和激励机制不会对启动增长产生负面影响。

再次，因为持续增长是一个能力的吐旧纳新、使业务阶梯式上升的演进过程，要启动增长就一定要为增长建立起能力平台，取得增长的动力。获得成功增长的企业往往需要组合所需的能力，以良好的状态战胜竞争对手。它们还应该能迅速判断在已有的能力中哪些是新的能力平台所需要的，它们还能用一步一步的努力和脚踏实地的工作获取尚没有的能力，以充实能力平台。成功企业的能力平台随不同层面业务的不同而不同，并能在增长阶梯的每一步进行充实，以形成竞争者难以模仿的能力。

三层面组合理论为企业发展提供了一个长期、持续发展的思路，使企业得以实现近期、中期、长期的持续发展。但三层面组合也容易使企业陷入一个过度多元化、战略重点不突出的陷阱，这需要我们考虑组合时要认真调研，做好战略选择前的战略分析准备工作。

【示例 4－2】　　天兴集团产业战略

天兴集团[①]公司是集生产、科研、教育、贸易于一体的综合集团公司，其产品跨及化工、电力、电冶、机械、塑料制品、橡胶制品、建材七大类二十余种。集团产业众多，主业不突出，造成集团产业战略不明确，核心竞争力不强。

我们根据集团各产业发展前景和企业在这些产业的能力建立了产业分

① 为了保护客户机密，用“天兴集团”代替了原公司名。

析矩阵，如图 4-8 所示。

根据集团产业分析矩阵，我们确定了集团的核心产业、战略产业、种子产业和边缘产业，确定了各类产业的投入-产出目标。

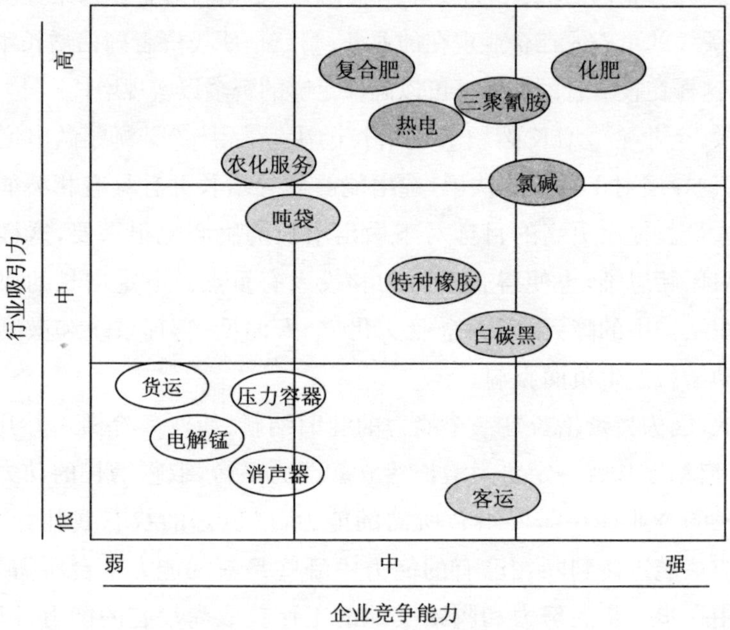

图 4-8 天兴集团产业分析矩阵

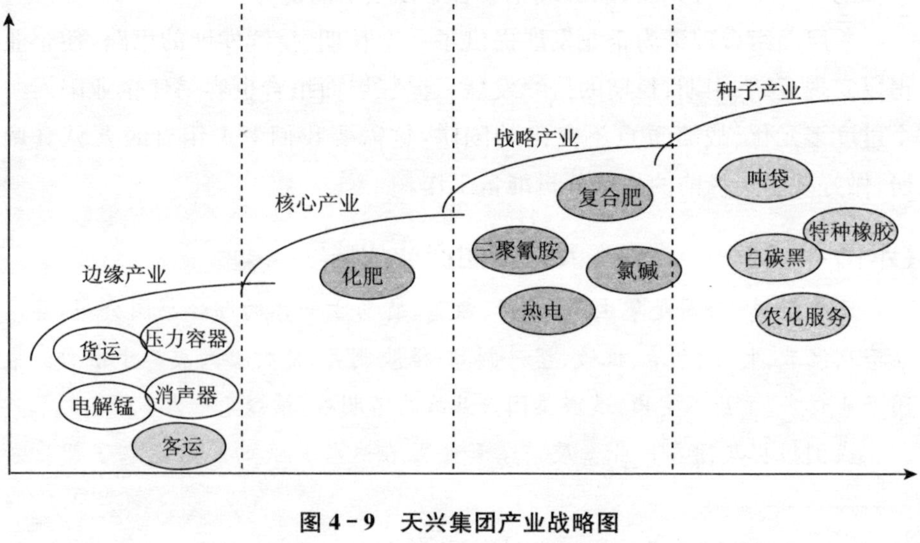

图 4-9 天兴集团产业战略图

(1)核心产业。它是集团收入和利润的主要来源，是需要巩固并发展的产业，并为其他产业提供投入支持。

(2)战略产业。是在集团中收入和利润占比不大，但需要集团大力投入来发展的产业，这些产业为集团中期发展提供支持。

(3)种子产业。这类产业只有少量的收入，未来发展前景不明朗，需要集团继续适当投入作为培育，进一步观察，为长远未来发展播下种子。

(4)边缘产业。这类产业未来发展不太看好，不会增加集团的综合实力，有可能会给集团带来负担，应选择适当机会退出。

二、互补性产业组合战略

前面对不同产业的分析只是孤立的分析，没有考虑到产业之间的相互联系、相互影响。就现代商业社会而言，产业之间的联系越来越多。孤立地就产业个体进行分析，不考虑产业间的互补及互动关系，将越来越不符合商业运行的规则。例如，目前报刊产业不是主要靠卖报纸获取利润，而更多是通过广告获取利润，已经实现报刊产业与广告产业的有效互动。

如何考虑产业组合之间的互补性呢？这时我们可以考虑产业互动战略。

产业互动战略指企业选择两个以上的产业，并使产业之间建立有机联系，实现产业间的互补或互动，从而使两业互动效益大于两业分立效益之和。

为实现产业互动，企业可以考虑在现有产业的价值链环节中，衔入其他产业或其他产业链的某一环节，以达成不同产业间品牌、技术、研发、市场、客户等的共享和共赢。

产业互动组合，通常有四种类型：

(1)外部性上的产业组合战略。如果一个产业能够导致另一个产业受益，那么这个产业发展就具有外部性，能使其他产业搭上便车。如果企业想要充分地利用一个产业的外部性，这时理想的产业组合就是使外部性的产业与享受外部性的产业进行组合，实现两个产业或多个产业互补的优化组合。外部性上的产业组合非常普遍，例如，苏宁电器原来是一家家电零售连锁企业，随着家电零售连锁业的发展，家电零售连锁业带动了自有铺面及周边商业地产的增值，2006年以后，苏宁顺势进行商业地产，从而实现了“商业连锁＋商业地产”的产业组合战略。苏宁商业地产的发展充分利用了家电零售连锁的外部性。

(2)功能上的产业组合战略。每个产业都有自己不同的功能属性，企业可以考虑不同产业的功能属性，把不同产业进行功能间的组合，让有些子公司负责销售性产业运作，有些子公司负责研发性产业运作，有些子公司负责政府攻关性产业运作，最终使这些子公司形成功能完备的产业组合。这些所在产业的子公司，有些是赚钱的，有些是有现金流而无利润的，有些甚至是有意去亏损的，而整个集团产业组合在一起所产生的合力远高出其他单一型产业提供的力量。例如，苹果公司有硬件产业、软件产业，还有网络软件开发平台及销售，目前苹果的生命已经远远大于单纯的软件公司或者硬件公司，比如微软、三星。

(3)资金上的产业组合战略。每个产业产生资金的周期可能是不同的，企业可以通过对导入产业、成长产业、成熟产业以及衰退产业之间辩证关系的把握，在时间上对产业进行组合。在一个集团公司中，新设企业可能有资金需求，老企业则可能产生稳定的现金流，成熟企业的管理能够派出较好的管理人才，等等。同时集团公司可以根据产业周期的长短来实施产业的组合经营，短周期产业能够源源不断地提供现金流，中周期产业扎扎实实地产生利润，而长周期产业虽然暂时看不到利润，一旦开始回报的时候，回报可能就是巨额的，这也是时间维度上的把握和管理。

(4)风险上的产业组合战略。每个产业的风险程度是不同的，有的产业风险高，但可能平均回报高，有的产业风险低，但利润回报相对比较低。企业可以利用高风险与低风险产业的组合，形成一个落差和互补。有了稳定有保障的产业，才敢去冒险进入高风险高收益的产业，因为有中低风险的板块，可以对高风险板块进行对冲。当然如果高风险产业实现成效的话，就能实现高额收益。通过不同风险的产业组合，可以达到既有比较高的回报又适当避开高风险的目的。

通过以上四种组合，企业可以将各个产业的运作进行系统筹划，关注产业之间能否实现利润转移、交叉补贴、风险对冲、收益调节和相互叠加，并加以利用，使不同产业之间能够互相弥补彼此的短处，发挥各自的长处，形成一种结构效应。值得注意的是，这种组合不是自然形成的，而是要求企业有一种主动的意识，通过投资和并购使之实现，不断去优化，使之相互进行支持，形成一个锁定效应。这就是结构的优势。

【示例 4-3】 李嘉诚的产业棋局:七大核心业务 多元化搭配[①]

李嘉诚的实业运营有两点值得称道:一是敏锐的投资眼光,二是擅于造势使其投资的产业加速成熟。对于内地企业而言,其值得借鉴的经验是重视投资调查、慎重投资,减少对银行资金的依赖,高效利用自有资金。这虽然可能放缓增长步伐,却是扎实前进,长期看,相较于同行的优势会愈加明显。

倾集团之力维持有巨大盈利潜力的产业,待经济上扬周期再以丰厚回报反哺集团,是李嘉诚实业运营的惯用手法。这种实业运营策略在"长和系"的3G和地产开发业务方面体现得尤为明显:通过拆分和处置盈利概念逐渐耗尽的夕阳产业取得充裕的现金流,并以之捕捉和培育具有丰厚盈利前景的新兴产业,以此解决企业扩张过程中的资金链断裂问题和盈利下降问题,从而成功完成新旧产业布局的交替。

多元化:张弛有度的产业搭配

企业扩张初期多表现为单一产业的市场份额增长。一般而言,单一产业的发展有两个缺点:一是对行业冲击比较敏感,缺乏缓冲机制;二是产业生命周期的局限易使企业陷入成长瓶颈。多元化是企业因应行业风险与成长瓶颈的常见选择。

1950年夏,李嘉诚在香港筲箕湾创立长江塑胶厂。彼时,"中国共产党要解放香港"的传闻四起,企业界守业经营之心不定,李嘉诚却看好香港的经济前景,积极从事塑胶产品生产,并依赖塑胶花赚到人生第一桶金。李嘉诚的行业直觉颇为敏锐,他很快意识到塑胶花制造的准入门槛很低,不宜长期经营。自1958年起,他开始进军地产业,积聚资金,储存土地。1979年9月25日,李嘉诚通过旗下长江实业收购和记黄埔公司22.4%的股权,大举进军船坞港口行业。1981年,又通过和记黄埔收购屈臣氏集团,涉足零售行业。1986年12月,以32亿港元收购赫斯基能源52%的股权,其产业触角延伸到能源行业。同年,李嘉诚设立和记通信有限公司,统辖电话、传讯和电视业务。至此,加上支撑集团运营所必需的财务及投资业务,"长和系"的七项核心业务为:港口及相关服务、地产及酒店、零售、基建、能源、财务及投资、电信初具规模。而后,"长和系"旗下各项产业虽有重组、增减,但由这七项核心业务构建的基本框架一直存续至今。"长和系"内部有明确分工,核

① 资料来源:新财富,2012(8)。

心企业为长江控股与和记黄埔，长江控股负责集团资本调配，主要业务一直由和记黄埔运营。

对于企业成长而言，在复杂的市场中识别盈利良好的产业至关重要。1997年以来，和记黄埔七项核心业务的息税前盈余(EBIT)大体呈现增长趋势，显示和黄在产业组合构建上颇为成功。但不同产业运营周期有所不同，向集团贡献的盈利也有差异。集团发展不仅要看重各项产业的盈利状况，还要重视充裕的现金保有量，避免紧张的财务状况出现。和记黄埔的港口、地产及酒店、零售、基建业务稳步上升，可以向集团中短期资金匮乏的其他事业提供稳定的资金支持。反观能源、财务及投资和电讯业务对于集团盈利的贡献则不那么稳定，比如能源业务在2007年和2008年对集团EBIT的贡献达到100亿港元以上，2009年则迅速回落至30亿港元。这种受全球经济景气影响显著的业务在经济上扬时可以为集团贡献其他业务无法企及的盈利，在低潮时则需要集团其他业务的资金支持，而港口、地产及酒店、零售、基建业务产生的稳定现金流入可以履行这一职责。这种张弛有度的业务搭配，既可以使集团各项业务的现金流互补，缓解外部的融资约束，又可以使集团保有当前需要巨额资金支持、未来盈利前景巨大的业务，从而可以耐心等待这类业务在经济上扬时反哺集团。

利用各项业务每期息税前盈余前5年的移动标准差和移动平均值的比率，我们可以构建变异系数，用以测度各项业务的盈利波动程度。结果显示，港口业务、地产及酒店业务、基建业务盈利贡献一直很平稳，尤其是港口与基建业务息税前盈余历年波动极少超过20%。能源、电信、3G业务的息税前盈余波动情况则一直比较剧烈，财务及投资业务的波动于近期剧升，而零售业务的息税前盈余一度波动巨大但于近期趋于平稳。总体而言，和记黄埔各项业务之间的盈利互补效果非常明显，除去3G业务的息税前盈余的波动一直维持在较低水平，极少超过30%，且近年来一直处在下降状态，这表明集团一直有稳定的资本增值以便从容不迫地进行其产业布局。

3G业务：倾集团之力加以扶持

从和记黄埔各项业务对于总息税前盈余的贡献份额看，港口和基建一直为集团供应稳定盈利。2002年开始，3G业务的亏损一直是和记黄埔管理团队面临的棘手问题，其中2003—2005年，3G业务在息税前盈余方面的亏损均超过了当年的息税前盈余总额。尽管业界普遍不看好3G的前景，但是李嘉诚以坚忍的意志一直将其支撑到2010年,并在2010年首度盈利,息税前盈余约29亿港元。在3G业务亏损期间(2002—2009年),每年都有一笔出售投资及溢利,而且3G业务亏损越大出售投资数额也越大。这种大手笔的资产处置动作可能是为弥补3G业务的持续亏损。

和记电讯香港控股的资产负债数据显示,在3G业务亏损的2006—2008年其负债超过了总资产,集团可能动用了大量资金支持和记电讯香港控股。

当然,负债可能来自银行借贷,未必来自集团内的借贷。从和记电讯香港控股2006—2010年的债务结构看,应付关联公司款项实质为和记电讯香港应付直接控股公司(和记黄埔)的款项,在3G业务亏损严重的2006—2008年分别占总负债的43%、63%和58%。这笔款项相较于有诸多使用限制并需要支付利息的银行贷款而言,其好处在和记电讯香港控股的年报附注中表述得很清楚,"应付关联公司款项为无抵押、免息及于有需要时偿还"。事实上,这笔关联公司负债最终没有被偿还,而是"于2008年12月31日约124.18亿港元之应付直接控股公司款项已被资本化,为于2009年5月7日发行的4814346176股本公司股份"。这也是2009年,和记电讯香港控股的应付关联公司款降至0,并使得资产负债率迅速下降的原因。若是这样一笔巨额贷款来自银行,那么,和记电讯香港控股应付起来绝对不会如此轻描淡写。长江系企业集团内部资本运作的优势由此体现无遗。

以上和黄的资产处置与资金调度清晰地体现出李嘉诚的一贯经营哲学:在稳健中求发展,发展中不忘稳健。依赖于港口、基建和地产的稳定盈利,支持风险巨大的新兴3G电信业务;当新兴业务逐渐成熟,又可以反哺整个集团企业。

地产业务:"捂地"换来最大化的地产升值溢利

和3G业务类似,和记黄埔在地产开发方面也不急于在新业务上盈利。和记黄埔的"捂地"行为在业内颇具"盛名",这实际上是基于和黄的房产业务运营策略。和黄习惯于率先占有大量地产而不急于开发,由于许多中小地产商会因为李嘉诚的声名集聚于周边,于是,商店、医疗、文娱设施逐渐完备,地产的市值随之增长,和黄最先入盘、最后开盘,可以最大限度地获取地产市值上升的溢利。

自2006年以来,和黄在京沪两地的地产有6项被搁置4年以上而未有大规模开发。其中,北京十三陵地区的住宅发展项目与上海新闸路商业发展项目更被搁置达5年。由于笔者仅截取了2006年以后的数据，上述搁置期限可能被低估。相信从更长的时间窗口来观察，和黄的“捂地”策略会更加明显。例如，上海古北御翠豪庭，和记黄埔于2001年以3.9亿元购得该楼盘所在的上海古北新区1区14号地块，总建筑面积约18万平方米，土地购价为2167元/平方米。查阅2001年的和记黄埔财务报表，当时预计古北商业项目于2004年完工，然而，御翠豪庭最终全部竣工时间却是2008年。2007年中期，御翠豪庭主推精装修房，报价为3万～3.5万元/平方米，2008年初又以5万元/平方米开盘。笔者通过房价网查阅，发现御翠豪庭二手房均价当前约为5.6万元/平方米。对比2001年和黄以2167元/平方米获得土地，其价值增值约25倍。相较于周边地产商早期以2万元/平方米推出楼盘，和黄的“捂地”策略可谓技高一筹。其依靠长久声誉和细致经营推高所运营业务的前景，引得众地产商为其运营配套铺路，而后耐心等待产业的成熟和经济的上扬，最终成功获取运营业务的价值增长。

对内地企业集团运营的启示

李嘉诚的实业运营有两点值得称道：一是敏锐的投资眼光；二是擅于造势使其投资的产业加速成熟。

第一点的具体表现是，当他为集团选取新的盈利增长点时，几乎每每都能踏准经济发展的趋势，尤其是3G业务长达7年、动辄百亿元的巨额亏损，李嘉诚以80岁高龄力排众议、一意维持，的确令人感佩。这似乎来自其天赋，常人只能望洋兴叹。其实，这源自其审慎和细致的投资调查。这一点可追溯到其创业之初，1957年，他开始涉足地产业时，手持一块秒表做“尽职调查”，从汽车站等热闹的地方步行到自己待购的目标，估算未来人流状况。时至今日，李嘉诚仍自信于外界询问他问题，可轻而易举地给出事实或数据，并自信“超过90%是对的”。

第二点的具体表现是，早在iPhone这样的3G通信终端出现之前（2007年1月9日由苹果公司推出），李嘉诚就已经为3G业务运营所需的基础通信设施进行了全面构建，可以说，在2003年欧洲企业因3G时代迟迟未到而无法承受巨额亏损时，正是李嘉诚的接手才保证了这一行业的持续发展，而iPhone等一众3G通信终端的出现既得益于现成的无线网络通信设施，又反过来刺激了3G通信产业的繁荣。房产开发方面也是如此，李嘉诚依靠盛名入主地产，引得一众中小开发商与配套商户追捧，最后开盘取得最大化的土地溢价。这二者的运营策略何其相似，区别无非是3G业务所涉资金投入更大、回报前景也更丰厚而已，但手法如出一辙。

李嘉诚的实业运营手法对内地企业颇具启示意义。内地企业，无论国有还是民营，在扩张时跟风现象明显，为企业选取新的盈利增长点时，调查往往不够严谨。这导致资金比较充裕的国企往往出现一投资就亏损，而资金匮乏的民企则往往陷入一投资就破产的窘境。在房产开发方面，内地企业高度依赖贷款和购房预付款，资金链紧绷，这导致其必须加快建设、尽快建成和变现，无法从容、充分地享有土地溢价的好处，却增大了自己面临经济萧条、贷款政策收紧时资金链断裂的风险。因此，对于内地企业而言，应重视投资调查、慎重投资，减少对银行资金的依赖，高效利用自有资金。这虽然可能放缓增长步伐，却是一步一个脚印地扎实前进，在更长远的时间界面，相较于同行的优势会愈加明显。

第五节　产业扩张战略：如何进行产业扩张

前面谈论了产业的选择战略及产业的组合战略，那么企业制定了产业战略和产业组合战略之后，如何实现产业扩张呢？扩张方式有哪些？一般来说，企业在产业扩张战略上可分为集中发展战略、横向一体化扩张战略、纵向一体化扩张战略和多元化扩张战略。

一、集中发展战略

集中发展战略是集中企业的全部资源于现有产业的现有经营环节，充分挖掘现有产品的现有市场潜力，以实现企业收入增长与利润增长的战略，有时也称为市场渗透或市场集中战略。集中发展战略的目的是增加现有产品或劳务在现有市场的销售额、利润额或市场占有率。

集中发展战略是运用最多的一种战略，这种战略不需要很多额外的资源，而且潜在的风险较小，因而往往是资金有限的公司的理想选择。当目前产业市场未达到饱和状况，还存在巨大的发展空间时，宜采取集中发展战略。集中发展战略通常的手段有增加现有客户的购买数量、吸引竞争对手的客户或将产品卖给非使用者来努力获取更大的市场份额。

集中发展战略有自己的优势：首先，可以集中公司资源从事某一领域的经营，逐步形成自己在经营管理、技术、产品、销售、服务等方面与同行的差异，实现生产专业化，实现规模经济效益。其次，有利于促进科技创新，提高产品档次，提高市场竞争力。再次，专业化可以使企业成为该行业的领头羊，获得领先者利益。

集中发展战略也存在一定风险，最主要的就是完全被产业兴衰所左右。当本产业由于需求变化等原因出现衰退时，集中经营的企业必然受到相当大的冲击。当市场潜力已经得到充分挖掘、市场容量已经趋向饱和时，占有相对经营优势的企业的增长速度肯定会放慢，这会影响企业的长期稳定发展。这时，如果发现了新的商机，集中型企业就会向多元化经营的方向战略转移。

二、横向一体化扩张战略

横向一体化扩张战略也叫水平一体化扩张战略，是指为了扩大生产规模、降低成本、巩固企业的市场地位、提高企业竞争优势、增强企业实力而与同行业企业进行联合的一种战略，它的实质是资本在同一产业和部门内的集中，目的是实现扩大规模、降低产品成本、巩固市场地位。例如，网络视频公司优酷网收购其竞争对手土豆网就是一种典型的横向一体化战略。

横向一体化战略在许多产业均有应用，例如IT产业、家电产业、汽车产业。渠道往往成为决定制造企业命运的重要力量，加强对渠道的控制、建立自己掌控的营销系统，成为许多企业成功的重要因素。

横向一体化战略既有优点，也有缺点。采用横向一体化战略，企业可以有效地实现规模经济，快速获得互补性的资源和能力；可以有效地建立与客户之间的固定关系，遏制竞争对手的扩张意图，维持自身的竞争地位和竞争优势。横向一体化战略同时也存在一定的风险：如过度扩张所产生的巨大生产能力对市场需求规模和企业销售能力都提出了较高的要求；同时，在某些横向一体化战略如合作战略中，还存在技术扩散的风险；此外，组织上的障碍也是横向一体化战略所面临的风险之一，如“大企业病”、并购中存在的文化不融合现象等。

三、纵向一体化扩张战略

纵向一体化战略指企业沿着产业链向上游扩展，或者向下游扩展来实现发展的战略，也称为“垂直一体化战略”。采取纵向一体化战略的企业可以自行建立运营体系和价值链，也可以收购或合并产业中已有的企业。纵向一体化战略包括前向一体化战略和后向一体化战略，也就是将经营领域向深度发展的战略。前向一体化战略是企业自行对本公司产品做深加工，或者对资源进行综合利用，或建立自己的销售组织来销售本公司的产品或服务。如钢铁企业自己轧制各种型材，并将型材制成各种不同的最终产品，即属于前向一体化。后向一体化则是企业自己供应生产现有产品或服务所需要的全部或部分原材料或半成品，如钢铁公司自己拥有矿山和炼焦设施，纺织厂自己纺纱、洗纱，等等。

采用纵向一体化战略一般是为加强核心企业对原材料供应、产品制造、分销和销售全过程的控制，使企业能在市场竞争中掌握主动，从而增加各个业务活动阶段的利润。纵向一体化是企业经常选择的战略体系，企业希望借此建立起强大的规模生产能力来获得更高的回报，并通过面向销售终端的战略获得来自市场的直接反馈，促进不断改进产品和降低成本，以取得竞争优势。

纵向一体化是一种典型的价值链体系，在这种体系下产生了完整的价值传递过程，企业的战略制定者可以不断向纵深渗透，如伊利奶业已经向前进入了奶源基地的建设，奥康和美特斯邦威已经向后进入了专卖店建设。

纵向一体化战略既有优点，也有缺点。纵向一体化的优点是能使企业产生内部控制与协调、信息获取与传递、节约交易成本、稳定关系的经济性，也有助于开拓技术，确保稳定供给与需求，削弱供应商或顾客的价格谈判能力，提高产品差异化能力，提高产业进入壁垒，产生高回报。纵向一体化战略的缺点是提高了退出壁垒，增加了商业风险，增加了企业投入，同时增加了管理的复杂程度。

四、多元化扩张战略

多元化是指企业进入新的产业。多元化战略分为相关多元化战略和非相关多元化战略。

相关多元化经营是指企业新发展的业务与原有业务相互间具有战略上的适应性，它们在技术、工艺、销售渠道、市场管理技巧、产品等方面具有共同或者相近的特点。相关多元化可以使企业在核心产品的推动下，沿其主营业务向下或向上发展连带产品，以保持其竞争优势。越是多元化，管理的复杂程度就越高，但如果一个公司在若干战略上有相似的产业经营，公司总部可以运用相同的管理理念和措施来选择产业组合或者产业的核心业务，各产业遵循共同的战略导向，如此，各产业就能被公司总部有效管理。

非相关多元化经营又称“混合多元化”或“复合多元化”，指企业新发展的业务与原有业务之间没有明显的战略适应性，所增加的产品是新产品，服务领域也是新市场，如生产化学工业产品的公司同时兼营首饰、纺织、旅游业等。这种跨产业的多元化经营既不能是没有核心业务的，也不能是不分层次的，并且在各项核心业务的发展时序上也不应一哄而上。相反，这种多元化是要以一种或几种核心业务来支撑的多元化，只有在核心业务已具有优势、占有较大市场份额并形成稳定收入后，才能去发展另一核心业务。选择非相关多元化经营战略一定要稳步推进，因为这种多元化有效扩张不应是若干产业的简单相加，而应该是竞争力的集合。

多元化战略的目的主要有以下几种：

(1)加速企业成长。这一目标强调的是企业资产、经营和盈利规模的扩大。企业要通过资本运作，介入高成长性的市场，实现资本的快速增值。

(2)充分利用企业现有的资源和优势。使企业品牌、现有技术、研发实力以及市场运作等方面的资源和优势能拓展到现有产业之外并得到充分利用，以规模经济降低多元化经营的成本。

(3)提升核心竞争力。以提高核心能力为目标的企业必须以拥有核心能力为前提，这时的多元化经营通常有两种形式：一是通过现有核心能力在新产业领域的运用来提高核心能力水平；二是从新的产业领域获取新的核心能力，再将已具备的核心能力和新的核心能力融合为一个整体来提高核心能力。

(4)培育企业新的增长点。当企业所处的产业步入成熟且即将衰退的时候，企业就必须思考两条道路：一条道路是通过技术上、市场上、管理上的不断创新，使产业从一条生命曲线过渡到另一条上升的曲线上；另一条道路是将企业引入更具发展潜力的产业，以脱离原来趋于饱和、衰退的产业。

多元化战略既有优点，也有缺点。多元化战略的最大优点是可以形成多业并举、关联带动、优势互补的运作格局，企业经营或资本经营具有较大的腾挪空间，具有较强的市场风险抗击能力。多元化战略的最大缺点是容易让企业经营丧失主题，缺乏个性鲜明的专业特色，在专业领域内不能集中优势而有所突破，同时也违背了社会分工的规律，容易让企业流于低水平规模扩张，变成众多业务的堆砌物，业务之间彼此拖累，往往顾此失彼。

关于多元化扩张的争论很多，有许多学者反对多元化扩张，认为专业化才是企业发展的唯一出路。集中精力做好某一产业是非常合理的，但企业成长到一定阶段、进一步发展有限时，或者产业发展空间有限时，必须寻求产业发展方面的突破，需要寻求新的产业发展点来支撑产业的发展。世界众多大型公司，基本都是通过产业战略调整来取得更大发展机会、更广阔发展空间的。比如，美的最初经营电风扇，如果没有产业上的调整，最大可能的发展也只是几十亿元的规模，不可能发展到现在1000多亿元的美的。比亚迪最初生产充电电池，如果没有进入IT零部件产业、汽车产业，最大可能也只有发展到几十亿元，不可能有现在近500亿元营业收入的比亚迪。

当然，也有许多实现多元化失败的企业例子，但这不能完全怪罪于多元化本身，其实对企业下属产业子公司来说，它本身就是专业化产业战略，但企业并未给下属产业子公司相应的权责机制、激励机制，并未让下属子公司保持创业激情，全心投入，这与企业的管控体系与机制非常相关。

第六节　产业竞争战略：如何在产业中竞争

当我们做好产业战略选择和产业扩张战略选择之后，如何在这些产业中立足，实现生存发展呢？这时需要我们懂得如何在产业中竞争，这是产业竞争战略阐述的内容。

产业竞争战略包括在产业中如何竞争以及如何有针对性地与某些竞争对手竞争。企业无论在什么产业中经营都需懂得如何竞争，在产业中通过科学的竞争手段，取得竞争优势，是企业生存和发展的基础。那么，企业如何在产业中竞争呢？

在产业内竞争，我们通常有以下几种战略思想及方法供大家参考。

一、集中自己的力量，分解对手的力量

在产业竞争中，首先考虑一个重要原则就是集中自己的力量，分解对手的力量，从而使自己在竞争中掌握主动权。

如何集中自己的力量，分解对手的力量呢？我们可以借助波特五力模型来进行说明。我们先来了解一下波特五力模型。

哈佛商学院的迈克尔·波特教授在其出版的《竞争战略》一书中提到了产业中存在5种竞争作用力[①]，即供应商的议价能力、购买者的议价能力、新进入者的威胁、替代品的威胁力、同业竞争者的竞争力。波特5种竞争作用力理论将产业的竞争大大超越了现有竞争者的范围，认为顾客、供应商、替代品、潜在进入者均为该产业的"竞争对手"，5种竞争作用力共同决定产业竞争的强度以及产业利润率，最强的一种或几种作用力占据统治地位并且对战略形成起关键作用。例如，假设一个企业不受潜在进入者威胁并处于很强的市场地位，但面临一个先进的、低成本的替代品，该企业仍将只能获得低收益。

除了波特介绍的5种竞争力之外，我们发现互补品也对产业竞争产生重要的影响，如汽油价格下降会促进汽车消费，香烟需求量减少会引起打火机销量减少。因此，我们在进行产业竞争力量分析中增加了互补品的内容，形成了6种竞争力模型，如图4-10所示。

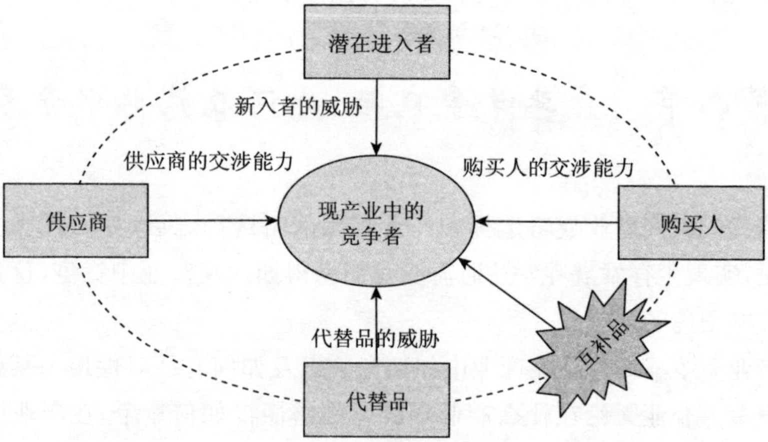

图4-10　6种竞争力模型

6种竞争力模型是一个非常有用的战略分析工具，我们可以借助它的原理来集中自己的力量，分解对手的力量。通常来说有5种方式：

(1)分解供应商的力量。如果我们面临唯一的供应商，供应商的力量就

① 迈克尔·波特.竞争战略[M].陈小悦，译.北京：华夏出版社，1997.

会非常强大；为了提高自己的竞争地位，我们需要引入多家供应商，这时供应商的力量就会削弱，我们在竞争中就会掌握主动权。例如，美的、格力、海尔等大型制造型企业能够成功地影响它们的原材料供应商，采取各种手法向其施压，以迫使供应商在保证性能的同时降低价格，从而给自身制造“理论利润”。

(2)分解客户的力量。当我们的收入集中在几个少数客户中时，我们相对客户的力量就会大大削弱；为了提高自己的竞争地位，我们需要开发更多的客户，避免对少数客户的过度依赖，从而提高我们在竞争中的地位。比如外资汽车公司在中国选择合作公司时，往往选择两家汽车公司合作，比如上海通用与一汽通用、上海大众与一汽大众、一汽丰田与广汽丰田、广汽本田与一汽本田等。这样设立两家合资公司对它们有什么好处呢？这样的设置有利于它们集中自己的力量，分解客户的力量，比如，当它们计划向中国市场引进或者开发一款车型时，这时面对两家客户，在竞争中会更加掌握主动权，在专利费价格、零部件选择、利益分配等方面都会掌握主动权，利益的天平会更加倾向于它们。

(3)集中自己的力量。当我们所在的市场是过度分散的市场时，同类竞争者的牵制就会更多；如果我们通过收购、兼并、合作的方式与竞争对手形成联合，会消散同业竞争者的力量，集中自己的力量，在竞争中取得相对更好的地位。集中自己的力量是中国地方政府和国有企业最擅长的，他们通过划拨、收购、兼并等方式，消散了同业市场竞争的力量，集中了自己的力量，从而取得竞争中的绝对话语权。比如土地市场，地方政府就是唯一供给者，地方政府对土地市场的强大力量，使得土地价格不断飙升。市场过度集中也存在非常大的弊端，这会导致企业懒惰，丧失创业精神和创新精神。

(4)分化潜在进入者的力量。当潜在进入者后方无忧时，它对进入产业的动机就会提高，这时为了防止潜在竞争对手的进入就必须攻击其后方大本营，以分化它的力量，使其放弃进入。

(5)进入发展替代品。当一种新的产品及服务方式优于现有的产品及服务方式时，企业就需要考虑进入发展替代品。进入发展替代品非常重要，它决定了企业未来的生死成败。许多公司在进入发展替代品方面处理不好，过于怀念自己的优势传统产业，而对新替代品发展不足，最终导致衰败。柯达破产就是一个很典型的例子。柯达为什么会破产呢？最主要的原因是柯达过于迷恋非常强大的传统胶卷业务，而对替代品业务数码相机的投入和支持不足，最终倒在替代品数码相机业务上。如果翻开柯达的历史，大家也许不相信，导致其灭亡的数码相机正是柯达发明并首先进入产业化运作的。

【示例 4-4】 中小企业该如何化解强大客户的竞争力量

现在在销售终端，一些销售巨头在销售环节的力量越来越集中，像沃尔玛、苏宁电器这样一些连锁超级零售商的权力越来越大，它们利用领先的销售渠道的地位，不断向其上游供应商尤其是中小企业供应商施压，以迫使其降低价格、减少利润。

面对这些强大的销售渠道，中小企业该怎么办呢？

可以通过集中自己的力量、分解对手的力量来进行战略思考。

首先，思考如何来分解对手的力量。如果中小企业的商品都过于集中在少数大型零售商销售，我们首先思考的是要开发培育更多的销售渠道商或者代理商，给它们更多与大零售商一样公平的待遇，让它们得到相应的成长，以此来减少对少数大型零售商的依赖。这时，千万要避免绝大多数中小企业目前正在做的，给大型零售商更多的价格优惠。这种做法是愚笨的，它会消灭其他的销售渠道，这等于是集中销售渠道商的力量，分解自己的力量，企业虽然近期取得一定的利益，但不利于企业长远的发展。

当然，我们还可以考虑逐步建立自己的直销模式、互联网销售，以此来开辟更多销售网站，减少对少数网站的依赖。

其次，思考如何来集中自己的力量。第一，避免用直接打击竞争对手的方式来集中自己的力量。中小企业比较难通过收购、兼并的方式与竞争对手实现联合，但可以通过在思想和意志上与竞争对手达成某种程度的默契来提高自己竞争的力量。大家是同一船上的伙伴，虽然有一定竞争性，但更像合作伙伴，千万避免通过低价格、增加服务、增加广告等趋同方式来抢占对手份额，最终导致双败的格局。第二，企业可以通过差异化战略来提升自己的力量。提供与竞争对手有差异的产品与服务，采用差异化的品牌、推广、经营方式等，可以减少与竞争对手力量的冲突，以此突出自己的力量，提升与强大销售渠道的谈判力量。

当然，还可以考虑国际化市场，以此来减少对少数大型渠道商的依赖。

二、三种基本竞争战略

在整个产业五类竞争者中，我们可以通过集中自己的力量、分解对手的力量，来掌握竞争中的主导权。那么，在同业竞争者中，我们该如何来提升自己的竞争优势，成为同业者中的佼佼者呢？

我们可以来借助三种基本竞争战略的思想。

迈克尔·波特在五种竞争作用力的基础上提出了三种基本竞争战略①。迈克尔·波特认为，在与五种竞争作用力的抗争中，有三种提供成功机会的基本战略方法可能使公司成为同业者中的佼佼者，它们分别是成本领先战略（Overall Cost Leadership）、差异化战略（Differentiation）、集中化战略（Focus）。

1. 成本领先战略

企业可以通过成本领先战略来提升在同业中的竞争地位。成本领先战略也称“低成本战略”，是指企业通过有效途径降低成本，使企业的总成本低于竞争对手的成本，甚至成为同产业中最低的成本，从而获取竞争优势的一种战略。成本领先要求坚决地建立起高效规模的生产设施，在经验的基础上全力以赴降低成本，抓紧成本与管理费用的控制，以及最大限度地减少研究开发、服务、推销、广告等方面的成本费用。

为了达到这些目标，就要在管理方面对成本给予高度重视。尽管质量、服务以及其他方面也不容忽视，但贯穿于整个战略之中的是使成本低于竞争对手。如果一家公司成本较低，意味着当别的公司在竞争过程中失去利润时，该公司依然可以获得利润。

赢得总成本最低的有利地位通常要求具备较高的相对市场份额或其他优势，诸如与原材料供应方面的良好联系等，或许也可能要求产品的设计要便于制造生产，易于保持一个较宽的相关产品线以分散固定成本，以及为建立起批量而对所有主要顾客群进行服务。

成本领先地位非常吸引人。一旦公司赢得了这样的地位，所获得的较高的边际利润又可以对新设备、现代设施进行投资以维护成本上的领先地位，而这种再投资往往是保持低成本状态的先决条件。

成本领先可以通过几种方式来实现：一是通过改进设计，简化产品，减

① 迈克尔·波特. 竞争战略[M]. 陈小悦，译. 北京：华夏出版社，1997.

少产品某些功能，以此来降低产品成本；二是通过节约材料，降低材料标准，以此来降低产品成本；三是通过压低人工工资，或者提升劳动生产率来降低成本；四是通过生产创新及自动化型成本领先战略来降低成本。

当现有竞争企业之间的价格竞争非常激烈，产品基本上呈标准化或者同质化，实现产品差异化的途径很少，多数顾客使用产品的方式又相同时，适用于成本领先战略。

实施成本领先战略，可以抵挡住现有竞争对手的对抗，抵御购买商的讨价还价，更灵活地处理供应商的提价行为，抵御潜在竞争对手进入。但也存在巨大的缺陷：可能会降低产品质量，失去客户的信赖；可能会降低工资，失去员工的热情；还可能爆发价格战，导致同业者利润受损。

2. 差异化战略

提升在同业中的竞争地位也可以通过差异化战略来实现。差异化战略是指企业提供差异化的产品与服务，树立起一些在同业中具有独特性的东西。实现差异化战略可以有许多方式，如设计名牌形象，技术上的独特，性能特点、顾客服务、商业网络及其他方面的独特性。最理想的情况是公司在几个方面都有其差异化特点。

如果差异化战略成功地实施了，它就成为在一个产业中赢得高水平收益的积极战略。推行差异化战略有时会与争取占有更大的市场份额的活动相矛盾，这要求公司对这一战略的排他性有思想准备。这一战略与提高市场份额两者不可兼顾。在建立公司的差异化战略活动中总是伴随着很高的成本代价，有时即便同业范围的顾客都了解公司的独特优点，仍不是所有顾客都愿意或有能力支付公司要求的高价格的。

要突出自己产品与竞争对手之间的差异性，可以通过三种途径来实现：一是开发差异化的产品，包括产品的特征、工作性能、一致性、耐用性、可靠性、易修理性、式样和设计等因素；二是开发差异化的服务，包括送货、安装、顾客培训、咨询服务等因素；三是塑造差异化的形象，包括外观、包装等。

差异化战略需要注意的是，在企业突出自己差异的同时，这种差异一定要被目标顾客认为是有价值的，否则差异化战略就会失败。差异化战略要求企业具有很强的研究开发能力、很强的市场营销能力、品牌塑造能力。

差异化战略能够建立起顾客对企业产品及服务的忠诚度，形成强有力的产业进入障碍，削弱购买商讨价还价的能力。但差异化战略也存在一些缺陷，它会缩小目标市场规模，同时增加产品及服务的成本。

3. 集中化战略

提升在同业者中的竞争地位也可以通过集中化战略来实现。集中化战略也称“聚焦战略”，是指企业或事业部主攻更小的顾客群、某产品线的一个细分区段。正如差别化战略一样，集中化战略可以具有许多形式。低成本与差别化战略都是要在全产业范围内实现其目标，集中化战略的整体却是围绕着很好地为某一细分市场服务这一中心建立的，它所开发推行的每一项职能化方针都要考虑这一中心思想。这一战略依靠的前提思想是：公司业务的集中化能够以更高的效率、更好的效果为某一狭窄的战略对象服务，从而超过在较广阔范围内竞争的对手们。这样做的结果，是公司通过满足特殊对象的需要而实现了差别化，或者在为这一对象服务时实现了低成本，或者二者兼得。

这样的公司可以使其盈利的潜力超过产业的普遍水平。这些优势保护公司抵御各种竞争力量的威胁。但集中化战略常常意味着限制了可以获取的整体市场份额。集中化战略必然包含着利润率与销售额之间互以对方为代价的关系。

集中化战略还可以分为低成本集中化战略和差异化集中化战略。通常来说，当产业市场具有完全不同的用户群时，这些用户或有不同的需求，或以不同的方式使用产品，而其他竞争对手在整体采用成本战略或差异化战略，这时企业采用集中化战略是适宜的。

在采用集中化战略时，由于产业中各细分部门在规模、成长率、获利能力方面存在很大差异，所以企业战略定位宜向利润率较高、市场规模相对较大的细分市场集中。

集中化战略便于集中使用整个企业的力量和资源，更好地服务于某一特定的目标，更好地调查研究与产品有关的技术、市场、顾客以及竞争对手等各方面的情况。但由于企业全部力量和资源都投入一种产品/服务或一个特定的市场，当顾客偏好发生变化、技术出现创新或有新的替代品出现时，就会发现这部分市场对产品或服务的需求下降，企业就会受到很大的冲击。

三、产业不同发展阶段竞争战略

前面介绍了产业生命周期理论。产业生命周期指的是一个产业从其产生到完全退出社会经济活动所经历的时间。处于产业不同生命周期的企业，其发展特征不一样，应该采取不同的竞争战略。

1. 导入期的竞争战略

产业导入期的市场增长率较高，需求增长较快，技术变动较大，产业中的企业主要致力于开辟新用户、占领市场，但此时技术上有很大的不确定性，在产品、市场、服务等策略上有很大的余地，对产业特点、产业竞争状况、用户特点等方面的信息掌握不多，例如我国的太阳能发电产业。产业处于导入期时，高度产业发展的驱动力是技术的创新，这也使企业的竞争战略主要是进行技术创新、完善技术与产品。

2. 成长期的竞争战略

产业成长期的市场增长率很高，需求高速增长，技术渐趋稳定，产业特点、产业竞争状况及用户特点已比较明朗，企业进入壁垒提高，产品品种及竞争者数量增多。处于产业成长期的企业竞争战略的重点是拓展市场、通过规模化降低生产运作成本，同时降低产品价格。

3. 成熟期的竞争战略

产业成熟期的市场需求处于一种相对饱和状态，市场增长率不高，需求增长率不高，技术上已经成熟，产业特点、产业竞争状况及用户特点非常清楚和稳定，买方市场形成，产业盈利能力下降，新产品和产品的新用途开发更为困难，产业进入壁垒很高。例如我国的电视产业，现在就处于产业成熟期。处于产业成熟期的企业竞争战略的重点是进行市场细分与品牌建设，加强技术创新与产品的升级换代，降低生产以及运营成本，通过收购、兼并、重组形成相对市场垄断。

4. 衰退期的竞争战略

产业衰退期市场增长率下降，需求下降，产品品种及竞争者数目减少。从衰退的原因来看，可能有四种类型的衰退，它们分别是：①资源型衰退，即由生产所依赖的资源枯竭所导致的衰退；②效率型衰退，即由效率低下的比较劣势引起的产业衰退；③收入低弹性衰退，即因需求收入弹性较低而衰退；④聚集过度性衰退，即由经济过度聚集的弊端所引起的产业衰退。处于产业衰退期的企业竞争战略重点是：要么通过收购、兼并、重组形成相对市场垄断的产业领导者；要么减少一切开支，尽量获取剩余资产的价值；要么对现有技术与产品进行产业转型应用；要么剥离与出售。

表 4－2　产业发展生命周期各个阶段特征与策略

	导入期	成长期	成熟期	衰退期
买主卖主行为	·高收入购买者 ·消费者观望 ·必须说服买主尝试该产品	·正在扩大的买主群 ·消费者购买不成熟，接受参差不齐的质量	·市场巨大但饱和 ·消费者逐步理性，重复购买 ·在各种品牌间选购	·在各种品牌间选购 ·客户是对该产品非常精明的买主
竞争	·少数竞争者 ·竞争者规模普遍较少	·许多竞争者进入 ·许多兼并和意外事件	·竞争非常激烈，价格竞争和成本竞争成主流手段 ·大部分企业被淘汰 ·品牌增多	·多数竞争者退出，竞争者数量减少
产品及产品变化	·质量不稳定，多为低劣品 ·重点在产品设计及开发 ·许多产品种类没有统一标准 ·频繁设计变化 ·基本产品设计	·产品在逐步改进 ·产品具有技术和性能方面的差异性 ·复杂产品的关键在于可靠性 ·优良的质量	·质量优异，质量稳定 ·产品标准化，差异性不明显 ·产品变化不迅速 ·折价具有重要意义	·产品差异性小 ·产品质量出现问题
市场营销	·很高的广告/销售额比例 ·撇脂价格战略 ·高营销成本	·广告费高，但比导入期占销售额之比低 ·多为心理促销 ·广告和分销对非技术性产品很关键	·市场细分，扩宽产品线 ·努力延长生命周期 ·服务和代理更为盛行 ·广告、包装竞争 ·低广告/销售额比例	·低广告/销售额比例 ·其他营销
制造和分销	·产能过剩 ·生产周期短 ·高技能劳动力 ·高生产成本	·产能不足 ·向大批量生产转换 ·争夺分销 ·大宗分销渠道	·最佳能力或有些能力过剩 ·生产过程稳定性强 ·较低的劳动力技能 ·分销渠道缩短以增加利润 ·大宗分销渠道	·能力大大过剩 ·大批量生产 ·专门渠道

续表

	导入期	成长期	成熟期	衰退期
风险	·高风险	·因为增长可以冒险	·周期性品牌出现	
毛利和净利	·高价格，高毛利 ·低净利 ·价格弹性不如成熟期高	·高毛利 ·净利最高 ·适当的高价格，比导入期低 ·抗萧条能力高 ·较好的收购时机	·价格下降 ·净利润较低 ·毛利较低 ·代理商毛利低 ·市场份额及价格结构的稳定性增强 ·收购环境较差	·低价格，低毛利 ·价格下降 ·在衰退后期，价格可能上扬
总体战略	·扩大市场份额 ·完善技术和产品	·拓展市场 ·扩大生产规模 ·降低价格或改善产品性能	·市场细分 ·技术创新、产品更新换代 ·降低成本	·新技术研究与应用 ·成本控制 ·产业转型 ·收购兼并

资料来源：迈克尔·波特．竞争战略[M]．陈小说，译．北京：华夏出版社，1997：158。其中对部分内容进行了修订。

四、不同竞争地位的竞争战略

产业中不同地位的竞争者所采取的竞争战略是不同的。产业中有哪些竞争者呢？按照竞争地位，我们通常把企业分为市场领先者、挑战者、追随者或补缺者。

1. 领先者

领先者指在产业中拥有最大市场份额的企业。大多数产业都有一个公认的市场领先者。这个企业在产业中的相关产品占有最大市场份额，通常在价格制定、产品开发、分销及生产方面，对其他企业起着领导作用。例如在中国市场，空调产业的格力电器、通信设备产业的华为、饮料产业的娃哈哈等都被认为是市场的领先者。

为了保持领先地位，该领先者通常开展三项活动。第一项活动，为了扩大市场总需求，领先者总是在寻找产品的新用户、新用途和更多的使用方法。第二项活动，为了保护现有的市场份额，市场领先者可以采用多种防御方法，如阵地防御、侧翼防御、以攻为守、防守反击、运动防御和收缩防御。一个久经战场的领先者为了保护自己，会努力做好每件事情，而不给竞争者以可乘之机。第三项活动，领先者还可以努力增加其市场份额。如果高的市场份额水平能增加盈利率和公司的技术不会招致反垄断行动的话，那么增加市场份额是有意义的。

2. 挑战者

挑战者指在产业中为了获取更多市场份额而努力的企业。挑战者向市场领先者和其他竞争者进攻，以争取更多的市场份额。例如在中国市场，空调产业的美的电器、通信设备产业的中兴通信、饮料产业的农夫山泉等都被认为是市场的挑战者。

挑战者首先必须确定其战略目标和挑战对手。如果是挑战市场领先者，其目标是夺取市场份额，如果是进攻一个小企业，目标可以是消灭此企业，以完全夺取其市场。挑战者可选择5种进攻战略：正面、侧翼、包围、绕道和游击战略，以及它们的组合进攻战略。作为特定的进攻战略，挑战者还可采用价格折扣、廉价品、名牌商品、产品扩散、产品或渠道创新、改进服务、降低制造成本和密集广告等战略。

挑战者战略一般会引发市场恶性竞争。当挑战者去抢夺领先者的市场份额时，领先者决不会善罢甘休，会很快找到应对的策略，一场恶战在所难免，比如价格战、广告战、服务战等。交战的结果往往是两败俱伤，挑战者可能会比领先者更惨。因此，挑战者在做出挑战之前，一定要三思而行，分析评判各方面可能的后果，打有准备之战。

3. 追随者

追随者指的是一个希望在产业中维持其市场份额且保持一定利润，且不愿扰乱市场而带来激烈竞争局面的企业。

追随者的战略通常以模仿领先者为主，通过模仿领先者的产品与服务、广告、包装、分销及运营方式，或者对领先者的产品及服务加以一定程度的改进，为客户提供与领先者相似的产品或服务。它们不必像领先者一样，承担开发新产品、宣传推广、进行分销、培育市场等巨大投入，而且能获得相对可观的利润，但是可能会丧失争得领先地位的机会。

追随者必须紧紧跟随领先者战略，了解领先者的信息、动态，通过学习领先者来确定自己的战略路线。在跟随领先者的同时，跟随者必须明确自己的目标客户，围绕目标客户，以较低成本来提供与领先者相类似的产品及服务，以满足目标客户需求，最终保持相对稳定的市场份额及利润。追随者有可能会招致领先者的打击，也有可能是挑战者进攻的对象，因此，它们必须保持低成本制造、高质量产品及优质的服务能力。

4. 补缺者

补缺者是指一个选择没有大公司服务的、小的细分市场的企业。补缺者战略的主要目的是避免与大企业竞争，它们的目标是小市场或者大企业不感兴趣的市场。

补缺者在传统上是小企业，但现在许多大企业，也建立业务单位或子公司，参与和推出补缺战略。补缺的关键是专业化，补缺者通常选定自己的小众目标客户，根据他们的需求或潜在需求，创造产品及服务的补缺特性，以满足目标客户来取得收入和利润。

五、产业战略需要区域战略、客户战略和产品战略的支持

上面介绍的战略选择思想、理念与方法，只是一个大致的战略方向，产业竞争战略的落实还要考虑到区域战略、产品战略和客户战略，这三种战略本身就是构成产业竞争战略的重要手段。在后面的章节中，我们会介绍区域战略、产品战略、客户战略是如何来支持产业竞争战略的。

对于单元产业企业和多元产业企业来说，它们考虑产业战略的侧重点是不同的。单元产业企业一般无产业选择战略和产业组合战略，它的产业竞争战略更多是通过区域战略、产品战略、客户战略来体现；对于多元产业企业来说，它的侧重点是产业选择战略和产业组合战略，产业竞争战略的重点是指定各产业发展的大方向，各产业竞争战略的具体内容更多是由业务单元（如事业部或子公司）来拟定，而各业务单元则更多要考虑区域战略、产品战略、客户战略等产业竞争战略。

第七节　华侨城："旅游＋地产"产业组合战略

华侨城是我国主题公园的开创者和领跑者，近十多年来，在旅游产业取得领跑地位之后，华侨城依托旅游产业进入房地产，推出"旅游＋地产"的产业组合发展战略，公司实现了飞速的发展。以房地产和旅游两块资产来计[①]，华侨城营业收入从 1994 年的 1.34 亿元，增长到 2013 年的 282 亿元，增

① 注：本节重点介绍的是旅游和地产业务，是华侨城集团的两大核心产业，华侨城集团另一子公司康佳集团主营的电子产业，相关性不强，为分析方便，不在考虑之列。

长了约210倍，年均复合增长率为32.5%，净利润从1994年的0.57亿元，增长到2013年的44.1亿元，增长了近78倍，年均复合增长率为25.7%。

华侨城为什么能取得如此迅速的发展？支撑其快速发展的"旅游+地产"运行机制是怎样的？我们不妨来了解一下。

一、华侨城发展阶段

华侨城从1985年创立至今，共经历了29年。从华侨城的整个发展历史来看，它经历了三个战略发展阶段：第一个阶段是旅游产业发展阶段；第二个阶段是"旅游+地产"发展阶段；第三个阶段是全国化扩张阶段。

1. 旅游产业发展阶段（1985—1999年）

1985年11月11日，华侨城集团正式成立。早期的华侨城产业非常分散，涉及经营领域遍布家电、旅游、房地产、商贸以及手表、自行车、照相机、玩具、服装、印染、包装等20多个产业，相当一部分企业投资规模小，技术含量低，经济效益差，近90%的中小企业占用了集团近50%的资源，而产出的利润却不足集团利润总额的10%，集团90%以上利润仅来自少数几家骨干企业。

1989年11月，华侨城第一个主题公园锦绣中华开业，它是中国第一座也是全球最大的微缩景区。它采用微缩和园林的手段，设景区82个，集中展现了中国神州大地的名胜古迹、壮丽山河。该景区成为中国第一个成功的主题公园，并被外交部指定为外国领导人的接待基地，被广东省和深圳市命名为爱国主义教育基地。开业仅102天，景区游客就突破了100万个；一年半后，8000万元的投资全部收回。

锦绣中华的建成，为中国带来了一种全新的"人造景观"主题旅游模式。它的成功迅速转化为连锁效应。尝到了甜头的华侨城人利用锦绣中华带来的收益，开始修建中华民俗村。

1992年1月，华侨城第二个主题公园中华民俗村建成开业。民俗村是一个荟中国民族民居建筑、民俗风情、民间工艺和民族饮食文化于一园的博物馆。该景区建有24个风格典型的民族村寨，安排有展现各民族古朴风情习俗的大型民族歌舞表演。景区突破100万名游客只用了82天，收回全部1.1亿元投资只用了一年零八个月。

锦绣中华和民俗村的成功，使华侨城重新思考企业产业发展。1994年，华侨城出台《华侨城发展战略与规划纲要（1995—2004）》，将家电、旅游和地产作为华侨城三大核心业务，并确定通过几年战略调整，将原来的 20 多个经营产业逐步集中到旅游、房地产和家电通信等几个重点产业领域。

1994 年 6 月，华侨城第三大景区世界之窗建成营业。它采用微缩和园林的手段，设景区 82 个，集中展现了具有代表性的 50 个国家的 118 个景区，将世界奇观、历史遗迹、古今名胜、自然风光、现代建筑、居民、雕塑、绘画及园林艺术、民俗风情、民间歌舞表演汇集于一园再现了一个美妙的世界，其年接待游客数大大超过了前两个景区，其中境外游客更占了 20%以上。世界之窗成为深圳旅游新的“代言人”。

1997 年 7 月，华侨城集团重组旗下优质旅游资产，在深圳证券交易所挂牌上市。

1998 年底，第四大景区欢乐谷建成开业。欢乐谷项目以游客娱乐体验为主，面向青少年、儿童和家庭，将活泼健康的青少年儿童活动项目与高新科技相结合，努力营造一个清新、祥和、亲情的度假环境。欢乐谷开业之后，受到了消费者的热捧，次年入园人数就突破了 200 万人次。欢乐谷相对原来景点主题公园来说，提高了消费者的重复消费次数，延长了主题公园的生命周期，更加具有生命力。

1999 年，华侨城集团又整合旗下酒店及关联产业，组成华侨城酒店集团。

1999 年，国家级美术馆何香凝美术馆及其下属机构 OCT 当代艺术中心、“当代雕塑艺术展”和“华侨城旅游狂欢节”进一步确立了旅游主题地产的产业地位。

华侨城在第一个发展阶段，更多地表现出集中化发展的特点，其主要战略措施表现为如下几点：

(1)由初期的多元产业经营收缩为重点经营旅游业①。

(2)采取了“人造景观”主题公园的独特旅游发展模式。

(3)开发出娱乐体验式的欢乐谷主题公园模式。

华侨城通过创建旅游主题公园，并通过不断的产品创新吸引和娱乐客户，先后开发并推出锦绣中华、民俗文化村、世界之窗和欢乐谷等一系列经典产品，奠定了国内主题公园的领先地位。

---

① 华侨城旗下康佳集团，主营电子业务，为分析方便，未被考虑在内。

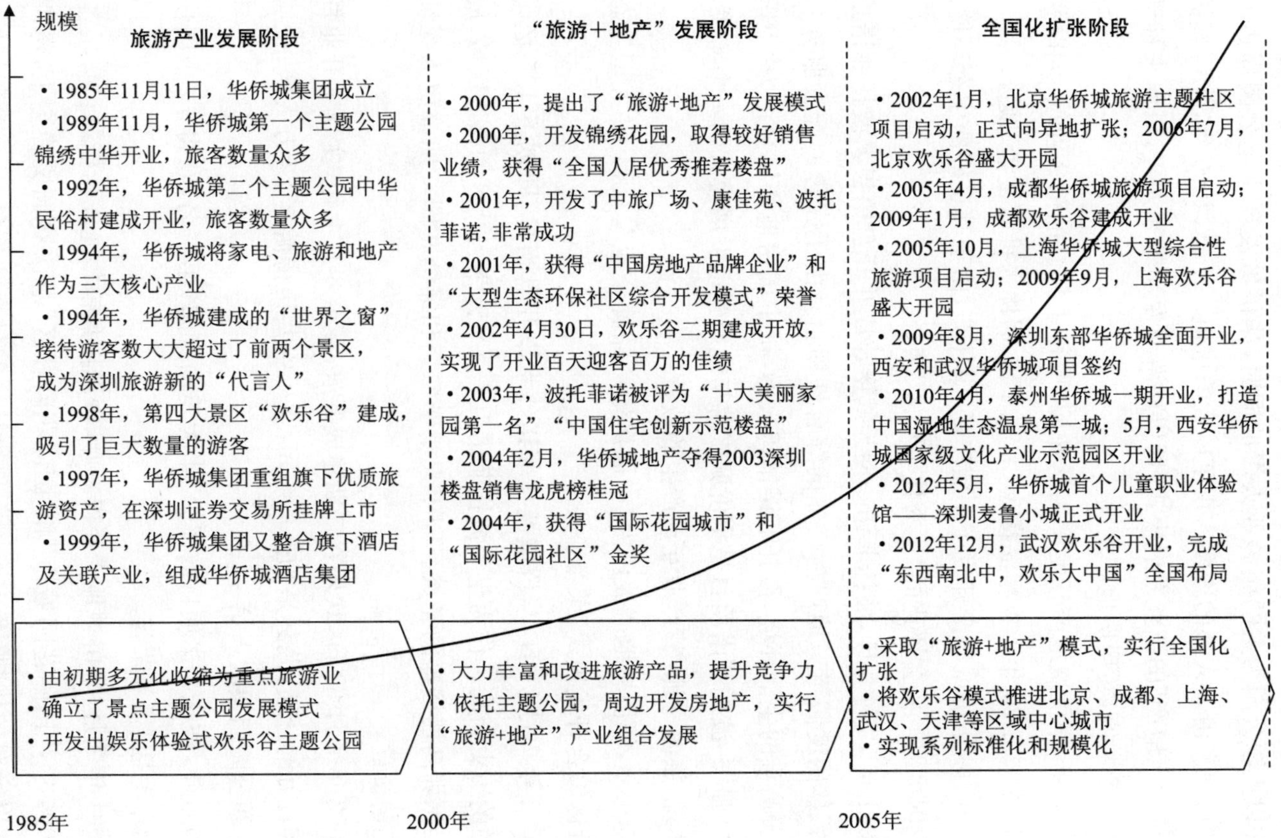

图 4－11　华侨城战略发展阶段

2.“旅游＋地产”发展阶段(2000—2005年)

在以主题公园为主的旅游业火爆的同时，华侨城发现主题公园周边的土地和房地产由于人流的增多实现了巨大的增值。于是，2000年，华侨城提出了“旅游＋地产”的产业发展模式，即以旅游业发展带来人气，以此来推动地产及房产增值，实现房地产发展。

2000年，华侨城地产开发了锦绣花园，取得了较好的销售业绩，同时楼盘获得“深圳市20年十大精品楼盘”和“全国人居优秀推荐楼盘”荣誉。

2001年，华侨城地产开发了中旅广场、康佳苑，由于其良好的生态环境，获得中国房地产协会评比的“优秀住宅小区”荣誉。

2001年12月8日，波托菲诺一期天鹅堡建成并开盘销售。波托菲诺是融旅游、休闲度假与房地产为一体的综合性项目。由于完善的配套服务功能、优美高雅的生活环境，波托菲诺销售火爆，被中国房地产协会评为“中国名盘30强”。波托菲诺项目是华侨城旅游与地产互动发展模式的一个实践，充分体现“旅游＋地产”产业互动产生的效益。

2001年，华侨城地产被评为“中国房地产品牌企业”，获得了“大型生态环保社区综合开发模式”荣誉。

2002年7月21日，华侨城波托菲诺纯水岸开盘当日，即创下1.5亿元销售额的历史新高。作为整个波托菲诺108万平方米大社区的核心区域，成为当年深圳高档楼盘的亮点。同年天鹅堡二期和锦绣花园三期都成为深圳市的热销楼盘。

2002年4月30日，欢乐谷二期建成开放，截至8月上旬，实现了开业百天迎客百万的佳绩，尤其是“五一”期间，欢乐谷共接待游客23万人次，位居全国主题公园门票收入第一。

2003年，波托菲诺项目被评为“十大美丽家园”第一名，获得了“中国住宅创新示范楼盘”等荣誉。

2004年2月，华侨城地产夺得2003深圳楼盘销售龙虎榜桂冠。

2004年，“国际花园城市”和“国际花园社区”总决赛颁奖晚会上，深圳华侨城以绝对的优势，登上了国际顶级社区的最高领奖台，一举夺得了“国际花园社区”的最高荣誉——金奖。这是深圳地产乃至中国地产史上的一个重要节点，华侨城和其他获奖的中国社区，首次登上了世界地产的领奖台。

从2000—2005年华侨城的发展历程来看，它选择了一条“以旅游带动地产，地产反哺旅游”的良性互动产业发展战略。华侨城集团开发了著名的波托菲诺小区，并形成了“旅游＋地产”的互动发展模式，取得巨大的“旅游＋地产”效益。这个阶段的战略调整包括：

(1)大力丰富和改进旅游产品，更好地满足顾客需求，提升竞争力。

(2)依托主题公园，周边开发房地产，实施“旅游＋地产”产业组合发展。

3. 全国化扩张阶段(2005年以后)

在深圳“旅游＋地产”产业组合发展模式取得成功之后，华侨城想到了在全国其他区域进一步发展，把深圳这套成功的发展模式复制到全国其他城市。

2002年1月28日，华侨城与北京朝阳区南磨房乡签订协议，投资20亿元合作开发北京华侨城旅游主题社区，正式向异地扩张。

2005年4月，华侨城与成都金牛区签署了合作框架协议，合作开发成都华侨城旅游主题社区。成都华侨城旅游主题项目的签约动工，标志着华侨城全国扩张战略的全面开始。

2005年10月，与上海松江区合作的上海华侨城大型综合性旅游项目正式签约，成为华侨城集团在华东地区的重要基地。同年11月，该项目在上海佘山国家旅游度假区奠基。

2006年7月29日，华侨城集团历经四年打造的北京欢乐谷盛大开园。北京欢乐谷的成功开园，使华侨城旅游真正实现跨区域发展，欢乐谷成为全国第一个自主创新的主题公园连锁品牌。

2008年，华侨城地产荣膺“2008深圳地产主力企业”冠军、波托菲诺荣膺“2008深圳豪宅销售冠军”。华侨城多年来一直坚持成片综合开发和运营的思路，丰富旅游主题地产的内涵。波托菲诺项目连续八年名列深圳市场销售冠军。

2009年1月17日，成都欢乐谷举行盛大的开园庆典，完成了华侨城主题公园连锁品牌全国性战略布局的重要一步。

2009年8月1日，华侨城斥资35亿元、历时5年建设的中国首个“国家生态旅游示范区”——深圳东部华侨城迎来全面开业，实现了对华侨城自身旅游发展模式的创新与突破。

2009 年 9 月 12 日，上海欢乐谷正式开业，项目突出如下特色：中西合璧的多元主题文化体验；利用丰富的水资源开展多层次的水上娱乐项目；突出环境生态和园林绿化；最能代表当今游乐技术的先进性；多个大型室内场馆，使其成为全天候的旅游场所；充分发挥华侨城在大型演艺方面的特色和优势。

2009 年 11 月，华侨城整体上市方案通过证监会批准，旅游和房地产两个主营业务全部实现上市。华侨城集团的发展史册又翻开了崭新的一页。

2009 年 11 月 20 日，云南华侨城开工典礼在昆明阳宗海隆重举行。它是华侨城在生态旅游领域又一全新力作，成为一个国际级休闲度假胜地，一个“全新的生态旅游示范区”。

2010 年 4 月 28 日，泰州华侨城一期开业，旨在打造中国湿地生态温泉第一城；5 月 23 日，西安华侨城曲江项目举行开业典礼；此外，武汉华侨城、云南华侨城等重点项目按计划稳步推进，华侨城第二轮全国战略布局加速。

2011 年 8 月 9 日，深圳华侨城欢乐海岸开业。欢乐海岸开创性地将主题商业与滨海旅游、休闲娱乐和文化创意融为一体，整合零售、餐饮、娱乐、办公、公寓、酒店、湿地公园等多元业态，形成独一无二的“商业＋娱乐＋文化＋旅游＋生态”的全新商业模式。欢乐海岸采取了对消费者免费开放的模式，主要通过出售配套部分别墅、持有商业的租金或者扣点来实现盈利。

2011 年 10 月 23 日，云南华侨城一期开盘，仅一小时即销售完毕，成为华侨城项目短平快销售的示范。云南华侨城依托阳宗海得天独厚的气候、地理、文化、历史资源，结合“生态旅游”和“文化产业”，发挥相关产业优势，探索生态旅游文化小镇模式，打造全国首个铁路旅游文化小镇。

2012 年 4 月 28 日，欢乐谷“东西南北中，欢乐大中国”全国战略布局的第五站——武汉欢乐谷开业。

2012 年 5 月 15 日，华侨城首个儿童职业体验馆——深圳麦鲁小城正式开业；11 月 9 日，成都麦鲁小城开业。目前，麦鲁小城已布局深圳、成都、武汉三地，打造以职业体验乐园为主题的儿童娱乐连锁平台。

2012年10月10日，华侨城与深圳大鹏新区签署战略合作协议并成立深圳大鹏华侨城旅游开发有限公司，推动大鹏新区乃至深圳市旅游及关联产业的发展。这是继东部华侨城、欢乐海岸之后，华侨城在深圳的又一重大战略举措。

2012年10月18日，华侨城与福州市签署战略合作框架协议，双方将共同打造大型文化旅游综合项目。该项目集娱乐体验、生态观光、商务休闲、运动养生、高尚社区等于一体。福州项目将开启更加小型的城市型欢乐谷模式，使华侨城欢乐谷主题公园的扩张空间逐步转向更广大的二、三线城市。

2012年12月6日，与宁波市鄞州区签署合作协议，将在宁波发展文化旅游综合项目，纵深推进华侨城文化旅游产业的全国战略布局。

2013年4月25日，华侨城股份有限公司与佛山市顺德区人民政府签订了文化旅游综合项目战略合作框架协议，将开发集文化、旅游、娱乐、休闲、购物、商务和居住等于一体的大型综合项目，打造“珠三角腹地最佳都市休闲娱乐目的地”。

2013年7月26日，华侨城在全国的第六个欢乐谷——天津欢乐谷建成开放，它打破气候限制，颠覆了传统主题公园户外游乐的固定娱乐模式，实现北方景区全年对游客开放，开创了室内室外、水陆两栖、四季欢乐主题公园的先河。

2013年10月26日，华侨城昆明阳宗海度假区内首个公众旅游项目、国内投资规模最大的温泉水公园正式开业。

从2006年之后华侨城的发展来看，这个阶段最典型表现为全国化扩张，主要表现为以下几点：

(1)进一步在深圳改进和完善“旅游＋地产”产业发展模式。

(2)在深圳“旅游＋地产”成功经验的基础上，将欢乐谷模式扩张到北京、成都、上海、武汉、天津等城市，实现了“东西南北中，欢乐大中国”的全国化布局。

(3)开发了东部华侨城模式、欢乐海岸、城市型欢乐谷等新项目产品，实现公司进一步扩张的需要。

二、华侨城业绩

华侨城是我国主题公园的开创者和领跑者，其创立了“旅游＋地产”发展模式，使两个产业实现良性的互动，公司实现了飞速的发展。华侨城近年的业绩怎样呢？我们来看看华侨城①的业绩。

1. 营业收入

近 20 年来，华侨城营业收入保持了快速增长。营业收入从 1994 年的 1.34 亿元，增长到 2013 年的 282 亿元，增长了约 210 倍，年均复合增长率为 32.5%。具体数据如图 4－12 所示。

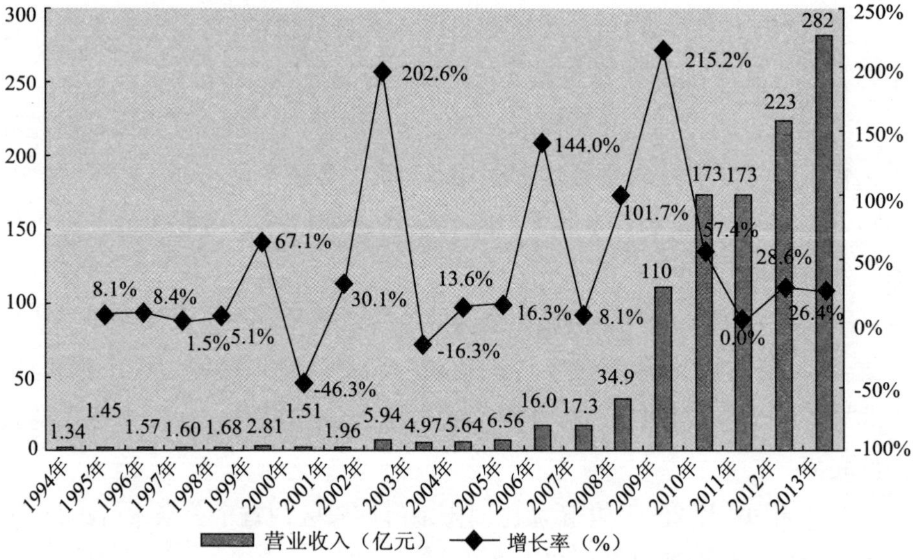

图 4－12　华侨城近年营业收入及增长率

资料来源：华侨城各年年报。

2. 净利润

华侨城净利润也实现了较快增长。净利润从 1994 年的 0.57 亿元，增长到 2013 年的 44.1 亿元，增长了近 78 倍，年均复合增长率为25.7%。具体数

① 指深圳华侨城股份有限公司，在 2009 年华侨城集团将房地产资产全部注入前，只持有了大部分房地产项目的少数股权，多数股权由华侨城集团持有。

据如图 4 - 13 所示。

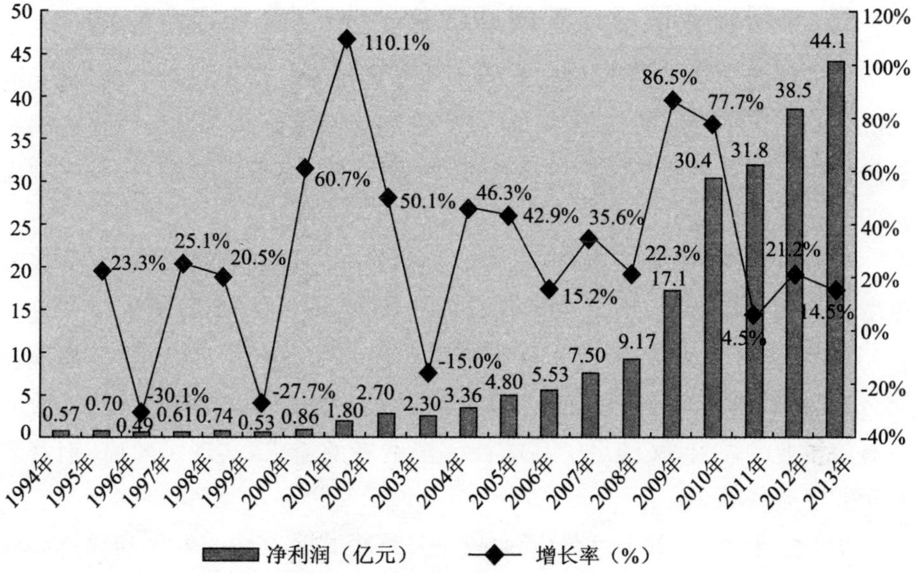

图 4 - 13　华侨城近年净利润及增长率

资料来源：华侨城各年年报。

3. 业绩点评

从营业收入和净利润来看，华侨城在近 20 年间，整体上实现了快速的发展。我们可以看到，华侨城在旅游产业发展阶段和“旅游＋地产”发展阶段发展相对缓慢一些，而进入 2006 年之后的全国化扩张阶段，公司的发展飞跃起来了，营业收入从 2005 年的 6. 56 亿元增长到 2013 年的 282 亿元，增长了 42. 9 倍，年均复合增长率为 60. 0%，净利润从 2005 年的 4. 80 亿元增长到 2013 年的 44. 1 亿元，增长了 9. 18 倍，年均复合增长率为 31. 9%。

从各业务来看，2013 年华侨城旅游综合业务收入为 133 亿元，毛利率为 49. 2%，房地产业务收入为 143 亿元，毛利率为 58. 0%，处于房地产行业高水平，旅游业对房地产的带动作用非常明显。

从各区域来看，2013 年华侨城各区域的营业收入及毛利率分别为：华北 31. 2 亿元，毛利率 61. 2%；西北 13. 0 亿元，毛利率 26. 7%；西南19. 8亿元，毛利率 49. 5%；华东 55. 4 亿元，毛利率 42. 0%；华中 27. 5 亿元，毛利率 46. 4%；华南 136 亿元，毛利率 59. 1%。华侨城由深圳向全国核心区域城市扩张的战略成效显著。

三、华侨城集团成功基因："旅游＋地产"产业组合战略

华侨城的成功，除中国城市化的快速发展带来的巨大机会之外，毫无疑问应该归功于华侨城的"旅游＋地产"产业组合战略。华侨城集团在长期发展过程中实现了旅游与地产的良性互动、相互促进、相互发展，这是一种无敌的产业战略模式。

华侨城集团"旅游＋地产"良性互动的产业发展战略模式，就是依托其旅游品牌和央企背景，通过旅游项目取得大规模土地，并采取旅游开发先行、分片综合开发策略，最终实现土地层层增值，开创了一种旅游与房地产结合发展、良性互动的全新而独特的产业战略发展模式，既满足了当地政府发展旅游业的需求，又满足了高端社区消费者的需求，实现了政府、消费者和企业多方共赢。

华侨城集团"旅游＋地产"产业战略发展模式是其快速发展和保持高额利润的法宝。"旅游＋地产"产业战略发展模式运行机理是怎样的，其运行有什么样的特点？

概括来说，"旅游＋地产"产业战略发展模式是以旅游项目来提升房地产项目价值，同时又以房地产项目来促进旅游项目设施更加完备，最终实现旅游与地产良性互动、共同增值的目的。华侨城集团"旅游＋地产"产业战略发展模式概括来说共有四大特点：规模廉价拿地、旅游开发先行、分片综合开发、土地层层增值。

1. 规模廉价拿地

华侨城集团是中央国资委重点企业之一，属于国家重点扶持企业，有非常强大的央企背景支撑。集团通过多年发展，建立了锦绣中华、民俗村、世界之窗、欢乐谷等知名旅游品牌，在旅游产业享有很高的品牌影响力。华侨城集团有能力借其旅游品牌帮助地方政府发展旅游产业，为地方政府增加就业和税收，促进当地经济发展。因此，地方政府非常乐意引进华侨城集团旅游项目，华侨城集团也借地方政府的需求取得大规模廉价的土地。华侨城集团的全国多个项目，土地单价都非常低廉。例如北京华侨城旅游主题社区项目：华侨城与北京朝阳区南磨房乡签订协议，投资20亿元合作开发北京华侨城旅游主题社区。主题社区地处四方桥，原本偏僻，总占地为1.5平

方公里,项目包括占地100公顷的主题生态公园区、5万平方米的意大利风情主题商业区和建筑面积83万平方米的主题居住区。有关报道称:"北京欢乐谷的土地是朝阳区无偿划拨给该项目的,地产项目的土地成本仅为280元/平方米。"

2. 旅游开发先行

在华侨城集团旅游地产项目中,项目建设的基本思路是优先开发主题公园为主的旅游项目,以旅游项目及周边相关旅游配套来带旺已获取的周边土地,使周边土地成熟。北京欢乐谷2002年开工建设,经四年时间倾心打造,于2006年7月落成开放。北京欢乐谷是目前国内投资最高、面积最大、最为国际化现代化的主题公园,是一处为了满足大众多样化休闲娱乐需求而建造的具有独特创意的文化体验和时尚旅游之地。欢乐谷的开工建设和建成开放使北京原本偏僻的四方桥地区逐步成熟起来,原来的"生地"变成了"熟地"。

3. 分片综合开发

在华侨城集团旅游地产项目中,普遍把土地规划成若干功能区,采取"旅游+酒店+房地产"形式。整个项目一般会分多片分步开发,以前面片区开发取得的收入来滚动开发后面片区,并以前面片区开发来提升未开发土地的价值。华侨城集团一般先开发相关综合配套、酒店、商场等,实现土地再增值;对周边的住宅地产用地实行分片多次开发,每开发一次都实现后续开发土地增值。在北京华侨城旅游主题社区项目中,北京欢乐谷2002年开工建设,维吉奥商业广场于2004年开始建设,而主题居住区也分多次开发。

4. 土地层层增值

华侨城集团的旅游开发先行、分片综合开发,每一次开发都会使周边土地增值。旅游业开发使周边土地成熟,"生地"转化成"熟地",周边综合配套开发,土地实现增值,土地分片多次开发实现土地的多次增值。北京欢乐谷及维吉奥商业广场的建成又带动房地产项目,提升了华侨城楼盘品质,提高了销售单价。华侨城地处四方桥,原本偏僻,从最初几乎的零地价,到后面每平方米五六千元到一万多元,土地价值得到大幅提升。项目综合分片的多次开发,不断提高住房单价,实现了土地的层层增值。

华侨城“旅游＋地产”产业战略发展模式会导致一个多方共赢的局面，是一种受多方欢迎、可持续发展的产业战略发展模式。旅游业的开发满足了当地政府旅游业发展需求，增加了当地旅游收入、就业和税收，促进了当地经济发展；旅游项目的开发，满足了当地及周边居民休闲娱乐及文化方面的需求，周边高端社区的开发满足了当地居民高端住房的消费需求；旅游与地产项目的开发，同时增加了华侨城集团的盈利点和利润，促使华侨城集团更好地发展。在北京华侨城旅游主题社区项目中，欢乐谷公园的开发满足了北京朝阳区政府的旅游业发展需求，几年来增加了北京朝阳区的旅游收入、当地就业机会和税收收入；旅游项目周边高端社区的开发满足了北京市高端顾客的消费需求，也为朝阳区带来了众多就业机会和税收收入。

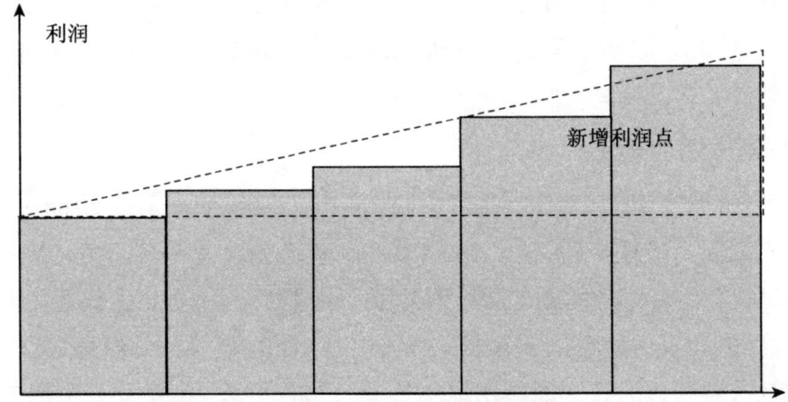

图 4－14　分片综合开发导致的土地层层增值

在成片综合开发运营过程中，华侨城积累了五大经验：一是企业发展与城区开发紧密结合、联动发展；二是以先进、统一和持续的规划作为城区发展的指引；三是成片综合开发的规划建设模式与统一大社区的管理模式；四是强调人与自然和谐共融，营造丰富的公共空间；五是突出“人文”特色，以文化建设丰富城区内涵。

从华侨城在全国的扩张来看，我们又可以分为几个小的阶段。在第一轮扩张中，华侨城扩张的重点是全国核心城市，包括北京、上海、成都、武汉等区域中心型城市，华侨城主要采用了“旅游＋地产”中的欢乐谷模式。随着第二轮二、三线城市的扩张，原来比较大型的欢乐谷模式已经不再适用，华侨城又根据城市及区域的特点和消费者需求的不同，开发出东部华侨城、欢乐海岸、都市型欢乐谷三种新的发展模式，这些模式增加了华侨城扩张的手段和力量。

四、华侨城战略点评

华侨城的成功主要是建立了“旅游＋地产”良性互动的产业组合发展战略模式，使得旅游与房地产结合发展、良性互动，既满足了当地政府发展旅游业的需求，又满足了高端社区消费者的需求，实现了政府、消费者和企业的多方共赢。但是，随着人们对旅游文化消费需求的增加，迪士尼进入了中国市场，国内另一家商业地产龙头万达集团加大了旅游地产的发展，未来的旅游与地产产业竞争会更加激烈。华侨城未来要想抓住消费者的需求，开发和完善更具吸引力的旅游和地产产品是关键，这将考验华侨城新领导班子的战略决策能力。

第五章 区域战略：寻找战略发展点之二

第一节 区域战略的整体思考

企业如何实现快速、健康、持续发展？前面我们已经通过探讨了解到企业前行需要在愿景指引的发展方向下，保持合适的发展速度与发展质量，并依靠业务战略提供发展动力。产业战略为企业提供了第一个战略发展点，接下去我们还应该考虑哪些战略发展点呢？

企业战略发展点，除了从产业发展方面考虑之外，还有一个考虑就是区域发展。

区域战略是发展战略框架的重要组成部分，是企业发展考虑的第二个战略发展点。一个企业从创业起，发展到一定阶段，必然会从现有区域向其他区域发展，这时就需要思考区域发展的问题。区域发展通常有跨区域发展、全国化发展、国际化发展、全球化发展等。企业要在哪些区域发展？如何实现向其他区域的发展？如何根据经营区域不同采取有效的针对性策略？这些问题都需要区域战略来解答。

区域战略是企业在一定时期内对区域发展方面的选择、规划及策略。区域战略的时限可长也可短，长的有 10 年甚至 10 年以上，短的有 1～2 年。企业从小到大会经历一个区域经营范围的变化，初创时期可能在一个城市经营，到一定规模后可能会在一个省或跨几个省经营，再发展到一定阶段，可能成为一个全国性的公司，如果再发展很可能会成为一个全球性的公司。企业在区域发展上有什么样的选择、什么样的规划、对不同的区域应采取什么样的策略，这是区域战略需要回答的问题。

企业区域战略的制定需要根据企业内外部环境，以及对不同区域市场、生产、采购等情况的分析，确定开发方式，明确重点开发区域，确定重点开发区域和非重点开发区域的开发策略与措施，提出区域近期重点建设项目的地区安排。区域战略的制定实际上是根据区域发展条件、进一步发展的要求和目标所做的高层次、全局性宏观谋划，是对区域整体发展的分析、判断做出的重大的、具有决定全局意义的谋划，它的核心是要解决区域在一定时期的基本发展目标和实现这一目标的途径。

区域战略按企业的功能性特点包括区域市场战略、区域生产战略、区域采购战略、区域研发战略等。在大多数情况下，企业先考虑区域市场战略，然后根据区域市场战略确定区域生产战略，再确定区域采购战略，当然有时候还会考虑区域研发战略、人力资源区域战略。例如，万科 1993 年在全国 13 个城市开展业务，是出于机会上的考虑，没有区域战略；到 1995 年明确重点经营深、京、津、沪 4 个城市，实行了区域集中经营战略的区域战略；到 2005 年，万科正式提出了“以上海、北京、深圳、广州为核心城市，同时选择以上海为龙头的长江三角洲地区，以北京为龙头的环渤海地区和以深圳、广州为龙头的珠江三角洲地区这三大城市圈开发住宅，还将选择成都、武汉等腹地区域经济中心城市作为发展目标”的“3＋2”区域战略。

那么，怎样来制定区域战略呢？区域战略通常需要思考四个方面的问题：

(1)如何选择区域选择战略？

(2)如何选择区域组合战略？

(3)如何选择区域扩张战略？

(4)如何选择区域竞争战略？

下面我们分别来介绍这些区域战略。

第二节　区域选择战略：如何选择发展区域

区域选择战略对企业来说非常重要。当企业战略选择正确时，更容易取得可观的利益，实现企业的发展；如果战略选择错误，则可能举步维艰，甚至失败。

怎样来选择发展区域呢？对于区域选择战略，我们可以运用产业战略中已经介绍的一些方法，比如波士顿矩阵、通用电器矩阵等，它们的运用原理是一样的。除了这些方法外，我们还向大家介绍另外几种我们在战略咨询中常用的区域选择方法。

一、不同发展前景和竞争强度下的区域选择战略

我们对区域的选择，一般来说有两方面的考虑：一是区域的发展前景，二是区域的竞争强度。如何根据区域发展前景和竞争强度来做战略选择呢？

可以根据区域的市场吸引力和区域竞争强度来建立一个矩阵，对企业某些区域进行评估。按区域市场吸引力和区域竞争强度两个维度评估现有业务，每个维度分三级，分成九个格以表示两个维度上不同级别的组合。两个维度上可以根据不同情况确定评价指标。如图 5-1 所示。

按照区域选择矩阵，我们可以把区域分成 9 类，然后根据区分做出相应的战略选择。如图 5-2 所示。

(1)区域市场吸引力强，竞争强度强。这类区域市场要求企业具有较强的竞争力，企业可以根据企业实力选择性进入或发展。

(2)区域市场吸引力强，竞争强度中。这类区域市场适合进入或发展战略，企业应加大投入，提高区域市场的竞争地位。

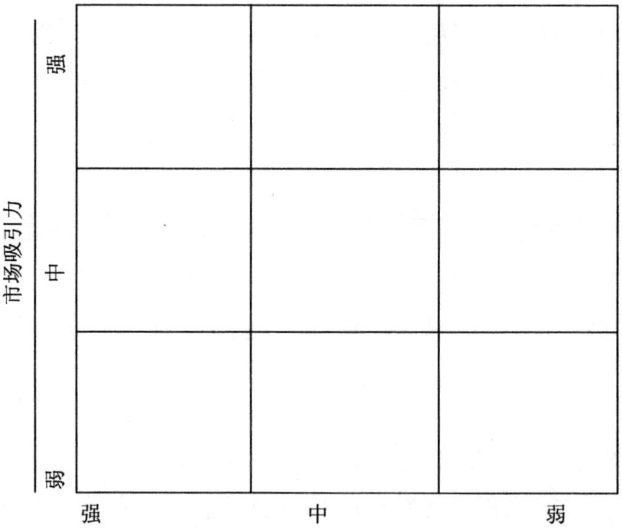

图 5-1　区域选择矩阵

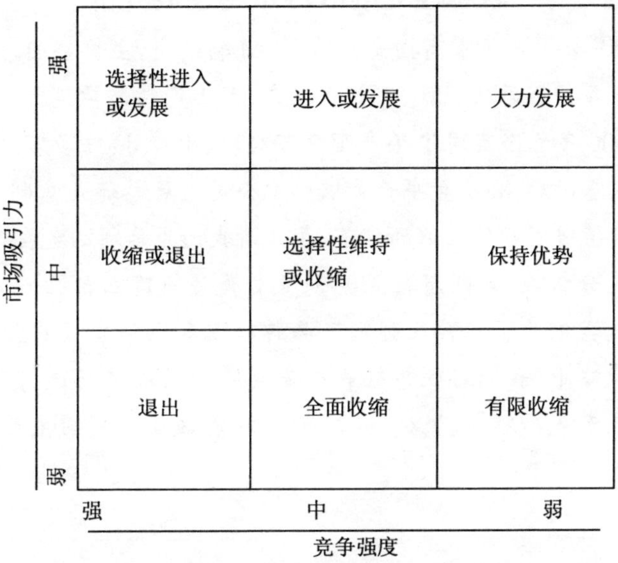

图 5－2　区域战略选择

(3)区域市场吸引力强，竞争强度弱。这类区域市场宜直接进入并大力发展、大力投入提高自己的竞争地位。

(4)区域市场吸引力中，竞争强度强。这类区域市场宜收缩或退出。

(5)区域市场吸引力中，竞争强度中。这类区域市场宜选择维持或收缩。

(6)区域市场吸引力中，竞争强度弱。这类区域市场宜采取维持战略，保持原来的优势地位。

(7)区域市场吸引力弱，竞争强度强。这类区域市场宜直接退出，减少损失。

(8)区域市场吸引力弱，竞争强度中。这类区域市场应进行全面收缩。

(9)区域市场吸引力弱，竞争强度弱。这类区域市场应进行有限收缩，逐步地、适当地收回企业的投资。

通过区域选择矩阵，我们可以直观地对某些区域或者某些城市市场做出评估，并做出选择，或者做出优先顺序的决定。

【示例 5-1】 联想鞋业的区域市场发展分析

联想鞋业[①]公司是一家高档女鞋的 OEM 制造商，主要替国外品牌鞋业公司提供加工服务。公司从 2001 年成立以来，由于产品质量稳定、可靠，公司发展很快，到 2006 年已经实现了年产 100 万双鞋、出口 3000 多万元的业绩。在公司有了一定基础后，公司董事长黄斌感觉公司发展总还是受制于外商，自己也不甘愿做价值链附加值最低的环节，于是请我们为其制定发展战略。

我们通过分析，认为联想鞋业进一步发展必须建立自己的品牌，开拓国内市场。于是我们为联想鞋业制定了品牌战略和区域市场扩张战略。在区域市场扩张战略中，我们对联想鞋业未来发展的区域市场进行了分析，并确定了发展重点及先后顺序。以下是我们对联想鞋业在全国主要发达城市市场的分析：

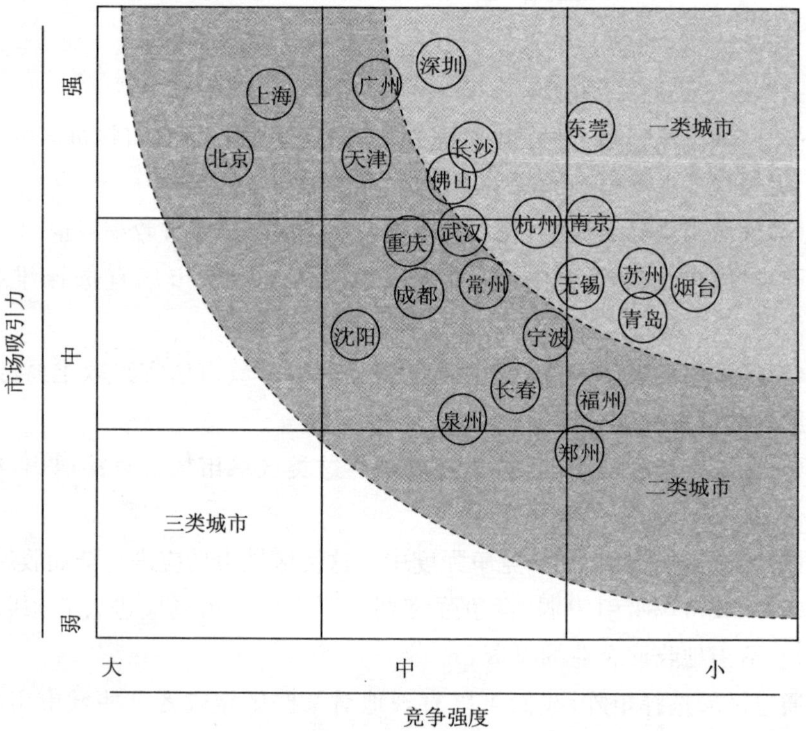

图 5-3 联想鞋业的区域市场分析

① 为了保护客户机密，特用“联想鞋业”代替原公司名。

根据联想鞋业公司的城市市场分析，我们为其确定了三类城市：一类城市优先发展，二类城市后一步发展，三类城市最后发展。

二、产业梯度转移下的区域选择战略

产业梯度转移理论源于产业生命周期理论。产业生命周期理论认为，产业像生命体一样，会经历创新、发展、成熟、衰退四个阶段。此后威尔斯和赫希哲等对该理论进行了验证，并做了充实和发展，将这一理论引入区域经济学中，便产生了产业梯度转移理论。

产业梯度转移理论认为，区域经济的发展取决于其产业结构的状况，而产业结构的状况又取决于地区经济部门，特别是其主导产业在工业生命周期中所处的阶段。如果其主导产业部门由处于创新阶段的专业部门所构成，则说明该区域具有发展潜力，因此将该区域列入高梯度区域。该理论认为，创新活动是决定区域发展梯度层次的决定性因素，而创新活动大都发生在高梯度地区。随着时间的推移及生命周期阶段的变化，生产活动逐渐从高梯度地区向低梯度地区转移，而这种梯度转移过程主要是通过多层次的城市系统扩展开来的。

产业梯度转移，可分为国家产业梯度转移和地区产业梯度转移。从国家产业梯度转移而言，新产业最初在发达国家出现，随着产业发展成熟，转移至新兴发展国家，再转移至发展中国家，又转移至欠发达国家。从地区产业梯度转移而言，产业从发达地区转移至发展中地区，再转移至欠发达地区。在我国，产业梯度转移表现为随着先富起来的东部及沿海地区的经济结构升级，某些劳动密集的、消耗大量自然资源的、生产传统产品的产业（如制造业）转移到中、西部，甚至是按梯级顺序先转移到中部，再转移到西部。

产业梯度转移，还可以分为生产的梯度转移和消费的梯度转移。上面举的例子是从生产角度来考虑的产业梯度转移。其实产业消费需求也存在类似的转移，比如汽车消费需求在20世纪20—40年代，欧美消费需求增长最快；50—60年代，日本等国家的汽车消费需求增长最快；70—90年代，韩国、新加坡、中国台湾、中国香港等国家与地区的汽车消费需求增长最快；进入21世纪的近十年来，中国、俄罗斯、巴西、印度等新兴国家的汽车消费需求增长最快。

如何根据产业转移规律来做区域选择战略呢？

企业要把握好产业转移的规律，合理安排企业的区域发展战略，包括生产的区域战略布局和市场的区域选择，以适应或主动创造发展机会，通过产业从发达国家或地区向发展中国家或地区的转移，延续产业的生命周期，使企业走向更快、更健康的发展。

现在我国沿海地区土地成本增加、劳动力价格上升，如果制定合适的生产基地转移战略，会有利于降低企业的成本。例如，富士康正在武汉建设大规模的工业园区，将逐步实现深圳加工制造向内地转移。从国际经验来看，发达国家处于产业成熟阶段的一些企业，要顺应经济发展规律，把企业经营重点由相对平稳的发达国家市场向发展快速的新兴国家市场转移。

【示例 5-2】　为什么海尔国际化战略会失败

海尔集团曾是中国最优秀的公司之一。自 1984 年创立以来，海尔坚持以用户需求为中心的创新体系驱动企业持续健康发展，从一家资不抵债、濒临倒闭的集体小厂发展成为全球最大的家用电器制造商之一。

翻开海尔集团的财务数据，我们发现其不同发展阶段业绩出现过巨大的反差。海尔集团早期曾创造了中国企业快速发展的奇迹，但在 2004 年之后，海尔集团的发展却停滞了 10 年。我们来看看海尔集团近年的营业额及增长率，如图 5-5 所示。

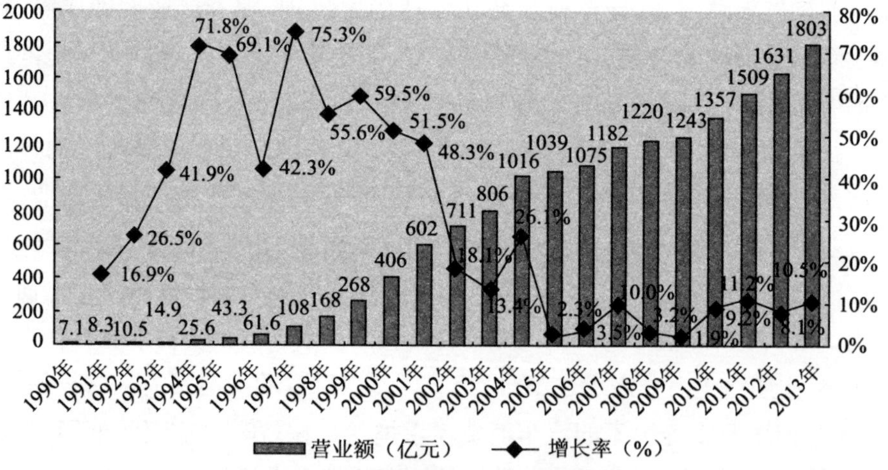

图 5-4　海尔近年营业额及增长率

资料来源：数据根据海尔集团网站和新闻资料整理。

从图上看，海尔集团 1990 年至 2004 年实现了高速发展，营业年均复合增长率达到了42.6%；但2004年至2013年，海尔营业收入大幅放缓，年均复合增长率仅为6.6%，跑不过经济增长率，仅高于通货膨胀率。

海尔的发展为什么停滞了10年呢？

我们不妨从海尔的战略发展阶段来分析。海尔的发展共经历了四个战略发展阶段：

1. 名牌战略阶段（1984—1991年）

只做冰箱一种产品，探索并积累了企业管理的经验，为今后的发展奠定了坚实的基础，总结出一套可移植的管理模式。

2. 多元化战略阶段（1992—1998年）

从一个产品向多个产品发展（1984年只有冰箱，1998年已有几十种产品），从白色家电进入黑色家电领域，以"吃休克鱼"的方式进行资本运营，以无形资产盘活有形资产，在最短的时间里以最低的成本把规模做大，把企业做强。

3. 国际化战略阶段（1999—2005年）

海尔品牌在国内市场有了一定知名度、信誉度与美誉度，在美国建立生产基地，产品批量销往全球主要经济区域市场，有自己的海外经销商网络与售后服务网络。

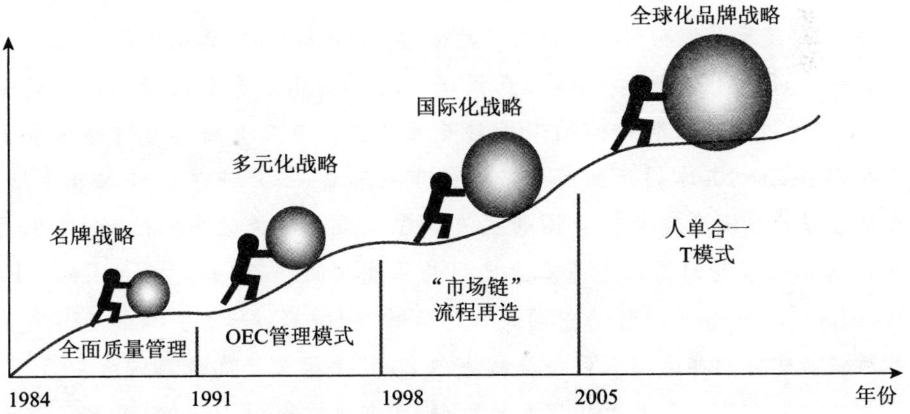

图5-5 海尔4个战略发展阶段

4. 全球化品牌战略阶段（2005年至今）

为了适应全球经济一体化的形势，运作全球范围的品牌，从2006年开始，海尔进入第四个发展战略创新阶段：全球化品牌战略阶段。国际化战略和全球化品牌战略的区别是：国际化战略阶段是以中国为基地，向全世界辐射；全球化品牌战略则是在每一个国家的市场创造本土化的海尔品牌。海尔实施全球化品牌战略要解决的问题是：提升产品的竞争力和企业运营的竞争力；与分供方、客户、用户实现多方共赢；从单一文化转变到多元文化，实现持续发展。

从海尔的历年业绩看，海尔发展速度放缓是在国际化战略阶段和全球化品牌战略阶段。从子公司青岛海尔的业绩来看，其2012年国际业务收入为83.2亿元，仅占整体营业收入799亿元的10.4%，由此看来，海尔的国际化战略和全球化品牌战略是非常失败的。

为什么海尔国际化战略和全球化品牌战略会失败呢？

我们认为，主要有以下三大原因：

第一，违背产业梯度转移的基本规律。海尔是1999年正式提出国际化战略的，当时提出了“创世界一流名牌”的口号，并提出了“三个1/3制：国内生产国内销售1/3，国内生产国外销售1/3，海外建厂海外销售1/3”，以及“进入世界500强”的战略目标。海尔是怎样来实施国际化战略的呢？海尔国际化的第一步是1999年4月在美国的南卡州建厂，首期建立了产量20万台的电冰箱厂。当美国、日本等发达国家将成熟的产业生产基地往成本更低的中国转移时，海尔却是反其道而行之。虽然当时赚足了国人的眼球，但最终是失败的。

第二，国际区域选择战略存在错误。海尔国际化首先选择的区域是美国，主要通过海尔品牌的冰箱来撬动美国市场。虽然美国作为世界上最富有的国家之一，其冰箱产业有非常大的市场容量，但产业早已进入衰退期，市场容量几乎没有增长。美国的主流消费人群是庞大的中产阶级，他们对冰箱及其他家电的需求也基本上定位为中高端品牌，比如美国本土的GE、Whirlpool、Maytag；而作为中国大众品牌的海尔，其目标客户只能选择美国相对较为贫穷的非主流人群。虽然海尔2006年推出了高端品牌卡萨帝，但品牌的培育需要一代甚至几代人的努力，周期非常长。

第三，实现品牌国际化本身是一条艰难的路。与格力、美的通过贴牌谋求发展的模式不同，海尔选择的是品牌国际化，品牌国际化本身就是非常艰难的过程，尤其是发达国家难以接受来自一个发展中国家的、历史不长的品牌。在攻克发达国家市场时，收购发达国家历史相对悠久的品牌是一个比较理想的选择，消费者更加容易接受，但海尔在这方面迟迟没有相应的战略行为；直到2011年10月，海尔才收购了日本三洋电机在日本的洗衣机和家用冰箱业务及其在印度尼西亚、马来西亚、菲律宾和越南的洗衣机、家用冰箱和其他家用电器的销售业务。

第三节 区域组合战略：如何选择区域组合

前面讲述了区域选择战略，它们更多是就单个区域来考虑战略问题，如果是多个区域，我们怎样来考虑区域的组合呢？

对于区域组合战略选择，产业战略中介绍的近期、中期、远期的三层次组合战略是一个很好的方法，因原理相近，这里不再赘述。下面我们来介绍另外两种区域组合战略：一种是类似性区域组合战略；另一种是互补性区域组合战略。

一、类似性区域组合战略

类似性区域组合指在企业发展上具有类似性属性的多个区域组合。类似性区域组合通常有：经济发达程度相近区域组合、顾客消费习惯相近区域组合、语言相同区域组合、地理特征类似组合、气候条件类似组合等。比如：现在国际上经常按照经济发达特性把中国、俄罗斯、巴西、印度、南非联系在一起，叫作“金砖五国”（五个国家的首个英文字母组成英文单词“BRICS”）；国内经济按照经济发达程度把我国城市分为一线城市、二线城市、三线城市、四线城市和乡镇等多层级市场。

企业经营区域的类似性非常重要，不具类似性的区域通常会涉及战略模式和经营模式的差异，会增加企业经营管理的复杂程度；具有战略属性类似性的区域组合，会使企业对未来发展的确定性有更加准确的认识，企业经营管理的规模效应也会显现。

例如，华为在国内发展最初都是农村市场，把比较贫穷的三、四线城市都看作同类市场，然后走一、二线相对经济比较发达的城市；在国际发展初期，先走欠发达国家市场，把经济发展水平相对比较低的国家和地区看作类似性区域，然后再往较发达和发达国家与地区扩张。

二、互补性区域组合战略

如果多个区域之间不具有类似性，互补性也是一种好的选择。互补性区域组合指在企业的发展中具有互补性属性的多个区域的组合。这些属性通常有：功能互补区域组合、阶梯传递型区域组合、品牌与经济型区域组合等。例如，企业通常在经济发达的地方建立总部和品牌中心，而在土地成本和劳动力成本低的地方建立生产中心或物流枢纽，最终通过不同区域功能上的设置，实现比较完美的功能组合。

企业经营区域的互补性也非常重要，具有互补性的区域组合会实现整体大于个体之和的功能。

【示例5-3】 汤姆餐饮是如何做区域市场划分的

汤姆餐饮[①]公司是北京一家餐饮连锁公司，公司独创了西餐与酒吧融于一体的服务模式，深受外国留学生及部分中国学生的青睐。拥有很好的服务模式后，接下来就该考虑怎样发展的问题了，公司对此一直很迷茫。2013年初，公司找到我们辅导其制定战略。

在整个战略规划过程中，区域战略是整体发展的核心，是公司最核心的发展战略。汤姆餐饮是怎样来考虑区域发展的呢？我们针对企业服务模式的特点，按经济发达程度和消费文化特征，把中国主要城市分为一线城市、二线传统城市、二线新兴城市、三线城市。具体见表5-1。

表5-1 汤姆公司的区域分类

类型	战略定位	定义	市场典型特征	举例
一线城市	培育区域	三大发达经济区域核心城市	·常住人口大于1000万，流动人口比率高 ·人均GDP在10万元左右，约15000美元 ·属于服务业城市，工作节奏快，消费能力强 ·市场化程度高，消费理念成熟，市场需求量非常大，通常引领消费趋势 ·高档需求、中高档需求、普通需求多个层次共存 ·酒吧类、餐饮类企业多，竞争激烈	·北京、上海、广州、深圳

① 为了保护客户机密，特用“汤姆餐饮”代替了原公司名。

续表

类型	战略定位	定义	市场典型特征	举例
二线传统城市	战略区域	省会城市或直辖市	·常住人口多为500万至1000万之间，常住人口比例较高 ·人均GDP在4万至10万元之间，即6000～15000美元之间 ·属于消费型城市，工作节奏相对一般，消费能力较强 ·市场化程度一般，消费理念较为成熟，市场需求量较大 ·消费需求通常以中高档需求、普通需求为主 ·酒吧类、餐饮类企业多，竞争较为激烈	·武汉、天津、重庆、西安、长沙、郑州、太原、哈尔滨等
二线新兴城市	培育区域	经济发达地区发达地级城市或省副级城市	·常住人口多为500万至1000万之间，流动人口比例较高 ·人均GDP在7万至10万元之间，即1000～15000美元之间 ·属于工业化城市，年轻人多，工作节奏相对快，消费能力较强 ·市场化程度较高，消费理念较为成熟，市场需求量较大 ·消费需求通常以中高档需求、普通需求为主 ·酒吧类、餐饮类企业多，竞争较为激烈	·无锡、苏州、大连、宁波、青岛、烟台、东莞、扬州等
三线城市	探索业务	普通地级市	·常住人口多为100万至400万之间，流动人口比率较低 ·人均GDP在5万元以下，即6000美元以下 ·属于消费类城市，工作节奏较慢，消费能力一般 ·市场化程度不高，市场需求量一般 ·消费需求主要以本地居民为主 ·酒吧类、餐饮类企业较少，缺乏竞争	·宜昌、株洲、九江等

在做好城市组合分类后，我们根据最初的客户定位，确定了区域的战略定位，设置了两类连锁店发展模式，并根据城市的潜在市场容量，确定未来五年的区域市场目标及区域扩张战略。目前，汤姆公司连锁店发展正在按

战略规划有条不紊地进行。

第四节　区域扩张战略：如何进行区域扩张

在做好了区域选择和区域组合选择之后，接下去我们就需要考虑区域的扩张路径与方式。好的区域扩张路径对企业非常重要，一旦选择不慎，即使最初的区域选择战略非常正确，企业也会面临一条非常艰难的发展之路。

我们如何实现区域扩张呢？根据我们的咨询实践经验，企业区域扩张经常采用的战略扩张模式主要有下面几种：

一、集中发展战略

集中发展战略是集中企业的资源在现有区域发展，充分挖掘现有产品的现有市场潜力，以实现企业收入增长与利润增长的战略，有时也称纵向渗透或市场集中战略。集中发展战略的目的是增加现有产品或劳务在现有市场的销售额、利润额或市场占有率。

与产业战略中讲的集中发展战略一样，区域的集中发展战略是区域战略运用最多的一种战略，这种战略不需要很多额外的资源，而且潜在的风险较小，因而往往是资金有限的公司的理想选择。当目前区域市场未达到饱和状况、还存在巨大的发展空间时，宜采取集中发展战略。集中发展战略通常的手段有增加现有客户的购买数量、吸引竞争对手的客户或将产品卖给非使用者来努力获取更大的市场份额。

集中发展战略有自己的优势：可以集中公司资源从事某一区域的经营，形成相互呼应，形成比较完善的网络结构，在局部区域形成优势。但是采用集中发展战略可能会丧失其他区域发展的良好机会，当市场潜力已经得到充分挖掘时，市场容量趋向饱和，企业的增长速度肯定会放慢，这会影响企业的长期稳定发展。

二、机会型扩张战略

当企业向其他区域发展时，可能会考虑哪些地方有机会，这时可能会采用机会型扩张战略。机会型扩张战略是指企业根据区域发展机会来进行区域扩张。企业看准一个区域的发展机会就进入此区域建立相应的区域经营机构或市场渠道，一般不关注区域的远近和企业自身在此区域的影响力，经常是跳跃式、大跨度地进行投资布局。由于企业更多关注区域的发展机会，因此我们称之为机会型扩张战略。例如，深圳市卓越地产异地扩张模式就是采用机会型扩张战略。卓越地产先后在长沙、武汉、重庆、成都、青岛、杭州等地开发房地产项目，原因主要是看重这些城市出现的房地产项目机会，各城市之间并无必然联系。

机会型扩张战略主要出于两种目的：一种是企业希望占领某个大区域市场，不计成本，不考虑一城一池的得失，而是先考虑整体网络的建设，对有较大发展前途的地区和位置，先入为主，抑制竞争对手的进入；另一种是希望避开强大的竞争对手，先求生存，再求发展。

机会型扩张战略的优势主要表现于以下两点：

(1)可以抢先占领有较高价值的地点，取得先发优势。这实际上是对未来行为的一种提前。对这些地区，该企业以后一定会进入，而由于各种竞争关系，未来的进入成本远远高于目前，尤其是某些企业的经营模式对地点有特殊要求，那么尽早在主要市场锁定理想地点将使企业扩张活动变得更为主动。

(2)企业优先发展空间较大的地区或竞争程度较低的地区，可以避开强大竞争对手，迅速站稳脚跟。这对于刚刚起步的企业尤为重要。发展空间较大的地区或者竞争相对较小的地区，往往被大型企业所忽略，企业在该地区拓展能有效地避开与强大竞争对手的正面冲突，从而形成自己的优势，取得规模效益，以便后来居上。

机会型扩张战略存在一定的风险，主要表现如下：

(1)由于拓展区域比较分散，各经营区域跨度过大，必然要求下放更多的权力来适应不同市场的需要，这必然导致管控难度增大，如果企业没有建立规范的管控体系或者管控能力不足，容易出现经营失控的风险。

(2)由于不同地区的市场差异性太大，企业难以根据不同市场的要求选择适销对路的商品，无法满足消费者的需要，因而在发展初期难以有效整合企业资源，这有可能使企业陷入战线过宽带来的陷阱。

(3)机会型扩张战略对分支机构的管理人员要求较高，在总部较难提供管理服务的区域，分支机构管理人员必须独立处理相关事务，必须具备较高的能力素质。

(4)对于那些对物流配送要求较高的企业而言,在缺乏可供依赖的社会化配送中心的情况下,采取机会型扩张战略需要充分考虑自己的物流配送能力,如果经营区域之间跨度太大,企业物流配送跟不上,就难以满足各经营的配送需求。

三、渗透型扩张战略

渗透型扩张战略是指企业在现有区域周边逐步渗透式地开拓经营区域,在现有经营区域稳固的基础上,再寻找另外比较接近的区域进行拓展,以便充分挖掘周边区域市场潜力,发挥资源整合优势,降低管理成本和后勤服务成本,增大宣传效果,以达到获取规模效益的目的。广东碧桂园地产在2007年前的珠三角扩张阶段就是一个典型的渗透型扩张战略。碧桂园先后开发房地产项目的城市有佛山、广州、南海、鹤山、五邑、阳东、新会、台山和肇庆等,主要集中在珠三角城市扩张,到了2007年后再转移到全国其他区域的扩张。

渗透型扩张战略的主要目的是充分利用企业现有的优势,并通过步步为营的扩张不断提高企业实力和影响力,实现企业的稳步发展。渗透型战略不太考虑比较远的区域市场机会,而是着重自身能力和影响力的辐射。

渗透型扩张战略的优势主要表现为以下几点:

(1)可以充分利用现有经营区域的品牌影响力,降低企业的广告费用。企业广告宣传媒介主要是地区性的电视台、电台、报纸和海报等,广告费用分摊至更多的区域市场时,单位成本就降低。

(2)可以提高形象上的相乘效应。在比较接近的地区开设多家分支机构或多个渠道,会很容易形成企业的规模效应,强化消费者对企业的认知,树立该企业的整体形象,提高知名度。

(3)节省人力、物力、财力,提高管理效率。企业总部管理人员可以在各个分支机构之间合理分配时间,不必担心由此所带来的不便和往来费用,在同样的时间内增加巡回次数,对每个分支机构的指导时间增加,便于对分支机构的管理。同时,培训员工也变得更加容易。

(4)可以提高商品的配送效益,保证及时送货。为了使各分支机构的存货降至最低,通常要求配送中心采取多种类、小数量、多批量的配送方式。经营区域集中能缩短从订货到送货的时间,防止缺货,保持商品的新鲜度,降低流通成本。

(5)可以充分发挥配送潜力，降低总部的投资压力。在目前我国缺乏社会化配送中心的情况下，企业的商品配送不是依赖供应商低效率高成本的配送，就是依靠自建的配送中心，而建一个配送中心，尤其是一个现代化程度较高的配送中心，企业的投资是巨大的。企业在配送中心的辐射范围内不断开设分支机构，可以合理规划运输路线，统一采购，集中配送，在削减车辆台数的情况下，也能集中资源按时配送。这样就能尽可能发挥配送潜力，收回投资，同时由于不需要分散地建多家配送中心，可减少总部的投资压力。

渗透型扩张战略也存在一定的风险主要表现如下：

(1)采取渗透型扩张战略，必须等待周边区域开发完全才进入另一个区域，企业要完成在全国的整体布局工作可能需要较长时间。

(2)由于渗透型扩张战略是一个一个区域渐进扩张，因此有可能其他一些当前值得进入的区域或城市在等待中丧失了最佳机会，让竞争对手抢占有利地位。

四、聚集型扩张战略

聚集型扩张战略是指企业建立若干个区域发展中心，然后以区域发展中心为根据地向周边区域扩张。聚集型扩张战略兼顾了机会型扩张战略和渗透型扩张战略的优点，但需要企业有非常强的经营实力，对企业的经营规模有非常高的要求。

聚集型扩张战略一般是机会型或者渗透型扩张战略发展到一定程度后的延续。深圳万科地产目前采用的区域扩张战略就是聚集型扩张战略，其著名的“3+2”区域发展战略，即“以上海、北京、深圳、广州为核心城市，同时选择以上海为龙头的长江三角洲地区，以北京为龙头的环渤海地区和以深圳、广州为龙头的珠江三角洲地区 3 大城市圈开发住宅，还将选择成都、武汉等腹地区域经济中心城市作为发展目标，逐步把 44 个 100 万以上人口的城市覆盖，进一步扩大在各地的市场份额，实现成为产业领跑者的愿景”就是典型的聚集型扩张战略。

聚集型扩张战略已经建立了一个国家或一个地区的整体性布局，是企业实现规模效益和体现企业实力的象征；其缺陷是对企业经营实力要求较高，稍有不慎就可能引发管理失控、资金链断裂等风险。

五、其他型扩张战略

集中发展战略、机会型扩张战略、渗透型扩张战略和聚集型扩张战略是经常运用的一些扩张战略类型。除此之外，还有一些其他的特殊扩张类型，具体来说有以下几个：

(1)按经济发达梯度进行扩张。这种扩张战略通常有三种类型：由经济发达地区向经济欠发达地区扩张，在同等经济水平地区扩张，由经济欠发达地区向经济发达地区扩张。比如华为的农村包围城市战略就是典型的由经济欠发达地区向经济发达地区扩张战略。

(2)按地理特征进行扩张。这种扩张战略通常选定某一地理特征进行扩张，比如河流、铁路、山脉、大海、气候等。海螺水泥的T型战略就是按河流与大海来进行扩张的。

当然，还有一些其他的区域扩张战略的依据，比如民族、政策、文化、风俗、语言等。只要这些依据有较大的市场空间，而且能沿用原来成功的经验，减少未来的不确定性风险，我们都可以运用，这里就不展开详细论述了。

【示例5-4】　　星光美发的区域发展战略

星光美发公司[①]是深圳一家美发连锁企业。公司非常期盼能够有一个健康、快速、持续的发展，但一直存在一些问题，于是2008年，请我们辅导其制定发展战略。

怎样来解决公司的发展问题呢？我们根据发展战略框架制定公司的愿景、战略目标，明确了公司在保证发展质量的基础上有一个突破性发展的目标。

要实现突破，核心发展点主要在区域战略。我们首先针对公司产品状况、客户状况以及未来发展趋势，明确定位了核心客户为18至35岁之间、有较高收入和文化品位的女性。然后，我们思考，这些目标客户在哪呢？

在城市的选择上，由于深圳这类目标客户具有庞大的客户群，我们预测足以开60家连锁店，以公司的现状来看还有巨大的发展空间。因此，星光美发五年的区域发展主要采用集中式发展、只适当培育周边城市市场的战略。

在深圳市场的发展上，我们把城市的区域分为城市中心和社区中心，并

① 为了保护客户机密，我们用“星光美发”代替了原公司名。

围绕城市中心和社区中心分别建立品牌店和社区店的发展模式。品牌店最核心的功能是品牌推广、客户体验，并以品牌店来带动社会店发展；社会店最核心的功能是就近服务，实现收入和利润。

根据区域的划分，我们分别确定深圳几大区域的连锁店数量目标和网点分布规划，并确定了每年扩张数量目标及五年的扩张路径。

目前，星光美发战略实施已经经过了 5 年，公司圆满地完成了五年前制定的战略目标。

第五节 区域竞争战略：如何进行区域竞争

在做好区域选择、确定扩张路线之后，接下来我们可能会思考如何在区域内进行竞争呢？这就是我们竞争战略思考的问题。根据我们的咨询经验，企业通常采用的区域竞争战略有如下几个：

一、多点竞争战略

我们前面讲述了集中发展战略，它的思路是集中企业于一个区域，从而形成此区域的核心优势，在此区域竞争中掌握主动。但是，集中于一个区域时，有时就会面临劣势。下面介绍的多点竞争战略理论将会告诉你这一原理。

美国宾夕法尼亚大学沃顿商学院陈明哲教授长期从事动态竞争条件下竞争对手之间进攻和反击的策略研究，提出了著名的多点竞争战略（Multi-Point Competition）。

按照多点竞争战略理论，所谓多点竞争中的“点”就是一个“市场”，其含义包括：

◆ 区域市场或者国家市场，如广东市场或者美国市场；

◆ 细分市场，如高档市场、中档市场和低档市场；

◆ 一个产品线或者一个经营单位，如冰箱或者专门生产冰箱的子公司；

◆ 以上各个部分的不同组合，如华南地区冰箱市场。

从这个意义上说，如果一个企业具有多个区域、多个细分市场、多种产品线或者多个行业性的二级子公司，那么相对而言，这个企业就具有了多点竞争的优势，反之，则只有多点竞争的劣势。

从简单多点竞争的模型可以看到，假定 TCL 和长虹有至少两个区域市场或者两个产品是相同的，并且存在竞争关系，那么这两个企业之间实际上存在互相制约的关系。正是因为 TCL 和长虹之间存在着潜在的“跨市场、跨产品”报复的可能性，所以采用多点市场竞争可以避免你死我活的竞争。如果这两个企业在同一个产业竞争，其中 TCL 在广东市场的市场份额大，而长虹在四川市场的市场份额大，双方就处在暂时的均衡状态。如果 TCL 采用降低价格的方法在四川市场上攻击长虹，那么长虹为了保护本地市场或者主要市场就有两个选择：

一是可以以同样的策略在四川市场上进行反击，那么在四川市场的价格竞争中，企业能够得到的最好结果也就是保住了份额，但是失去了大量的利润和自己的价格定位。

二是在广东市场对 TCL 降低价格的进攻进行针锋相对的反击，夺取 TCL 在广东市场的市场份额。这样 TCL 也不敢在广东市场做正面回击，否则它也会失去大量利润和自己的价格定位。

假如两个企业的竞争力是比较接近的，没有一个企业能够在这个回合中获得优势，最后双方只好决定放弃这个回合的价格竞争，重新回到均衡的状态。正是因为两个企业在受到攻击的时候都没有正面回击，所以才可能在价格竞争结束后重新回到原来的价格水平。

在简单多点竞争模型的基础上，我们可以进行一些变化以说明多点竞争战略至少可以达到两个目的。

(1)区域市场的竞争反击。麦斯威尔公司在美国咖啡市场上是一个市场占有率很高的老企业，而宝洁公司是这个产业的新进入者，它所生产的 Folger 牌咖啡主要在南方市场上销售。为了扩大市场占有率，宝洁公司决定采用大量送赠品的方法进攻美国北部的克利夫兰。麦斯威尔公司考虑到宝洁公司是一个非常认真和强大的竞争对手，所以立即采用同样的方法攻击美国南部的堪萨斯。但是宝洁公司并没有就此停手，而是立即在北方的匹斯堡开始第二个回合的进攻。麦斯威尔公司没有其他的选择，只能够对等地选择南方的另一个城市——达拉斯进行回击。经过第二个回合，双方才结束了这场战斗，与此同时，宝洁公司以违反反垄断法的理由起诉麦斯威尔公司，但是没有成功。

(2)为了保护本产业或者主要市场而做出回击。吉列公司主要是生产一次性剃须刀的企业，而 BIC 公司是专门生产一次性钢笔的企业。吉列公司为了增加产品，决定进入一次性钢笔的产业，从而成为 BIC 公司的竞争对手。BIC 公司如果不反击，就会让这个强大的竞争对手长驱直入。如果采用降低价格、正面阻击吉列公司的办法是可以的，但是这样就会降低整个产业的毛利率，吃亏最大的是自己。BIC 公司最后所采用的办法就是采用多点进攻的战略，开发一次性剃须刀去回击吉列公司，把同样的问题放在了吉列公司面前。最后吉列公司为了自己和产业的利益，决定放弃进入一次性钢笔市场，而 BIC 公司因此也决定放弃一次性剃须刀。

在一个多元化经营的集团企业中，市场就是产业性子公司和区域市场的结合（例如，某个省的空调市场）。从某种意义上说，这个市场就是商业领域中所说的战场。如果我们能够把多点竞争的理论和方法在各个具体的战场中进行使用，就能从中总结出一些可以广泛应用的策略。

(1)正面进攻策略。假如企业 A 具有多点进攻的优势，而企业 B 具有多点反击的劣势，那么企业 A 可以集中各个市场或者产业性子公司的资源，对企业 B 采用正面进攻的策略。这种情况下，企业 B 因为多点进攻劣势而不得不退出市场。

(2)纠缠进攻。如果企业 A 发现企业 B 准备进攻另外一个目标市场，而这个目标市场对企业 A 很重要，那么企业 A 可以采用纠缠进攻的策略。按照这个策略，企业 A 抢先进攻企业 B 的主战场，导致企业 B 不得不暂时放弃进入新的目标市场，在自己的主要战场抵御企业 A 的进攻。果真如此的话，那么企业 A 的纠缠进攻策略就成功了。

(3)诱骗战术。企业 A 和企业 B 目前正在围绕着某一个主战场竞争。考虑到竞争企业 B 准备进攻目标市场 A，而这个目标市场对企业 A 来说是更加重要或者是未来希望独占的市场，于是，企业 A 必须想办法阻止企业 B 的行动。企业 A 采用诱骗战术，先假装从主战场撤退，从而诱使企业 B 改变战略方向，放弃进入目标市场 A，而把资源先用于进一步扩大在主战场的市场份额。

(4)正面进攻和诱骗撤退相结合的策略。企业 A 了解到企业 B 准备进攻目标市场 A，为了在目标市场 A 发起进攻，并且获得绝对的先动优势，企业 A 就先从目前与企业 B 竞争的主战场佯装撤退，从而使企业 B 改变原来的战略意图，将大量的资源投入主战场市场占有率的扩大方面。一旦企业 B 这样做了，企业 A 就可开始长驱直入，进攻目标市场 A。

(5)正面进攻和诱骗进攻相结合的策略。企业A了解到企业B准备进攻目标市场A,为了在目标市场A发起进攻,并且获得绝对的先动优势,企业A就先从目前与企业B竞争的主战场佯装进攻,从而使企业B因害怕丢失主战场而改变原来的战略意图,将大量的资源投入主战场的保卫方面。一旦企业B这样做了,企业A就开始长驱直入,进攻目标市场A。

多点竞争在企业竞争战略中有非常多的运用,除应用在区域竞争战略之外,同样可以运用到产业竞争战略、客户竞争战略、产品竞争战略等,在其他章节就不再做详细的论述。

二、区域相对垄断战略

竞争最高的手段是消除竞争,形成相对垄断。那如何来形成相对垄断呢？主要通过区域相对垄断战略。区域相对垄断战略就是企业通过自建、收购、兼并等手段,形成对一个区域或若干区域市场的有效控制,从而形成相对垄断地位。通过区域相对垄断战略,可以消除原有市场的恶性竞争,减少价格战、服务战、广告战、促销战等行为,从而达到稳定价格、减少不必要成本的目的,最终提高企业经营业绩,取得可观利润。

区域相对垄断战略是企业区域竞争的利器和有力法宝,许多企业通过区域相对垄断战略走向了成功与辉煌。一般来说,区域相对垄断战略的方式包括自建、兼并、收购、合资、加入强者或形成战略联盟等。

需要注意的是,区域相对垄断有时会受到反垄断法的限制,而且过度的垄断会使人变得懒惰,丧失创新精神、创业热情,从近期来说是好事,但从长远来说,可能不利于企业的发展。

曾经有的企业家把高额市场占有率看成相对垄断,这是一个错误的认识。相对垄断主要是能达到一个区域或若干区域市场的有效控制,但高额市场占有率并不一定能实现对一个区域或若干区域市场的有效控制,当区域的进入壁垒较低时,高额市场占有率随时可能被打破,并不能形成一个相对稳定的市场结构。

相对垄断原理除了在区域战略中运用之外,还可以运用到产业战略、客户战略、产品战略中,在其他章节就不再做详细的论述。

三、区域竞争战略需要客户产品、产品战略的支持

前面介绍的区域战略选择思想、理念与方法,区域竞争战略的落实还要

考虑到客户战略和产品战略，客户战略和产品战略本身就是构成区域竞争战略的重要手段。在后面的章节中，我们会介绍产品战略、客户战略怎样来支持区域竞争战略。

【示例 5-5】　　　　德隆"帝国"崛起之路

德隆集团是当年新疆最大的民营企业，曾被称为中国民营经济的骄傲。德隆集团最辉煌的时候是2004年，总资产超过200亿元，曾收购了170余家公司，控股7家上市公司，控制了10家金融机构，打造了产业加金融的民营企业"帝国"。由于"帝国"摊子铺得过大、步子迈得过快，德隆于2004年4月出现资金链断裂的危机，最终倒塌。值得所有企业思考和借鉴的是德隆集团的崛起之路。

德隆"帝国"是怎样崛起的呢？

1998年前，国内番茄酱年生产能力为16万吨，新疆产量占全国的90%，而且新疆的番茄酱90%用于出口。新疆有两个典型特征：一是昼夜温差大，新疆番茄的红色素和可溶性固形物含量以及单产远高于其他地区，霉菌和病虫害也较少，特别适合制造番茄酱；二是新疆地域广阔，劳动力资源丰富，工业污染少，产出的番茄绿色、环保、健康，这使得新疆成为全球最理想的番茄酱生产基地。受惠于独特的地理环境，新疆番茄是全球最好的番茄，由其加工而成的番茄酱是全球最好的番茄酱。

虽然拥有全球最好的番茄酱，但新疆的番茄加工企业并不赚钱，而且还有不少企业处于亏损边缘。为什么会出现这种情况呢？当时新疆的番茄酱加工企业小而散，有40多家，这些企业为了争取到更多的销售额，往往会给外来客户很多价格折扣。由于这些企业之间的长期价格战，虽然番茄酱质量优良，但企业整体都不盈利，处于低利润、零利润甚至亏损状况。

当德隆集团创始人唐万新发现这种状况时，兴奋万分，因为他看到了一个巨大的机会。什么机会呢？

德隆集团开始与每一家番茄酱加工企业谈收购方面的合作。由于当时多数番茄酱加工企业都无利可图，德隆集团很快把40多家企业一起整合到其子公司屯河集团里面，取得了对新疆番茄酱产业相对垄断的地位，掌握了产业的控制权。在整合番茄酱加工产业的同时，德隆集团建立了种子研究所和种子基地，与果农订立合作合同，既保证果农销路，又保证公司的货源稳定，还控制收获期。由于原料统一采购，随着生产规模扩大，原料成本可能进一步下降，同时人工成本也比国外低廉。

在市场开拓上，德隆集团与不少当地生产商通过代理出口不同，它取得了自营进出口权并成立了自己的进出口公司，当时销售区域包括日本、东南亚和欧洲。德隆集团也出资建立销售渠道，采用与国外制造商直接合作或收购当地番茄酱代理商的方式，进入当地市场。

这样，德隆集团通过对番茄酱生产、销售环节进行的一系列兼并和扩建，整合了资源、成本、规模以及销售等多方面优势，掌握了整个产业的定价权，使得番茄酱从原来的不盈利状况变成了高利润。德隆集团下属的番茄酱业务公司成为世界第二大番茄酱生产企业，年产量达到24万吨。

通过整合新疆番茄酱原料生产、加工，以及国外的销售渠道，德隆集团取得了起家的资本。接下去德隆集团是怎样发展的呢？

既然能通过整合区域的番茄酱，使原来低利润的区域产业起死复生，最终取得可观的利润。这种办法能不能运用到其他产业呢？

德隆集团接下去进行了一系列的区域并购或产业并购，包括水泥产业、汽车零部件、棉花、果汁等，最终形成了总资产超过200亿元的德隆“帝国”。

第六节　海螺水泥：T形战略实现突破性发展

海螺水泥是世界最大的单一品牌水泥企业。在15年前，它只是中国一家几乎倒闭的地级市中小型企业，然而通过战略调整与实施，在短短的十多年时间里，实现了飞速的发展，公司从一个营业收入不到10亿元的国有中小型企业，一举发展成为营业收入过500亿元、净利润近100亿元的，全球领先的大型水泥公司。

为什么海螺水泥能从众多企业中脱颖而出？其背后支撑的原因是什么呢？我们不妨来了解一下。

一、海螺水泥发展阶段

从海螺水泥的发展历程来看，共经历了三个发展阶段：第一个阶段是省内发展阶段；第二个阶段是T形战略发展阶段；第三个阶段是全国战略发展阶段。

1. 省内发展阶段（1993—1998年）

改革开放后的中国，经济增长迅速，基础设施建设快速增长，中国水泥生产总量和消费总量连续六年位居世界第一。然而，中国水泥企业约有

8000 多家，单体工厂生产规模小，产业集中度低，技术落后，效率低下。

1993 年，海螺水泥的前身——安徽芜湖宁国水泥厂是众多中小型水泥企业中的一员，由于经营不善，公司几乎倒闭。新上任的领导班子为了扭转困局，提出了实施跨地区、跨行业发展，做大做强的发展思想。

1995 年，宁国水泥厂利用外资，建成了一条 2000t/d 新型干法生产线，熟料产量达到 200 万吨。

1995 年，铜陵水泥厂项目进展很不顺利，主体工程投建不久就由于建设资金大幅超过预算而陷入困境，这时在省政府帮助下，宁国水泥控股铜陵水泥厂，并于 1996 年 7 月建成年产 70 万吨新型干法生产线。

1996 年，应芜湖市政府的请求，宁国水泥厂出资 2 亿元整体并购芜湖市白马山水泥。白马山水泥厂原有两条湿法生产线，兼并白马山水泥厂后，宁国水泥厂投资续建第 3 条湿法生产线。1998 年投资 2.5 亿元，建成 1 条 2500t/d 新型干法生产线。

1996 年 8 月 24 日，为了提升几个厂的整体竞争能力，实现进一步发展的需要，安徽海螺集团有限责任公司成立。从此，宁国水泥厂的发展步入安徽海螺集团有限公司的新阶段。

1997 年，海螺集团又出资收购铜陵水泥厂项目配套的宁波星港水泥有限公司，水泥和商品熟料年生产能力达到 400 万吨。

1997 年，海螺集团将“触角”伸进了塑钢门窗型材项目，迈出跨行业发展的坚实一步，最终打造出居世界同行之首的“海螺型材”。

1997 年 9 月，安徽海螺集团有限责任公司以其所属水泥厂与水泥生产经营的相关资产出资，独家发起成立安徽海螺水泥股份有限公司，并于 1997 年 10 月在香港证券交易所成功上市。

1997 年 11 月，新建白马山年产 75 万吨熟料生产线。

综上可知，海螺水泥早期主要是在省内发展，这个阶段的战略主要表现为以下几点：

(1)明确跨区域、做大做强的发展思路；

(2)并购安徽省内水泥厂，新建扩建生产线；

(3)在香港实现上市，融取发展资金。

通过一系列的兼并重组和资本运作，到 1997 年，海螺水泥成为中国最大的水泥公司之一。这标志着海螺水泥第一个发展阶段取得了圆满成功。

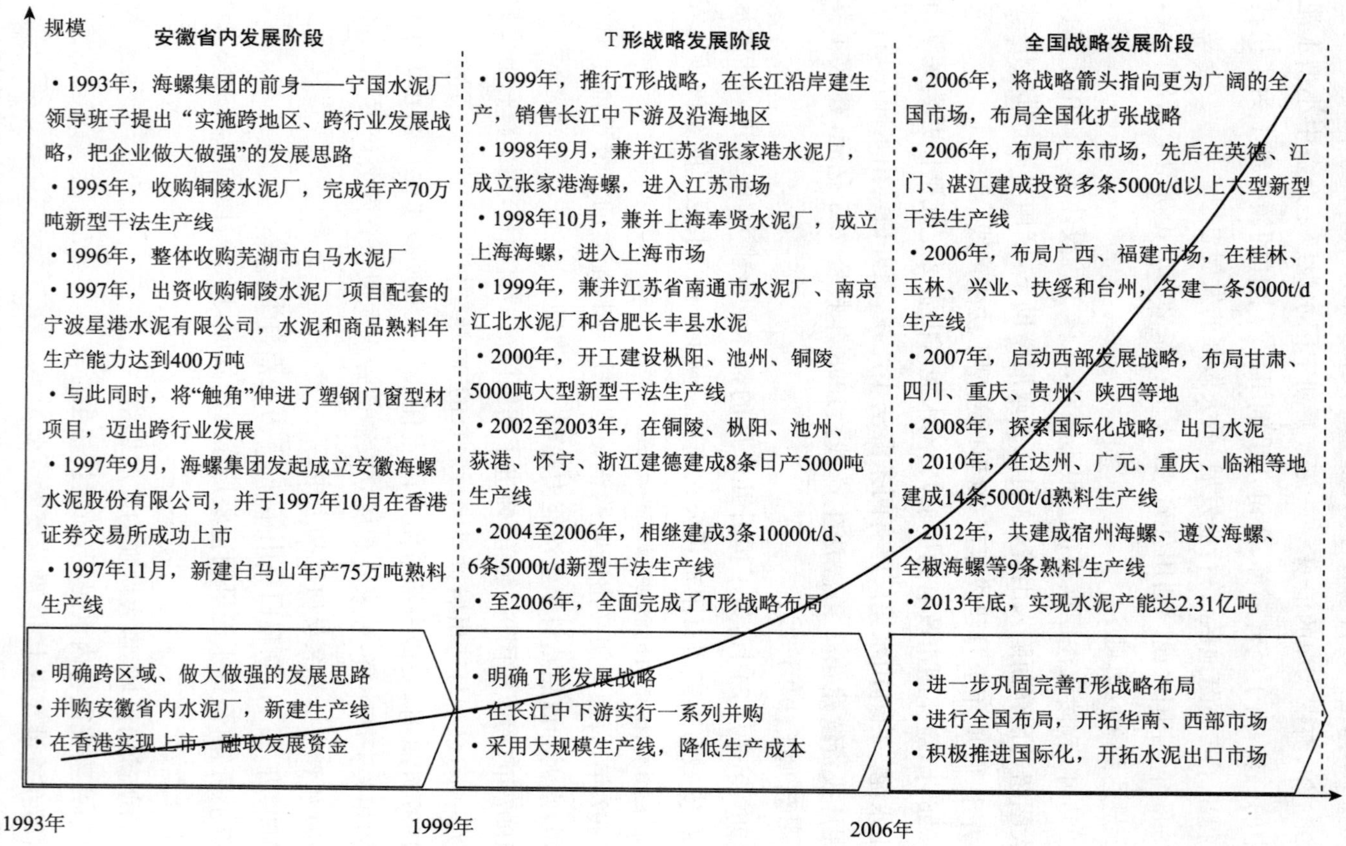

图5－6　海螺水泥战略发展阶段

2.T形战略发展阶段(1999—2005年)

20世纪末的最后几年,全国涌现出一些具有进取心的水泥公司,它们像海螺水泥一样,为了实现企业做大做强的目标,收购兼并、新建扩建,逐步成为区域的龙头企业,形成了"北有冀东,南有华润,东有海螺,西有天山,中有华新"的五雄争霸的局面。

为了在新的一轮扩张中掌握主动权,1999年,海螺提出了T形区域发展战略思路。T形战略指在长江中下游石灰石资源丰富的地区建设大型熟料生产基地,依靠良好的水运条件,把它销售到长江中下游及沿海对水泥需求旺盛的地区。通过T形战略,既能解决好实现规模效益,又能降低运输成本问题。

1998年9月,海螺水泥兼并江苏省张家港水泥厂,成立张家港海螺水泥有限公司,随即推倒立窑,将其改造成为年产50万吨水泥的粉磨厂,产品除在张家港市销售外,还扩大到其他苏南地区和上海市周边地区。

1998年10月,海螺水泥兼并上海奉贤水泥厂,成立上海海螺水泥有限公司。该厂位于上海市南部郊区奉贤区的黄浦江边,有3条机立窑生产线,年产水泥25万吨,还有一个能停泊4只1000吨级船只的码头。海螺水泥控股后随即对其进行技术改造,拆除立窑生产线,逐步改建成年产160万吨水泥的粉磨厂。

1999年6月,海螺水泥兼并江苏省南通市水泥厂,成立南通海螺水泥有限公司,立窑停产,全厂改造成年产120万吨水泥的粉磨厂,其产品既可在苏北地区销售,也可到上海出售。

与此同时,海螺水泥还收购了南京江北水泥厂和合肥市的长丰县水泥有限公司,分别成立了南京海螺水泥有限公司和长丰海螺水泥有限公司。至此,海螺水泥在沿江、沿海、沿铁路收购、兼并了14个中小型水泥企业,投资改造成粉磨厂,既盘活了存量资产,又实现了对上海、南京等大城市的市场扩张。

1999年,注册成立上海海螺水泥销售有限公司,负责上海区域水泥及水泥制品的销售。

1999年9月,开工建设荻港海螺水泥有限公司熟料基地。2001年2月,建成2条日产2500吨熟料新型干法生产线。熟料基地距长江约2公里,产品和原燃材料都靠水路进入工厂,这种运输方式运量大且费用低。

2000年9月,开工建设枞阳海螺水泥股份有限公司熟料基地,2002年2月建成2条日产2500吨熟料预分解窑新型干法生产线。熟料基地也是靠近长江，产品和原材料主要由水路运输。

2000年底，开工建设池州海螺水泥股份有限公司熟料基地，2002年初建成第一条日产5000吨熟料新型干法生产线。同期，开工建设铜陵海螺水泥有限公司第2条日产5000吨熟料新型干法生产线。这两条生产线的建成，标志着海螺水泥对低投资、国产化的日产5000吨熟料新型干法技术攻关取得重大突破，拉开了海螺水泥自主建设大型新型干法生产线的序幕。

从2001年起，海螺水泥开始限制建设日产2500吨熟料生产线，取而代之的是以日产5000吨熟料为主的大型生产线。2002年至2003年两年间，海螺水泥在其水泥熟料生产基地，先后建成了8条5000t/d以上新型干法生产线，其中：铜陵1条5000t/d、枞阳1条5000t/d、池州2条5000t/d、1条8000t/d、荻港1条5000t/d、怀宁1条5000t/d、浙江建德1条5000t/d。这几条大型水泥生产线的建成，进一步巩固了海螺水泥的T形发展战略。

2004年，开始进一步扩大几大熟料基地的生产规模。2004年至2006年海螺水泥相继建成了3条10000t/d、6条5000t/d新型干法生产线，其中：铜陵2条、枞阳1条10000t/d；芜湖繁昌、南京中国水泥厂各建2条5000t/d；白马山、怀宁各建1条5000t/d。截至2006年海螺水泥在华东地区水泥熟料生产线已达24条，熟料产能3682.80万吨。

海螺水泥的熟料基地沿长江安徽段密集布局，这一带石灰石储量极为丰富，且品质优良。海螺水泥在这一地区生产的熟料基地往下游可以运往江苏、上海和浙江，向上游可以运往江西、湖北。可见海螺水泥市场战略的高明之处：及时抢占地理先机，占据竞争优势。

在大规模建设熟料基地的同时，海螺水泥收购兼并步伐也在加快。通过收购兼并，海螺水泥在江苏泰州杨湾、江苏淮安、江苏太仓、浙江台州、浙江上虞、蚌埠等地区建立了粉磨站，完成了其在上海、江苏、浙江、安徽等地区的全面布局。

至2006年，从江西到江苏的长江沿线所有重要港口城市，海螺星罗棋布地构筑起了规模达数千万吨的熟料生产基地，在长三角所有重要城市建立了粉磨厂和销售基地，全面完成了市场的战略整合和战略布局。

从海螺水泥1999年至2006年的发展历史看，它主要是围绕T区域来发展的。这个阶段的战略调整主要包括以下几点：

（1）明确T形发展战略；

（2）在长江中下游实行一系列并购；

(3)扩大生产规模，采用大规模生产线，降低单位生产成本。

通过T形战略布局，海螺通过规模化生产降低了单位成本，同时通过良好的水运条件把水泥运输到了中国最发达的长江三角洲，公司迅速拉开了与竞争对手冀东、天山、华润、华新等水泥厂商的差距，连续多年取得行业第一，其营业收入甚至超过了四家竞争对手营业收入之和。

3. 全国战略发展阶段(2006年以后)

当T战略布局基本完成时，海螺水泥将战略箭头指向了中国更为广阔的全国市场，布局全国化扩张战略。

海螺全国市场的第一步是布局华南市场。广东是水泥消费大省，连续多年水泥需求量都在1亿吨左右，主要城市如广州、深圳、东莞、佛山的水泥需求在1000万吨以上，其中广州已达到2000万吨，惠州、江门在400万吨，珠海、肇庆、中山在300万吨左右。但是，广东省新型干法水泥发展落后于全国，立窑水泥占据全省产量的70%。

2005年11月至2006年4月，英德海螺4条5000t/d熟料生产线投产。2006年初，江门10000t/d水泥粉磨生产线投产。2008年3月，湛江海螺8000t/d熟料生产线投产。

2006年，进一步巩固T形战略成果，分别在建德、江都、石门、上饶等成立子公司。

2006年，在布局广东市场的同时，海螺水泥在广西市场和福建市场积极布局，在桂林、玉林、兴业和扶绥各建一条5000t/d新型干法生产线，2007年，在台州建成投产5000t/d水泥粉磨生产线。

2007年下半年开始启动西部发展战略，先后启动了在甘肃、四川、重庆、贵州、陕西等地多个项目，规划形成3200万吨熟料生产能力。

2008年，共建成池州海螺、荻港海螺、弋阳海螺、石门海螺等5条5000t/d和分宜海螺1条2500t/d熟料生产线，扶绥海螺、铜陵海螺等19条水泥磨生产线，新增熟料产能990万吨、水泥产能1495万吨。

2009年，共建成湖南海螺、北流海螺、平凉海螺等9条5000t/d熟料生产线，以及石门海螺、强蛟海螺、六安海螺等12台水泥磨生产线，新增熟料产能1620万吨、水泥产能1090万吨。

2010年，共建成达州海螺、广元海螺、重庆海螺、临湘海螺等14条5000t/d熟料生产线，以及平凉海螺、达州海螺、赣江海螺等37台水泥磨生产线，新增熟料产能2520万吨、水泥产能4010万吨。

2011年，通过推进工程项目建设和并购重组，共计新增熟料产能3360万吨、水泥产能3100万吨。探索适度延伸产业链，池州海螺骨料项目投产运行。

2012年，共建成宿州海螺、遵义海螺、全椒海螺等9条熟料生产线及其配套的余热发电机组，扬州海螺、江华海螺、龙陵海螺等19条水泥磨生产线建成投产。在并购方面集团积极开展项目调研和论证，坚持“资源有保证、工艺装备完整、批文权证齐全、市场有潜力和竞争力”的原则，收购了四川南威公司、新疆哈密建材公司、广西凌云水泥等6家水泥企业。全年共计新增熟料产能2080万吨、水泥产能2830万吨。

2013年，建成贵定海螺、乾县海螺等6条熟料生产线，以及梁平海螺、亳州海螺、象山海螺等21台水泥磨，同时还建成了铜陵海螺、石门海螺2个骨料项目，收购了云南盈江、甘肃太子山建材等两家水泥企业。全年共计新增熟料产能1160万吨、水泥产能2430万吨。

截至2013年底，海螺实现熟料产能达1.95亿吨，水泥产能达2.31亿吨，余热发电总装机容量达921MW。

从2006年后海螺水泥的发展历程来看，海螺水泥这个阶段的战略措施主要表现为以下几点：

(1)进一步巩固T形战略成果，完善T形战略布局；

(2)进行全国化扩张，开拓华南、华中、西部市场；

(3)探索国际化，开拓出口市场。

在全国化发展阶段，海螺在华南、西部的市场拓展由于失去了T战略的优势，遇到了一定的挑战，但整体上还是保持了比较健康的发展。

二、海螺水泥业绩

海螺水泥是我国最成功的水泥企业之一。在调整战略后，仅仅10多年时间，海螺水泥就从一个几近倒闭的小厂，转变成中国最大最强的水泥企业。海螺水泥的具体业绩怎样呢？我们来看看它的相关业绩数据。

1.营业收入

海螺水泥近年营业收入保持了高速增长。2013年实现营业收入553亿元，而在1997年，海螺水泥营业收入仅为7.62亿元，16年时间增长了近72.5倍，年均复合增长率达到30.7%。

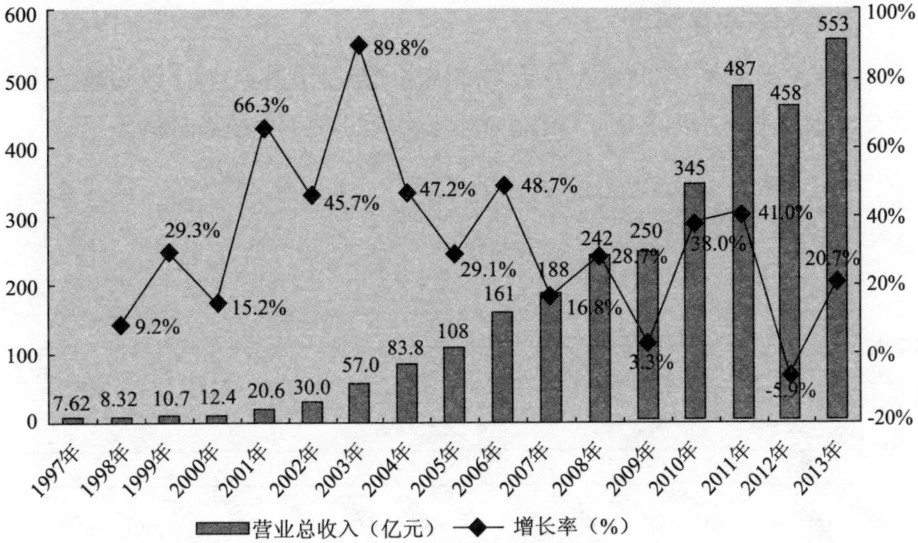

图 5－7　海螺水泥近年营业收入及增长率

资料来源：海螺水泥各年年度报告，并根据历史会计准则调整做了相应调整。

2. 净利润

海螺水泥近年净利润也保持了高速增长。2013 年实现净利润 93.8 亿元，而 1997 年，其净利润仅为 1.71 亿元，16 年时间增长了近 54.7 倍，年均复合增长率达到 28.4%。

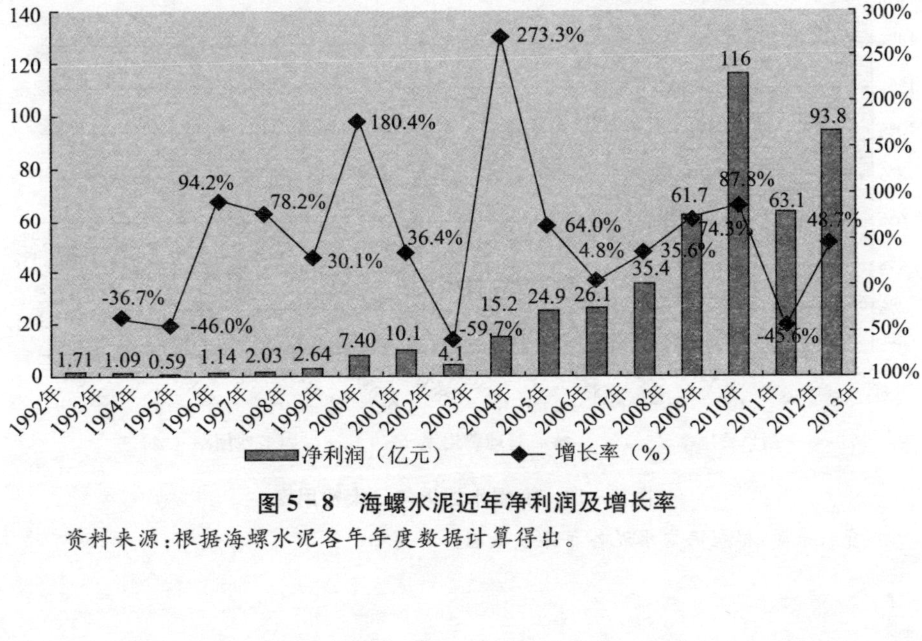

图 5－8　海螺水泥近年净利润及增长率

资料来源：根据海螺水泥各年年度数据计算得出。

3. 毛利率与净利率

海螺水泥毛利率和净利率在近年随规模增加呈上升趋势，主要是通过规模效益，降低了每吨水泥的生产与销售成本来实现的，表明业绩趋向健康。

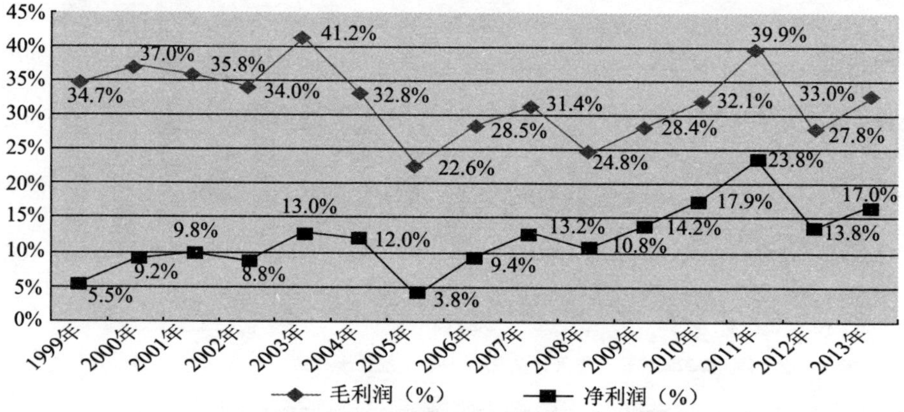

图 5－9　海螺水泥近年毛利率与净利率

资料来源：海螺水泥各年年度报告，并根据历史会计准则调整做了相应调整。

4. 三大费用率

海螺水泥近年销售费用率、管理费用率及财务费用率呈下降趋势，显示了良好的运营效率，随着规模扩大，规模效益越来越强。

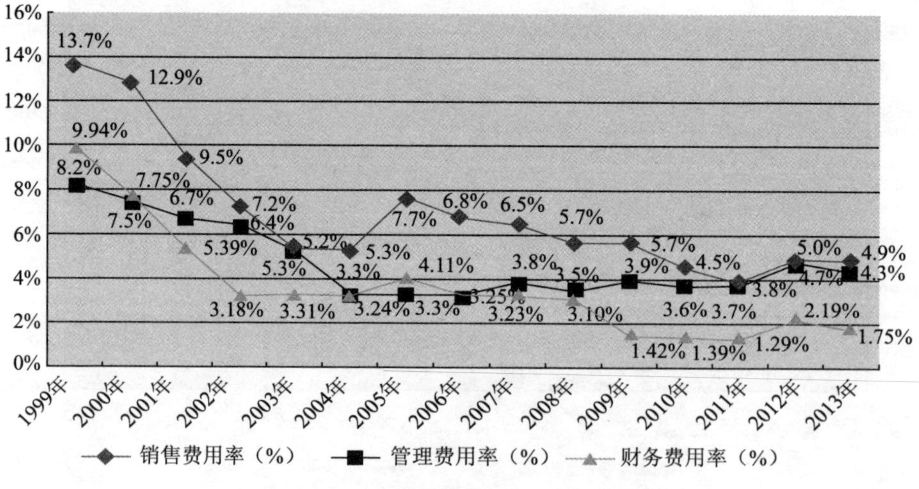

图 5－10　海螺水泥近年三大费用率

资料来源：根据海螺水泥各年年度数据计算得出。

5. 业绩点评

从这个阶段的营业收入来看，海螺水泥表现出快速、健康、持续的发展，业绩几乎没有太大的波动，发展非常平衡。虽然2012年，受国家经济刺激政策退出影响，业绩有所下降，但很快又重回增长之路。从整个阶段发展来看，海螺的发展是比较健康的，规模扩大带来的是三大费用率的逐步降低、毛利率和净利率的提高。

从分阶段发展来看，T形战略发展阶段是海螺发展最快的阶段，营业收入由1998年的8.32亿元，增长到2006年的161亿元，增长了19.4倍，年均复合增长率达到了44.8%；净利润由1998年的1.09亿元，增长到2006年的15.2亿元，增长了14.0倍，年均复合增长率达到了39.1%。也正是这个阶段，海螺水泥通过快速发展，拉开了与其他竞争对手的差距。

三、海螺水泥成功原因：T形区域发展战略

海螺水泥成功的原因是什么呢？应该说，海螺水泥的成功既有中国基础设施建设快速发展的外部背景，更要归功于其自身独特的T形发展战略。

为什么T形战略能给海螺带来如此大的成功呢？

水泥行业有两个大的特征：一是生产线规模越大，水泥单位生产成本越低；二是水泥运输表现为较强的地域性特征，运输越远，带给客户的总成本越高。这时水泥企业会面临一个两难选择：如果扩大规模、降低成本，会提高单位运输成本；如果想降低运输成本，又会导致较小的生产规模，而导致过高的单位生产成本。通常来说，水泥企业会在生产规模和运输成本之间权衡。

一般来说，水泥企业通常会考虑一个运输半径的问题，一般公路的运输距离不要超过300公里，否则不划算；铁路的运输半径不要超过500公里，否则不划算；最便宜的是水运，运输半径可以到1000～1500公里。

海螺水泥是如何来考虑水泥生产线和运输半径问题的呢？

中国最好的运输环境就是水运。打开中国地图，我们就会发现，所谓T，从区域上来看，竖代表长江，横代表沿海，刚好构建了中国式黄金水运体系。T形发展战略是指海螺在长江沿岸石灰石资源丰富的地区兴建、扩建熟料

生产基地，在沿海无资源但水泥市场发达的地区低成本收购小水泥厂并改造成水泥粉磨站，就地生产水泥最终产品。

通过对T形发展战略，海螺水泥把产能集中于一些生产地，提高了单条水泥生产线的规模，降低了水泥单位生产成本，同时借助长江、沿海水运成本低廉的良好条件，扩大了海螺水泥产品的销售半径和市场，抢占了长江中下游及沿海市场，而这片市场又刚好是中国水泥需求最为旺盛的市场。

目前，海螺水泥从江西到江苏的长江沿线所有重要港口城市，构筑起了规模达数千万吨的熟料生产基地，在长三角所有重要城市建立了粉磨厂和销售基地。

海螺水泥通过制定和实施T形战略获得了巨大的竞争优势。几年来，海螺水泥不断完善T形发展战略，在沿长江两岸石灰石资源丰富的地区建设熟料生产基地，在长江中下游及沿海缺乏石灰石资源但市场广阔的地区建设销售终端——粉磨站、中转库以及其他销售网点，并充分利用长江这一优良的“黄金水道”作为运输通道，以较低的生产运输成本迅速占据市场并取得成功。

通过实施T形发展战略，海螺水泥规模得到快速扩张，各区域市场份额大幅上升。海螺水泥较低的建设成本、规模化的优势、成功的市场布局及有效的营销网络对其提高市场占有率和控制成本至关重要。海螺水泥在区位、规模、成本、市场营销、技术品牌、人才管理等方面较竞争对手均具有较强的竞争优势。

但是，随着海螺水泥在华东地区布局的完成，T形区域发展战略的历史使命基本结束，其未来的发展空间也相对有限，如果仅仅从现有的T形战略来寻求发展，已经不能满足其高速发展的需求；另一方面，中国还有T形区域外更大的其他区域市场，还存在巨大的机会。因此，海螺水泥通过华南区域、华中区域、西部区域的扩张来实现进一步发展。

从各区域销售数据来看(如图5-11所示)，海螺水泥2003年前主要在东部区域发展，2004年后，中部区域快速发展，2006年后，南部区域快速发展，2010年之后，西部逐步崛起。

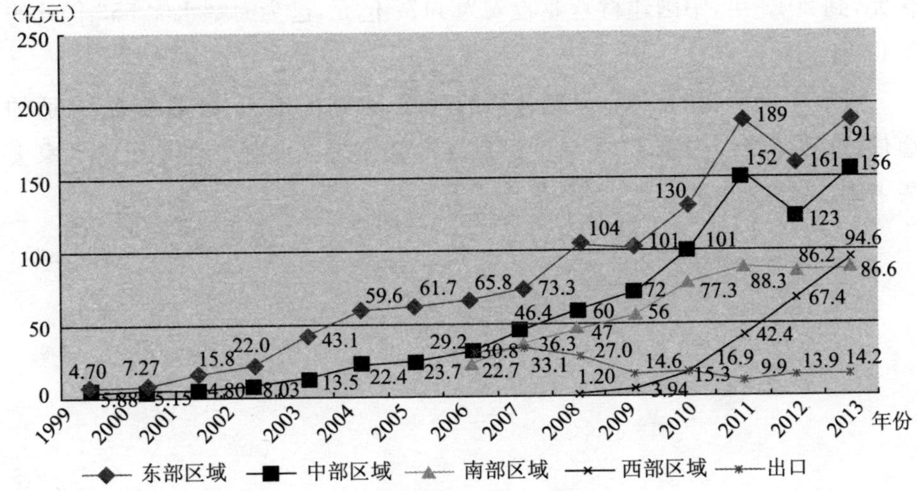

图 5－11　海螺水泥各区域市场营业收入

四、海螺水泥战略点评

海螺水泥近十多年取得了飞速的发展。海螺水泥的成功主要来自其独特的 T 形战略：通过 T 形战略，它既降低了水泥的单位生产成本，又拓展了广大的长江中下游及沿海市场。但是，随着长江中下游及沿海市场份额的大幅度提高，T 形战略的历史使命逐步完成、对企业发展的推动作用逐步减小，海螺水泥需要新的业务战略来支撑企业的进一步发展。

近几年来，海螺水泥在华南市场、西部市场的扩张中就受到了一定的挑战，其原来赖以成功的 T 形战略已经失去了作用。当海螺水泥通过价格策略去征服区域性的竞争对手时，一个渔翁出现了，它就是中国建材。当海螺与对手打得头破血流时，中国建材以中央企业的身份，采取联合策略，把这些区域性企业纳入旗下，形成紧密的联盟。为了争取结盟，在身份、待遇、股权方面，中国建材都保证了被收购企业管理层的利益。很快，这些区域性水泥企业纷纷聚在中国建材的大旗下。而且大规模的联合，保持了价格策略及战略行动的一致性，形成了区域性相对垄断，从而保证了比较可观的利益。通过联合战略和区域相对垄断战略，中国建材实现了惊人的发展速度。2006 年，中国建材的营业收入只有 64.5 亿元，仅为海螺水泥 161 亿元的 40.0%，但 2008 年，中国建材以 264 亿元的营业收入超越了海螺水泥的 242

亿元，到 2013 年，中国建材营业收入为 1177 亿元，已为海螺水泥 553 亿元的 2.12 倍。

没有一成不变的战略，只是合适的时间、合适的地点、合适的人、合适的事件，这需要我们去思考，去灵活运用。海螺该怎么办呢？还是留给大家去思考吧。

第六章 客户战略：寻找战略发展点之三

第一节 客户战略的整体思考

企业如何实现快速、健康、持续的发展呢？前两章我们已经探讨了推动企业前行的两个动力系统——产业战略和区域战略，它们是支撑企业发展速度与发展质量的两个战略发展点。除此之外，还有其他的战略发展点吗？

除了从产业发展和区域发展两个方面考虑之外，客户战略就是我们考虑的第三个战略发展点。

客户战略是发展战略框架的重要组成部分，是企业发展需要重点考虑的一个战略发展点。一个企业从创业起，就要思考“我们的目标客户是谁？”“他们的核心要求是什么？”“我们该如何来满足他们的核心需要？”只有更准确地选择客户、更好地理解他们的需要、更好地满足他们的需求，企业才能够获得持久的竞争优势，在激烈的市场竞争中立于不败之地。随着企业的不断发展，规模的不断扩大，客户数量会不断增多，客户定位、客户需求也会有所变化，这时还要重新考虑客户发展方面的问题。“我们的目标客户有哪些？”“各类目标客户的核心需要是什么？”“我们该如何来满足他们的核心需求？”这些问题都需要客户战略来解答。

客户战略是企业在一定时期内在客户发展方面的选择、规划及策略。客户战略是企业发展的主要战略发展点之一，是发展战略框架中四大业务战略之一。客户战略的时限可长也可短，长的有 10 年甚至 10 年以上，短的为 1～2 年。

客户战略对企业来说是非常重要的，优秀企业的经营管理都是面向客户的，他们会去选择客户，关注客户需求，并围绕客户需求来开发相应的产品及服务。比如万科按职业、收入、年龄等“物理”方式去细分客户、把握客户需求，从客户的内在价值出发，按不同生命周期找到重点客户，并围绕他们各自生命周期的需要，建立梯度产品体系。

怎样来制定客户战略呢？客户战略通常需要思考四个方面的问题：

(1)如何选择客户？

(2)如何选择客户组合？

(3)如何选择客户扩张？

(4)如何选择客户竞争战略？

对这四个问题的回答，就分别形成了客户选择战略、客户组合战略、客户扩张战略和客户竞争战略。下面将分别介绍这些客户战略。

第二节　客户选择战略：如何选择客户

客户选择对企业来说非常重要。企业最危险的就是什么客户都想选择，这样做的最终结果就是什么客户都没有选择。以一款产品打遍所有市场的时代已经过去，即使是福特那么伟大的公司，在 20 世纪 30 年代企图以一款单一的黑色 T 形汽车打遍所有汽车市场时，也被通用汽车超越。因此，千万别想抓住所有的客户、满足客户的所有需求，这是企业有限的资源根本无法办到的。

对于客户选择战略，前面介绍的波士顿矩阵、通用电气矩阵、区域选择矩阵等方法论阐述的原理也是适用的，我们不再介绍。下面重点介绍一些我们在战略咨询中通常运用的方法。

一、按客户细分来做战略选择

企业的资源是有限的，我们不能以有限的资源服务所有的客户。那么如何通过细分来选择客户呢？

1956 年，美国营销学家温德尔·施密斯(Wended Smith)提出了市场细分(Segmentation)的概念。20 世纪 90 年代美国营销学大师菲利浦·科特勒进一步发展和完善了史密斯的理论并最终形成了成熟的 STP 理论。我们可以将科特勒 STP 理论做适当的改造，把它运用到客户战略中。

企业在一定的客户细分基础上，确定自己的目标客户，再根据目标客户的需求来确定产品及服务的定位，这通常经过三大步骤：

(1)客户细分；

(2)目标客户选择；

(3)产品定位。

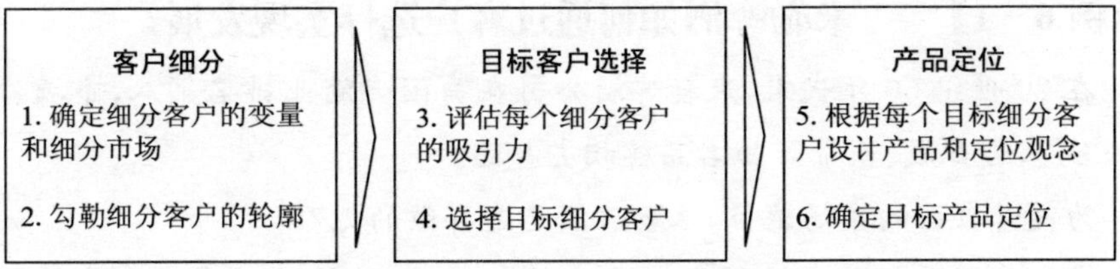

图 6-1　客户细分战略流程图

第一步是客户细分。客户细分是指根据客户需求上的差异来对客户进行划分的过程。市场是由客户组成，而客户在许多方面各不相同，可用多种方法进行细分。比如，按年龄可以分为婴儿、幼儿、儿童、少年、青年、中青年、壮年、老年等；按职业可以分为企业白领、企业基层员工、公务员、事业单位员工、学生等；按是否购买过产品可分为新客户和老客户，其中老客户又可以分为第二次购买、多次购买等。客户细分归纳起来主要有人口细分、心理细分、行为细分等几种方式。

表 6-1　常见的客户细分变量

类型	主要细分变量
人口细分	年龄、性别、职业、收入、教育、家庭人口、家庭类型、家庭生命周期、国籍、民族、宗教、社会阶层
心理细分	社会阶层、生活方式、个性
行为细分	时机、追求利益、使用者地位、产品使用率、忠诚程度、购买准备阶段、态度

第二步是目标客户选择。目标客户是指企业从客户细分后选择出来的、决定进入的细分客户，也是对企业最有利的市场组成部分。企业一旦确定了客户细分机会，就必须依次评价各类细分客户和决定为多少个细分客户服务。在评估各类不同的细分客户时，企业必须考虑两个因素，即细分客户的吸引力和企业能力。企业在对不同细分客户评估后，就可以选择为哪

些客户和为多少细分客户提供产品及服务。

第三步是产品定位。产品定位就是根据目标客户需求，对企业的产品或服务进行设计，从而使其能在目标客户心中占有一个独特的、有价值的位置的行动。产品定位需要确定在目标客户中的一定位置上，即确定自己产品或服务在目标市场上的竞争地位，也称竞争性定位。

【示例6－1】　米勒啤酒如何通过客户选择实现发展？

在20世纪60年代末，米勒啤酒公司在美国啤酒业排名第八，市场份额仅为8%，与百威、蓝带等知名品牌相去甚远。

为提升自己的市场地位，米勒啤酒是怎样做的呢？

米勒啤酒进行了市场调查。通过调查发现，若按使用率对客户进行细分，啤酒饮用者可细分为轻度饮用者和重度饮用者，而前者人数虽多，但饮用量只有后者的1/8。

重度饮用者有着以下特征：多是蓝领阶层；每天看电视3个小时以上；爱好体育运动。米勒公司决定选择重度饮用者为核心目标客户，并果断决定对米勒的海雷夫牌啤酒进行重新定位。

重新定位从广告开始。他们首先在电视台特约了一个"米勒天地"的栏目，广告主题变成了"你有多少时间，我们就有多少啤酒"，以吸引那些"啤酒坛子"。广告画面中出现的尽是些激动人心的场面：船员们神情专注地在迷雾中驾驶轮船，年轻人骑着摩托冲下陡坡，钻井工人奋力止住井喷，等等。

结果，海雷夫的重新定位战略取得了很大的成功。到了1978年，这个牌子的啤酒年销售达2000万箱，仅次于AB公司的百威啤酒，在美名列第二。

二、按照客户价值来做战略选择

我们通常说待人要公平，无论他们的身份和地位如何，要一视同仁。这样公平的原则能运用到对待客户上吗？答案是不一定。

美国著名营销学者隋塞莫尔（Valarie A. Zeithaml）、勒斯特（Roland T. Rust）和兰蒙（Katherine N. Lemon）就给了否定的答案。他们认为：不同的客户给企业创造的效益是不一样的，企业应根据从不同的客户那里获得的经济收益，将其划分为几个不同的类别；理解不同类别客户的需要，为不同类别的客户提供不同的服务，可明显地提高本企业的经济收益。为此，他们于 2002 年提出了“客户金字塔”模型。

客户金字塔模型(Customer Pyramid Model)就是根据客户盈利能力的差异为企业寻找、服务和创造能盈利的客户,以便把资源配置到盈利产出最高的客户身上。设想客户按盈利能力不同而一层一层地排列起来,盈利能力最强的客户位于“金字塔”模型的顶部,盈利能力最差的客户位于“金字塔”模型的底部。下面我们重点来介绍一下二层级客户“金字塔”模型和四层级客户“金字塔”模型。

(1)二层级客户“金字塔”模型。不同层级的客户划分都很有用,80/20 分布的客户金字塔模型是最常用的客户层级划分模型。所有企业都或多或少地知道客户的盈利能力不尽相同,尤其是小部分客户带来大部分销售或利润的企业。这通常被称为“80/20 法则”,即 20%的客户产生 80%的销售或利润,我们称之为“二层级客户‘金字塔’模型”,如图 6-2 所示。

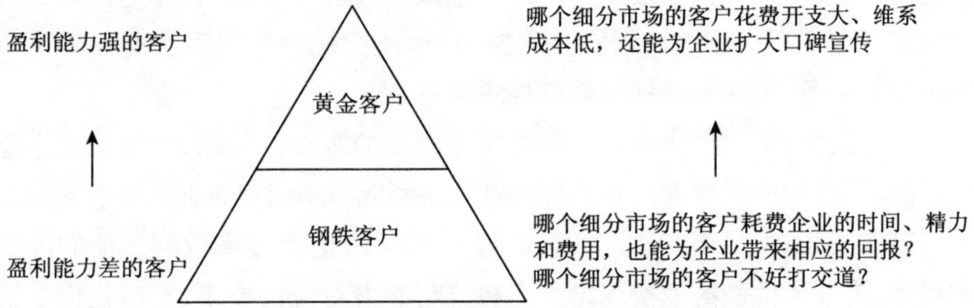

图 6-2　二层级客户“金字塔”模型

在客户“金字塔”模型中,20%的客户构成企业的黄金层级客户,他们之间的盈利能力差异不大,但与钢铁层级客户的盈利能力有很大差别。

(2)四层级客户“金字塔”模型。80/20 分布的客户“金字塔”模型是一个两层模型,它假定两层之中的客户是近似的,正如传统市场细分中通常假定同一细分市场中的客户是同质的。然而,更多的客户“金字塔”模型不止两个层级,且两个层级以上的划分更能说明问题。如果建设大型数据库系统来进行客户分类,那么,就能得到更多层级的客户细分,从而能针对不同客户层级提供不同的服务。客户层级的数目也可以超过四个;不过某些情况下,层级细分越多,就越难以处理,应用客户“金字塔”模型的效果也就会大打折扣。四层级划分的客户层级模型如图 6-3 所示。

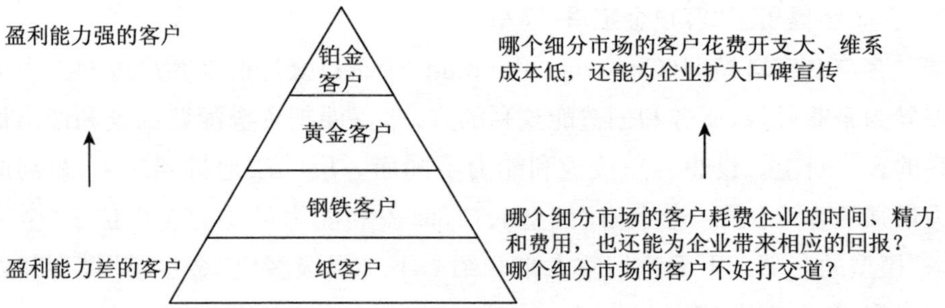

图 6－3　四层级客户“金字塔”模型

第一层面：铂金层级客户。铂金层级客户代表那些盈利能力最强的客户，是典型的重要用户。他们对价格并不十分敏感，愿意花钱购买，愿意试用新产品，对企业比较忠诚。

第二层面：黄金层级客户。黄金层级与铂金层级不同，这个层级的客户希望价格折扣，没有铂金层级客户那么忠诚，所以他们的盈利能力没有铂金层级客户那么高。他们也可能是重要用户，他们往往与多家企业而不是一家企业做生意，为的是降低他们自身的风险。

第三层面：钢铁层级客户。钢铁层级包含的客户数量很大，能消化企业的产能，但他们的消费支出水平、忠诚度、盈利能力不值得企业去特殊对待。

第四层面：纸层级客户。纸层级客户不能给企业带来盈利。他们的要求很多，超过了他们的消费支出水平和盈利能力对应的要求，有时他们是问题客户，向他人抱怨，消耗企业的资源。

客户管理的宗旨是使客户对企业的忠诚、满意度与企业在客户中的信誉转化为现实的企业利润、财富及实现增值。而在客户管理过程中，怎样才能获得客户忠诚呢？发现正当需求——满足需求并保证客户满意——营造客户忠诚。

依据客户“金字塔”模型，企业并不需要同等对待所有的客户。一些客户维护的成本太高，却没有给企业带来盈利。虽然企业希望向所有客户提供统一、一流的服务，但它们发现使所有客户都满意的愿望既不现实，也不经济。另外，在大多数情况下企业应该疏远甚至“远离”一些客户。就盈利能力来说，并不是所有客户对企业都具有吸引力，企业需要根据盈利能力的不同来进行客户分类管理，进而发现不同的需求、满足不同的需求并保证客户满意、营造客户忠诚。

建立一个客户等级很有用，可以看到哪些客户或客户群排在前面、哪些排在后面，这样将产生一些显而易见的机会。客户主要分为：核心客户（黄金层级客户——盈利性客户，20%）和非核心客户（钢铁层级客户——非盈利性客户，80%），针对这两类客户分别采取相应的管理。

对于核心客户，要投入更多资源，不断发展壮大，采取不同措施增进对客户需求的了解，采取更多措施提高客户满意度和忠诚度；对于非核心客户，要想办法将其转变为核心客户，开发途径增加收入并且提高一线部门的效率，或者把客户转移至第三方，或者放弃客户。

【示例 6-2】 招商银行如何通过客户战略取得高额利润?

不同的客户对企业来说，创造的价值是不一样的，企业应该采取不同的方式来对待这些客户。作为中国最有名的零售银行，招商银行是如何来对待不同的客户以谋取更大利润的呢?

下面我们来了解一下招商银行的客户战略。

对银行来说，不同的客户给银行创造的价值是不同的，比如月平均存款为 1000 元的客户，以存贷利息差为 2%计算，每年能给银行创造的收入是 1000 元的 2%，即 20 元。但银行服务客户是有成本的，包括网点店面租金、人员工资、其他杂费等，计算下来，银行网点柜台每服务一次客户的成本约 5 元。如果以客户每月在银行办理一次业务来计算，每一客户的服务成本大概为 60 元左右。平均存款为 1000 元的客户，银行每年大概要亏损 40 元。对月平均存款为 10000 元的客户，银行的服务成本跟对 1000 元的客户是差不多的，但前者能为银行创造 200 元的收入，除掉成本银行能净赚 140 元。

从月均存款额来说，存款额越高的客户，为银行创造的价值越高，而存款额越低的客户，创造的价值越低，甚至会让银行出现亏损。

招商银行考虑到这些因素后，按照存款额度对客户进行了细分，共分为四种类型：

(1)普通客户。月均存款为 5 万元以下的客户。

(2)金卡客户。月均存款为 5 万元至 50 万元的客户。

(3)金葵花卡客户。月均存款为 50 万元至 500 万元的客户。

(4)铂金卡客户。月均存款为 500 万元以上的客户。

对于不同类型的客户，招商银行提供不同类型的服务。金葵花卡客户和铂金卡客户，可以享受单独的贵宾厅服务，这些客户不需较长时间的等候，等候时也能坐在舒适的沙发上，喝着服务员端上的咖啡，免费阅读招商银行提供的一些时尚杂志；金卡客户可以享受免费的跨行转账和异地转账服务，以及较短时间的等候；普通卡客户则只能在大堂椅子上较长时间地静静等待广播报上自己的排位号。

通过按客户价值来细分、对优质客户提供更优质的服务，招商银行吸引了一大批更能为自己带来价值的优质客户资源，取得了比同行更高的利润率。

三、按照客户寿命来做战略选择

客户消费任何一项产品及服务都有一个年龄段或时间段，比如婴儿奶粉消费者可能是0～5岁的儿童，拐杖消费者可能是60岁以上的老人。这就是我们说的客户寿命概念。企业如何根据客户寿命来做战略选择呢？

客户寿命理论是我们在咨询实践中开发的一种实用理论。什么叫客户寿命呢？客户寿命指客户从使用某一产品或服务到不再使用的时间。客户寿命分为客户期望寿命和客户实际寿命。比如，婴儿奶粉的客户期望寿命是0～5岁，即5年；但某客户是3岁才开始使用我们的奶粉产品，5岁后再不使用，这时对我们来说，客户实际寿命为3～5岁，即3年。

客户期望寿命是不以人的意志为转移的，企业是没有能力去改变的。比如，大多数儿童在0～3岁是以奶粉为主食，奶粉需求量大，3～5岁之后会逐步换成大米、面食等主食来替代奶粉。企业所能做的只是去充分利用客户期望寿命。

如何充分利用客户期望寿命呢？主要有以下几种方式：

第一，尽早在客户期望寿命初期开发客户。在客户期望寿命初期成功开发客户，有可能使客户实际寿命与客户期望寿命一致，从而充分挖掘客户的消费潜力。过迟地开发消费者可能会不太划算，因为企业开发新客户需要付出一大笔开发成本，但客户实际寿命较短，企业的投资回报会大幅度下降。

第二，充分利用客户消费高峰。在客户期望寿命周期的不同阶段，其对某类产品的消费需求量是不一样的，就大多数产品来说，中间某个时间段可能是消费高峰期。比如，对球鞋来说，客户期望寿命周期差不多是人的自然寿命，儿童、青年、中年、老年都需要球鞋；但大多数消费者对球鞋的消费高峰是中学和大学阶段，大致为13～25岁，其他年龄段虽然有消费，但消费量很少。企业要充分利用客户的消费高峰来提高回报。

【示例6-3】　　李宁公司是如何摆脱长期停滞的？

李宁公司是我国著名体操运动员李宁于1990年创办的一家体育用品公司，主营运动鞋和运动服装。借助李宁1984年在美国洛杉矶奥运会上为中国勇夺三枚金牌的影响，李宁公司创业后取得了飞速的发展。但是到了1998年以后，李宁公司遇到了发展瓶颈，公司发展停滞，直到2002年，公司销售额始终不能突破10亿元。

这种长期发展停滞的情况，李宁公司是如何解决的呢？

李宁公司先做了一份市场调查。调查结果大大出乎人的意料。对于运动鞋和运动服装，消费者的消费高峰应以年龄13～25岁的学生为主，但真正购买李宁牌体育用品的核心消费者，其年龄多在23～45岁。

为什么会出现这种现象呢？结果一目了然：23～45岁的消费者是李宁的忠实崇拜者，对李宁牌运动鞋和运动服装忠诚度很高；但对于13～22岁的消费者来说，当李宁在1984年洛杉矶奥运会上勇夺三金的时候，他们还没有出生或者还太小、没有记忆，这些人根本不知道李宁是谁。李宁品牌面临被核心消费群体遗忘的危险。

怎样来解决这些问题呢？

李宁进行了客户战略的调整。在巩固现有忠实消费者的同时，大力开发13～25岁消费高峰期的客户。围绕新的客户定位，李宁采取了一系列产品战略、品牌战略、推广宣传策略，引进了新的品牌代言人。

通过客户战略的调整和实施，李宁公司重新回到了快速增长轨道，销售收入从2002年的9.58亿元上升到2010年的94.8亿元，8年增长了近10倍；净利润从2002年的0.67亿元增长到2010年的11.3亿元，增长了近20倍。没有客户战略的调整，根本无法想象李宁会取得如此快速的发展。

第三节　客户组合战略：如何选择客户组合

前面分析了如何选择客户，当然，不同客户之间是相互关联的，如果我们在客户战略中考虑了客户之间的相互关联性，实现了有效互补和组合作战，将有利于提高企业的整体客户战略效果。

如何来选择客户组合呢？产业战略和区域战略中介绍的近、中、远三层面组合战略，互补组合战略等方法，我们也可以运用到客户组合中，这里不再重复介绍。重点介绍以下两种客户组合战略：

一、商业价值客户、品牌价值客户、传播价值客户组合

在客户“金字塔”选择战略里，我们谈到了对低价值客户不需要投入太多资源，甚至可以考虑远离他们。这样的原则是不是对所有情况都合适呢？假如有些客户不能给企业带来利润，我们是不是就一定要放弃他们呢？答案是不一定。

假如有些客户虽然不会直接为你创造价值，但能扩大你的品牌影响力，有些客户虽然不能为你带来收入，但能为你传播产品价值，这时我们就需要做特殊的考虑。

在我们的咨询实践中，经常采用品牌价值客户、传播价值客户和商业价值客户的细分客户方法，如图 6 - 4 所示。传播价值客户和品牌价值客户虽然可能不会给企业带来利润，有时还需企业投入一定的成本，但对企业来说是具有战略价值的客户，他们能较好地宣传企业品牌、提升企业影响力，是企业应重点去争取的客户。

(1)商业价值客户。商业价值客户指愿意以足够的代价为企业的产品或服务埋单的客户。商业价值客户是企业客户的主体，为企业提供主要的利润来源。企业绝大部分客户都是商业价值客户。只要企业的产品价值是以其核心竞争能力为基础的、是其优势所在，企业就能像呼吸一样自然地为这群客户创造价值。否则，企业就只是在玩概念，或者在为其他优秀企业培育市场、鸣锣开道，为人作嫁。

(2)传播价值客户。传播价值客户是企业重要的传播渠道，是传播产品

价值的舆论领袖，包括专家、传媒、行业协会、其他意见领袖，还有一些具有特殊号召力的终端卖场。有些客户（包括有些终端卖场），虽然商业价值不大，没有品牌价值，但都是提高市场接触面、扩大影响力的场所。例如，飞机上经常会提供一些财经类报纸，虽然将报纸免费提供给航空公司是亏本的，但航空公司类客户是传播价值客户，能起到传播企业品牌的作用。

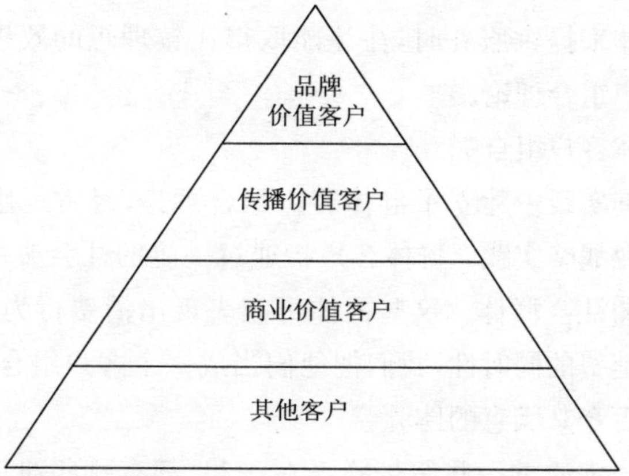

图 6-4　品牌价值、传播价值、商业价值和其他客户

（3）品牌价值客户。品牌价值客户是客户的领袖，他们的使用、评论对其他客户将产生决定性的影响。这些客户无论是购买的数量还是购买的方式、价格，可能都没有商业价值，但他们的态度与行为能提高企业产品价值的号召力或企业竞争点的真实性。有时候，满足这群客户可能无利可图，甚至亏损，但是，当赔的不赔必然导致该赚的不赚。例如，不少空调零部件供应商就通过向中国空调老大格力电器提供产品来证明产品的质量，因为格力电器都在使用这些零部件，因此可以向其他客户证明它的产品质量是有保证的。对一些正在建立品牌的企业来说，攻克一些行业龙头客户对建立企业品牌具有重要影响。

（4）其他客户。如具有竞争意义的客户、具有维系网络作用的客户、没有价值的客户、伪装成机会的“陷阱”客户，还有处于竞争对手的“优势屏障”之内的客户，这些客户都属于其他客户类。

企业在发展过程中可以适当对这种客户进行组合上的搭配，用比较小量的品牌价值客户和传播价值客户，搭配大量的商业价值客户。通过对品牌价值客户、传播价值客户和商业价值客户的搭配能实现客户的优化组合，以适当的品牌价值客户、传播价值客户，有效传播企业品牌，提升企业品牌形象，吸引更多的商业价值客户，扩大企业销售额和利润。

二、群体客户组合

某些时候，我们只从一个消费者的角度来考虑消费者的需求，往往不能满足其他消费者的需求，但把这个消费者作为某一个消费群体中的一员，以消费群体为整体来提供服务时，往往能取得比较理想的效果。这种理论我们叫作群体客户组合理论。

什么叫群体客户组合呢?

我们在咨询实践中建立了群体客户组合理论，经常运用群体客户组合战略来指导企业战略实践。群体客户指通过一定的社会关系结合起来进行共同消费活动的社会群体。这些群体可能表现出消费行为的一致性、消费的互补性或者消费的同时性，我们把他们当成一个客户组合来进行服务时，能为他们提供更令其满意的体验。

群体客户通常通过一些纽带联系在一起，都有哪些纽带呢？我们通常将纽带分为以下几种：

(1)血缘关系。这些客户基于血缘或生理联系而形成群体，比如家庭、亲戚等。血缘关系历史最为悠久，是最为常见的群体客户。例如，五人座的汽车就更多考虑的是现有的家庭结构和家庭人数。

(2)地缘关系。这些客户基于空间或地理位置而形成群体，比如老乡。随着现代城市化的进程，曾经具有一定地缘关系的人到新的城市之后也表现为群体消费特征。

(3)学缘关系。这些客户基于共同学习或培训的联系而形成群体。比如同学、校友、战友等。

(4)业缘关系。这些客户基于劳动与职业的联系而形成群体。比如同事、行业协会等。

(5)趣缘关系。这些客户基于共同兴趣、爱好等而形成群体。比如球友、登山协会、摄影俱乐部等。

(6)活动缘关系。这些客户基于共同参与某些社会活动等联系而形成群体。比如舞蹈比赛团体、旅游团等。

并不是所有的群体都是群体客户组合，同在剧场里的观众、公园里的游客、商场里的顾客等，就不是群体客户组合。群体客户通常表现为有比较明确的关系，有持续的交往，有比较一致的群体意识和群体规范，并表现出一致的消费活动，有时还有一定的分工协作。

群体客户组合有时候需要我们从群体消费特征来给他们提供产品与服务，以满足群体的消费需求，而不仅仅是个体的消费需求。例如，一些餐饮企业在上海推出了非常有特色的菜系，比如湘南菜、苏北菜等，以此来吸引已经在上海常住的老乡群体客户，菜的味道正宗、地道，但餐馆的效益并不好；而一些菜做得一般，但有棋牌、麻将设施的群体性娱乐活动餐馆，既生意火爆、赚足了菜系的钱，又可以通过为一些群体性娱乐活动提供服务增加收入。为什么会出现这种状况呢？究其原因，是前者更多考虑了消费者的个体消费特征，而没有考虑老乡群体的群体消费特征，即他们可能需要更多的聚会、聊天、娱乐；而后者恰恰相反，更符合市场需求。

第四节　客户扩张战略：如何进行客户扩张

在做好了客户选择和客户组合选择之后，接下去我们需要考虑的是，围绕目标客户，如何去实现扩张呢？根据我们的咨询实践经验，企业实行客户扩张主要有下面几种战略扩张模式：

一、集中发展战略

集中发展战略是集中企业的资源于现有产品的现有目标客户的发展，充分挖掘现有目标客户的市场潜力，以实现企业收入增长与利润增长的战略，有时也称客户渗透或市场集中战略。集中发展战略的目的是增加现有产品或劳务在现有客户的销售额、利润额或市场占有率。

与产业战略、区域战略中讲的集中发展战略一样，客户集中发展战略是客户扩张战略里运用最多的一种战略，这种战略不需要很多额外的资源，而且潜在风险较小，因而往往是资金有限的公司的理想选择。当目前客户市场未达到饱和状况、还存在巨大的发展空间时，宜采取集中发展战略。集中发展战略通常运用的手段有三个：一是增加现有客户的购买数量；二是增加购买频次；三是吸引竞争对手的客户。

集中发展战略有自己的优势:可以集中公司资源从事某一客户的经营,更加清晰地了解客户需求,在局部客户领域形成优势。但是采用集中发展战略可能会丧失发展其他客户的良好机会,当既有客户潜力得到充分挖掘、市场容量趋向饱和时,企业的增长速度肯定会放慢,这会影响企业的长期稳定发展。

二、客户梯度扩张战略

当企业推出一个新产品或服务时,我们发现,如果向某类比较保守的消费者推销,很难取得新产品推广的成功,而如果向创新型的消费者推销,则比较容易激发其尝试性消费。我们是否可以根据消费者的这种行为特征来进行客户扩张呢?

在长期的战略咨询过程中,我们建立了一种基于消费者行为分类的客户四梯度扩张战略。按照消费者的行为特征,我们将其分类为创新型消费者、引领型消费者、跟随型消费者、习惯型消费者。如图 6-5 所示。

(1)创新型消费者。最初消费新产品的通常是创新型消费者。创新型消费者是指对产品改进有较高期望、对技术创新有较强敏感度、渴望购买新产品、最早采用创新产品的消费者。创新型消费者的购买行为会带动其他消费者去购买,对于创新技术、创新产品的产生和商品化的实现起着重要的促进作用。因为技术创新既得益于供应方的创新性想法,也得益于创新型消费者的勇于承担风险,还得益于创新型消费者将新产品的技术安全性信息提供给其他消费者。

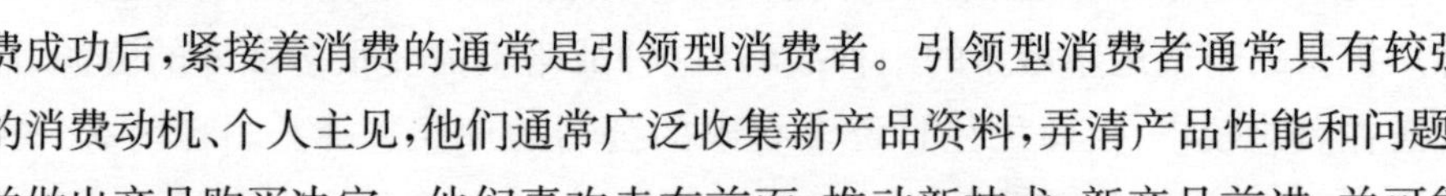

图 6-5　客户四梯度传递模型

(2)引领型消费者。创新型消费者是很少量的,在他们对新品及服务的消费成功后,紧接着消费的通常是引领型消费者。引领型消费者通常具有较强的消费动机、个人主见,他们通常广泛收集新产品资料,弄清产品性能和问题,并做出产品购买决定。他们喜欢走在前面,推动新技术、新产品前进,并可能在消费过程中体验成就、实现自我。他们有时表现出高度的责任感,他们通常是领导者,有较高的社会地位。同时,责任感和使命感能够强烈驱动他们,使其向其他消费者介绍、展示新产品及服务，并引领新产品的消费。

(3)跟随型消费者。引领型消费者消费新产品及服务后，通常会带动跟随型消费者。跟随型消费者通常并不广泛收集产品信息，很可能对产品的性能、质量等不太了解，也不会对产品精挑细选，他们的购买过程简单迅速，只是跟随周围其他消费者。通常来说，跟随型消费者是主流消费群，他们的人数会远远大于创新型消费者和引领型消费者。

(4)习惯型消费者。当新产品及服务推出较为普及、时间较长后，消费者再次购买时一般较少收集它的信息，也较少对它进行再评估，其认识仅仅建立在原来购买和消费的经验之上。如果企业产品、竞争对手产品及外部环境因素没有较大改变，消费者会对产品及服务的消费形成习惯，以后会按习惯来进行购买和消费。

客户四梯度扩张理论非常重要。当我们推出新产品时，客户战略初期的重点需要聚焦于创新型消费者；随着产品的成熟，我们把客户战略的重点聚焦于引领型消费者；当新产品销售进入快速发展期后，客户战略的重点应聚焦于跟随型消费者；当产品相对普及时，我们应巩固消费者，使他们成为习惯型消费者。

三、围绕现有产品开发新客户

我们想进行新客户扩张时，总要思考一个问题——“我们扩张的依据是什么呢?”如果这个问题没有思考清楚，失败的可能性就比较大。

依据现有产品来进行扩张，是一个可靠的办法。我们都知道，卖老产品给新客户要比卖新产品给新客户容易很多。因为我们提供的产品和服务是经过老客户验证、认可的，如果能够找到和老客户相似的新客户群体，我们的产品更容易被他们接受。很多企业的客户扩张取得成功，就是这个原因。事实上，世界上绝大部分优秀公司都是依据现有产品开发新客户取得成功的。

海康威视就是这样一家公司，它是围绕其视音频监控系统来开发客户的。除了已有的银行客户外，还有哪些客户需要视音频监控系统呢？还有交通、公安、电力、政府机关，于是海康威视进行了一系列新客户的拓展。

围绕现有产品拓展新客户要有两个重要的基础：第一个是现有产品要有足够的竞争力，要能使客户满意，否则难有拓展新客户的成功；第二个是了解现有产品给客户带来的价值，了解产品的突出优点，擅于发现新客户，并通过适当的宣传、推广、促销，让这些客户知道、愿意并最终购买产品。

第五节　客户竞争战略：如何在竞争中争取客户

在选择好客户、确定客户扩张路线之后，我们如何关注客户需求、满足客户和争取客户呢？

关于客户的竞争战略，我们通常借鉴的方法论体系有客户需求分析五步法、马斯洛五层次需求理论、4Cs 营销理论、客户感知价值理论、市场势能论等。

一、客户需求分析五步法

客户是企业的衣食父母，是企业收入和利润的主要来源。对客户的了解程度，往往决定了企业对目标客户需求的满足、挖掘、创造程度，决定了目标客户是否购买企业的产品和服务，最终决定了企业的成败。了解客户需求是企业经营管理活动的基础，也是企业战略制定的核心依据。

如何分析客户需求呢？在长期战略咨询实践中，我们建立了比较实用的客户需求分析五步法。

1. 目标客户确定

目标客户是指企业提供产品、服务的目标对象。许多企业几乎把所有人或者机构都当成目标客户，出发点是想把每个人都服务好，结果是每一个人都服务不好。明确目标客户和目标客户边界、充分了解他们的需求和潜在需求，并按照目标客户来提供产品与服务是非常关键和必要的。只有这样才能更好地满足、挖掘和创造客户需求，最终争取更多客户的支持。

谁是我们的目标客户呢？我们首先需要把目标客户挑选出来，对其进行清晰的界定。在本章的客户选择战略、客户组合战略部分我们已经介绍了目标客户分析的方法，这里就不再重点介绍。

图 6-6　客户需求分析五步法

有的企业只有一类目标客户，只需针对这一类目标客户做需求研究，提供相应的产品和服务；有的企业有几类目标客户，这时需要分别针对几类目标客户进行需求研究。如护肤品企业可能会根据美白、补水、祛皱、防晒、祛斑、紧肤、抗氧化、收缩毛孔等功能来区分客户，选择几类目标客户进行核心需求研究，分别推出相应的护肤品来满足这几类客户的需求。

2. 客户需求因素搜集

在确定好目标客户之后，我们就需要了解目标客户关注什么、其核心需求是什么。客户需求往往是多方面的、不确定的，需要去分析和引导。企业需要通过与客户长期沟通，对客户购买产品时的欲望以及他们对用途、功能、款式的要求进行逐步发掘，将其心里模糊的认识以精确的方式描述并展示出来。

如何搜集客户需求因素呢？我们通常可以从市场人员、销售人员、客户反馈中广泛地搜集客户对某类产品关注的因素，也可以从一些标杆产品研究、报告、行业专家文章中搜集客户对某类产品关注的因素，然后把它们整理到一起。客户关注的因素不要怕多，应广泛地搜集大家的意见。

3. 客户需求因素提炼

在广泛搜集同事、客户、专家、行业报告、标杆产品等提供的需求因素之后，要对需求关键因素进行整理、提炼，把相近、类似的需求因素合并，并提炼出最能反映其需求的名称。提炼后，客户需求因素最好保持在 10～15 项之间，少了不能反映出客户的需求，太多了可能会淡化真正关键的需求。

例如，经过需求因素搜集与提炼，住宅客户通常考虑的需求因素有：价格、质量、户型、地理位置、交通条件、小区规模、小区配套、自然环境、风格设计、物业服务、品牌、学校、医院、周边配套等因素。我们可以把公共汽车、地铁、交通干道等合并为交通条件，可以把商店、餐饮、美发、市场等合并为周边配套等。

4. 客户需求因素评估

在提炼好客户需求因素之后，我们需要针对我们目标客户的需求因素进行评估，找出他们最关注的关键需求因素。

不同类型的客户，其需求关注的重点是不同的，收入较为普通的人群可能最关注价格，而高收入人群在其他需求基本能满足的情况下，可能最关注自然环境和风格设计。房地产企业可以通过对目标客户的需求研究，确定客户需求点的先后顺序，以此来提供相应的产品和服务。

这里需要特别强调的是我们针对需求因素进行评估，是针对目标客户的需求，不是所有客户的需求。如果企业只有一类目标客户，就针对这一类目标客户的需求因素进行评估，如果企业有多类目标客户，就需要分别针对这些目标客户的需求因素进行评估。

针对目标客户进行需求因素评估，通常采用的方法有访谈法、问卷调查法、座谈法、观察法、写实法等方法，最常采用的是访谈法和问卷调查法。我们可以根据前面提炼的客户需求因素做访谈问题或者调查问卷的设计，然后对目标客户进行相应的访谈或者问卷调查，最后根据访谈整理或者问卷统计结果，来确定目标客户的关键需求因素。

客户需求分析是整个客户分析的关键。这一关键问题还有许多延伸。例如，目前的客户需求总体处于何种水平？不同地区、不同年龄、不同收入情况、不同性别的客户之间，是否有着重大的区别？如果有，这种重大的区别是什么？目前的客户需求层次有无变化的可能？如果变化，会向哪个层次递进？

5. 客户关键需求因素确定

在对目标客户需求因素进行评估之后，应剔除非关键因素，最后把需求因素保留为6～12个，为未来产品与服务的定位、产品价值曲线设计奠定基础。

二、马斯洛五层次需求理论

客户需求有哪些呢？我们可以学习一个比较经典的理论——马斯洛需求层次理论，这个理论可为我们确定客户需求因素和争取客户提供借鉴。

美国心理学家亚伯拉罕·H. 马斯洛（Abraham. H. Maslow）于1943年在《人类激励理论》一文中所提出的人的五层次需求理论，将人的需求分为五种，像阶梯一样从低到高、按层次逐级递升，分别为：生理上的需求，安全上的需求，情感和归属的需求，受尊重的需求，自我实现的需求。

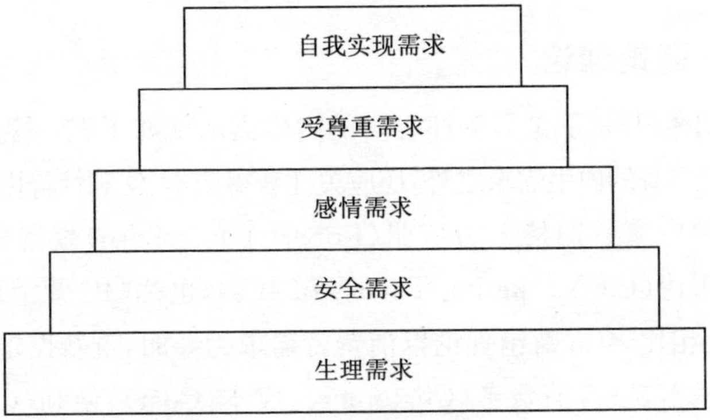

图 6－7　马斯洛需求层次理论

第一，生理需求。主要指衣、食、住、行、性这些维持生存的基本需求。

第二，安全需求。指人们在职业安全、生活稳定、免于灾难、医疗保障、养老保障、社会治安、免受环境污染等方面的需求。

第三，感情需求。指人与人交往的需求，归属一个团体的需求，对友谊、信任、温暖、爱的需求，建立良好人际关系的需求。

第四，受尊重需求。指人们自尊的需求、受别人尊重的需求，包括朋友、同事的夸奖、赞扬、羡慕，荣誉，地位等。

第五，自我实现需求。这是最高层次的需求，指人充分地发挥个人聪明才智、取得成就、实现个人价值的需求。自我实现意味着充分地、活跃地、忘我地、集中全力、全神贯注地体验生活。

需求层次理论遵循以下几条规律：

第一，已经满足的需求，不再是激励因素。人们总在力图满足某种需求，一旦这种需求得到满足，就会有另一种需求取而代之。

第二，大多数人的需求结构很复杂，无论何时都有许多需求影响行为。

第三，在较低层次的需求得到满足之后，较高层次的需求才会有足够的活力驱动行为。

第四，满足较高层次需求的途径多于满足较低层次需求的途径。

企业在向目标客户提供需求时，马斯洛需求层次理论会带来较大的帮助。如一家衬衣企业把目标客户定位于职业精英时，可能应把客户需求重点放在受尊重需求方面。

三、4Cs营销理论

为争取到客户，是不是只关注客户的内生需求就够了呢？答案是不够的。除了关注客户本身的内生需求之外，还应关注获得成本、便利性等因素。

美国营销专家罗伯特·劳特朋（Robert Lauterborn）教授于1990年提出4Cs营销理论（the Marketing Theory of 4Cs），也称“4C营销理论”。与传统营销的4P相比，4Cs营销理论以消费者需求为导向，重新设定了市场营销组合的四个基本要素：消费者（Customer）、成本（Cost）、便利（Convenience）和沟通（Communication）。4Cs营销理论强调企业首先应该把追求顾客满意放在第一位；其次是努力降低顾客的购买成本；然后要充分注意到顾客购买过程中的便利性，而不是从企业的角度来决定销售渠道策略；最后还应以消费者为中心实施有效的营销沟通。

（1）客户。客户主要指客户的需求。企业必须首先了解和研究客户，根据客户的需求来提供产品。同时，企业提供的不仅是产品和服务，更重要的是由此产生的客户价值（Customer Value）。比如，零售商在卖产品给消费者时，除了给消费者提供好的产品之外，还应站在消费者立场上，根据消费者的消费需求和消费行为要求，帮助消费者挑选商品，组合商品销售。

（2）成本。企业考虑顾客成本时，要从顾客总成本来考虑。顾客总成本不单是企业给客户提供产品及服务的生产成本和服务成本，还应包括客户的购买成本，如交通成本、时间成本、精力成本等。企业必须考虑努力降低客户购买的总成本，如降低产品价格，以减少客户的货币成本；努力提高工作效率，尽可能减少客户的时间支出；通过多种渠道向客户提供详尽的信息、为客户提供良好的售后服务，减少客户精神和体力的耗费。比如，万科在房地产开发中，采用精装修房代替毛坯房，就是对客户购房成本、装修成本以及时间、精力的综合考虑，减少了客户的总成本。

（3）便利。便利是客户价值不可或缺的一部分。企业在制定分销策略时，要更多地考虑顾客的方便，而不是企业自己的方便。在通过好的售前、售中和售后服务来最大限度地方便客户的同时，自己也享受到某种程度的便利。例如，零售商在商店的设计和布局上要考虑方便消费者进出、上下，方便消费者参观、浏览、挑选，方便消费者付款结算，等等。

（4）沟通。沟通指企业应通过同客户进行积极有效的双向沟通，建立基于共同利益的新型企业-客户关系。这不再是企业单向的促销和劝导客户，而是在双方的沟通中找到能同时实现各自目标的通途。客户沟通也更强调客户在整个过程中的参与和互动，并在参与和互动的过程中实现信息的传递以及情感的联络。当前的体验营销就是客户在体验的过程中了解产品与自身需求的契合，发现产品的价值所在，并在无形中领悟品牌文化，在潜移默化中感动。而在体验的过程中，客户的心声被企业接纳，又成为下一次创新的方向。比如万科产品创新的循序渐进，就是在与客户的长期沟通中实现的。

四、客户感知价值理论

是不是有了非常好的产品及服务，企业就一定能取得好的销售呢？答案是不一定。客户感知价值理论可以告诉你这个道理。

客户感知价值（Customer Perceived Value，CPV）就是客户将所能感知到的某个产品的利益获得与其所付出的成本进行权衡后，对产品效用的总体评价。客户感知价值体现的是客户对企业提供的产品所具有价值的主观认知，它有时与产品客观的实际价值并不一致。

客户是根据什么价值来购买产品的呢？这也许出乎所有人的意外，客户根据的是自身的感知价值，而不是产品的实际价值。

比如，大家知不知道2008年三聚氰胺毒奶粉事件后，中国的奶粉质量怎么样？可以明确地告诉大家，在乳业企业自身的重视和政府部门的强力监督下，这时候的奶粉是最安全的时候。但是为什么三聚氰胺事件后安全的奶粉卖不掉，而在事件之前有毒的奶粉反而好卖呢？其实这就是客户感知价值的原理，客户买的是感知价值，并不是产品本身的实际价值。三聚氰胺事件之前，客户对毒奶粉的感知是有价值的，而事件之后客户对安全奶粉的感知是不安全的，因此就出现了前面所说的状况。

客户感知价值的核心是感知利益（Perceived Benefits）与感知付出（Perceived Sacrifices）之间的权衡。这一概念包含两层含义：首先，价值是个性化的，因人而异，不同的客户对同一产品或服务所感知到的价值并不相同；其次，价值代表着一种收益与成本间的权衡，客户会根据自己感受到的价值做出购买决定，而绝不仅仅取决于某单一因素。

通过客户感知价值研究我们得出这样几个结论：

（1）价值中收益成分包括显著的内部特性、外部特性、感知质量和其他相关的高层次的抽象概念。虽然许多客户将产品质量（内部特性）作为价值收益中的主要部分，但总体上的价值收益仍包括诸如包装、颜色等外部特性和产品或企业的信誉、便利、形象等更高层次的抽象的利益，而且，产品的内部属性本身可能并不直接与客户所感知到的价值相关，相反，它们往往要通过产品的外部特性甚至客户个人所感知的抽象的利益才能得到体现。

（2）感知价值中所付出的包括货币成本和非货币成本。客户付出货币和其他资源（例如时间、精力、努力）以获得产品或服务。对于一些价格感知程度高的客户而言，货币方面的付出是关键性的因素，减少货币上的支出即是增加了感知价值；对于那些价格感知程度低的客户而言，减少时间、精力方面的支出更能增加感知价值。

（3）外部特性是“价值信号”，能够在一定程度上取代客户在收益与成本之间进行的费神的权衡。在评定产品价值时，客户对组成产品的各种要素的认知能力是有限的，大多数客户并不认真考虑价格与收益，而是依赖于暗示，经常是外来的暗示不经意地形成自己对价值的印象，他们只对已获取的信息进行少量加工便实施购买行为。他们重复购买一个信任的品牌，利用外部价值暗示来简化其挑选过程。

（4）价值感性认识依赖于客户进行估价的参照系统，即依赖于进行估价的背景。例如，在不同的购买地点、购买时间、消费时间与地点，客户对价值的感知就不一样。这意味着客户感知价值是动态的。

客户感知价值是客户对企业提供的产品或服务所具有价值的主观认知。感觉和知觉是认识活动的初级阶段，感觉是人们对事物属性的反映，如事物的色彩、味道、温度等方面的信息在头脑中的反映，构成人们的感觉。不同的人用不同的方法同时看到同一事物的结论是不一样的；同样，同一个人在不同的时间用不同的方式看同一事物，结论自然也不同。

感觉是为了获得结果对输入的信息进行识别、分析和选择的过程。人们通过感官“看、听、闻、尝、摸”等接受信息。虽然获得了大量的零碎信息，但只有一部分成为知觉。知觉是在感觉的基础之上对事物属性的综合性反映。我们选择一些信息，同时放弃其他大量信息，这是因为我们无法在同一时间内去注意所有的信息，这种现象就是选择性注意。人们每时每刻都暴露在许多刺激之下，面对众多的刺激人们较可能注意与目前需求有关的刺激，较可能注意其所期望的刺激，较可能注意某些大幅度偏离正常状况的刺激。

感觉和知觉合称为感知。消费者的感知心理活动是进行其他消费心理活动的基础。消费者的感知有时会和现实不一致，但是这个感知却对消费者的行为有重要意义。

根据客户感知价值理论，企业需要根据对客户感知价值的研究来进行相应的客户战略选择，其操作步骤如下：

第一步，价值探索。企业应培养一个以价值为本的企业文化，并采用关系营销的概念去分析，明白和理解客户需要的价值。

第二步，价值结构。企业应先确立服务品牌的定位，并以客户问卷调查的结果去评估以何种价值作为主题，才去建立和定价企业所提供的服务或产品。

第三步，沟通价值。服务品牌应为自己所确立的价值向客户、战略伙伴、内部员工及公众等做沟通及教育。

第四步，组织和训练以传递价值。企业可创意性地为每位员工设计不同角色，让他们共同建立价值、进行管理及市场运作，并参与到品牌价值链当中，而企业可提供培训去装备所有参与者，以保证他们具备传递价值给客户的能力。

第五步，以管理客户的付出来改善其感知价值。客户将会付出更少的努力和体力，不论在心理和生理上，都能以更舒适的方式去消费。

第六步，企业应尽力维持原有客户、伙伴和员工，以保证价值的传递在经济及生产力上更具效益。

【示例 6-4】　王老吉品牌是如何快速崛起的

2002 年前的王老吉凉茶，是一个销量稳定、盈利良好、有比较固定消费者的饮料，但它连续几年销售额都维持在 1 亿多元，销售区域主要局限于广东及周边地区，面临明显的发展瓶颈。

面对发展停滞的状况，王老吉凉茶是怎么做的呢？

王老吉需要找到阻碍销量增长的原因。王老吉对消费者进行了大面积的访谈，主要问了消费者三个问题，结果有了惊人的发现。

第一个问题是针对广东地区已经消费过的消费者，问他们“为什么会买王老吉凉茶”，绝大部分被调查者的回答是：因为自己上火，需要买凉茶喝来下火；因为王老吉这个品牌有名气，所以买它。这个问题调查的结论是广东及周边地区消费者普遍把王老吉凉茶当成“药”服用，无须也不能经常饮用。而“王老吉”这个具有上百年历史的品牌就是凉茶的代称，可谓是说起凉茶就想到王老吉，说起王老吉就想到凉茶，因此王老吉是凉茶的首选。广东地区消费者对王老吉凉茶的认知是不能把王老吉凉茶作为一种可以经常饮用的饮料，这使得消费频率大大受到限制，同时销量空间也受到较大限制。

第二个问题是针对广东地区外的还没有消费过的潜在消费者，问他们“你上火吗？上火了是怎么办的”。绝大多数被调查者的回答是：会上火，上火了会吃点牛黄解毒片之类的下火药。这个问题调查的结论是广东及周边地区之外的消费者有去上火的需求，但主要是通过吃药的方式来满足的。

第三个问题是针对广东地区外的还没有消费过的潜在消费者，问他们“为什么不喝王老吉凉茶”。绝大多数消费者的回答是“不了解凉茶是什么”，甚至有人说“我们不喝凉的茶水，只喝热的茶水”。这个问题调查的结论是广东及周边地区之外的消费者不了解凉茶的概念，更不用说知道凉茶有去火的功能，因此在推广上遇到非常大的困难。

通过对三个问题的调查，基本明白了王老吉凉茶销量成长面临的问题：在广东周边之外的地区，王老吉拥有“去上火”的实际价值，但目标客户没有相应的感知价值；在广东周边地区，王老吉的实际价值不仅“去上火”，平常还可以喝来预防上火，但目标客户并未感知其实际价值。

那怎样来解决这些问题呢？

关键是重新树立客户的感知价值。王老吉需要重新思考客户战略和品牌战略。怎样来思考呢？

第一，对广东及周边地区之外的潜在消费者来说，要他们知道凉茶有去火的功能，使他们主动消费凉茶，解决上火的问题。

第二，对广东及周边地区的已有消费者来说，要扩大他们的消费频次，要改变他们“凉茶是药”的认识，让他们把凉茶当作饮料喝。

两者综合，“去上火”开发广东周边地区之外的消费者，由“去上火”改为“防上火”大大增加广东周边地区已有消费者的消费频率。灵光一闪，创意来了，“怕上火，喝王老吉”，品牌诉求就这样出来了，两类客户都通吃，既巩固拓展原有市场，又利于进军全国市场，扩大了客户范围，提高了消费频率。

2002 年开始，王老吉抛弃了曾经使用的“健康快乐”的大帽子推广广告，在中央电视台打出了“怕上火，喝王老吉”茶饮品的广告：与朋友聚餐，汗流浃背地吃着热腾腾的火锅，喝一口王老吉，解火降温、舒畅而享受；吃烧烤、吃薄饼、吃煎炸食品等燥热食品时，不要忘记喝口王老吉降火；夏日阳光的炙烤、通宵看球的激情是不是让你开始觉得火热而烦躁了？来罐王老吉吧，让你尽情享受你想要的生活。“怕上火，喝王老吉！”

通过客户战略和品牌战略的调整，王老吉凉茶实现了快速的增长，销售额由 2002 年的 1.8 亿元增长到 2010 年的 190 亿元。①

五、市场势能论

满足客户需求是不是一定要迁就客户呢？市场势能论给的答案是不一定。当市场势能在客户那一方时，可能要更多地迁就客户；当市场势能在销售一方时，销售就能掌握更多主导权。

市场势能论是建立在三方博弈观点上的一个新概念，是用市场势能这一指标来考查市场参与者各自拥有的博弈力量的相对状况，认为拥有更多市场势能的一方在市场中处于相对的主导地位，不仅可以引导客户需求或行业发展方向，同时还能在利益分配中获得更大的利益份额。当势能优势在客户一方时，行业的发展及企业的经营活动都将围绕客户需求进行，客户的强势地位引起行业内的激烈竞争，产业利润下降，甚至使整个产业的边际利润为零；当销售者或竞争者拥有势能优势时，优势的一方将逐步获得产业的垄断地位，在引导产业走向的同时赚取超额的垄断利润。

① 销售额为加多宝的红罐王老吉与广药集团王老吉销量之和。加多宝公司和广药集团由于 2010 年品牌官司而品牌分裂，王老吉品牌所有权和使用权均归广药集团。

市场势能论认为，市场势能的构成元素涵盖以下六个方面：供求均衡度（Equilibrium）、产品效用（Utility）、组织化程度（Organization）、市场地位（Market-State）、产品信息（Information）和市场推广（Promotion）。以上六个方面构成了市场势能的“优美”（EUOMIP）分析框架。

市场势能论之“优美”框架的建立，给企业的战略决策提供了一个有价值的整体思路与分析工具，其中也包括中小企业的产品创新决策。我们不妨来看看这六个元素分别是如何对市场势能产生影响的。

(1)供求均衡度。当市场上产品供不应求时，卖方势能增加，买方势能降低；产品供大于求时则正好相反。比如一些具有垄断地位的厂家，就常常通过控制产量而人为制造市场短缺状态，以此达到增强市场控制力的目的。

(2)产品效用。产品效用是指满足顾客欲望或需要的能力。产品给顾客提供的效用越高，卖方的市场势能就越高。本质上，产品效用所产生的市场势能来源于人的欲望的多样性与无限性，当一方持有他人所希望获得的利益时，就获得了对他人的影响力。对企业创新来说，新产品应具有更高的效用才是其创新的原动力。

(3)组织化程度。市场上哪一方的组织化程度越高，其市场势能就越高。这里所说的“组织化”并不是指某种群体形式，而是群体行为上的一致性与稳定性。对生产者来说，它反映了企业的管理水平，即管理水平好的企业，运作井然有序，企业行为对外有高度的一致性与稳定性；而对顾客来说，尽管并没有某种形式上的组织存在，但只要顾客群体的购买行为高度一致、稳定，就会对销售者产生很大的影响。我们在现实中看到的企业联盟、团体购买等现象，都是通过组织化来提高市场势能的例子。

(4)市场地位。企业的市场地位包含了其产业地位在内的多方面因素，它在很大程度上取决于产业集中度。市场地位高的企业无疑具有更高的市场势能。比如完全垄断的企业就拥有至高无上的市场话语权。一般来说，企业的市场地位与其生产规模之间有正相关系，但二者并不完全等同。此外，企业的公众形象、知名度、企业文化、产品品牌形象乃至企业家个人的社会地位等，也都会通过影响企业的市场地位来影响其市场势能。

(5)产品信息。信息优势会带来市场势能的提升，这就是我们常说的所谓“专家影响力”。一方面，信息优势取决于产品本身的信息含量；另一方面，也与市场成熟度有关。一般情况下，信息优势与市场成熟度呈递减关系。在购买者一方，则与目标顾客的受教育程度、知识结构等因素有关。当然，信息优势不仅是指对信息和知识的占有，也包括处理与使用信息的能力。应当注意的是，信息优势对市场势能的作用还要受到其他元素的影响，如企业的知名度、美誉度等。

(6)市场推广。从严格意义上说，市场推广所产生的市场势能往往是通过企业公众形象和产品品牌形象来实现的。无论是市场推广中的广告宣传还是人员促销，其最终结果都是在一定程度上促进企业和产品形象的提升。除此之外，市场推广的效果还直接决定了市场势能的效率。

第六节　好孩子：围绕客户逐步发展产品及服务

好孩子是一家集研发、制造和销售于一体的全球性儿童用品企业，是中国最大的母婴产品专业分销零售平台和全球最大的婴儿车供应商。在婴儿车行业，好孩子是世界范围内的行业创新者和时尚领导者。2013 年，在中国市场，好孩子达到 42.0%的占有率；在北美市场，好孩子达到 55.1%的占有率；在欧洲市场，好孩子达到 24.1%的占有率。目前，全品类婴幼童产品卖向 78 个国家和地区。

然而，在 20 多年前，好孩子只是中国一家濒临倒闭的中学校办工厂。好孩子如何从一家濒临倒闭的校办企业成为全球最大的婴儿车供应商的呢？我们不妨来了解一下好孩子。

一、好孩子发展阶段

好孩子 1989 年创立至今，共经历了 20 多年、三个发展阶段：第一个阶段是婴儿车发展阶段；第二个阶段是儿童用品发展阶段；第三个阶段是母婴用品零售渠道发展阶段。

1. 婴儿车发展阶段(1989—1997 年)

1989 年前，好孩子的前身——昆山县信艺模具厂是一家资不抵债、濒临倒闭的中学校办工厂，当时任昆山某中学副校长的宋郑还受命接手了这家企业。在寻找经营出路的苦苦摸索中，1989 年，宋郑还独创出了第一辆集推、摇、坐、行多功能于一体的婴儿车，取名“好孩子”，并申请了专利，创立“好孩子”品牌和公司，产品在国内市场一炮打响。

1993 年，依靠创新的产品功能和较好的产品质量，好孩子婴儿车销售突破 1 亿元，销量超过上海童车厂，成为中国童车销售冠军。

1994 年，为了弥补发展资金的不足，好孩子以 33％的股权第一次引入香港置业公司 450 万美元的股权投资。

1994 年，作为国际发展计划的起步，好孩子成立了一支专业研发团队，专门针对美国市场做市场调研和创意设计，开始面向北美市场开发产品。

1996 年，开发一款全新设计“爸爸摇，妈妈摇”婴儿车，打动了曾经在竞争中失利的美国知名童车品牌商多利儿公司(Dorel Juvenile Group)，多利儿公司以“Cosco By Geoby”品牌在 Toysrus，Walmart 等主流通路销售，受到了美国市民的热烈追捧。好孩子通过这款新车敲开了国际市场的大门。

1996 年，好孩子发展迅速，销售快速上升，童装厂、婴儿车二厂先后落成投产。

1996 年，为了满足公司快速发展的资金需求，好孩子再次以 33％股权引入香港第一上海 670 万美元的投资。之后不久，再以 33％的股权向香港第一上海融入 1000 万美元。

1996 年，在中国设立第一家百货公司专柜，开始探索“好孩子”品牌在中国市场的销售。

好孩子早期主要是围绕婴儿车来发展的，这个阶段的战略主要表现为以下几点：

(1)钻研技术，做好婴儿车产品；

(2)开拓国内市场，建设好孩子品牌；

(3)通过与国际品牌商合作，进入美国主流市场。

通过基于客户需求的技术及产品创新，好孩子婴儿车征服了消费者，取得了快速的发展，并且为后来的进一步发展奠定了坚实的基础。在销售收入方面，也逐步向中国婴儿用品龙头企业隆成集团靠近，与隆成集团形成双雄论剑的局面。

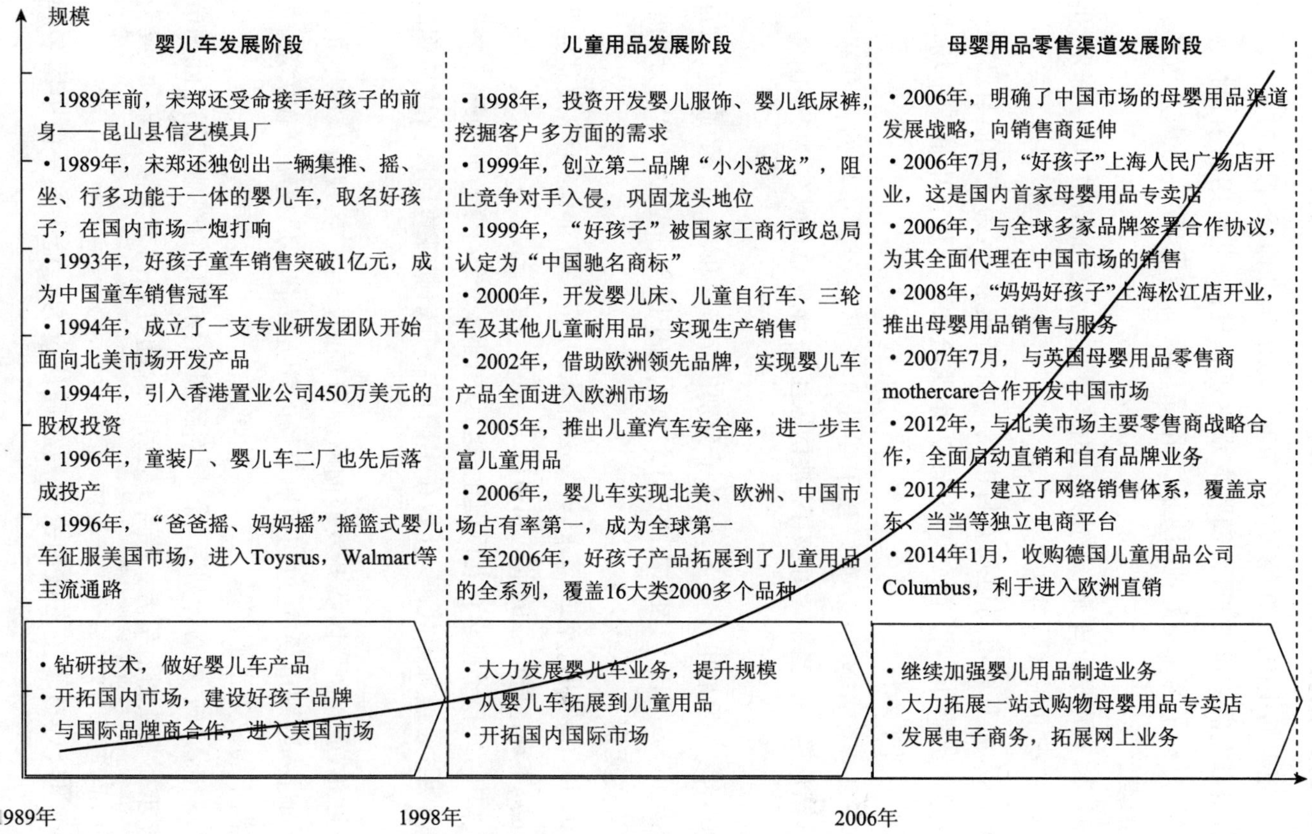

图 6-8　好孩子战略发展阶段

2. 儿童用品发展阶段(1998—2006 年)

20 世纪末的中国,正在经历前所未有的城市化进程,随着农村人口向城市转移,城市人口急速增长,人们收入水平迅速提高,儿童用品消费快速增长。这时,好孩子为了更好地满足儿童用品增长的需求,逐步考虑儿童多元化产品的发展。

1998 年,利用婴儿车形成的影响,围绕婴儿多方面的需求,成立开发、生产婴儿服饰、婴儿纸尿裤等相关子公司。

1999 年,面对城市周边及农村市场的价格战恶化,为了巩固自己的地位,创立第二品牌小小恐龙(2006 年改为小龙哈彼),定位于中低端市场,阻止其他竞争对手入侵。

1999 年,美国 NPD 公布好孩子婴儿车产品在美国市场的占有率为 34.3%,销量第一。当年,"好孩子"被国家工商行政总局认定为"中国驰名商标"。

2000 年,为发展电子商务,好孩子分别以 7.9%和 13.2%的股权,向日本软银集团(SB)和美国国际集团(AIG)旗下的中国零售基金(CRF)分别融入 900 万美元资金。

2000 年,围绕儿童客户需求,开发婴儿床、儿童自行车、三轮车及其他儿童耐用品,实现这些产品的生产和销售。

2000 年,好孩子科学育儿网诞生,这是中国第一个科学育儿网站。

2001 年,通过独家代理,开始在中国市场分销和零售国际一线品牌的产品。

2002 年,成立研发团队开发面向欧洲市场的产品。实现好孩子婴儿车产品全面进入欧洲市场,通过与当地市场的领先品牌形成战略合作关系,立即在欧洲市场成为主流产品。

2003 年,实施"响雷计划",专门针对欧洲市场设计的产品打开了欧洲市场,并逐步征服欧洲消费者。当年,销售收入超过国内老大隆成集团,成为婴儿耐用品产业的冠军。

2004 年,好孩子童车被国家质检总局认定为行业中唯一的中国名牌产品。

2005 年,根据中国汽车业快速发展,围绕儿童客户需求,推出儿童汽车安全座,进一步丰富了儿童用品。

2006 年，好孩子婴儿车产品在欧洲市场占有率为 13%，位居第一，同时在北美市场占有率为 40.2%，在中国市场的占有率为68.8%，好孩子成为全球最大的婴儿车供应商。

至 2006 年，好孩子产品拓展到了儿童用品的全系列，包括婴儿车、儿童汽车安全座、襁褓座、学步车、电动车、自行车、滑板车、餐椅、秋千、儿童床、床上用品、服装、护理用品、喂养用品、卫浴用品和安全用品等 16 大类 2000 多个品种，扎根中国并远销世界各地。

从好孩子的第二个战略发展阶段来看，最典型的表现为从婴儿车拓展到儿童用品。这个阶段的战略主要表现为以下几点：

(1)大力发展婴儿车业务，提升竞争优势，扩大业务规模；

(2)从婴儿车拓展到儿童产品，延长产品线；

(3)开拓国内国际市场。

通过大力发展婴儿车业务，好孩子提升了产品竞争力，并围绕目标客户，利用婴儿车的影响，迅速拓展到儿童用品，实现了公司的快速发展。

3. 母婴用品零售渠道发展阶段(2006 年以后)

2005 年，我国零售市场对外资全面开放，沃尔玛、家乐福等外资零售巨头都加大了进军中国市场的力度。在儿童用品市场，2006 年 12 月，全球最大的玩具及婴幼儿用品专业零售商 TOYS“R”US(玩具“反”斗城)正式进军中国内地，在上海浦东正大广场开出了首家旗舰店。

2006 年，为了进一步发展需要，好孩子决定由原来的产品制造环节向销售环节延伸，进入销售渠道体系，提出了母婴用品零售渠道发展战略，在国内开发建立自己的渠道和零售网络体系，构筑强大的营销网络。

2006 年 7 月，好孩子上海人民广场店开业，这是中国国内第一家为育儿家庭提供一站式购物的母婴用品专卖店。整座专卖店可以看作是一栋完整的“母婴生活馆”，三层店面囊括了好孩子为 0～12 岁的儿童和孕妇所研发生产的 4000 多种除食品以外的几乎所有日常用品，满足了母婴一站式购物的需求。当年，好孩子的“一站式母婴用品专卖店”已经开出 10 家连锁店。

2006 年，与全球多家品牌签署合作协议，为其全面代理在中国市场的销售。其中包括耐克儿童系列、美国迪士尼童车、欧洲高档童装 CAKEWALK 等。

2007 年，好孩子集团正式建立北美研发中心、欧洲研发中心和日本研发中心，形成了以中国昆山为基地，以美国研发中心、欧洲研发中心为前哨的全球研发体系。

2007 年，拓展销售欧洲及北美产品的范围，包括儿童安全座和其他儿童耐用品。

2007 年，好孩子耐用品进入日本、中南美、俄罗斯及独联体、中东、东南亚等国家和地区市场。

2007 年，筹备第二个零售品牌妈妈好孩子连锁店，妈妈好孩子店相对好孩子店来说更大，而且还提供母婴护理服务。好孩子主要销售好孩子的自有品牌，定位中档市场；而妈妈好孩子除了销售自有品牌之外，还代理其他品牌，品牌相对广泛，定位高档。2008 年 1 月，妈妈好孩子上海松江店开业，这是中国国内第一家集母婴产品销售与服务于一体的一站式零售店。与此同时，还推出目录销售和网络销售，标志着好孩子全方位进入母婴产品零售领域。

2007 年 7 月，好孩子与英国最大的母婴用品零售商 mothercare 成立合资公司，好孩子集团占股 70%。双方约定，好孩子集团现有的一站式母婴用品店都将注入合资公司，但原有的妈妈好孩子和好孩子的品牌名称不会改变，并且将来还会继续拓展这两个品牌的直营和加盟业务。

到此，好孩子以“mothercare”“妈妈好孩子”“好孩子”“小龙哈彼”四个连锁店柜品牌，分别对婴童用品零售市场的高、中、低端市场实现了全覆盖，构建起了自己的零售王国。

2008 年 9 月 26 日，以 mothercare 命名的母婴用品商店分别出现在上海的淮海中路和北京的朝阳公园西门。

2009 年，在中国行业内独创分省订货会营销模式，取得巨大成功，实现集团分销网络与全国 4 万家母婴店的无缝对接。

2009 年，好孩子在全球行业内率先倡导“从摇篮到摇篮”的绿色设计，开始将环保理念注入产品创新和设计之中。

2009 年，已在全国开出近四十家母婴用品专卖店，未来两年计划扩张到 500 家。

2010 年，推出新标志“gb”，以期随时间推移逐步取代英文标志“goodbaby”。母婴用品店扩张到 5785 家。

2010 年 10 月，好孩子分拆童车耐用品业务赴港上市，共募集8.95亿港元资金，其中35%用于新产品的研发投资，30%用于生产设施、技术提升，15%用于销售网络，10%用于市场推广(包括品牌建设)，10%为营运资金。

2011年，致力于发展汽车安全座和其他儿童耐用品业务。深度分销管理体系覆盖的母婴店数量达到7000家。除中国、北美和欧洲市场外，致力于发展其他海外市场。在其他海外市场中的各主要市场陆续启动了自有品牌的推广。

2012年2月，与世界最大运动品牌耐克战略合作，共同开拓电子商务平台。根据双方协议，好孩子将全权负责Nike Young Athlet ES(耐克童装)在中国的网络销售。

2012年下半年，正式开始了与北美市场主要零售商的战略合作，全面启动直销和自有品牌业务。

2012年，深度分销管理体系覆盖的母婴店数量达到11984家，建立了专门针对网络通路的营销管理体系，覆盖京东、当当等独立电商平台，发展了81家授权店铺、250家一件代发店铺。

2013年，深度分销管理体系覆盖的母婴店数量达到15056家，网络分销体系产品覆盖了淘宝网761个零售终端，其中，授权店铺483家，一件代发店铺278家。

2014年1月，成功完成对德国儿童用品公司Columbus Holding GmbH的全部股权收购。Columbus为一家总部设于德国的知名儿童用品公司，主要从事儿童用品的设计及销售，并在奥地利、英国、法国、意大利、荷兰及中国设有分公司。主要产品包括汽车安全座、婴儿车及推车。此次收购将有利于好孩子在欧洲建立直销网络，有力提升其在海外的市场销售能力。

2014年4月，好孩子童车生产项目落户汉川，一期总投资5亿元，一年内新上10条童车生产线，计划年产量100万件以上。

从2006年后好孩子的发展历程来看，其战略典型表现为母婴用品零售渠道的发展。这个阶段的战略措施主要表现为以下几点：

(1)继续巩固发展儿童用品制造业务；

(2)大力拓展一站式购物母婴用品专卖店；

(3)发展电子商务，拓展网上业务。

通过母婴用品零售渠道的发展，形成了全国庞大的母婴用品零售连锁店网络，培育了国际自有品牌和直销体系。好孩子不仅仅是一个儿童用品制造商，又逐步成为母婴用品品牌商和销售商，公司实现了持续、快速的发展。

二、好孩子业绩

好孩子无疑是一家非常成功的企业，但它的业绩到底怎样呢？我们来分析一下。好孩子主要资产有儿童耐用品业务、儿童非耐用品业务、母婴用品零售业务三大部分，目前只有儿童耐用品业务实现了上市，上市公司简称好孩子国际。为了分析方便，我们以儿童耐用品业务为主体、其他业务为补充来进行业绩分析与点评。

1. 营业收入

好孩子国际营业收入保持了相对慢速的增长。好孩子国际营业收入从 2007 年的 25.9 亿港元增长到 2013 年的 41.9 亿港元，6 年期间增长了 0.62 倍，复合增长率为 8.4%。具体数据如图6－9 所示。

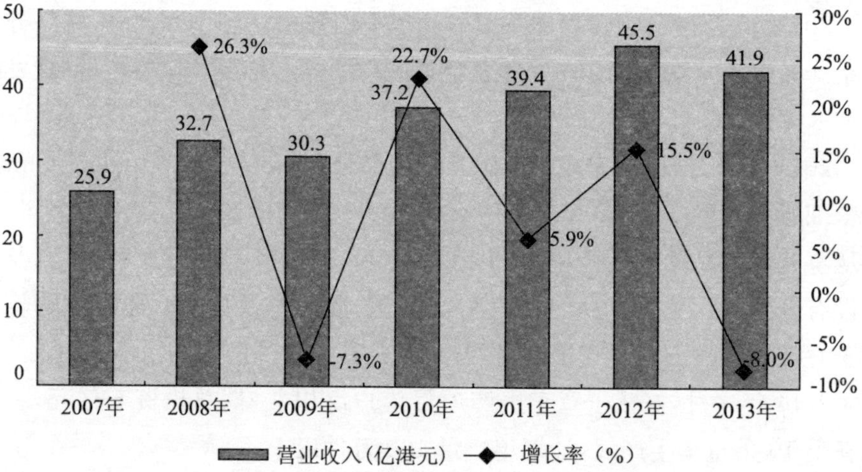

图 6－9　好孩子国际近年营业收入及增长率

资料来源：好孩子国际各年年度报告。

2. 净利润

好孩子国际净利润保持相对停滞状态。好孩子国际净利润从 2007 年的 1.62 亿港元增长到 2013 年的 1.71 亿港元，6 年期间几乎处于停滞状态，复合增长率为 0.9%。具体数据如图 6－10 所示。

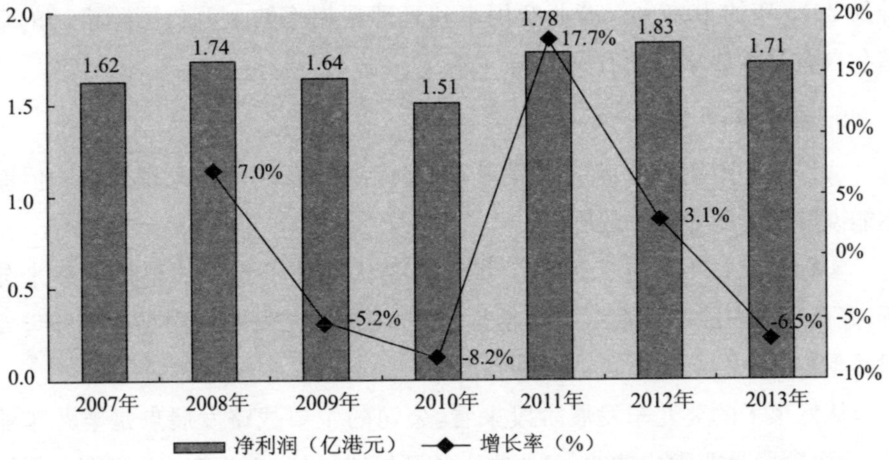

图 6-10　好孩子国际近年净利润及增长率

3. 毛利率与净利率

好孩子国际毛利率呈上升趋势。毛利率从 2007 年的 16.5%提升到 2013 年的 22.9%，但净利率从 2007 年的 6.3%下降到 2013 年的 4.1%，整体呈下降走势。具体数据如图 6-11 所示。

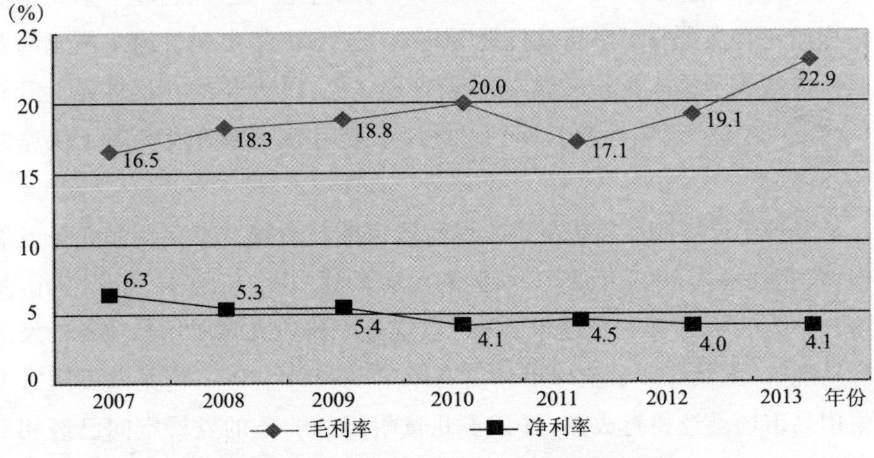

图 6-11　好孩子国际近年毛利率与净利率

4. 三大费用率

好孩子国际管理费用率和营业费用率都呈上升趋势。管理费用率从 2007 年的 5.0%上升到 2013 年的 8.6%，营业费用率从 2007 年的 5.7%上升到2013年的10.7%。营业费用率和管理费用率的上升与国际市场的直销和自有品牌战略启动有关。

5. 业绩点评

从好孩子耐用品业务的发展来看，整体上的表现是不太理想的。但能不能说好孩子的业绩一般呢？

实际情况并不是这么回事。我们需要从好孩子集团的整体业务来分析，好孩子集团除了儿童耐用品业务之外，还包括儿童非耐用品业务和母婴用品零售业务。

从好孩子的婴儿车发展阶段来看，公司的主要战略发展点是婴儿车业务，这个阶段是非常成功的，营业收入从开始增长到1993年的1亿多元再增长到1998年的5亿多元，1993—1998年5年期间实现了年均复合增长率约38%的水平。

从好孩子的儿童用品发展阶段来看，公司的主要战略发展点有婴儿车和婴儿用品业务，婴儿车业务从1998年的4亿多元增长到2007年的12.4亿元，年均增长率约13%；其他婴儿耐用品，从1998年的1亿多元增长到2007年的13.5亿元，年均增长率约为30%，营业收入已经超越了婴儿车业务。当然还有儿童非耐用品及母婴零售业务，2007年实现了约7亿元的营业收入。从集团整体业务来看，总体营业收入从1998年的5亿多元上升到2007年的33亿元，年均增长率约22%，儿童用品发展阶段实现了快速的增长。

从好孩子母婴用品零售渠道发展阶段可明显看出儿童耐用品业务发展缓慢，营业收入从2007年的25.9亿港元增长到2013年的41.9亿港元，复合增长率为8.4%，净利率逐年下降。其实这个阶段儿童耐用品业务的发展也容易理解，虽然好孩子全球市场占有率第一，高达40%，但是欧美国家儿童耐用品市场已经相对成熟，好孩子儿童耐用品业务的发展空间已经相对有限。未来的发展只有自从贴牌到自主品牌、从制造到零售渠道、从儿童耐用品到儿童非耐用品、从儿童客户到其他年龄客户等多方面的转变来考虑。

虽然儿童耐用品业务发展相对缓慢，但这个阶段的母婴用品零售渠道业务和非耐用品业务取得了飞速发展，从2007年的6亿多元上升到2013年的17亿多元，年均增长率约为20%。

三、好孩子战略：围绕客户逐步发展产品及服务

好孩子为什么会取得如此成功呢？当然有中国婴儿用品快速发展的外部环境原因，但其三阶段发展战略也功不可没。

好孩子第一个阶段主要是围绕婴儿车发展。从创立初期，好孩子就通过产品创新，开发出满足客户需求的产品，一炮而红。在20世纪90年代中期，好孩子又成立了一支专业研发团队，专门针对美国市场做市场调研和设计创意，开始面向北美市场开发产品，最终通过与美国品牌商合作的形式进入美国市场，并取得了第一的市场份额。好孩子在第一个阶段的发展非常成功，公司实现了飞速发展，在国际市场建立起的影响力也为其以后的发展奠定了坚实基础。

在婴儿车建立起较大的知名度和影响力之后，好孩子第二个阶段的发展战略是围绕婴儿客户来开拓更多的产品。由于婴儿在需要婴儿车的同时，也需要婴儿床、婴儿餐椅、婴儿浴盆等产品，好孩子顺势开发并大力发展这些产品，卖给原有的客户群体，这个过程水到渠成。当婴儿逐步成长为幼儿时，这时又需要学步车、游戏床、摇马、三轮车、电动车等产品，好孩子又顺势开发并发展这些产品，卖给原有的客户群体，也是相对比较容易的。随着幼儿长大成儿童，这时又需要滑板车、自行车、儿童汽车、安全座等产品，好孩子再顺势来开发这些产品，卖给原有客户群体也是相对容易的。从第二阶段发展来看，好孩子是以客户为中心来开发并发展产品线的，同时随着客户的长大，不断延长产品线。第二个发展阶段即儿童用品发展阶段也是非常成功的。

当好孩子在儿童用品上建立较强的品牌影响力后，就不满足于利润附加值较低的制造环节，而向下游附加值较高的品牌运作和零售渠道环节延伸，围绕母婴客户提供一站式服务。围绕母婴客户提供一站式服务不但能实现企业规模的增长，同时还能提高企业的利润水平。

从国内市场来看，好孩子的举措主要是推出母婴用品一站式购物连锁店，构建全国性的零售渠道网络体系。为了弥补自己在零售环节的不足，通过与国际著名母婴零售商合作，借它的经验来共同发展，建立了“mothercare”“妈妈好孩子”“好孩子”“小龙哈彼”四个连锁店品牌，对婴童用品零售市场的高、中、低端市场实现了全覆盖，以此来构建自己的母婴用品零售

王国。近几年好孩子的母婴客户一站式服务连锁店发展非常迅猛，战略成果正在逐步体现。到2013年底，好孩子分销管理体系覆盖的母婴店数量达到了15056家，全国333个地级市已覆盖282个，覆盖率达85%，全国1988个行政县（含县级市、县、自治县）已覆盖1256个，覆盖率达63%。好孩子正在构建其庞大的零售帝国。

在国内市场发展母婴用品一站式购物连锁店的同时，好孩子也加强了向品牌商和销售商延伸，在欧洲、美国及其他海外市场都逐步培育了国际自有品牌和直销体系，由此来实现从“制造商”向“制造商＋零售商＋品牌商”的转型。2014年初，对德国儿童用品公司Columbus的收购，也进一步加大了好孩子国际市场品牌和零售业务的发展。

四、好孩子战略点评

好孩子的发展战略整体上是非常成功的，也很值得我们许多制造业企业来学习和借鉴。好孩子成功的基础是产品创新，它一直在不断地研发、制造超出客户期望的产品。从1989年独创的第一辆集推、摇、坐、行多功能于一体的婴儿车，再到“爸爸摇、妈妈摇”摇篮式婴儿车，都体现了这一点。好孩子依托婴儿客户群，进入相关的儿童用品产业，也取得了非常理想的效果。当好孩子向下游延伸进军儿童用品品牌及零售渠道，实现母婴客户一站式服务时，其战略效果也在逐步显现。

但好孩子在近年的发展中，也出现了一些问题，主要表现为费用率的逐步提高和净利率的逐步降低。在快速发展的同时，怎样构建企业发展所需要的核心发展能力，确保企业健康、持续发展？这是好孩子需要深入思考的问题。

第七章 产品战略：寻找战略发展点之四

第一节 产品战略的整体思考

企业如何实现快速、健康、持续的发展呢？前面我们已经探讨了推动企业前行的动力系统，产业战略、区域战略和客户战略，它们是支撑企业发展速度与发展质量的三个战略发展点。除此之外，还有其他的战略发展点吗？

除了从产业发展、区域发展、客户发展方面来考虑之外，产品战略就是我们需要考虑的第四个战略发展点。

产品战略是发展战略框架的重要组成部分。产品战略相对于产业战略、区域战略、客户战略来说，更为基本，是支撑它们的基础。企业存在的基本目的就是向客户提供产品和服务，并通过出售它们获取收入、赢得利润，因此，产品和服务是企业经营管理的核心。无论是产业战略、区域战略，还是客户战略，最终都需要通过向客户提供产品和服务去实现，产品战略是企业经营管理的核心，是所有产业战略、区域战略、客户战略的基础。

产品战略是什么呢？在介绍产品战略之前，我们先来了解一下关于产品的一些概念。产品是指用来满足人们需求和欲望的物体或无形的载体，能够提供给市场、被人们使用和消费，并能满足人们某种需求的任何东西，包括有形的物品，无形的服务、组织、观念或它们的组合。产品既包括有形物品，如矿泉水、电视、汽车、软件等，也包括无形服务，如理发服务、维修服务、教育培训、知识、贷款等。

产品是对产业的进一步细分，一个产业包括许多产品。例如汽车产业包括轿车、越野车、客车等产品；家电产业包括电视、冰箱、洗衣机等产品。当然，这种分类也不是绝对的，有许多学者把电视看成一个产业，而把液晶电视、等离子电视看成产品。

产品战略是企业在一定时期内在产品发展方面的选择、规划及策略。产品战略与市场紧密相关，是企业战略的重要基础。企业要依靠物美价廉、适销对路、具有竞争实力的产品去赢得客户，占领与开拓市场，获取经济效益。产品战略是否正确，直接关系企业的兴衰成败。产品战略相对产业战略来说时限要短一些，长的3～5年，短的可能是1年。企业经营什么样的产品，每个产品的定位是什么，产品的功能、特点怎样设计，这都是需要产品战略来解决的问题。

产品战略在业务战略处于基础地位，产业战略、区域战略、客户战略都需要通过产品战略才能落实下来，它是产业战略、区域战略、客户战略能有效执行的基础。

怎样来制定产品战略呢？产品战略需要思考以下五个方面的问题：

(1)如何选择产品？

(2)如何选择产品组合？

(3)如何选择产品扩张路径？

(4)如何考虑产品竞争？

(5)如何考虑产品商业模式？

对这五个问题的回答，就分别形成了产品选择战略、产品组合战略、产品扩张战略、产品竞争战略、产品商业模式。我们将在下面几节分别介绍它们。

第二节　产品选择战略：如何选择产品

产品选择战略需要决定开发哪些产品，在现有产品中重点发展哪些产品、维持哪些产品、淘汰哪些产品，并不断促使产品结构优化和产品更新换代的一种业务战略。产品战略旨在确定产品发展方向、明确产品经营方向和生产重点、制订相应的产品发展计划，以充分利用企业资源、把握市场时机、谋求企业的发展。

我们在长期的战略咨询实践过程中，对战略选择方法论做了一些总结，下面我们介绍一些方法论来帮助你做战略选择。

一、根据产品发展前景和企业实力来做的战略选择

企业的产品选择战略，一般来说，主要基于两方面因素：一方面是产品发展的前景，另一方面是企业对产品经营的实力。比较偏重于产品发展前景的产品选择战略，我们称之为“机会型战略”；比较偏重于企业自身产品经营实力的战略，我们称之为“能力型战略”。

企业应该采取什么样的产品选择呢？是进入、发展、维持、收缩，还是退出？关于产品的选择我们已经介绍了一些选择方法。如波士顿矩阵法、通用电器矩阵法，我们也可以作为产品选择战略的方法。这些理论比较清楚地说明了不同机会和能力组合下的产品选择战略，是非常好的方法论体系。这些理论非常重要，但它们已经在前面的产业战略章节中介绍过，在此不再做详细介绍。

【示例 7-1】 丰田汽车是如何入侵美国市场的

丰田早在1958年就开始着手开拓美国市场，但是早期的开拓非常失败。在美国人的眼中，“日本制造”往往是“质量差的劣等货”的代名词，首次进军美国市场的丰田汽车，同样难入美国人的法眼。丰田汽车初次在美国市场投放了一款名为丰田宝贝儿的轿车，又大又笨，销售量仅为280辆，用丰田自己的话说“简直就是一场灾难”。

面对这种现状，丰田是如何调整战略思路的呢？

首先，建立完善的维修服务网络，解决消费者的担心。在接下来的10年里，丰田开始了一系列的动作。针对美国人对日本车质量的担心，丰田每在一个城市建立销售网络，必然随之开设相应的配件维修店，保证每一辆丰田车随时都有配件可维修更换，让客户对丰田的安全品质建立信心。不同以往的是，丰田在海外采取了最新的多店制，即一个城市拥有不止一家丰田销售店，为了避免恶性竞争，每个销售店负责不同的车型，彼此互补，保证市场占有率。同时丰田认识到自己在美国势单力薄，积极主动地“交朋友”，与经销商建立良好关系，签订合同，将销售渠道紧紧抓在手里。到1965年光冠进入美国市场时，丰田已经拥有384家经销店和200万美元的汽车零件仓库，1970年剧增到1000家，超越了美国第三大汽车生产商克莱斯勒。将员工、生产商、代理商、销售点捆在了一起，让大家紧密团结、沟通合作，这就是丰田管理文化。

其次，以中低档汽车为切入点来满足大众消费群体的需求。在维修服务网络准备就绪后，丰田开始吹响了进军美国的号角。在“进攻型战略”的指导下，丰田推出了中低档花冠汽车。花冠以其外形小巧、经济实惠、舒适平稳、维修方便的优势敲开了美国市场大门。由于在前期丰田利用各种销售渠道充分了解了市场需求，因此可以说花冠是完全为了迎合美国人的需要而生产的，其一进入美国市场就受到广大客户的喜爱。当然最主要的原因是丰田小汽车的售价始终低于美国同类车的价格，每辆车都有100美元到400美元的差价，花冠的定价在1800美元。相比欧美轿车，经销商赚得更多，因此在初期经销商都大力帮助丰田开拓市场，收集市场信息。而丰田的主要目的是在人们心目中树立起“质优价廉”的形象，以提高市场占有率、确立长期市场地位。对成本的压缩使丰田有着充足的资金链，能够经受住低利润甚至亏损的情况。事实上直到1977年美国丰田才开始扭亏为赢。

由于丰田主营产品是小轿车，与美国大尺寸汽车的主流市场不发生冲突，因此在那个时候并没有引起美国三大汽车巨头的关注。也正是这个致命的疏忽，给以后美国汽车行业的溃败埋下了伏笔。1967年，丰田的“第二创始人”、号称“丰田支柱”的丰田英二上台，这个偏执狂把自己的思想带进了丰田文化，带领着丰田走向全球。丰田开始了疯狂地扩张，虽然引起了三大巨头的注意，但仍未引起足够的重视。

1975年12月，随着第二次石油危机的来临，美国福特总统签署了企业平均油耗法规，这标志着全球小汽车大战正式爆发了。在这个时刻，日本和美国的汽车商们以美国市场为主进行了一场恶战。三大汽车巨头斥资高达800亿美元，这是阿波罗月球登陆计划的3倍，福特董事长考德威尔称之为“和平年代规模最大、程度最深的工业革命”。但是这场被媒体炒得轰轰烈烈的汽车大战，由于美方的准备不足，在70年代尚未结束之前就以日本方面的压倒性胜利告终。如果将其称为一场拳击比赛，那么美国选手好比在没上场之前就退赛了。

到1980年，三大巨头已经亏损40亿美元，克莱斯勒甚至不得不面临重组的困境。同年2月，美国汽车工会主席道格拉斯来到日本，请求日本汽车制造商在美国建厂以稳定美国汽车市场。全球汽车大战正式结束。丰田英二随后与通用结成联盟，利用通用庞大的销售网络，正式开辟全球化运营之路，丰田入侵美国汽车行业圆满成功。

二、产品不同发展阶段的战略选择

企业不能期望其产品永远畅销，因为一种产品在市场上的销售情况和获利能力并不是一成不变的，而是随着时间的推移发生变化的，这种变化经历了产品的诞生、成长、成熟和衰退的过程，就像生物的生命历程一样，所以称之为“产品生命周期”。

产品生命周期就是产品从进入市场到退出市场所经历的市场生命循环过程，进入和退出市场标志着周期的开始和结束。典型的产品生命周期一般可以分成四个阶段：导入期、成长期、成熟期和衰退期。不同的产品，其生命周期长短不一样，有的产品生命周期长，有的产品生命周期短。一般来说，在产品发展的各个阶段，其技术特征、组织形态、发展的主要驱动因素等均具有明显差异。

产品生命周期与产业生命周期有相似的一面，比如其经历的历程；但也有不同的一面，产品生命周期比产业生命周期通常要短一些，比如背投电视、传统功能手机、傻瓜相机，其生命周期都小于电视、手机和相机产业的生命周期。

不同产品生命周期的战略选择非常重要，这里特别强调一下。但它类似于不同产业生命周期的战略选择，这个内容已经在产业战略章节中介绍过，这里不再做详细介绍。

三、产品的更新换代与开发周期设计

前面介绍了产品的生命周期理论，产品是有寿命的，企业不能随着产品的死亡而死亡。那企业该如何考虑在产品的不同生命周期实现企业的持续发展呢?

我们在长期的战略咨询实践中，开发了一种产品更新换代理论，这个方法论非常实用，下面我们来了解一下。

我们首先分析一下产品不同生命周期的投入与产出。就产品的投入、收入、利润、总回报来说，表现如下的特征，如图 7－1 所示。

(1)导入期。新产品投入市场，便进入了导入期。此时客户对产品还不了解，除了少数追求新奇的客户外，几乎没有人实际购买该产品。在此阶段产品生产批量小、制造成本高、广告费用大、产品销售价格偏高、销售量极为有限，企业通常不能获利。

(2)成长期。在产品经历导入期、销售取得成功之后，便进入了成长期。这是需求增长阶段，需求量和销售额迅速上升，生产成本大幅度下降，利润迅速增长。

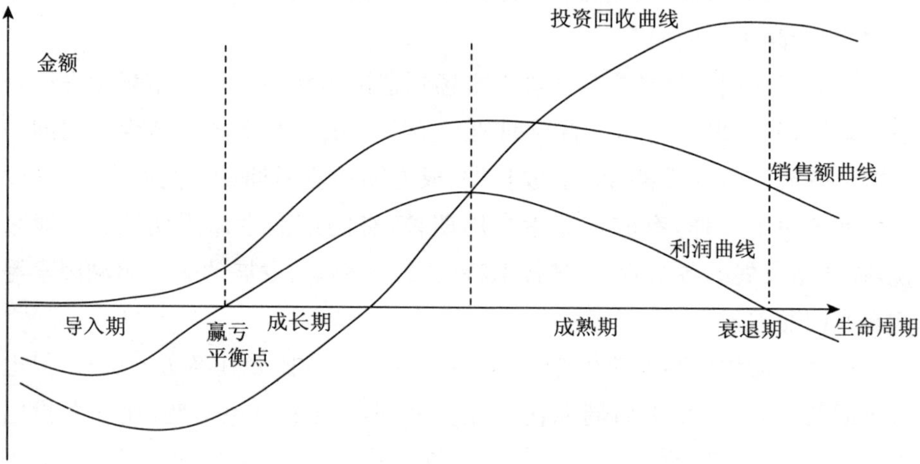

图 7-1　产品生命周期对应销售额、利润曲线

(3)成熟期。经过成长期之后，随着购买产品的人数增多，市场需求趋于饱和，产品便进入了成熟期阶段。此时，销售增长速度缓慢，直至转而下降；竞争的加剧，导致广告费用再度提高、利润下降。成熟产品是企业理想的产品，是企业利润的主要来源。

(4)衰退期。随着科技的发展、新产品和替代品的出现以及消费习惯的改变，产品的销售量和利润持续下降，产品进入衰退期。产品的需求量和销售量迅速下降，同时市场上出现替代品和新产品，使客户的消费习惯发生改变。此时成本较高的企业就会由于无利可图而陆续停止生产，该类产品的生命周期也就陆续结束，以至于最后完全撤出市场。

从产品的投入、产出分析，我们知道，一个产品最初导入期是亏损的，成长期时实现赢利并逐步增长，成熟期进入赢利高峰，衰退期赢利逐步减少直至亏损。其盈利曲线如图 7-2 所示。

假如企业一直没有开发新一代产品，这时我们会发现，企业发展停滞了，会逐步走向亏损。企业为了持续发展，在第一代产品赢利出现下降前，就需要开发出第二代产品，这样企业才能保持相对较高的利润，实现持续发展。同样的道理，企业还需要开发第三代、第四代产品，在产品消失前就需要不断地开发，让产品保持较高的利润率，企业才能不断地发展。理想的产品单位利润曲线应是不同代产品连接在一起、由较高部分组成的曲线，它会比单一产品取得更高的利润率，这就是产品的更新换代理论。

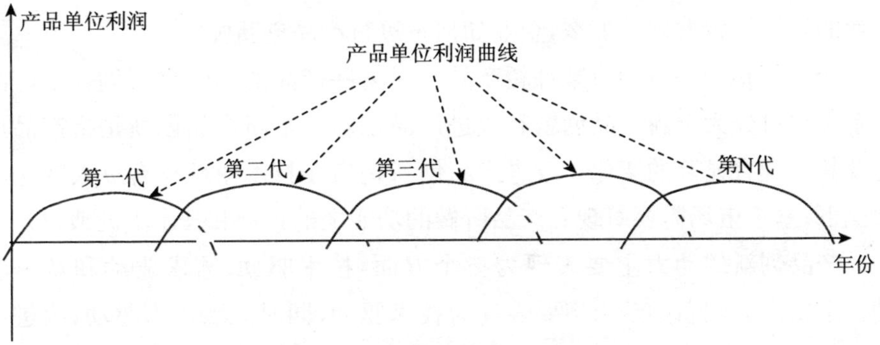

图 7－2 产品更新换代理论

从产品更新换代理论看，企业为了实现持续发展，需要不断地开发新产品，以形成产品的接力。通常来说，在上一代产品为成熟期时，就要准备下一代产品的开发。根据我们长期的战略咨询经验，对一般产业而言，要开发一代、储备一代、销售一代。

企业在开发产品时也要面对另一个问题：当开发周期过频时，会增加产品开发的个数，增加产品开发的总成本，而此时老产品的投入还没有得到相应的回报，因此企业为了取得合理的回报，就需要控制好产品开发的周期。

那么，多长的周期合适呢？产品开发周期不能大于产品的寿命周期，也不能小于产品生命周期的成熟期，否则都是不经济的。产品的开发周期应该以稍微大于成熟期的时间长度较为合适。不同产业，产品的开发周期是不一样的，快销品的产品开发周期相对要短，而耐用品的产品开发周期相对要长。

根据我们的长期战略咨询经验，有时，合理地控制创新节奏、合理地设计产品开发周期，有利于提高客户的消费频次，增加企业的收入和利润。微软就是一个典型的例子。微软每隔几年都会推出一款 Windows 产品。1995 年推出 Windows95 之后，1998 年推出 Windows98，2000 年推出 Windows2000，2003 年推出 Windows2003，2004 年推出 WindowsXP，2009 年推出 Windows Vista 和

Windows7,2012 年推出 Windows8。微软通过 Windows 产品的升级换代,使消费者从一次消费变成了多次消费,增加了消费者的消费频次、实现了企业的持续发展。微软未来还会推出一系列的 Windows 产品。

四、产品创新

前面介绍了产品需要不断创新、不断更新换代以保持持续生命力,促进企业的持续健康发展。那么,企业如何来进行产品创新呢?

产品创新指的是创造某种新产品或对某些产品的属性进行创新。产品创新大致可分为全新产品创新和改进产品创新。全新产品创新是指产品用途及其原理有显著的变化。改进产品创新是指在技术原理没有重大变化的情况下,基于市场需要对现有产品所做的功能上的扩展和技术上的改进。

产品创新的动力主要表现为三个方面:技术驱动、需求驱动和竞争驱动。全新产品创新的动力主要表现为技术驱动,同时兼顾需求驱动;改进产品创新的动力机制主要表现为需求驱动和竞争驱动。无论怎样的产品创新,它的目标都需要瞄准市场,瞄准客户的需求或者潜在的需求。技术创新活动也要以市场需求为出发点,明确产品技术的研究方向,通过技术创新活动,创造出适合这一需求的适销产品,使市场需求得以满足。在实际生产中,产品创新总是在技术、需求、竞争几个方面的综合考虑,是将市场需求和本企业的技术能力相匹配,寻求风险收益的最佳结合点。

根据我们的咨询经验,产品创新通常需要思考三个问题:

(1)有哪些潜在需求。客户、潜在客户面临哪些问题和困惑?这些问题和困惑常见、普遍吗?这些问题往往是产品创新的出发点。通过对这个问题的分析,我们可以去找到客户的需求,有时还会挖掘出客户的潜在需求,甚至创造出客户需求。

(2)这些需求得到满足了吗。目前哪些产品在解决这些问题?较好地解决这些问题了吗?通过对这些问题的分析,我们了解了这些需求满足的现状,为我们提供了是否该去满足这类需求的依据。

(3)我们能否满足这类需求。我们能解决这些问题吗?依据我们现有的产品、技术、市场、成本控制、资金、人员等能力能否帮他们解决这类问题?如果能解决,我们需要开发怎样的产品?通过这些分析,我们最终了解到是否有能力满足这类需求。

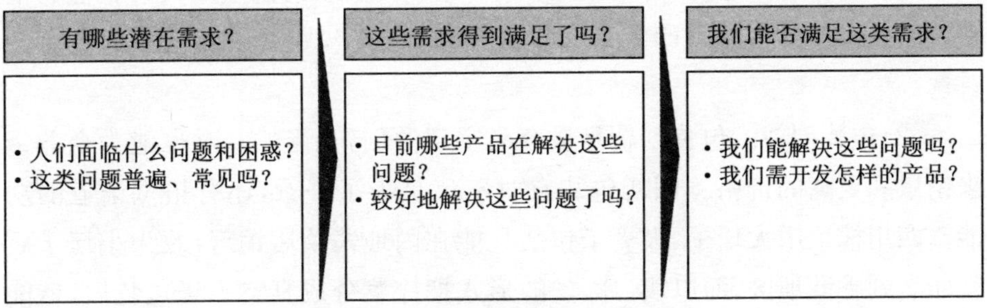

图 7－3　产品创新思考框架

当然全新产品开发还需要企业新产品项目立项，通过成本效益分析，最终确定是否开发全新产品。

产品创新的方式可谓多种多样、五花八门。企业不要一想到产品创新，就认为是高难度的技术创新，其实产品创新无处不在，只要我们用心，有时不经意地改变一些产品，就可能给企业收入和利润带来一个飞速的突破。我们在战略咨询中，对产品创新的方式做了总结，把它归为七类，如图 7－4 所示。

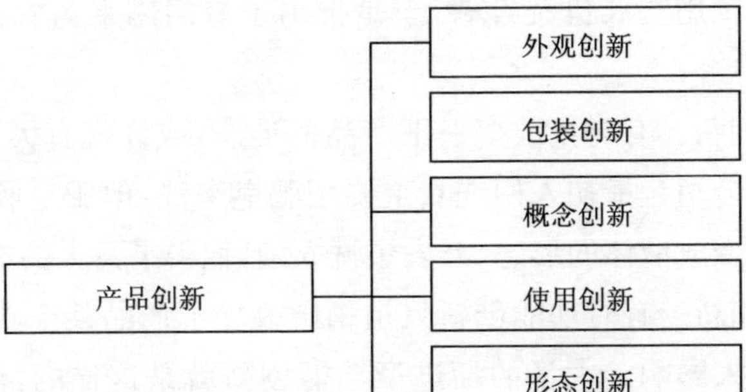

图 7－4　产品创新的方式

(1)外观创新。几乎每种产品或者每一类服务，最先被消费者认知的都是其外观或者说外在形象。正因为这样，外观创新几乎得到了每一家企业的重视。外观创新是企业所有创新中使用最多的创新类型。三星手机就是靠外观创新超越了摩托罗拉、诺基亚，成为手机行业销售量最大的企业。消费者对三星的第一品牌印象是“时尚、精致、漂亮”，外观成为众多消费者的首选。

(2)包装创新。包装创新是最容易实现的创新，当然有时也能为企业带来销量和更高的价格。创新包装有时不仅是为了好看，还有拓宽渠道的功能。四川榨菜用大坛子、大篓子包装只能在内地酱菜店销售，改为小坛子后就能卖到香港地区，而以块、片、丝的形式把榨菜分成真空小袋包装后，就能够销往国外。包装材料的创新，保鲜功能、保质功能、运输方便性的改进，屡屡为商品开拓市场提供了新的机会。

(3)概念创新。概念创新是非常重要的一个创新，通过概念创新，有时能使产品的特点与消费者的需求(潜在需求和现实需求)紧密结合起来。王老吉凉茶本身的配方、成分都没有变，但通过从“凉茶”到“去上火”，从“去上火”再到“防上火”，大大拓展了消费者群体，提高了消费频率，实现了1亿元到180亿元的突破，就是典型的概念创新。

(4)使用创新。使用创新有时候也会发生，企业通过产品使用过程中的发现来创新产品。海尔洗衣机就是一个很好的例子，海尔在销售过程中，发现某些北方农民用洗衣机洗红薯，于是推出了专门用来为农民洗红薯的洗衣机。

(5)形态创新。有时候改变一下产品的形态，或许就有大发现。蓝月亮就是这样一家公司。最初人们洗衣主要用肥皂来洗，但肥皂收纳不方便，蓝月亮就把肥皂变成液体的形态，开发了洗衣液，取得了巨大的成功。

(6)功能创新。有时功能创新只是稍微改变了产品某个功能，对用户和竞争者没有重大影响。大量的渐进型功能创新就是这样的，可以说这种创新产品每天都在出现。这种产品不超出某一产业，也不改变产业的边界，也不改变产业的游戏规则。例如鼠标加上了转轮，几乎所有的鼠标产品都是这样；小汽车开了天窗，适应了某些特殊消费者的要求；等等。

(7)技术创新。技术创新包括开发新的技术，或者将已有的技术进行新的应用。技术创新的难度相对是最大的。有时一个技术方面的创新是革命性的，可能会成就一个伟大的企业。苹果将触摸屏技术应用到手机，扩大了手机的屏幕，并将计算机系统装入手机，引发了手机产业的革命，最终造就了苹果现在的辉煌。

根据创新产品进入市场时间的先后，产品创新的模式有率先创新、模仿创新。率先创新是指依靠自身的努力和探索，产生核心概念或核心技术的突破，并在此基础上完成创新的后续环节，率先实现技术的商品化和市场开拓，向市场推出全新产品。模仿创新是指企业通过学习、模仿率先创新者的创新思路和创新行为，吸取率先者的成功经验和失败教训，引进和购买率先者的核心技术和核心秘密，并在此基础上改进完善，进一步开发。率先创新与模仿创新各有优缺点：率先创新能取得市场先机，塑造品牌制高点，引领市场；但缺陷也明显，存在非常大的技术风险、市场风险和经营风险等。模仿创新能模仿创新者的创新思路和创新行为，吸取率先者的成功经验和失败教训，但可能会失去市场先机和品牌制高点。

创新是多种多样的，但创新不能盲目，一定要抓住目标客户的需求及潜在需求，以此为目标，通过多种方式创新的灵活运用，最终达到满足客户需求、引领客户需求和创造客户需求的目的。

【示例 7-2】　　朗科是如何推出 U 盘的

1999 年之前，在移动存储市场上占主导地位的还是软盘和移动硬盘。虽然电脑技术发展突飞猛进，CPU、硬盘等产品的更新换代日新月异，然而例外的是，与 286 PC 机同时代出现的 1.44M 软盘和软驱却始终没有太大的转变，仍然是主流 PC 电脑的标准配置。

软盘是采用磁性材料作为存储介质的，这样的技术使得软盘有着自身难以逾越的障碍，那就是“容量小，可靠性差，读取速度慢”。软盘的容量只能达到 1.44M，而且磁性介质受外界环境的影响比较大，数据的可靠性和安全性也早已不能满足消费者对移动存储的要求。

移动硬盘采用微硬盘技术，主流是 1.8 英寸和 2.5 英寸两种硬盘，移动硬盘存储量较大，从 10G 到 100G 不等，数据传输速度快，安全性、可靠性强，但移动硬盘的弱点是价格高昂、体积较大，携带不甚方便，因此只适合对移动数据存储量有着特殊要求的消费者。

面对移动存储设备的这种现状，一家来自中国深圳的公司看到了巨大的发展机会。这家公司的名字叫朗科，它在思考这样一个问题：有没有容量介于软盘和移动硬盘之间、既方便又便宜的移动存储设备呢？

朗科看到了移动存储市场中的这片空白，并逐步形成了产品概念的雏形——使用flash闪存技术。在当时，flash闪存芯片的产量非常有限，价格也相对较高。但是朗科坚信自己对市场和需求的判断，预言闪存价格会很快下降，率先研发配套技术，成功开发出一套控制软件，并将USB连接功能和flash的存储功能集合在一个硬件设备上，让存储介质和驱动器合二为一。

就这样，朗科的第一个U盘诞生了。U盘推出后，市场的良好反应印证了朗科对移动存储市场的判断。随后，朗科又采取了一系列市场运作手段，不断扩大生产规模、降低单位成本，经过3年，终于把U盘做成了一个年销售额3亿元的大市场。

U盘体积小、重量轻、可随身携带；存储容量从16M到10G，远大于软盘；存取速度快，大约是软盘的15倍，特别适合于传输大型文件；最重要的是，与传统可移动存储器不同的是，U盘利用USB接口进行数据传输，不需要驱动器，即插即用，使用时就相当于一个独立的“硬盘分区”，交换数据时像软盘一样“拔下就走”，支持热拔插，使用极为方便。此外，U盘具有较强的抗震能力，可防潮、防磁、耐高低温，并可擦写100万次，存储数据至少可保存10年以上。功能上的巨大优势带来了U盘在移动存储市场上爆炸式增长，软盘也在这股巨大的浪潮下逐渐被淘汰了。

一个小小的U盘却引发了移动存储市场的巨大变革，朗科的发明是基于对消费者需求和产品功能的深刻认识之上的。朗科认识到消费者对大容量、低成本的移动存储的巨大需求，并发现了现有产品功能的不足。基于对移动存储功能的创新，从1.44M到几十兆、几百兆，从磁性介质到flash闪存，朗科发现了功能需求，开创了新的战略性功能市场，改写了中国计算机存储领域改革开放后近20年来无原创性发明的尴尬历史，最终成就了全球移动存储领先厂商的事业。

第三节　产品组合战略：如何选择产品组合

上一节介绍了如何选择产品，但是不同产品之间是相互关联的，如果我们在产品战略中考虑产品之间的相互关联性、实现产品的有效互补和产品组合作战，将有利于提高企业的整体产品战略效果。

如何来选择产品组合呢？在产业战略章节，我们介绍了一些产业组合的方法，有些也可以运用到产品组合战略中，比如产业互动互补效应，这里我们不再做详细的介绍。下面向大家介绍其他一些产品组合战略。

一、近期、中期、长期的产品组合战略

一个企业要想长期持续地发展，必须保持三层面战略的平衡发展：第一层面是拓展和巩固核心产品；第二层面是大力发展即将涌现增长动力的战略产品；第三层面是创造有生命力的探索与培育产品。通过核心产品、战略产品，探索与培育产品的平衡设置，能有效解决企业近期、中期、远期的持续发展。

在产业战略章节中，我们已经介绍了近期、中期、远期三个层面业务的战略理论，由于这个理论对产品非常重要，在此我们简略复述一下，不再做详细介绍。

二、产品金字塔组合战略

企业能否建立一个产品组合，使得部分产品能实现有效利润，而另一些产品能抵御市场中竞争对手的巨大冲击、保护其他产品利润的实现呢？

美国管理学者亚德里安·斯莱沃斯、大卫·莫里森、劳伦斯·艾伯茨、保罗·克利福德通过对瑞士钟表业的研究，在其著作《发现利润区》中提出了著名的产品金字塔理论[①]。在产品金字塔模型（Product Pyramid Profit Model）中，客户关于产品风格、颜色、价格的偏好是最重要的因素。根据客户收入和偏好的差别，可以建立一个产品的金字塔。就像在钟表、汽车、信用卡市场上所看到的那样，这种金字塔到处都有。在塔的底部，是低价位、大批量的产品；在塔的顶部，是高价位、小批量的产品。虽然利润集中在产品金字塔的顶部和中部，但在塔底部建立的“防火墙”产品，却能阻止竞争者进入，保护该公司在金字塔顶部产品的丰厚利润。

产品金字塔，使企业建立一个从低价位到高价位排列的高、中、低档健全的产品组合，价格高、中、低每个层面都有相应的优势产品组合，不是单兵作战。高档产品代表了企业的综合水平，是企业产品的重中之重，它为企业带来两种效益：一是较大的经济效益，投入高、附加值高，但客户群较少；二

① 亚德里安·斯莱沃斯，大卫·莫里森，劳伦斯·艾伯茨，保罗·克利福德. 发现利润区[M]. 凌晓东，等，译. 北京：中信出版社，2007：31.

是有较好的名牌效应，是无形的效益。低档产品是成本低、有较低附加值的产品，但是产品分布广、通用性强，有很强的价格竞争力，具备一种防火墙的作用，能有效防止低价竞争者的价格冲击、保护中高档产品组合、维护金字塔系统利润能力。

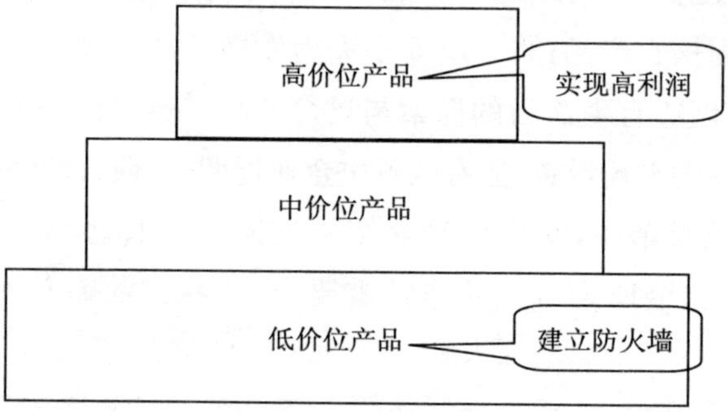

图 7-5　产品金字塔模型

具备稳定产品金字塔组合的企业，产品价格系统竞争力和获利能力都很强，有效地选择优势单品或产品组合进行涨价，能有效保证产品结构和市场销售的稳定性。

建立产品/品牌金字塔模型，有几个关键点必须注意：

第一，产品线价位的覆盖相对全面，低档产品和高档产品同样重要；

第二，建立一个从低价位到高价位排列的产品金字塔；

第三，建立一种或几种防火墙品牌，保护中高档产品组合，维护金字塔系统利润能力；

第四，创建中高档形象品牌（产品），提高企业营销竞争力和品牌附加值。

【示例 7-3】　瑞士钟表业的复兴之路

瑞士钟表业是世界钟表制造业的象征，人们一想到瑞士就会想到手表，一想到手表就会想到瑞士。瑞士曾经在世界手表市场独领风骚几十年，从精确度到款式，从豪华型到高雅型，它都是产品的领导者。在近半个世纪里，瑞士制表企业的设计没有什么变化。它的目标仍然是那些保守的、富裕的消费者，因为他们肯为一件产品出高价。

但是，20 世纪 70 年代，瑞士钟表业几乎遭遇了一场灭顶之灾。

20世纪70年代,一场新技术暴风雨席卷了瑞士钟表业。以天美时、西铁城、精工和卡西欧为代表的、领先一步投资于数字技术的新企业,推出了时间更准确、价格更便宜的石英手表。由于成本和价格方面的劣势,瑞士钟表业市场受到了巨大的冲击,钟表业遭到了严重的破坏。在日本企业的重创下,瑞士钟表业高档市场萎缩,中档市场份额也在减少。20世纪70年代中期至80年代初,瑞士钟表业的市值大幅下降,钟表企业纷纷破产,瑞士钟表业在国际市场的份额由原来的43%下降到15%,工人数量由90万人下降到30万人。

与日本制表企业相比,瑞士钟表业过去的成功不是来自技术,而是来自工艺、品牌、精美的图案、期望、合作、信任,当然更多的是来自人们对瑞士钟表的钟爱。多年来,瑞士钟表靠这些赢得了繁荣,在全球钟表行业担任领跑者。而日本钟表企业,其优势在于低成本制造、普及性销售和市场推广。

瑞士钟表业正在全线崩溃,由于钟表业是瑞士的支柱产业,瑞士简直面临了一场灭国之灾。面对如此状况,企业该怎么办呢?

正在瑞士钟表业危难之际,一个名叫尼古拉斯·海耶克的人看到了机会。他做了一个实验,制造了三种完全相同的石英表,但分别贴上了不同的原产地,第一种为"瑞士制造",第二种为"日本制造",第三种为"香港制造",把它们分别定价为110美元、100美元和90美元,瑞士的最贵,香港的最便宜。他把这些表投放于欧洲、美国和日本市场,并观察消费者的反应。奇怪的事发生了,虽然是完全一样的表,但绝大部分的消费者选择了较贵的"瑞士制造",而没有选择价格相对低廉的日本手表和香港手表。

通过市场实验,海耶克断定,瑞士手表有明显的品牌溢价,即使在便宜的石英表上也有10美元以上的溢价。于是海耶克联合一群投资者收购了ASUAG和SSIH全部资产的51%。海耶克认为,即使日本劳动力成本为零,瑞士钟表仍会有市场。日本企业正在努力使其产品在价格和销售方式上与众不同,但海耶克通过市场测试发现,瑞士钟表企业甚至不需要费力就能够赢得产品的比较优势,那就是消费者对瑞士钟表的钟爱。

海耶克收购了SMH公司,并把其他公司整合到SMH公司名下,重新设计了SMH公司的产品组合。他没有像当时绝大多数人主张的那样,全面降低产品的价格,而是在原来产品层次里增加了一层更加便宜的手表,命名为Swatch,他重新设计了他称为"生日蛋糕"的产品金字塔结构,将其分为三层:低档手表价格为 100 瑞士法郎;中档价格为 1000 瑞士法郎;高档和豪华型的可达到 100 万瑞士法郎,甚至更高。

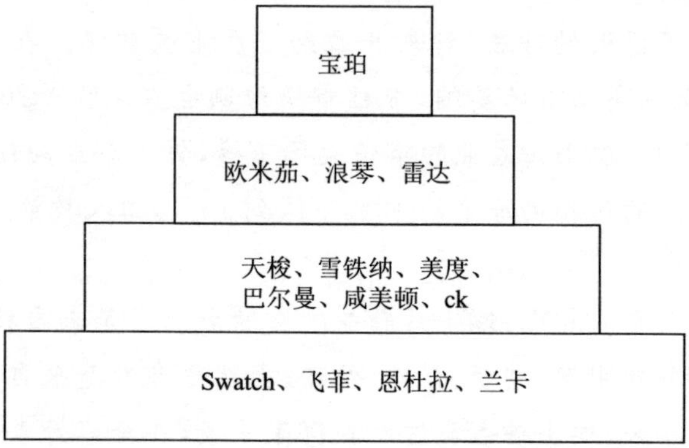

图 7-6　SMH 公司产品金字塔模型

海耶克认为,价位的覆盖必须全面。一个公司要想保护位于产品金字塔顶端的利润区,就必须认识到任何产品空档都会成为竞争对手攻击的软肋并做出防范。比如在 20 世纪 60 年代末,通用汽车没有开发出低于雪佛兰或高于凯迪拉克的车型,而这些档次的车都是有利可图的产品。由于这一缺口,日本和德国的汽车趁机打入了美国的低档和豪华轿车市场。

为了避免这种危险,海耶克把 Swatch 表定位为金字塔底端的防火墙产品,用它来保护低档产品市场并取得赢利。然后,通过收购和购买许可证方式,他将市场扩展到金字塔的顶端部分。如 1992 年收购了宝珀品牌,1997 年购买下 ck 的许可证。

在 SMH 公司内部,每个品牌都是一个自主的经营单位,拥有自己的营销部和损益账户。Swatch 不是唯一具有想象力和内涵的产品。"每个品牌都不一样,所以它们传达的信息也不同。但是每个品牌都有自己的信息,我的工作就是坐在碉堡里拿着一挺机关枪,保卫这些品牌的特有信息。我就是产品信息管理员。"

海耶克的产品金字塔结构使 SMH 公司有了巨大的增长。到 1992 年其母公司的销售额达到 20 亿美元,利润为 2.8 亿美元,公司市场价值超过了 38 亿美元。在 SMH 公司的带领下,瑞士钟表企业重新找回了自己的定位和市场,度过了巨大危机,走向了复兴。

三、“基础产品＋附加产品”组合战略

现代商业社会越来越复杂，产品越来越多地以产品组合的方式出现。在某些情况下，企业会推出一个可以扩展的基础产品，但基础产品必须与附加产品搭配才能发挥功效。客户购买了基础产品后，不得不长期购买其后续产品。

企业可以对基础产品采取微利甚至亏损策略，然后利用其附加产品来实现利润的产品组合。例如，现在许多汽车销售公司在汽车销售时只实现了微薄的利润，但客户购买汽车时不得不购买保险，使用汽车过程中不得不进行维修保养，这些汽车销售公司通过给客户提供汽车维修服务及汽车保险来获取更多的利润。对许多企业来说，基础产品的销售额和利润可能都不高，但其后续产品的利润却是持续稳定而极具吸引力的。

“基础产品＋附加产品”组合战略，是指企业推出一种基础产品，用该产品来带动附加产品，从附加产品中获取利益的产品组合战略。比如，推出照相机基础产品，让其带动冲洗、胶卷等产品市场；推出软件基础产品，让其带动软件升级产品及维护服务的市场；推出刮胡刀架，让其带动刀片市场。

“基础产品＋附加产品”组合战略的显著特征是：企业首先推出一个可以扩展的基础产品，客户购买了基础产品后，不得不长期购买其后续产品。在以后的使用中，一直要与其后续产品搭配才能发挥功效。

表 7－1　基础产品与附加产品举例

基础产品	附加产品
电热灭蚊器	灭蚊片
剃须刀	剃须刀片
电梯	电梯维护保养
软件	软件升级
复印机、打印机	墨盒
照相机	胶卷

实现“基础产品＋附加产品”组合战略，要注意三个方面：

(1)基础产品要具有巨大的后续潜能。基础产品要经久耐用，而后续附加产品应该是低值易耗品。

(2)为避免库存积压，在基础产品推广的每一个阶段，基础产品与后续

附加产品的产量比例都应该调整。

(3)为防止其他企业“顺手摘桃”，采用基础产品带动后续产品模式的企业都会将二者的接口特殊化，实现后续附加产品的排他性，也就是客户购买了其基础产品，就只能购买其后续产品。

四、“拳头产品＋跟随产品”组合战略

客户对企业的认知，往往是对拳头产品的认知。当企业没有拳头产品时，客户对企业的认知往往是模糊的。

拳头产品就是企业推出的一件或多件具有强劲市场竞争力的产品。在企业发展研究中，拳头产品往往被认为是企业竞争力的表现点之一，对企业的发展起关键作用。拥有拳头产品的企业，在市场竞争中将会占有相对的优势。

拳头产品通常能给企业带来可观的收入和利润，但拥有拳头产品是远远不够的，有时通过适当的跟随产品开发，能利用拳头产品的影响，实现更多的收入和利润，同时满足更多客户的需求。比如，康师傅方便面的红烧牛肉面就是典型的拳头产品，除了这款拳头产品之外，还有香辣牛肉面、鲜虾鱼板面、香菇炖鸡面等二十几种跟随产品。

如果你的企业还没有拳头产品，记住了，塑造一个拳头产品，提高客户对企业感性的认知，有利于提升企业产品的影响力和认知度，从而取得更好的收入和利润。

第四节　产品扩张战略：如何选择产品扩张路径

在做好了产品选择和产品组合选择之后，接下去我们就需要考虑产品的扩张路径与方式。好的产品扩张路径对企业非常重要，如果选择错误，即使战略选择非常完美，企业也会面临一条非常艰难的发展路径。

我们如何实现产品扩张呢？根据我们的咨询实践经验，企业通常采用的产品扩张战略主要有以下几种：

一、集中发展战略

集中发展战略是集中企业的资源于现有产品，充分挖掘现有产品市场

潜力，以实现企业收入增长与利润增长的战略，有时也称为专业化战略。集中发展战略的目的是增加现有产品或劳务的销售额、利润额或市场占有率。

集中化战略，我们的产业战略、区域战略、客户战略都提到了这种战略。由于集中化战略不需要很多额外的资源，而且潜在的风险较小，因而往往是公司的理想选择。当目前产品未达到饱和状况、还存在巨大的发展空间时，宜采取集中发展战略。集中发展战略通常的手段有四个：一是扩大再有客户的数量；二是增加客户的购买数量；三是提高客户的购买频次；四是吸引竞争对手的客户。

集中发展战略的优势在于可以集中公司资源从事某一产品的经营，形成产品优势。但是企业实施集中发展战略可能会丧失其他产品发展的良好机会，当产品潜力已经得到充分挖掘、市场容量趋向饱和时，企业的增长速度肯定会放慢，此时，如果继续采用集中战略，会影响企业的长期稳定发展。

二、向中高档产品扩张

大部分企业是从低档产品开发、生产、销售开始的。但是低端产品进入门槛低，竞争对手多，利润水平较低，这时，企业为了提高利润水平，需要往中高档产品扩张。

企业从中低档产品向高档产品扩张，一般来讲，有利于提升品牌资产价值、改善品牌形象。一些国际著名品牌，特别是一些原来定位于中档的大众品牌，为了达到上述目的，不惜花费巨资向高端市场拓展。我国众多企业就处于中低端产品阶段，但现在我们看到越来越多的企业在往中高端产品扩张，比如小汽车、家电、服装、白酒等。

从中低档产品向高档产品扩张，缺点就是使企业定位变得复杂和模糊，会提高企业的经营难度。中高档产品在技术上往往有更高的要求，难度相对较大，尤其是产品品牌开发，需要长时间的积累和沉淀。为了避免长时间的积累，有些企业通过收购兼并的形式来实现，比如：吉利收购沃尔沃汽车、联想收购 IBM 计算机业务。

三、向中低档产品扩张

有些经营中高档产品的企业，为了扩大企业规模、提升企业利润、阻止竞争对手入侵，有时会向下延伸，开发、生产与销售中低档产品。

向中低档产品扩张，可扩大企业的经营规模、增长企业收入，同时也有利于抵挡竞争对手入侵，但是低档产品的推出，容易使名牌产品的质量形象受到损害；因此，建议生产低档产品最好使用新的品牌，而不要使用原来高端产品的品牌。

不是能经营好中高端产品的企业就一定能经营好中低端产品的，经营中低端产品也是有难度的：由于中低端产品价格较低，对企业成本控制能力要求很高，这对中高端产品经营企业来说是一大挑战；此外，原来的经销商、供应商也不愿意经营低端产品，因为这意味着更低的利润。

【示例 7－4】　合资品牌汽车向下，自主品牌汽车向上

长期以来我国汽车市场上呈现外资品牌占据中高端市场、自主品牌打拼低端市场的格局。随着近几年中国汽车市场的爆发式增长，外资品牌开始加大对中国汽车市场的发展力度，在巩固中高端汽车的同时，大举进攻中国中低端汽车市场。

中国中低端汽车市场潜力巨大，特别是二、三线城市以及城乡市场，对中低端汽车需求很大，未来的增长潜力远远大于中高端市场，这就是外资品牌十分看重中低端汽车市场并大力发展的原因。

纵观外资品牌进入中国汽车市场的扩张路径，总体上呈现“先中端，再高端，最后才是低档”格局，从而实现对于整个汽车市场品牌和产品的完善布局。

外资品牌在进入中国汽车市场之初就抢占了品牌力和产品力的先机，当然最主要的还是在技术实力上的领先。对于外资品牌来讲，“先中端，再高端，最后低档”这种品牌或者说产品的布局，更多的是根据中国汽车市场的发展情况而定的。中国汽车市场正处在快速发展期这一历史阶段。

而这样一个历史阶段，外资品牌无疑是要让中国消费者对其产品从认知发展到品牌认可，而汽车市场中占有份额最大的中端品牌及其产品所在的这个中端市场，无疑会让外资实现“名利双收”；而随后外资品牌进军中国高端市场，伴随的将是中国汽车市场消费趋于多元化与个性化的进程，而外资品牌进军中国低端市场，将伴随的则是中国汽车市场整体消费能力的提升。

因此，外资品牌的所谓“先中端，再高端，最后才是低档”体现的是一种“顺势而为”；而这样一种“顺势而为”其实就是以市场为导向：符合市场经济发展规律，无疑是具有最强大市场竞争力的。

外资品牌已经发力于中国低档汽车市场，这对于仅在低档汽车市场有一定竞争力的自主品牌来讲，无疑又将是一重大危机的到来。外资品牌依靠领先的技术实力，当然更多是品牌、信誉、消费者信心等方面的实力，在中国汽车市场的发展与布局显得很是“游刃有余”；而自主品牌在技术实力上的欠缺，当然最主要是品牌、信誉、消费者信心等方面的欠缺，则使其在中国汽车市场的发展与布局显得很是“力所难及”。

纵观目前中国汽车市场，自主品牌虽然在汽车销售上还没有显现出完全的弱势，但从外资品牌在中国汽车市场的布局以及自主品牌的发展现状来看，自主品牌无疑面临着越来越大的生存压力，能否生存其实已经成为越来越多自主品牌的隐忧。

从自主品牌在中国汽车市场的战略发展路径来看，总体是“先低端，再中端”的扩张路径，通过中端产品的开发，实现品牌力的提升，带动产品销售。

自主品牌开拓中国汽车市场，相对于外资品牌来讲，在成本方面拥有绝对优势，技术经过多年积累，实力已经逐步接进外资品牌，但在品牌、信誉和消费者信心方面与外资还存在巨大的差距。自主品牌开拓中国汽车市场基本上都是先从低端做起，应该说这也符合汽车企业发展战略的规律。然而，自主品牌“先低端，再中端”的发展路径，在长期发展过程中，已经使得企业形象、产品形象在消费者心中定格于低端。品牌、信誉和消费者信心方面与外资存在的巨大差距，是很难在短期内弥补的。事实上，这个问题已经成为中国自主品牌发展的最大瓶颈。

面对如此的发展现状，中国汽车企业该怎么办呢？

中国自主品牌汽车企业可有三种典型的追赶和超越路径：

第一种路径是长城汽车的战略发展路径。长城汽车最初生产皮卡汽车，2003 年选择集中于 SUV 型低端汽车，进入家庭汽车市场。为了实现向中高端产品发展，在 SUV 细分市场多年积累的基础上，长城逐步向 SUV 型中端汽车扩张，随后再以长城品牌的影响，实现向低端轿车市场扩张。就目前来说，长城汽车发展是比较成功的，公司营业收入从 2002 年的 26 亿元增长到 2013 年的 568 亿元，净利润从 2002 年的 4.03 亿元增长到 2013 年的 82.2 亿元。

第二种路径是吉利汽车的战略发展路径。吉利汽车最初的战略是生产老百姓都买得起的汽车，公司于2007年实行战略转型，要造最安全、最环保、最节能的好车。为了弥补技术和品牌的不足，吉利在国外进行了一系列收购，购买国外的品牌和技术。其中，2006年收购了英国锰铜汽车，2009年收购了澳大利亚DSI变速箱公司，2010年收购了沃尔沃豪华品牌汽车。吉利的中高端扩张路径是通过收购来弥补原来的不足。吉利的发展相对还是成功的，公司营业收入从2008年的42.9亿元增长到2013年的287亿元，净利润从2008年的6.51亿元，增长到2013年的26.8亿元。

第三种路径是比亚迪汽车的战略发展路径。比亚迪是2003年进入汽车市场的，以低端轿车切入，为了实现对外资品牌的追赶和超越，比亚迪选择了一种技术颠覆的模式，运用其多年在充电电池领域技术的积累，开发出全新的混合动力汽车、纯电动汽车。目前新能源汽车还处于导入期，未来发展前景还没有明朗化，但已经引起了国家和政府的注意。一旦新能源汽车市场需求增长起来，比亚迪就会迎来业绩的爆发。由于新能源汽车的巨大投入，比亚迪对传统汽车投入相对不足，目前面临比较艰难的处境。比亚迪2013年实现营业收入529亿元，净利润5.53亿元，其中汽车营业收入为263亿元，约占整个收入的50%。

众多自主品牌汽车企业还在摸索中前进，正如屈原那句话“路漫漫其修远兮，吾将上下而求索”，自主品牌汽车未来的成功，需要正确的发展战略，也需要企业上下一心，围绕战略共同地、持续地努力。

四、围绕现有客户拓展新产品

与“围绕现有产品开发新客户”类似，如果客户锁定时，我们围绕现有客户开发新产品来进行扩张，也是一个可靠的办法。我们都知道，将产品卖给老客户要比卖给新客户容易很多。

如果企业能够发现老客户的需求，挖掘他们的潜在需求，为他们找到或者创造其需要的新产品，将很容易在老客户群里取得巨大成功。网络巨头腾讯就是通过不断为自己的QQ用户开发大量新游戏产品而取得成功的；好孩子就是通过不断为自己的儿童客户开发一系列生活用品、娱乐用品，从而不断壮大产品种类而成功的；比亚迪就是通过为充电电池客户不断开发他们所需要的其他键盘、液晶屏、外壳等产品，而在IT零部件领域取得成功的。这种扩张方式相对于“新产品新客户”这个路径来说要容易很多。

围绕现有客户拓展新产品有两个重要的基础：第一是最初提供老产品时客户要满意，如果没有客户的信任，难有客户的持续开发，也难有新产品的成功；第二是了解老客户新的需求，擅于发现他们的需求，或者擅于挖掘他们潜在的需求，围绕他们的需求来创造新产品。

五、依托核心能力拓展新产品

企业实行产品扩张，另一个可以依托的是自身的核心能力。企业新产品有核心能力的依托和支撑，成功的可能性会大大增加。

如果企业具备核心能力，能开发出具有市场潜力的新产品，将很容易在新产品领域取得巨大的成功。比亚迪汽车从传统汽车进入新能源汽车，主要依托的就是其充电电池的核心技术；苏宁电器推出自主产品业务，依托的是它庞大的连锁店网络；苹果能从 iPhone 手机拓展到 iPad 平板电脑，依托的是它的智能手机核心技术；华为能从通信设备供应商进入智能手机领域发展，依托的是它与电信运营商良好的关系。

核心能力是多方面的，既有可能是技术研发的，也可能是市场营销的，还有可能是生产制造的，这个内容我们在职能战略部分将有论述，这里不再重复介绍。

依托核心能力拓展新产品有三个重要的基础：第一个就是具备核心能力，如果不具备核心能力，是难有新产品成功的；第二个是了解新产品市场，明确其是否具有庞大的发展空间，能否让新产品产生一定的回报；第三个是新产品开发不能脱离核心能力，否则成功的可能性会大大降低。

第五节　产品竞争战略：如何进行产品竞争

考虑好产品选择、产品组合及产品扩张战略之后，接下去要考虑产品的竞争问题。我们如何进行产品竞争，使之更得客户青睐，从而在市场竞争中取胜呢？

产品竞争战略，是其他战略实行的基础。关于产品的竞争战略，我们通常采用的方法有以下几种：

一、产品竞争战略思考框架

产品竞争战略的起点是目标客户的需求。了解哪些是我们的目标客户、目标客户的需求是什么，然后针对他们的需求来进行设计，是产品最终能否在竞争中取胜的关键。

如何来制定产品竞争战略呢？在长期的战略咨询实践中，我们建立了竞争战略思考框架来指导我们进行思考。

1. 目标客户是谁

谁是我们的目标客户呢？我们首先要思考这样一个问题。我们的产品及服务是要满足目标客户需求的。

找到目标客户的第一步是把我们的客户找出来。想一下使用我们产品的客户有哪些，逐步把他们找出来，然后进行归类。

找到目标客户的第二步是确定目标客户。不要幻想所有人或者机构都是我们的目标客户，这样的结果是想把每个人都服务好但实际上每个人都服务不好。明确目标客户和目标客户边界非常重要。目标客户挑选我们已经在客户战略章节的客户选择战略、客户组合战略部分介绍过了，这里就不再重点介绍。

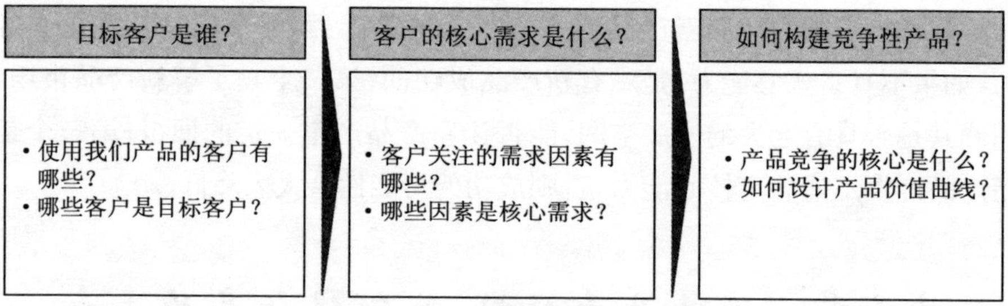

图 7-7　产品竞争战略思考框架

2. 客户的核心需求是什么

在确定好目标客户之后，我们就需要了解目标客户关注什么、他们的核心需求是什么。

要了解客户的核心需求，我们先要了解客户关注的需求因素有哪些。客户需求往往是多方面的、不确定的，需要去分析和引导。企业需要通过与客户的长期沟通，对客户购买产品的欲望、用途、功能、款式进行逐步发掘，将客户心里模糊的认识以精确的方式描述并展示出来。

然后我们对客户的需要进行评估，提炼出客户的核心需求。通过提炼后，客户需求因素最好保持在10～15项，核心需求保持在1～3项。不要把客户所有的需求因素都当成核心因素，否则就没有核心因素。

3.如何构建竞争性产品

在明晰客户的核心需求之后，我们需要围绕客户核心需求来对产品进行定位。产品竞争的核心是什么？一般应该与客户的核心需求相对应。产品竞争的核心因素不能多，以1～3项为合适，不要指望产品的所有因素都能成为核心，都是核心就意味着没有核心。

在确定好产品竞争的核心之后，接下来就需要设计产品价值曲线，确定产品的主要功能和产品元素。产品价值曲线将在下一节介绍。

二、产品价值曲线设计

产品的根本目的是满足客户需求从而获得收入。一般来说，客户会从产品的若干主要元素来考虑产品是否满足自己的需求，而这些主要元素好坏程度的组合就决定了客户是否购买这个产品。我们把影响客户购买决定的主要元素按好坏程度进行组合，形成"产品价值曲线"。产品价值曲线反映了产品给客户带来各主要元素价值方面的感受，决定了客户是否购买。

例如，现在我国城市住房主要是通过以下主要元素起作用：

(1)价格：每单位平方米价格；

(2)质量与户型：住房质量是否可靠，户型是否合理；

(3)地理位置：住房是位于城市中心、城郊还是郊区；

(4)交通条件：住房离中心区交通是否方便，是否有良好的道路条件，是否有许多公交车直达；

(5)小区规模：小区是否比较大、有较多的人居住；

(6)周边及小区配套：小区周边是否有成熟的社区，小区是否有良好的绿化、公共设施、道路等配套；

(7)自然资源与环境：小区是否有比较好的自然资源，如靠山、靠海、靠森林等；

(8)风格：小区是否形成了独特的风格，与其他小区明显不同；

（9）服务：小区物业服务是否优良、能否带给业主良好的感受；

（10）品牌：是否由知名开发商建造。

例如，星河国际和万科金色家园都是深圳市非常成功的房地产开发项目，它们的成功主要是产品价值曲线符合客户的需求。我们来看看这两个房地产项目的产品价值曲线，如图 7－8 所示。

产品价值曲线满足客户需求并给客户带来与众不同的价值感受，将促使客户做出购买的决定；相反，产品的价值曲线如不能较好地满足客户需求，客户就不会购买产品。

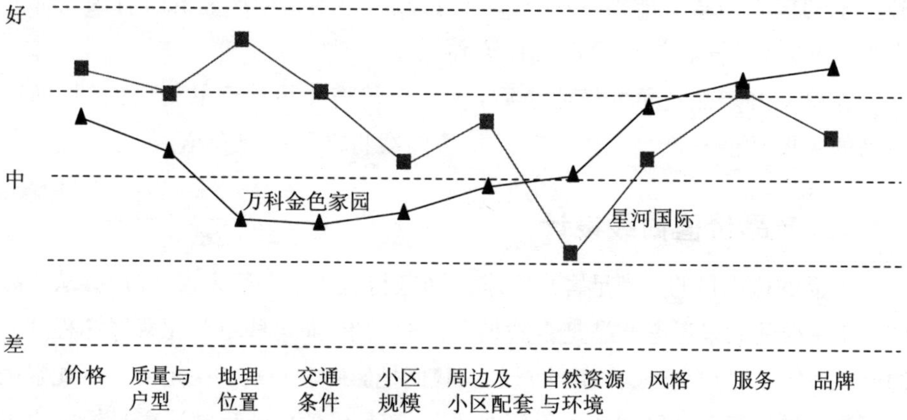

图 7－8　星河国际与万科金色家园的产品价值曲线

当产品价值曲线不再使客户满意时，或者为了让客户更加满意产品时，企业会对产品的价值曲线进行调整。

怎样调整呢？我们可以考虑用产品价值曲线设计五方格模型。五方格模型揭示了企业需要重新评估与选择影响客户购买产品决定的主要元素。五方格模型包括五种方式，分别是添加、增强、维持、减弱、剔除。

（1）添加。挖掘和发现客户新需求，添加新的元素于产品中，为客户创造新的价值。

（2）增强。对于客户非常关注的元素，应增强其品质，提升客户价值。

（3）维持。保持一些元素的品质不变。

（4）减弱。减弱一些产品设计过度的元素，过多的设计不会给客户创造更多的价值，但会增加大量的成本。

(5)剔除。剔除一些对目标客户无价值的元素，客户已经不太关注它们的变化，存在一定品质过剩。

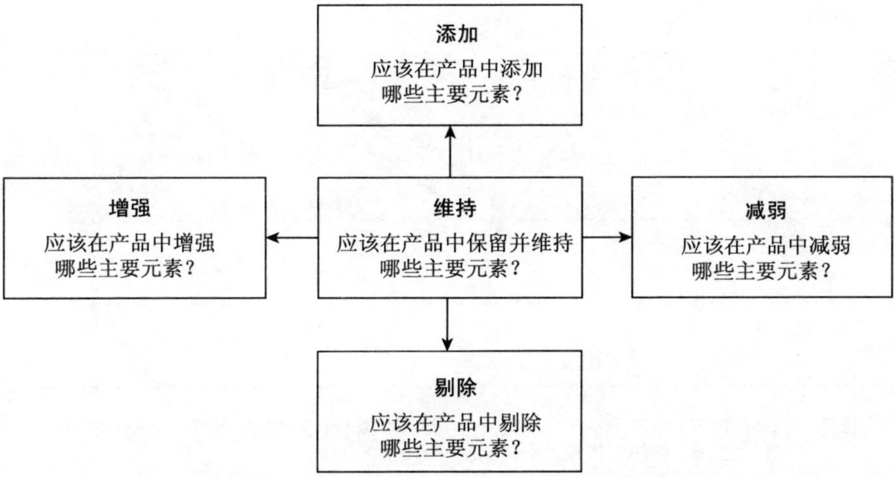

图 7－9　产品价值曲线设计五方格模型

【示例 7－5】　碧桂园的产品竞争战略

对于大多数房地产企业来说，它们在郊区开发的住宅类似于万科开发的四季花城项目。这些房地产开发项目一般价格较低、住房质量与户型较好，地理位置与交通条件不太好，但位于主干道旁边，小区规模较大，周边及小区配套一般，自然环境与小区配套良好，具有一定的风格，服务较好。

我国著名房地产开发企业碧桂园在进行产品设计时，就与众多房地产开发企业不同。它的设计是怎样的呢？我们来看一下它的产品价值曲线，如图 7－10 所示。

(1)碧桂园扩大了项目的规模并提升了自然环境。碧桂园有的项目达到了 200 万平方米甚至 300 万平方米，居住人口五六万以上，比其他房地产项目扩大了五六倍以上，房地产专家认为碧桂园不是开发房地产项目，而是建造一座城市。碧桂园项目一般依山傍水，自然环境优越。

(2)碧桂园项目一般地处偏僻，远离城区，只靠近主干道旁边，基本剔除了地理位置与交通条件。

(3)碧桂园降低了价格，价格一般处于较低水平。

(4)碧桂园增加了优质学校、星级酒店等基本配套。

(5)在质量与户型、周边及小区配套、风格、服务等方面差异不大。

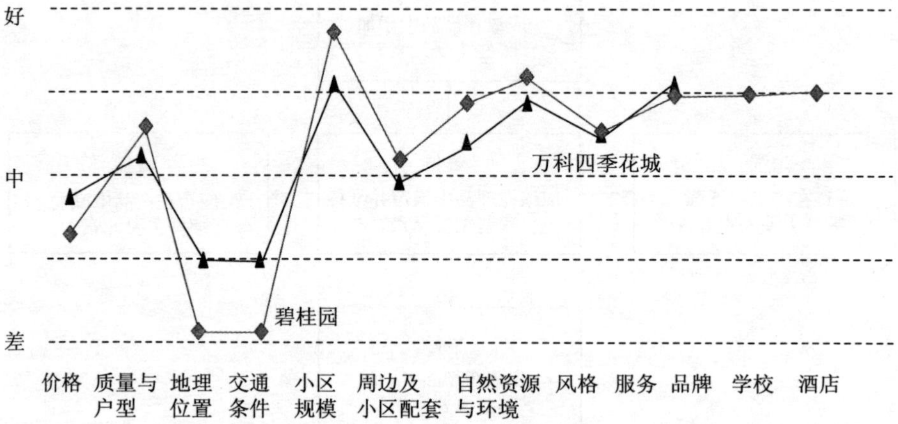

图 7-10　碧桂园与万科四季花城产品价值曲线

碧桂园项目的产品设计五方格模型如图 7-11 所示。

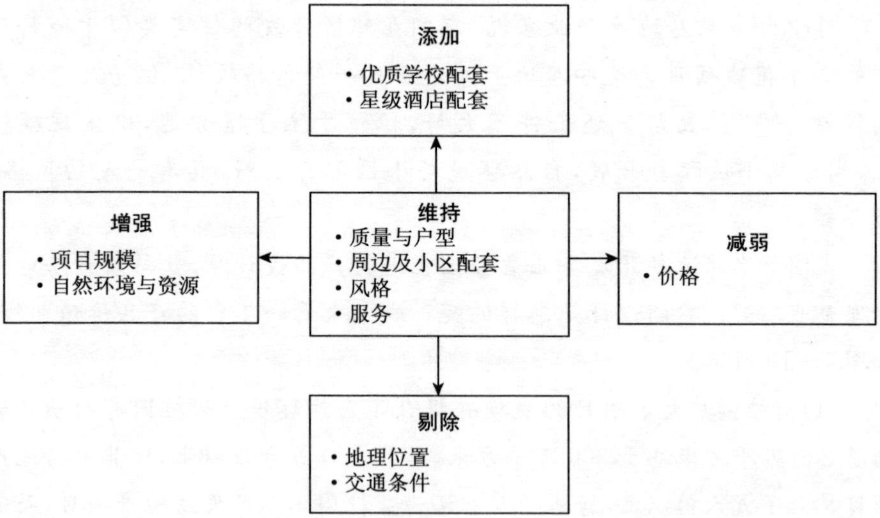

图 7-11　碧桂园产品价值曲线设计五方格模型

三、三种基本竞争战略理论

如何来进行产品竞争呢？有三种基本竞争战略的思想可以运用到产品竞争战略中。企业产品可以有三种提供成功机会的基本战略方法，可以使公司成为同行业中的佼佼者，它们分别是成本领先战略、差异化战略、集中化战略。

三种基本竞争战略的思想在产品竞争战略中非常重要，这里特别强调一下。但我们在产业竞争战略中已经详细介绍了这三种方法，这里就不再重复论述。

四、产品五层次竞争论

产品五层次竞争论也通常是我们思考产品竞争的一个有效方法。

美国营销管理学家菲利普·科特勒在其《市场营销学》中提到，产品存在 5 个层次，企业开发产品时需要考虑产品的 5 个层次[①]：

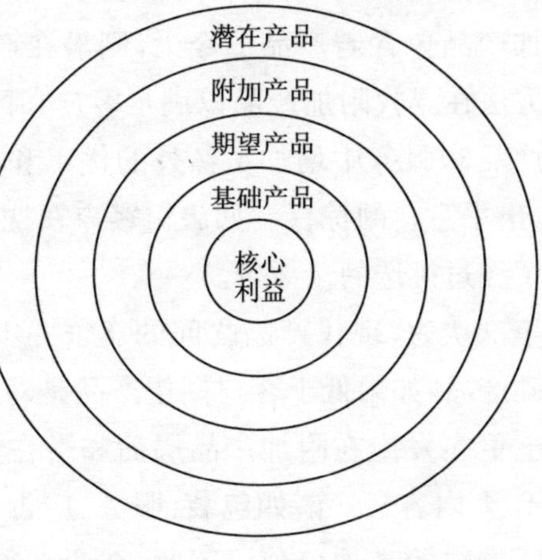

图 7-12　产品的 5 个层次

(1)核心利益(core benefit)。产品的第一层次也是最基本的层次，即核心利益，是客户真正购买的基本服务或利益。如在旅馆，夜宿旅客真正要购买的是“休息与睡眠”。企业开发产品首要考虑的是客户核心利益的需要。

① 菲利普·科特勒，洪瑞云，等. 市场营销管理[M]. 梅清豪，等，译. 北京：中国人民大学出版社，2001：409.

(2)基础产品(basic product)。产品的第二层次是基础产品。企业必须将核心利益转化为基础产品,即产品的基本形式。如一个旅馆的房间应包括床、浴室、手巾、桌子、衣橱、厕所等。

(3)期望产品(expected product)。产品的第三层次是期望产品。企业应该准备一个期望产品,即购买者在购买产品时通常希望和默认的一组属性和条件。如旅客期望干净的床、新的毛巾、工作、台灯和相对的安静环境。由于大多数旅馆都能满足这最低的期望,所以,旅客通常没有什么偏好并且找最方便的旅店留宿。

(4)附加产品(augmented product)。产品的第四层次是附加产品。企业可能准备一个附加产品,即包括增加的服务和利益,它能把公司的提供物与竞争者的提供物区别开来。例如,旅馆增加它的产品,包括电视机、洗发香波、鲜花、结账快捷、美味晚餐和良好的房间服务等。

(5)潜在产品(product hierarchies)。产品的第五层次是潜在产品。企业可能准备一个潜在产品,即该产品最终可能会实现的全部附加部分和新转换部分。如果附加产品包含着产品的今天,则潜在产品指出了它可能的演变。公司用新的方法在寻找附加产品以满足客户和区分其产品。许多成功的旅馆在它们的产品和服务中增加了额外的优惠和好处,不仅能令客户满意,而且可令其有出乎意料的惊喜。如旅馆客户在枕边发现了一束鲜花,或在录像机内发现了经过挑选的录像带。

产品五层次竞争论认为,现代产品之间的竞争并不在于产品都是否能提供核心利益和基础产品,如果低于客户期望产品是对产品竞争不利的,产品之间的竞争本质上更多发生在附加产品层面和潜在产品层面,在于它们能为其产品增加些什么内容——诸如包装、服务、广告、客户咨询、融资、送货、仓储,以及人们所重视的其他价值。因此,企业必须正视购买者的整体消费系统,发现提供什么附加产品能增加产品的吸引力。

但是,附加产品和潜在产品战略也可能带来一些负面影响。首先,每个附加产品和潜在产品都是需要公司投入成本的,客户愿为这些附加成本额外付款吗?其次,附加利益和潜在利益可能很快变成期望利益,如果客户期望在他们的房间里有电视机、洗发香波、鲜花、结账快捷、美味晚餐和良好的房间服务等,企业又需要寻找更进一步的特色和利益并加入它们的产品之中。再次,当公司对附加产品和潜在产品提高价格时,某些竞争者可能反其道而行之,用一个很低的价格为客户提供一个期望产品。不合适的附加产品和潜在产品战略可能会使企业步入类似价格战的恶性竞争中,最终对整个行业和所有竞争者都产生伤害。

五、从产品到整体解决方案

在产品高度同质化的今天,市场竞争日益激烈,越来越多的企业已经不再满足于就产品卖产品,而是由卖产品上升为提供解决方案了。

整体解决方案(也有人称为"一站式服务"或"系统解决方案")是优秀企业区别于普通企业、实现竞争优势的有效法宝。其功效是创造提供品差异,改变利润增长点,创造新的盈利模式。

什么是整体解决方案？整体解决方案是在自身产品的基础上提供的一整套有效解决客户问题的方法。相比产品本身,它为客户提供了更多的价值,即增值服务。整体解决方案不仅提供产品的销售,还提供相关的技术服务、维修保养服务、使用培训服务、金融保险服务、相关知识服务等系列服务,整体解决方案的目的是提供给客户更多价值,并实现扩大销售和从服务上增值。整体解决方案降低了客户的时间成本、体力成本、精力成本、风险成本和机会成本,因此,具有更强的竞争力。

怎样实现从产品到整体解决方案的提升呢？整体解决方案的基础构成是产品,并且加入了某些附加的元素——由用户使用基础产品而派生出来的需求所创造出的待满足的附加产品。所以,要使一个产品升级为整体解决方案,其关键在于厂商添加的"附加产品"是否能构成一个整体,为客户降低成本或实现增值。

【示例 7－6】　　巨能化工:从产品到解决方案

巨能化工[①]是一家民爆公司,主要研制、生产、销售炸药。巨能化工虽然利润率比较高,但近几年来营业收入一直平稳,不增长也不下降,公司明显面临发展瓶颈。为了进一步发展,巨能化工于2011年请我们辅导其制定战略。

我们进入公司进行了为期半月的战略调研,进行了问卷调查、人员访

① 为了保护客户机密,我们用"巨能化工"代替了原公司名。

谈、资料查阅，并走访客户。我们发现巨能化工继续走炸药专业化发展之路面临两个瓶颈：一是炸药属于严格控制的产业，国家对炸药有牌照、生产指标的控制，扩大产能受到限制；二是受地方保护主义影响，收购兼并炸药厂及牌照，有非常大的困难。

那么，公司有没有其他的发展路径呢？

通过对客户的走访，我们了解到大部分客户在使用炸药时都遇到一个问题：炸药的危险性非常高，对爆破技术要求比较高，客户在炸药爆破过程中都心存畏惧。巨能化工能不能再给客户解决这方面的担忧呢？

通过一些调查的印证和几轮讨论，巨能化工最终确定了向下游延伸，为客户提供炸药、爆破服务、土建施工解决方案等服务。在爆破服务和土建施工领域，它的成长空间能摆脱国家政策的控制，实现跨区域发展，需求潜力巨大。

巨能化工新战略已经实施了近三年，公司已经在爆破服务和土建施工解决方案服务方面取得了突破性发展，公司收入3年增长了10多倍，利润增长了6倍多。通过从产品到解决方案的战略，巨能取得了巨大的成功。

六、产品不同发展阶段的竞争战略

前面我们介绍了产品的生命周期。典型的产品生命周期一般可以分成四个阶段：导入期、成长期、成熟期和衰退期。在产品生命周期的不同阶段，我们的竞争战略是不同的。那么，如何根据产品不同生命周期来竞争呢？

(1)导入期。新产品投入市场，便进入了导入期。此时客户对产品还不了解，除了少数追求新奇的客户外，几乎没有人实际购买该产品。在此阶段产品生产批量小，制造成本高，广告费用大，产品销售价格偏高，销售量极为有限，企业通常不能获利。

导入期是产品成功的开始，但是，往往很多新产品在向市场投放以后，还没有进入成长期就被淘汰了。因此，企业在产品导入期的总体战略是要瞄准市场，先声夺人，这种战略有以下几种类型：

一是迅速夺取策略。指以高价格和高促销水平推出新产品的策略，采用此策略必须具备如下条件：产品鲜为人知；了解产品的人急于购买，并愿意以卖主的定价支付；企业面临潜在的竞争，必须尽快培养对本产品有“品牌偏好”的忠实客户。

二是缓慢夺取策略。指以高价格和低促销水平推出新产品的策略。它适用于这样一些情况：市场规模有限；客户已经了解该产品；客户愿意支付高价；没有激烈的潜在竞争。

三是迅速渗透策略。指用低价格和高水平促销费用推出新产品的策略。必须具备的条件如下：市场规模大；客户并不了解该新产品；市场对价格比较敏感；有强大的潜在竞争对手存在。

四是缓慢渗透策略。指以低价和低促销水平推出新产品的策略。必须具备的条件如下：市场规模大；产品有较高的知名度；市场对价格敏感；存在潜在的竞争对手。

(2)成长期。当产品经历导入期、销售取得成功之后，便进入了成长期。这是需求增长阶段，需求量和销售额迅速上升，生产成本大幅度下降，利润迅速增长。

企业在成长期的主要目的是尽可能维持高速的市场增长率，应采用顺应增长、质量过硬的战略，可以采取的策略如下：

一是改进产品质量，增加花色品种，改进款式、包装，以适应市场的需要；

二是进行新的市场细分，从而更好地适应增长趋势；

三是开辟新的销售渠道，扩大商业网点；

四是改变广告宣传目标，由以建立和提高知名度为中心转变为以说服消费者接受和购买产品为中心；

五是适当地降低价格以提高竞争能力和吸引新的客户。

(3)成熟期。经过成长期之后，随着购买产品的人数增多，市场需求趋于饱和，产品便进入了成熟期阶段。此时，销售增长速度缓慢直至转而下降，竞争的加剧导致广告费用再度提高、利润下降。

成熟产品是企业理想的产品，是企业利润的主要来源。因此，延长产品的成熟期是该阶段的主要任务。成熟期的总体战略是改革创新、巩固市场，可以从以下三个方面考虑：

一是发展产品的新用途，使产品转入新的成长期；

二是开辟新的市场，提高产品的销售量和利润率；

三是改良产品的特性、质量和形态以满足日新月异的消费需求。

(4)衰退期。随着科技的发展、新产品和替代品的出现以及消费习惯的改变，产品的销售量和利润持续下降，开始进入衰退期。产品的需求量和销售量迅速下降，同时市场上出现替代品和新产品，使客户的消费习惯发生改变。此时成本较高的企业就会由于无利可图而陆续停止生产，该类产品的生命周期也就陆续结束，以至于最后完全撤出市场。

表 7－2　产品生命周期的特征与策略

		导入期	成长期	成熟期	衰退期
特征	销售额	低	快速增长	缓慢增长	衰退
	利润	易变动	顶峰	下降	低或无
	现金流量	负数	适度	高	低
	客户	创新使用者	大多数人	大多数人	落后者
	竞争者	稀少	渐多	最多	渐少
策略	战略重心	加大投入，提高产品知名度，扩张市场	加大投入，渗透市场，追求市场占有率	保持市场占有率	提高生产率，减少成本和费用
	营销重点	产品知晓	品牌偏好	品牌忠诚度	选择性
	分销方式	选择性分销	密集式分销	更加密集式分销	排除不合适的渠道
	价格策略	成本加成法策略	渗透性价格策略	竞争性价格策略	削价策略
	产品策略	基本型产品为主	改进品，增加产品种类及服务保证	差异化，多样化的产品及品牌	剔除弱势产品
	广告及宣传	争取早期使用者，建立产品知名度	大量营销	建立品牌差异及利益	维持品牌忠诚度

处于衰退期的产品常采取立刻放弃策略、逐步放弃策略和自然淘汰策略，但有的企业也常常运用一些方法延长其衰退期。

产品生命周期是一个很重要的概念，它和企业制定产品战略以及营销策略有着直接的联系。管理者要想使他的产品有一个较长的销售周期，以赚到足够的利润来补偿在推出该产品时所做的一切努力和经受的一切风险，就必须认真研究和运用产品的生命周期理论，此外，产品生命周期也是企业用来描述产品和市场运作方法的有力工具。

第六节　产品商业模式：如何设计商业模式

近几年来，商业模式成为一个热门的话题，无论企业家、投资者，还是媒体都热衷于讨论这个话题。许多企业把商业模式放到空前的高度，把过去的不成功怪罪于商业模式，也把未来的希望寄托于商业模式。商业模式到底是一颗怎样的灵丹妙药？能够给企业带来怎样的惊奇？我们下面来了解一下。

一、商业模式是什么

商业模式是一个比较新的名词。它第一次出现是在20世纪50年代，直到20世纪90年代才开始被广泛使用和传播。目前，虽然这一名词出现的频度极高，但对它的定义仍然没有一个统一的说法。商业模式究竟是什么呢?

商业模式说起来很简单，在几千年前的农耕时代，货币媒介尚未出现，商业模式就出现了，这个商业模式是以物易物。这种商业模式是最简单的商业模式，商业参与方是两个人，他们是生产者，同时也是消费者，通过物与物的交换，各自得到了自己所需的商品，满足了各自的利益。随着人类社会的进步，货币出现了，改变了原来的商业运行模式。政府提供了货币，使原来生产者与消费者之间的交易成本变得更低，这时商业参与方变成生产者、消费者和政府三方。虽然商业模式变得复杂了一些，但整个商业的运行成本更低，三方都获得了各自的利益。随着人类社会的进步，分工越来越专业化，商业模式还在不断地演化，特别是近年来的网络时代，使更多的人、企业及其他单位能够参与到商业活动中，商业交易变得空前的复杂，商业模式的创新达到了高潮。

那商业模式是什么呢？目前业界各有各的认识，还没有一个权威的答案。我们在长期的咨询实践和理论研究中，形成了一个比较成熟的定义。

我们认为，商业模式就是企业在产品交易过程中，与交易参与者进行分工而形成的商业结构及运行方式。交易参与者（或者说商业伙伴）包括消费者、客户、分销商、制造商、物流商、采购商、供应商、技术商、银行、政府、投资者等各种可能参与到交易活动中的人或者机构。在传统商业模式中，交易参与者更多是企业作为产品提供者和产品消费者；但在现代的商业模式中，交易参与者可能会涉及更多的人和机构。

例如，戴尔电脑在交易过程中就选择了与其他电脑企业完全不同的商业模式，戴尔电脑充分利用了互联网快速发展趋势和消费者对电脑组装知识的了解，减少了电脑设计、电脑分销，并通过自身整合能力有效地将自己与电脑零部件厂商、电脑组装加盟商和消费者等各交易参与方整合在一起，形成了有效的交易分工和运行方式，消费者可以按低成本的方式来满足自己的个性化需求，最终各参与方都实现了自己的利益，这就是著名的戴尔直销商业模式。

商业模式与管理模式存在巨大的不同，管理模式是从企业内部来考虑的，是企业不同部门、不同员工等形成的内部组织结构及运行方式；商业模式是从企业外部来考虑的，是企业与外部商业伙伴共同形成的商业结构及运行方式。商业模式与管理模式也有共同点，二者的目标都是要给客户提供有价值的产品与服务。

商业模式反映了企业与交易参与伙伴在整个产品交易过程中的分工、相互间形成的结构以及运行方式。不同的企业所面临的商业环境、自身拥有的商业资源有所不同，在与外部商业对象进行商业分工过程中形成的商业结构及运行方式也有所不同，而且即使是有类似的商业环境和商业资源，也可能由于自身定位不同导致不同的商业结构与运行方式，因此，不同的企业有着不同的商业模式。事实上，无论偏僻山村的杂货店，还是繁华都市的巨型企业，无论传统的手工企业，还是现代化的高科技公司，无论是最原始最简单的组织，还是最庞大最复杂的机构，都拥有自己的商业模式。比如触动传媒，其商业模式就是把中国的主流音乐和体育娱乐资讯搬进出租车里，而且可以让顾客实现即时互动查询。比如上海捷银，其商业模式就是把手机号码与银行账号或信用卡账户等进行绑定，把手机当钱包，实现随时随地的移动支付。

二、商业模式思考模型

商业模式有好坏之分，好的商业模式能使企业赢利，并能促使企业脱颖而出、成为行业翘楚，不好的商业模式或是不成功的商业模式只能使企业亏本，导致企业步履维艰、难以为继。

那什么是好的商业模式呢？好的商业模式通常要考虑七大方面，它们分别是客户选择、产品设计、商业结构、运行方式、利润模式、资源能力和共有价值，如图 7－13 所示。

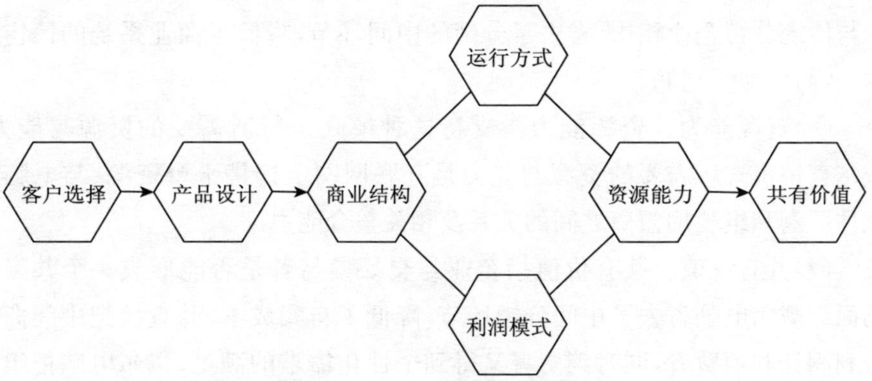

图 7-13　商业模式思考模型

(1)客户选择。好的商业模式首先要思考清楚客户是谁、哪些人或机构是我们的目标客户。目标客户是商业模式的出发点,商业模式就是要支撑企业更好地满足目标客户的需求。戴尔电脑的目标客户就是有个性化需求的电脑消费者。

(2)产品设计。在选定好目标客户之后,接下来是考虑怎样给目标客户设计有价值的产品及服务,应该提供什么样的产品及产品组合,产品应该给客户带来怎样的价值。好的产品是商业模式成功的基础。戴尔就是提供满足消费者意愿的个性化定制电脑。

(3)商业结构。商业结构指企业在为客户提供产品的过程中,与其他交易参与者形成的合作结构及各自的分工。在戴尔电脑直销商业结构中,戴尔负责电脑的销售,零部件厂商负责电脑零部件制造,组装商负责电脑组装,消费者参与电脑零部件组合的设计和电脑的最终消费。与传统电脑公司不同,分销商没有参与到商业价值链活动中,而戴尔把电脑组装环节外包给其他电脑组装加盟商,也直接让消费者参与了电脑零配件组合的设计。

(4)运行方式。运行方式指整个商业活动如何在企业与各交易参与者之间展开。例如,戴尔电脑直销商业系统的运行方式是戴尔电脑在互联网上将零部件厂商所生产的各种零部件及价格陈列给消费者,消费者根据自己的需要进行组合后将订单和定金交给戴尔电脑,戴尔电脑收到订单和定金后,再将订单交给电脑组装商生产组装,按规定时间向消费者交货。

(5)利润模式。利润模式指企业如何获取收入、分配成本、赚取利润。戴尔电脑的收入仍然来自电脑的销售,而成本主要来自电脑零配件的采购和组装加盟商的加工费，戴尔主要通过收入-成本的差价获取利润。戴尔电脑与传统分销企业相比，省去了分销的中间环节，降低了商业系统的销售成本，从而增加了利润。

(6)资源能力。资源能力指支持这种模式运行所需要的资源与能力。戴尔直销模式所需要的资源与能力是互联网网上销售平台资源、与电脑零部件厂商和组装加盟商之间的关系及相关整合能力。

(7)共有价值。共有价值指企业与交易参与者是否能形成一个共赢的局面。戴尔电脑省去了中间分销环节，降低了自我成本，并直接把中间商部分利润让利消费者，同时消费者又得到个性化需求的满足；戴尔电脑把组装业务外包给组装加盟商，让加盟商得到了组装环节的利润。通过直销商业模式，戴尔、组装商、消费者形成了多方共赢的局面。

三、商业模式创新

商业模式对企业经营管理活动具有重大影响，是企业战略的有效支撑。企业能不能对现有商业模式进行改进、寻求更好的商业模式呢?

答案是可以的。不过商业模式一经形成，想要改变可能会面临非常大的难度，主要表现在两个方面：一是商业模式改变是对整个商业生态的改变，它不仅仅涉及企业内部的运行方式改变，还会牵涉与商业伙伴之间的合作分工、利益分配的巨大变化；二是只有整个商业活动的主导者才有商业模式改变的主导权，而参与者的角色，难以在商业模式改变方面拥有主导权，可能只是商业模式改变的被动参与者。

尽管这样，当旧的商业模式效率低下时，一旦发现更先进的商业模式，企业还是会考虑商业模式的改变与创新的。

什么时候能够改变商业模式呢? 当企业能够通过介入、引入或者减少交易活动的某类交易参与者，改变现有的商业结构及运行方式，同时能够使交易参与各方得到利益时，就有了商业模式创新的需求。

商业模式创新通常来说要经过以下六大步骤：

第一，商业环境与商业资源评估。考察企业外部的商业环境与自身的商业资源，对它们进行评估，识别有哪些机会可以利用、有哪些优势可以得到更多挖掘。

第二，目标客户与产品战略的调整。根据外部环境和自身商业资源的评估，分析是否需要调整目标客户和产品战略。

第三，商业结构与运行方式设计。明确为了更好地满足客户、实施产品战略，是否需要增加或者减少商业对象，企业与商业伙伴之间的分工和相互之间的角色需要进行怎样的调整，商业的运行方式需要进行怎样的改变。

第四，利润模式设计。分析企业收入、成本来源方式需要进行怎样的调整。

第五，资源与能力规划。分析这种商业模式需要怎样的资源与能力，围绕这些资源与能力，企业需要做好哪些资源与能力的规划。

第六，共有价值的评估。企业这种商业模式的调整是否能形成多个商业伙伴、消费者共赢的局面。

商业模式对企业竞争与发展非常重要，企业需要定期思考自己的商业模式，适时对商业模式进行优化和创新。

【示例 7-7】　钱库商业模式：搭建商家与消费者的桥梁

许多商家可能有过开发新区域、开拓新客户的痛苦经历。企业虽然有很好的产品或非常优质的服务，但需要花费相当长的时间才能在周边社区消费者中建立起自己的影响力。商家与消费者之间隔了一条鸿沟，很难在短期内建立有效的联系。

现在国内出现了一个商家与消费者之间互动的平台，可以较好地解决商家面临的难题，这个平台就是移动传媒建立的钱库(Checkoo)平台。

钱库的商业模式是怎样的呢？

钱库首先把目标客户锁定为餐饮、美容、购物、旅游、娱乐、培训、数码等行业的消费者。

钱库给他们提供怎样的产品与服务呢？主要借助自己建立的消费通户外自助终端网、钱库互联网及钱库无线互联网平台，给这些消费者提供优惠券、折扣券、免费体验券。当消费者拿着这些优惠券、折扣券、免费体验券到相应的商家消费时，就能够享受更优惠的服务。比如，消费者在深圳老街地铁站内突然想吃湘菜，这时她可以在钱库自助终端设备查找附近的湘菜菜馆，里面有相应的菜馆及菜品介绍，当选好自己喜欢吃的菜馆之后，她只要输入自己的手机号码并进行验证，就能得到一张 7.5 折的折扣券，之后她就可以到这家菜馆去消费，并享受相应的折扣。

钱库消费通户外自助终端网，是一个覆盖城市各大消费热点（商场卖场、商业楼宇、地铁站、高校校园和餐饮会所）的户外自助终端网络。提供城市最前沿的消费资讯与消费动态。用户可通过自助点击查询商家信息，主动参与广告主设立的有奖调查问卷、投票、互动游戏抽奖等活动，自助打印各类商家凭证（如优惠券、试用装券、抵用券、折扣券等）。目前钱库已在北京、上海、广州、深圳、天津、佛山、东莞7个城市，建成覆盖130个以上核心购物中心、商场、社区的钱库消费通自助终端网络。这些自助设备终端位于城市核心消费必经地，覆盖许多中高端消费人群。

钱库互联网，是国内最大的城市消费网站，为大众提供最前沿的消费资讯、最时尚的消费动态，同时提供各种最新最全的电子优惠券下载。

钱库无线互联网，是国内最大的手机优惠券门户，为年轻时尚的手机用户提供最新最全的电子优惠券下载服务。自上线以来，受到手机用户的喜爱，尤其是年轻用户的青睐。

钱库能给消费者带来切实的实惠和便利，这使得钱库积累了非常广大的消费者群体。就钱库消费通户外自助终端打印设备而言，其位于城市核心消费必经地，如商场卖场、地铁站、商业楼宇、高校校园等，就与众多的消费者建立了非常密切的联系，覆盖的区域范围大，覆盖的人口数量多。到目前为止，钱库的注册用户已经达到了1000多万。

凭借钱库广大的消费者群体，钱库平台吸引了众多商家的关注，钱库也借此大力发展加盟商。目前，许多商家加盟了钱库网络平台，包括餐饮美食、时尚购物、旅游度假、教育培训、美容健康、数码生活、影像娱乐等众多行业。在这些商家中，有许多非常知名的企业。到目前为止，钱库累计入驻的商户数量超过35000家。

通过钱库平台的建立，钱库顺利地介入了消费者与商家之间，为他们搭建了一个沟通联系的平台，建立了新的商业结构。在新的商业结构中，消费者主要负责消费，商家提供产品及服务，钱库为消费者取得更优惠的商品及服务，同时通过平台对商家的产品进行了展示和宣传，并建立了商家与消费者的联系。

钱库是怎样通过这些平台来赢利的呢？

钱库的收入来源主要有两个：一个是为加盟商提供消费信息广告、扩大消费群体和提高品牌影响力，向加盟商收取广告费；另一个是通过优惠券、折扣券引导消费者去加盟商消费，赚取提成。钱库的成本主要是平台建立的成本。

钱库商业模式实现了一个多方共赢的局面，是一种受消费者喜爱、商家欢迎并且自己也能受益的商业模式，这是一种具有生命力、可持续发展的商业模式。

第七节　伊利：产品战略造就行业第一

伊利是我国最大的乳制品生产企业。伊利 2013 年实现营业收入 478 亿元，净利润 31.9 亿元。然而，20 年前伊利只是一家生产冰淇淋的小型企业，1992 年的营业收入为 0.34 亿元，净利润为 0.02 亿元。21 年间，伊利营业收入增长了 1426 倍，年均复合增长率为 41.3%，净利润增长了 1592 倍，年均复合增长率为 42.1%。可以说，伊利在长达 21 年的长跑中，跑出了火箭般的速度，实现了快速、健康、持续的发展。

伊利是如何跑出火箭般速度的呢？我们不妨来了解一下其具体情况。

一、伊利发展阶段

伊利 1993 年创立至今 21 年，共经历了三个发展阶段：冷饮食品发展阶段、乳业发展阶段和全球化发展阶段。

1. 冷饮食品发展阶段（1993—1999 年）

伊利最早的发展可以追溯到新中国成立初期。1956 年，呼和浩特回民区成立养牛合作小组；1958 年，该小组改名为"呼市回民区合作奶牛场"，拥有 1160 头奶牛，日产牛奶 700 公斤，职工人数 117 名。这就是伊利的前身。

1970 年，奶牛场改名为"呼市国营红旗奶牛场"。

1980 年，奶牛总场一分为二，养牛部成立呼市回民奶牛场，加工部成立呼市回民奶食品加工厂。

1993 年 2 月 18 日，伊利正式成立。经呼和浩特市体改委批准，呼市回民奶食品总厂整体进行股份制改造，成立内蒙古伊利实业股份有限公司。公司产业发展的重点是农收产品深加工，其中冷冻食品、乳制品生产是主导发展产业。

1993 年，在呼市金川开发区新建了金川冷冻食品公司，同年 4 月正式投产，日产冷冻食品 120 吨，成为华北地区最大的冷饮生产企业。

1993年7月，为了满足社会快速冷饮消费的需求，伊利成立冷饮事业部，加大了对雪糕、冰淇淋等冷饮产品的发展。

1994年，日产120吨雪糕、冰淇淋冷冻食品项目建成投产。

1995年，在呼和浩特市建立一个奶牛综合服务中心，在主要的牛奶收购点与乡村政府或重点大户共同建立综合服务站，为奶农提供牛奶储存、运输及奶牛配种、疾病防治等各类服务，并与奶农建立紧密的产销关系。

呼和浩特奶牛综合服务中心成立，开创了乳企奶源基地建设新模式，通过实行“分散饲养，集中挤奶，优质优价，全面服务”的合作模式大力建设奶源基地，保证发展所需的奶源供应。伊利在接下来的4年陆续投资1.8亿元建成标准化挤奶站255个，建成奶牛饲养专业区6个。

1996年3月，伊利在上海证券交易所上市，成为全国乳品行业第一家上市公司。经过股份制改造，伊利正式步入正轨，公司以生产具有清真特色的“伊利”牌系列乳制品为主，包括雪糕、冰淇淋系列，奶粉、奶茶粉系列，无菌奶系列三大系列产品。

1996年，新建一个日产100吨雪糕、冰淇淋的系列冷冻食品生产厂。

1996年底，年产5000吨高档奶粉、奶茶粉等系列产品的生产厂建成投产。

1997年，新建一个年产2万吨浓缩饲料和配合饲料加工厂，该厂是奶源基地建设的配套项目，其产品主要供应奶源基地的奶农。

1998年，投资0.33亿元引进瑞典利乐公司的先进包装生产设备，开拓无菌砖包装饮用奶和含乳饮料市场，生产超高温灭菌奶。次年投入1.05亿元，进行二期工程续建。采用利乐包装生产超高温灭菌奶，为后续液态奶的快速发展奠定了基础。

1999年1月，收购改组上海不凡帝冷冻食品公司，成立上海伊利爱贝食品有限公司，当年投产即轰动上海市场，冰淇淋生产基地进入上海市场。

1999年2月，重组内蒙古扎兰屯乳业有限责任公司，组建扎兰屯伊利乳业有限责任公司，于2001年新建一条日处理鲜奶100吨的奶粉生产线。

1999年，伊利瞄准世界水平，投资4.2亿元全面启动乳业技术改造工程，引进了代表世界一流水平的荷兰GM公司鱼骨式挤奶设备、丹麦海耶公司自动化雪糕/冰淇淋生产线、德国托菲尔公司婴儿奶粉技术，筹建了国内一流的技术中心。

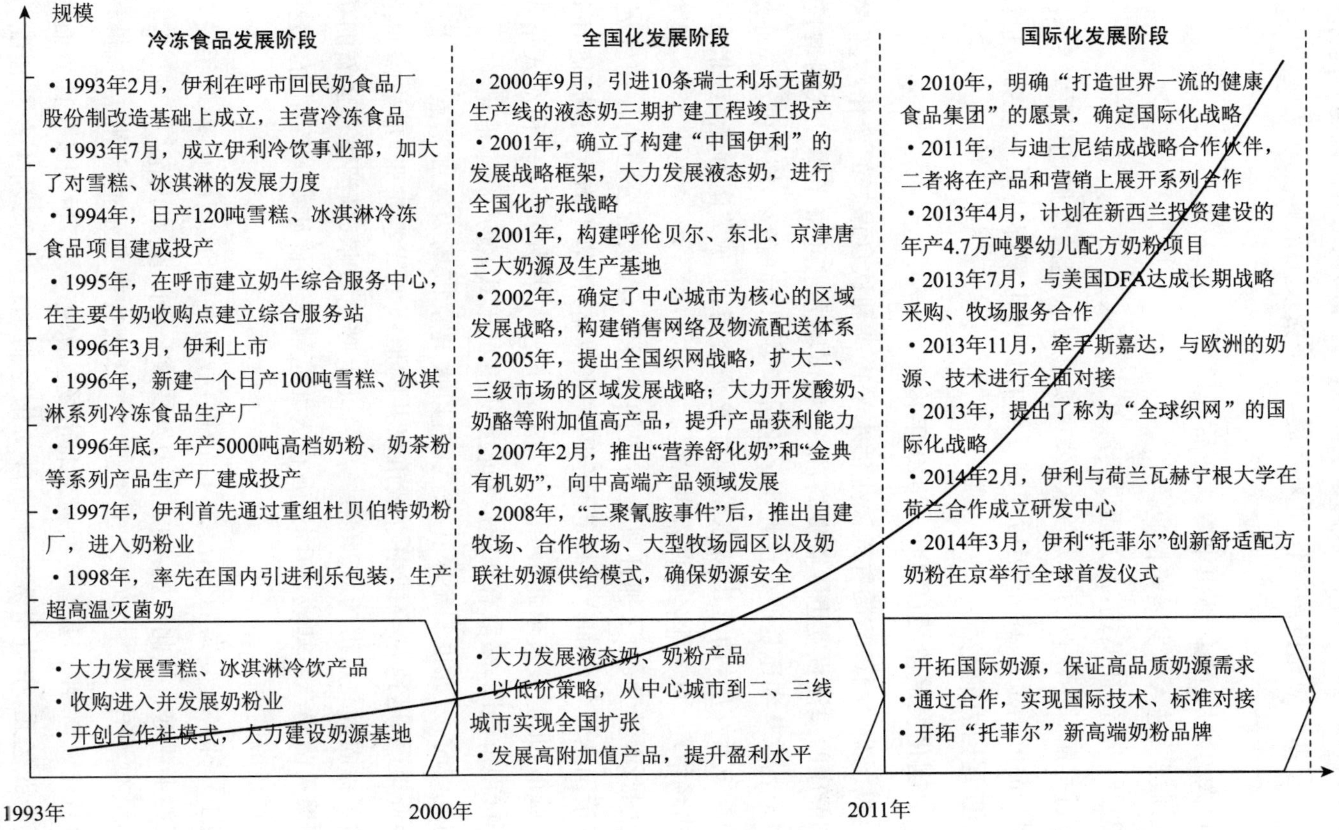

图 7－14　伊利战略发展阶段

1999年12月，伊利商标被国家工商行政管理局认定为中国驰名商标。

伊利早期主要是围绕冷饮业来发展，这个阶段的战略主要表现为以下几点：

(1)大力发展雪糕、冰淇淋冷饮产品；

(2)收购、进入并发展奶粉业；

(3)开创合作社模式，大力建设奶源基地。

通过早期对冷饮业的大力投入，公司实现了快速的发展，伊利雪糕冰淇淋系列产品产销量自1995年后连续5年在国内市场保持第一。奶粉也在2000年跃居国内前三。

2. 全国化发展阶段(2000—2010年)

20世纪90年代末，随着人民生活水平提高和饮食偏好的变化，人们对营养和健康的关注程度也随着提高，液态奶市场需求迎来了爆发式的增长。这时中国乳业基本还是地方性乳业企业居多，共1800多家，规模偏小。通过几年的竞争与发展，涌现出两家全国性龙头公司，形成“南有光明，北有三元”的市场格局，两者排名中国前两位。

光明野心勃勃，为了抓住乳业难得的发展机会、实现公司的快速发展，花巨资请国际著名咨询公司制定了全国扩张战略：依靠上海大市场，辐射全国中心城市，北上进入东北、西北、华北；南下进入华南市场，多种形式培育新的都市型市场圈，采取合作建厂和收购兼并的形式，使产品本地化。

与此同时，三元也制定了扩张战略：以大北京市场为发展基点，以上市作为融资渠道，迅速在全国中心城市以并购形式低成本扩张，形成犄角之势。为了稳固大北京市场，三元第一步就北上呼伦贝尔、满洲里建成新的奶粉和高温灭菌奶产品基地，稳固三元在大北京地区的优质奶源控制力，直接对伊利形成威胁。

鉴于外部环境复杂的变化，为了抓住乳业的发展机会，伊利2000年成立了液态奶事业部。从此开始，确定大力发展液态奶的发展思路。

2000年4月，投资2000万元重组黑龙江大庆市杜尔伯特乳品厂，进行奶粉项目建设，将生产基地拓展到东北市场。次年9月，伊利又在杜尔伯特县投资2.5亿元，引进世界一流的自动化控制奶粉生产线，生产高档配方奶粉。

2000年9月，引进10条瑞士利乐无菌奶生产线、投资2.6亿元的液态奶三期扩建工程竣工投产。三期工程是以当时世界乳制品加工、包装技术的最高标准进行的大规模技术改造工程，它标志着伊利集团已成为中国目前规模最大的超高温灭菌奶生产基地。

2000 年 12 月，与历史悠久的乳品企业德国托菲尔公司组建合资公司，双方合作生产婴儿配方奶粉，建成年产 5000 吨高档婴儿系列配方奶粉生产线。

2001 年，确立了构建“中国伊利”的发展战略框架，正式提出调整产品结构，大力发展液态奶，进行全国化扩张战略。

2001 年 2 月，与河北省唐山市芦台农场进行项目合作，组建了唐山市伊利芦台乳业有限责任公司，从事乳制品制造、销售。

2001 年 9 月，一座年加工 6 万吨酸奶的工厂在北京市密云县投产，同时年加工 3 万吨优酸乳的工厂在老牌工业城市天津登陆，伊利生产基地完整布局京津塘地区。

2001 年 9 月，投资 1.6 亿元的液态奶加工厂在草原钢城包头动工。

2001 年，伊利加大了市场营销的投入力度。在品牌建设方面，“心灵的天然牧场”广告正式在中央电视台播出；投入巨资进行全国营销网络建设，大力提高公司的市场开拓力和控制力，整合营销渠道，完善市场配送体系。

2002 年，确定了以上海、北京、广州、武汉、哈尔滨、西安等中心城市为核心的区域市场发展战略，并围绕它们建设相应的销售网络及物流配送体系，使产品能及时送达最终消费者。

2003 年，将婴幼儿奶粉作为 2003 年营销活动中的突破口，以提升配方奶粉的销售。

2003 年 4 月，启动现代化的牧场园区前期示范工程建设项目。这个项目的建设将逐步改变目前传统的一家一户饲养奶牛模式，由当前的大群体小规模向小群体大规模转变，建立稳固的高质高产奶源基地，为发展奶牛养殖、建设优质奶源基地开创全新模式。

2003 年，又进一步加大对高温灭菌奶的发展。全年通过生产线技改、股权投资、租赁与合作等多种形式，投入 2.8 亿元在内蒙古、东北、西北和华北等地区进行灭菌奶项目投资。

2004 年，推出“优酸乳”，向主要消费人群传递“青春滋味，自己体会”的诉求信息，取得了良好的市场业绩。为了避免低价竞争，2005 年伊利随继推出“C小调”，宣传其既营养又健康。

2005年，提出全国织网区域战略，巩固一线市场，不断提高产品市场渗透率，扩大二、三级市场的区域发展战略。大力开发高附加值产品，如扩大酸奶、奶酪等的产量，提升公司产品获利能力。

2005年，伊利成立了酸奶事业部，加强对市场的开发，还与世界乳业巨头芬兰维利奥合作，享有了LGG益生菌在中国市场连续5年的独家使用权，并于2006年初推出了自己的LGG益生菌酸奶，提高了产品的技术含量，向中高端市场发力。

2005年，首先推出了功能型的伊利“早餐奶”，向大众灌输营养早餐的理念，取得了很好的市场反响。

2005年2月，对牛妈妈乳业进行增资扩股，收购牛妈妈30%的股权，并投资2.5亿元，兴建年产量30万吨、日处理鲜牛奶超千吨、年销售收入15亿元的生产基地。

2005年7月，投入10.7亿元投资6个项目计划，总体产能扩张计划投入12.08亿元，10月20日又与长富签订两年排他性OEM协议。

2005年11月，通过了全球最高标准的检验，与北京奥组委在呼和浩特市签约，正式成为北京2008年奥运会独家乳制品赞助商。

2006年5月，在湖北黄冈投资5.8亿元，打造现代化乳业综合基地。这是中国乳业历史上最大的一笔产能投资。拟投资液态奶、冰淇淋和酸奶三个项目，即新建一家产能为1100吨的大型液态奶生产厂、一个日产250吨冰淇淋的生产基地，以及一个150吨酸奶项目。

2006年6月，合肥伊利公司一期工程，包括16万吨液态奶和5万吨冰淇淋两个生产项目正式投产，合肥产的奶制品将可覆盖华中和华东市场。

2006年8月，在四川邛崃市投资3.8亿元建立现代化乳业综合项目，该项目囊括液态奶、酸奶、冷饮三大生产线，这里生产的产品可覆盖到西南市场。

2006年8月，投资近2亿元的济南平阴伊利现代化乳业生产基地正式投产，可实现日产600吨液态奶和100吨酸奶，这里生产的产品可覆盖到华北市场。

四川邛崃、山东平阴、安徽合肥、湖北黄冈的生产基地网络建成后，伊利在每个区域的现代化生产基地均可有效供给本区域内的市场需求，还可以供应周边地区，从而形成一个庞大的网络，伊利在全国的产能都将实现区域市场化调整，反应非常迅速，能充分保证产品的新鲜度。

2006年9月，伊利追加投资1.7亿元的杜尔伯特伊利公司婴儿幼奶粉扩建工程竣工投产；同时，伊利宣布投资2.08亿元在新疆石河子市经济技术开发区建设年产2.5万吨中高档系列配方奶粉技术改造项目，当时预计项目建设期为15个月。2008年初，伊利金领冠婴幼儿配方奶粉正式上市。这一系列举动，标志着伊利正式进军高端配方奶粉市场，与洋品牌展开正面交锋。

2006年底，鉴于国内外的液态奶市场已基本饱和，伊利开始进行产品结构升级，往奶酪、奶粉和酸奶等高附加值产品发展。

2007年2月，推出其第一款低乳糖产品“营养舒化奶”，是一款针对乳糖不耐人群开发的产品。

2007年3月，启动有机奶的生产，首批“金典有机奶”已全面上市，伊利有机奶的成功推出，填补了国内有机乳品市场的空白。同时，这也意味着伊利向高端产品领域推进的步伐加快了。

2008年5月，投资5亿元建设的亚洲最大的婴幼儿奶粉生产基地正式投产，以生产高档婴幼儿配方奶粉产品为主，年产各种配方奶粉6万吨。婴儿奶粉单机生产能力和工厂生产规模目前属亚洲最大。

2008年，伊利推行“奶联社”：由企业搭建技术、管理、现代化设施设备和资金平台，吸纳奶农以入股分红、保本分红、固定回报、合作生产等多种形式入社，并获取回报，形成奶牛养殖合作化产业模式。

2008年，持续推出了优品嘉人优酪乳、伊利“畅轻”益生菌酸奶等高端、功能性产品。

2008年9月，国内众多乳业企业卷入“三聚氰胺事件”，使中国乳业面临空前的安全危机和信誉危机。

“三聚氰胺毒奶粉事件”之后，伊利将奶牛养殖业由传统的散养方式转变为规模化、专业化的饲养方式。根据自身需要和中国奶牛养殖业的现实条件，推出奶源转型升级的四种模式，即自建牧场、合作牧场、大型牧场园区以及奶联社。

2009年5月，成功携手2010年世博会，成为为上海世博会提供乳制品的企业。

2009年7月，在天津市滨海新区投资2.89亿元，建设华北地区年生产4.5万吨奶粉项目。

2009年9月，在呼和浩特市土默特左旗金山开发区投资建设伊利·乳都科技示范园项目，投资金额为4.06亿元。

2009年12月，在天津市武清区驼子兴建日产200吨酸奶及20吨奶酪项目，项目投资金额为3.82亿元。

2010年4月，公司在山东临朐新建日产900吨超高温灭菌奶及日产140吨冷饮项目，总投资3.9亿元。

2010年5月，公司在黑龙江杜尔伯特新增4.5万吨奶粉的产能，总投资为5.52亿元。

2010年7月，在宁夏吴忠的项目总投资4.89亿元，主要生产纯牛奶、乳饮料、花色奶等系列产品。投产后可实现年产超高温灭菌奶19万吨。

2010年9月，投资3.46亿元，在河北省张家口市张北县新建日产1200吨超高温灭菌奶项目。

2011年3月，投资4.57亿元在广东惠州建日产800吨的超高温灭菌奶项目。

从2000年至2010年的发展历程来看，伊利最典型的表现为全国化扩张，这个阶段的战略主要表现为以下几点：

(1)大力发展液态奶、奶粉产品；

(2)以低价策略实现全国扩张；

(3)发展高附加值产品，提升盈利水平。

通过全国化扩张战略，伊利实现了快速发展，2003年超越了光明乳业，登上了中国乳业老大的宝座，与蒙牛形成两强争霸的格局，近年以略微优势居国内乳业企业首位。

3. 国际化发展阶段(2011年后)

随着世界经济一体化进程的加快、中国市场与国际市场的不断融合，国际乳业巨头都开始聚焦中国，中国乳业企业也必须快速融入全球化的竞争当中。伊利作为国内乳业的龙头，开始逐步把发展视野放到了全球。

2010年12月，伊利在北京提出了“打造世界一流的健康食品集团”愿景，并宣布启用企业新标识。愿景的发布和新标识的启用，标志着伊利国际化战略探索的开始。

愿景发布的当天下午，伊利宣布与迪士尼结成战略合作伙伴，从2011年开始的未来五年内，伊利成为迪士尼大中华地区唯一的战略乳品合作伙伴，二者将在产品和营销上展开系列合作。

2013年4月，伊利在新西兰投资建设的年产4.7万吨婴幼儿配方奶粉项目获中国国家发改委和新西兰海外投资办公室的批准。该项目投资11.03亿元，将在新西兰建配方奶粉厂，投产后将使伊利奶粉产能增长30%左右。伊利布局新西兰，对获取当地优质奶源具有积极意义。

2013年7月，伊利宣布与美国最大的牛奶公司DFA达成战略合作伙伴关系。DFA集团是美国最大的牛奶公司，拥有分布在美国48个州的18000个大型农场，占美国乳品供应的34%。伊利和DFA的合作不仅包括长期战略采购，还有牧场服务和其他乳品相关项目的战略优先权关系。

2013年11月，伊利与意大利斯嘉达公司合作，达成战略合作伙伴关系。斯嘉达是意大利最大的乳品生产商，主营业务包括液态奶、奶酪、番茄酱及其他食品的生产，其拥有的膜过滤专利技术在行业内处于世界领先地位。斯嘉达公司在牛奶膜过滤方面的技术较为先进，该技术在牛奶保鲜等方面具独特优势。牵手斯嘉达，可以与欧洲的奶源、技术进行全面对接，同时更得以分享全球最为先进的质量管控体系和生产标准。

在2013年进行一系列海外合作与投资后，伊利提出了被称为“全球织网”的国际化战略，共分为三步：第一步是积聚全球的品牌能量；第二步是建设全球化的产业链体系，第三步，就是进行全球的渠道建设。

2014年2月，伊利与荷兰瓦赫宁根大学在荷兰合作成立研发中心，共同致力于拓展全球食品领域的合作成果。

2014年3月，伊利“托菲尔”创新舒适配方奶粉在京举行全球首发仪式，它是伊利集团整合全球资源，融合全球技术合作成果的结晶。托菲尔率先为中国本土乳企及行业打响了“舒适配方”的第一枪。

从伊利近几年来的发展历程来看，其国际化战略还仅仅是开始，这个阶段的战略主要表现为以下几点：

(1)开拓国际奶源，保证高品质奶源需求；

(2)借国际合作，实现国际技术、标准对接；

(3)开拓“托菲尔”新高端奶粉品牌。

二、伊利业绩

前面介绍了伊利各个阶段的发展历程。每个阶段的发展效果怎样呢？我们不妨来看看伊利近 21 年来的业绩表现。

1. 营业收入

伊利近 21 年营业收入保持了高速增长，如图 7－15 所示。伊利营业收入从 1992 年的 0.34 亿元增长到 2013 年的 478 亿元，21 年间，伊利营业收入增长了 1426 倍，年均复合增长率为 41.3％。

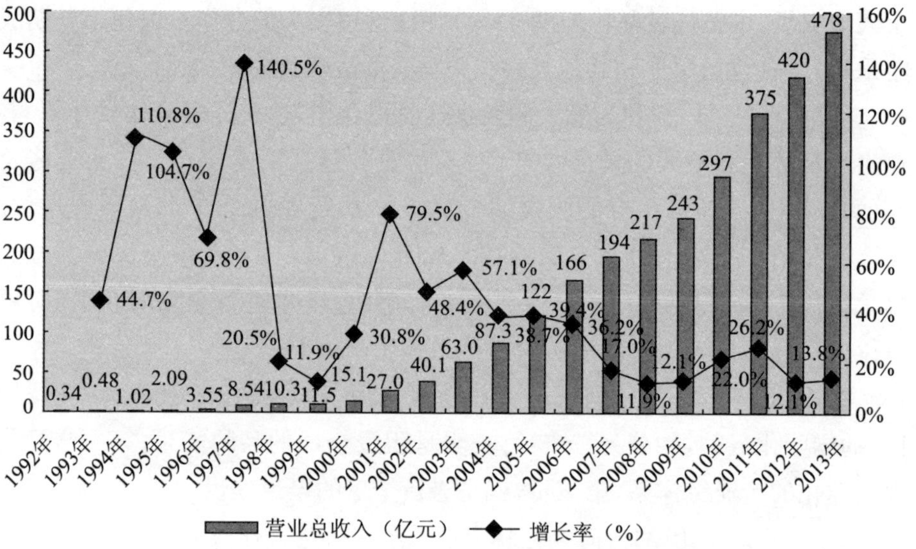

图 7－15　伊利近年营业总收入及增长率

资料来源：伊利各年年度报告，并根据历史会计准则调整做了相应调整。

2. 净利润

伊利近 21 年净利润也保持了高速增长，如图 7－16 所示。伊利净利润从 1992 年的 0.02 亿元增长到 2013 年的 31.9 亿元，21 年间，净利润增长了 1592 倍，年均复合增长率为 42.1％。虽然经历了“三聚氰胺毒奶粉事件”，出现了巨额亏损，但伊利又能在短短几年时间迅速崛起。

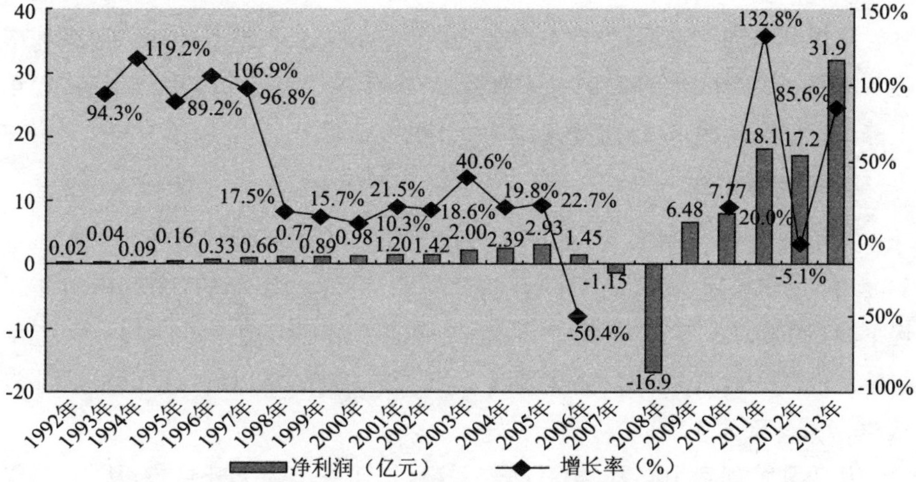

图 7-16　伊利近年净利润及增长率

3. 毛利率与净利率

从伊利毛利率来看，近年毛利率保持比较平稳，如图 7-17 所示，具体看可分为四个阶段：1998 年至 2002 年，逐年上升，毛利率从 26.8%上升到 32.9%；2002 至 2008 年，逐年下降，毛利率从 32.9%下降到26.3%，受 2008 年乳业“三聚氰胺事件”的影响，降幅明显；2009 年毛利率出现突然上升，从 27.2%上升到 35.1%；2009 年之后，2012 年大幅下降，之后又逐步缓慢下降。

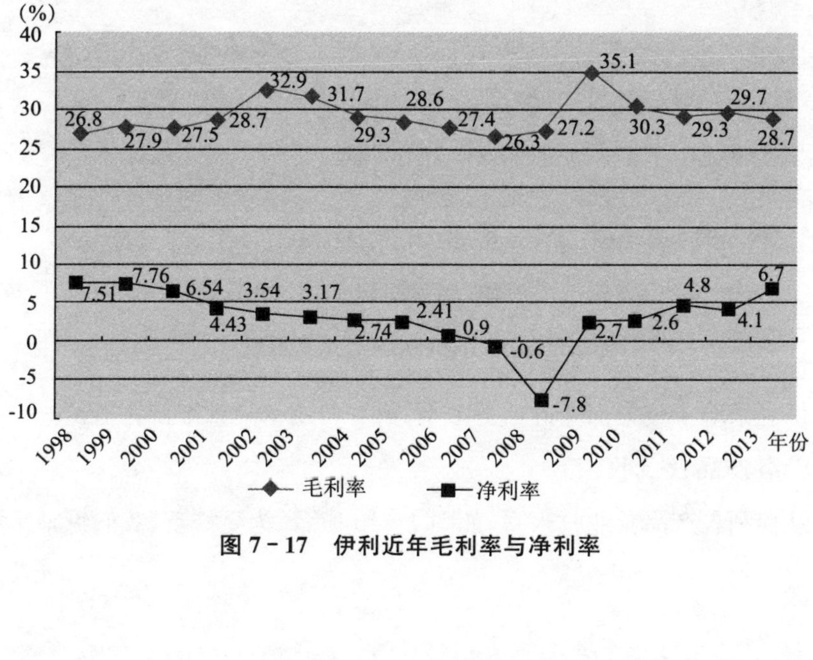

图 7-17　伊利近年毛利率与净利率

从伊利净利率来看，大致可以分为两个阶段：1998 年至 2008 年，净利率逐年下降，从 1998 年的 7.51%下降到 2008 年的-7.8%；2009 年以后，逐年上涨，从 2009 年的 2.7%上升到 2013 年的 6.7%。

4. 三大费用率

从伊利销售费用率看，如图 7-18 所示，可分为四个阶段：1998 年至 2002 年，逐年快速上升，从 13.4%上升至 22.5%；2002 年至 2007 年，逐年缓慢下降，从 22.5%下降至 20.2%；2007 年至 2009 年，受 2008 年乳业"三聚氰胺事件"影响，从 20.2%突然跳跃至 26.7%；2009 年以后，逐年快速下降，从 26.7%下降至 17.9%。

从伊利管理费用率看，相对比较平稳，长期呈小幅上升趋势，从 1998 年的 3.8%上升至 2013 年的 5.0%。2008 年受乳业"三聚氰胺事件"影响，有大幅的上升。

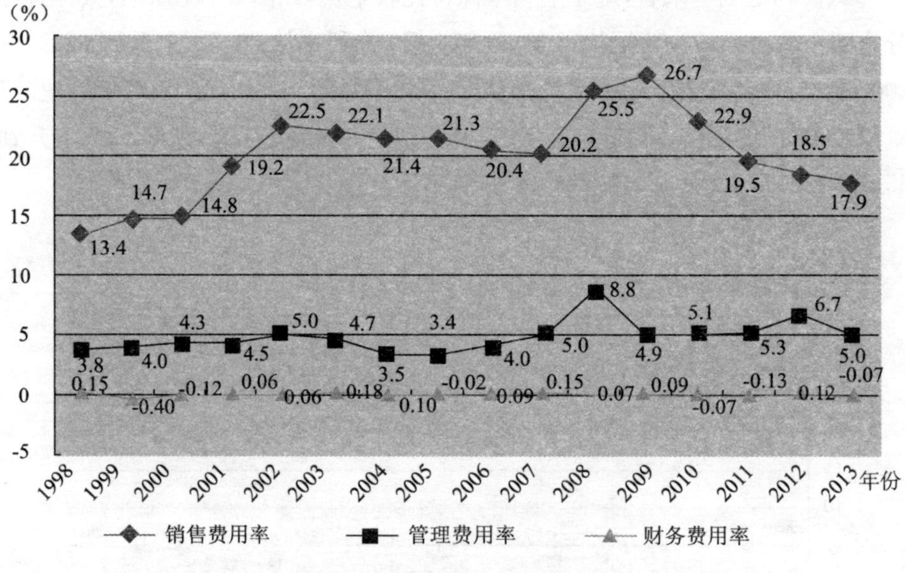

图 7-18　伊利近年三大费用率

伊利采取了较为保守的债务政策，财务费用率一直维持在低位。

5. 各产品营业收入

从伊利各产品营业收入看，如图 7-19 所示，为更好看，我们纵轴采用了对数坐标轴。1998 年,冷饮产品为主要收入来源,营业收入为 5.26 亿元,其次是奶粉及奶制品,营业收入为 3.21 亿元,液态奶才刚起步,营业收入仅为 0.74 亿元。1998 年之后,液态奶增长最快,到 2013 年,营业收入为 374 亿元,远远大于稳步增长的冷饮产品及奶粉产品,两者营业收入分别为 42.4 亿元和 55.1 亿元。

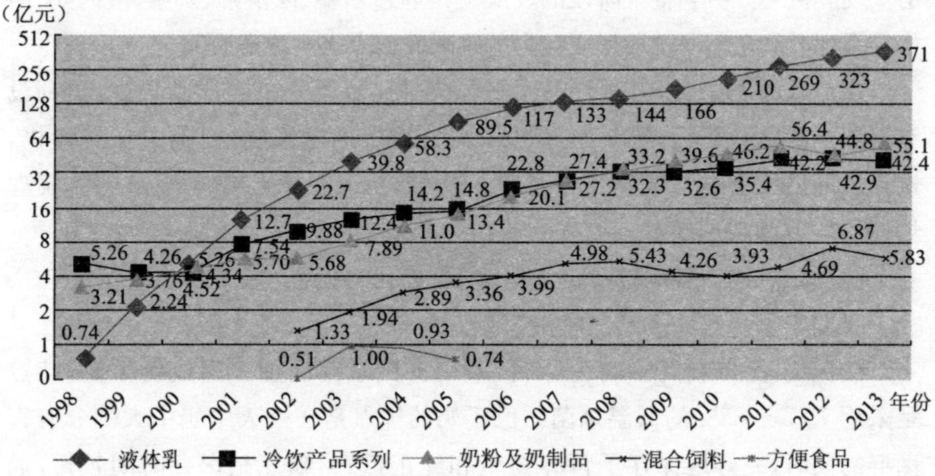

图 7-19 伊利近年各产品营业收入

6. 业绩点评

从伊利整个发展阶段的业绩来看,它实现了快速、健康、持续地发展,虽然受 2008 年“三聚氰胺事件”的影响,业绩出现巨幅的波动,但经过公司品质战略的调整,又重回发展轨道。

分阶段来看,伊利早期的发展,主要靠冷饮产品和奶制品的发展带动,到 2000 年后,其主要贡献来自液态奶。

从 2002 年至 2007 年,我们可以看到伊利通过逐步压低毛利率、净利率的方式来实现规模方面的快速发展, 2009 年后,规模效益显现,销售费用率逐步较大幅度降低,虽毛利率有所下降,但净利率每年呈上升趋势。

三、伊利成功原因:出色的产品战略

伊利为什么能够取得快速、健康、持续的发展呢? 伊利的成功有中国经济快速发展的大背景,当然我们也从伊利发展历程中看到,出色的产品战略是其获得发展的最重要的原因之一。

1. 产品选择战略

伊利的早期发展阶段，正是冷饮业发展最迅速的时候，伊利的产品战略是围绕雪糕、冰淇淋、奶茶粉等产品为核心来发展，抓住了冷饮产业发展的机遇。当2000年液态奶快速发展的时候，伊利又在比较好的时机切入，抓住了难得的历史发展机遇。伊利整个阶段的发展就是通过雪糕、冰淇淋、奶茶、液态奶、酸奶等系列产品在不同阶段形成接力的战略发展点来实现发展的。

在进入液态奶时，当时有巴氏奶、常温奶、复原奶三类产品选择，伊利没有选用当时乳业龙头光明、三元已经大力发展的巴氏奶，而走了一着险棋，选择了高温灭菌的常温奶。正是这个选择，为其后来超越光明、三元，实现快速的发展奠定了基石。

伊利是怎样在战略选择上战胜光明、三元的呢？

我们先来了解一下这三种液态奶。

巴氏奶：是以新鲜牛奶为原料，采用巴氏杀菌法加工而成的牛奶，特点是采用72℃～85℃的低温杀菌。巴氏奶的优点是在杀灭牛奶中大部分有害菌群的同时，完好地保存了营养物质和纯正口感，缺点是保存时间较短，通常保存期限不超过10天，而且必须在0～6℃冷藏保存。

常温奶：又称高温灭菌奶，是以新鲜牛奶为原料、采用超高温灭菌法加工而成的牛奶，特点是采用135℃～150℃的高温灭菌，通过4秒到15秒的瞬间灭菌处理，完全破坏其中可生长的微生物和芽孢，将牛奶中有害微生物全部杀死的同时，也杀死了有益微生物，以达到商业无菌的要求。常温奶的优点是可在常温下保存较长时间，缺点是高温破坏了很多营养物质。

复原奶：又称还原奶，是指把乳浓缩、干燥成为浓缩乳（炼乳）或乳粉，再添加适量水，制成与原乳中水、固体物比例相当的乳液。通俗讲，就是用奶粉勾兑还原而成的牛奶。复原乳为了保持口感，需要加香精、稳定剂、添加剂。复原乳的优点是生产方便，缺点是破坏了牛奶中大部分营养成分。

作为消费者来说，如果把牛奶当成营养品，肯定选择的是巴氏奶，而不是常温奶和复原奶。但是从牛奶厂的角度来考虑，巴氏奶保存要求温度低、保存时间短，需要就近办奶牛饲养基地、就近销售，牛奶还可能会过期报废，大幅度增加了生产、流通、报废成本；而常温奶在常温下能够保存很长时间，方便集中生产、分散销售，大幅度降低了生产、流通、报废成本。

国外发达国家居民通常会喝巴氏奶，不会考虑常温奶，因为巴氏奶有营养、保存时间短是从小就被教育的常识性问题。但国内居民不懂这个常识，当“高温灭菌奶”被换成“常温奶”这个更好听的名字并且价格还便宜很多时，自然就喜欢购买常温奶。

在前面我们介绍了消费者是按感知价值来进行购买的，中国消费者对巴氏奶、常温奶、还原奶欠缺正确的感知价值，与实际价值并不一致，需要去教化与普及。但是很可惜的是，光明、三元并没有向消费者普及这个常识、把真正有营养的牛奶介绍给大家，而是加入了“常温奶”的大流，最终把龙头地位拱手让给了伊利、蒙牛。伊利的这着险棋最终完胜。

2. 产品组合战略

伊利在发展过程中，采取了“低价产品＋盈利产品”的产品组合战略。低价产品是开路先锋，去攻城略地、抢夺市场份额，同时阻止新的竞争对手入侵，不要求赚钱。盈利产品则不参与价格战，保证企业存在和发展所需要的利润。

伊利在企业发展过程中有意识地形成了液态奶、酸奶、奶粉、冷饮四大业务，其中液态奶就是低价产品，去攻城略地、抢夺市场份额、去消灭其他1800多家乳业企业。那么，伊利靠什么来盈利的呢？主要是靠酸奶、冰淇淋、奶粉这些产品盈利。

就液态奶来说，伊利也采取了“低价产品＋盈利产品”的产品组合战略。伊利建立了产品金字塔，分别设立了高端的金典奶、中高端的舒化奶和普通纯牛奶，建立了一个从低价位到高价位排列的高中低档健全产品组合，并且高中低价格的每个层面都有相应的优势产品组合，不是单兵作战。如图7-20所示。

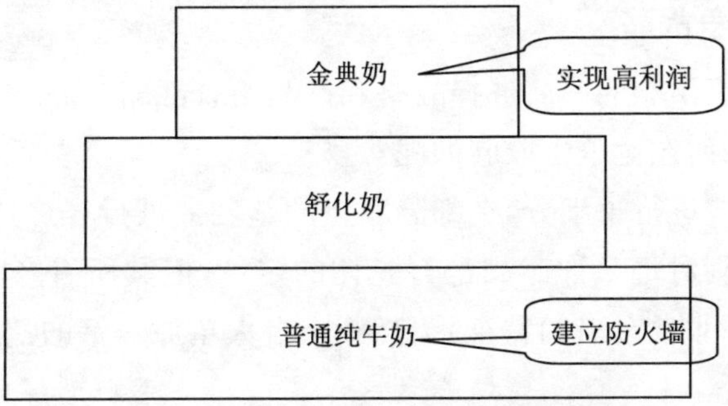

图7-20 伊利液态奶产品金字塔

金典奶代表了伊利的综合水平，是企业产品的重中之重，即企业的拳头产品，它为企业带来两种效益：一是较大的经济效益，投入高、附加值高，但客户群较少；二是有较好的名牌效应，是无形的效益。纯牛奶是成本低、有较低附加值的产品，但是产品分布广、通用性强，有很强的价格竞争力，具备一种防火墙的作用，能有效防止低价竞争者的价格冲击，保护中高档产品组合，维护金字塔系统利润的能力。目前，随着金典奶、舒化奶等中高档产品占销售额比例的提升，伊利的利润率水平呈上升趋势。

与单一或有侧重的乳企相比，实施产品组合战略的伊利在产品研发、生产、销售、营销方面的资源配置和资金使用压力更大，这就对其管理、服务提出了更高的要求。因此，实施全产品战略本身就是一个前期投资大、见效慢的长期发展方式。在中国乳业发展初期，在单个产品打天下的时代，采用这种发展方式更需要企业具备高瞻远瞩的战略眼光和科学的生产、管理水平。虽然前期的投入多、要求高，伊利产品组合战略在中国乳业竞争的新阶段显示了巨大的规模效应和后发优势，事后来看是值得的。

完善的产品组合体系一方面使得伊利集团占据了乳业市场扩展的先机，在中国乳企厮杀于液态奶的红海时，有奶粉、酸奶、冰淇淋等产品来保证企业存在与发展的资金。另一方面，多元化的产品组合同样有利于伊利资源的整合利用和共享。伊利成功携手北京奥运会、上海世博会的重要原因之一就是其全产品体系能够满足国际盛会的需求，这是其他乳企无法匹敌的优势。而伊利携手奥运会、世博会带来的品牌价值、品牌形象的提升，同样能够作用于伊利的产品组合发展，将品牌价值对产品销售的推动作用发挥到最大程度。

3. 产品竞争战略

前面介绍了伊利的产品选择战略和产品组合战略，那么，这些产品是如何参与竞争、如何在竞争中取胜的呢？

伊利对客户进行了细分，在细分客户的基础上进行客户选择，然后进行产品定位。伊利对每一种产品都有具体的定位，但其所有产品的竞争定位都有共性、一个非常突出的特征：天然—来自大草原—好的奶源—纯正—品质好—健康。

伊利对奶源及牧场是这样描述的："内蒙古作为我国最大的天然牧场所在地，是国际公认的北纬45度最佳奶源带，更以'中国牛奶之乡'的美誉闻名遐迩。伊利集团——一个在此诞生并在中国大地上扎根的中国式‘乳业王国’，多年前便开始战略性布局，经过逐步发展，同时在我国三大黄金奶源带——内蒙古锡林郭勒大草原、呼伦贝尔大草原以及天山大草原均建有奶源基地。凝结天地精华，成就自然好牛奶。”

伊利对伊利纯牛奶是这样描述的：“伊利纯牛奶源自内蒙古呼和浩特、呼伦贝尔大草原，黑龙江杜尔伯特大草原等国际公认的优质奶牛饲养基地带；有经过专职畜牧师和营养师精心挑选、养育的健康奶牛提供营养均衡的好奶；23 项严格的原奶检测，全程不添加任何防腐剂，更有严格的质量管理体系，每一滴伊利牛奶都是天然纯正的好牛奶。”

伊利对金典纯牛奶是这样描述的：“金典牛奶源自伊利珍选牧场，出自优质荷斯坦奶牛，选取奶源精华，经过严苛的工艺，历经 57 道层层甄选出来的金典纯牛奶，奶质纯正，口感香醇。”

正是这些基于消费者需求的、突出的产品竞争定位，使得伊利最终赢得了消费者，在产品竞争中取胜。

四、伊利战略点评

伊利无疑是中国最成功的企业之一。在 21 年间，伊利从一个营收不足亿元的小型冰淇淋企业，成长为营收近 500 亿元的大型企业，最终成为中国乳业龙头，主要原因在于其成功的产品选择、产品组合选择和产品竞争战略。伊利通过对常温奶的选择，通过“天然—来自大草原—好的奶源—纯正—品质好—健康”的产品定位，获得了消费者的青睐，成功战胜了光明、三元，实现了远远快于行业速度的发展。

然而，我们也应看到伊利的进一步发展将会十分艰难。伊利近几年提出的国际化发展战略，还没有整理出清晰的思路，未来几年将是考验伊利的时候。当然，国际化也在考验每一个拥有伟大梦想的中国企业，因为有梦才有难度。

第八章　职能战略：构建核心发展能力

第一节　职能战略整体思考

企业如何实现快速、健康、持续发展呢？前面我们已经通过探讨愿景、战略目标和业务战略，分别为企业树立了前行的发展方向、明确了发展速度与发展质量、寻找了战略发展点。除此之外，我们还有哪些方面的考虑呢？

接下来，我们就需要考虑第四大方面的发展能力，即企业发展所需要的能力。企业发展能力需要职能战略来打造。

现代企业管理的复杂性和困难性，使企业职能部门日益重要起来。在战略规划制订过程中，企业必须依赖职能部门的支持，使职能战略与企业愿景、战略目标与业务战略协调一致。企业职能战略是企业战略概念变成战略行动的必要环节，也是企业战略计划体系中的一个重要组成部分。企业职能战略是从各个职能的专业领域来考虑战略问题的，有其本身的特殊性。但各个职能战略必须协调一致地支持企业愿景、企业战略目标与业务战略，保证企业战略真正地、有效地发挥作用，最终实现企业快速、健康、持续发展。

一、职能战略是什么

战略选择的第四个部分就是要制定职能战略，构建企业的发展能力。职能战略是为实现企业愿景、战略目标和业务战略，对企业各项关键职能活动的重大选择、规划及策略。

职能战略按照企业职能分类，通常分为市场营销战略、技术研发战略、生产制造战略、人力资源战略和财务投资战略五大类。职能战略是为战略目标和业务战略服务的，所以必须与战略目标和业务战略相配合。

职能战略描述了在执行战略目标和业务战略的过程中，企业中的每一职能部门所采用的目标、策略、方法和措施。职能战略在几个方面不同于业务战略。首先，职能战略的时间跨度一般要较业务战略短，为一至三年。其次，职能战略要较战略目标与业务战略更具体和专门化，且具有操作性。最后，职能战略的制定需要中层管理人员的积极参与。事实上，中层管理人员的意见，对成功地实施职能战略是非常重要的。

企业战略目标和业务战略分层次地表明了企业的产业、区域、客户、产品等发展方向和基本目标，规定了企业的核心目标、任务和总的方向，而企业要实现这样的战略设想，必须通过有效的职能活动去运用资源，使企业的人力、物力和财力与其生产经营活动的各个环节密切配合，形成企业战略目标与业务战略的有效支撑才能成功。

职能战略的主要目的，简而言之，主要有三个：

(1)构建发展能力。战略目标和业务战略需要相应发展能力的支持。企业通过职能战略，构建企业发展所需要的发展能力，支撑企业的未来发展。

(2)保证战略目标和业务战略有相应职能策略和措施的支持。例如，企业产品战略要发展某类新产品，第一需要产品研发、技术支持等技术研发职能的支持，第二需要品牌推广、广告投放、销售支持等市场营销职能的支持，第三需要相应的生产线建设与调整、产品品质保证、生产成本控制等生产制造职能的支持，第四需要人员配置、人员激励、人员培训开发等人力资源职能的支持，第五需要资金筹备、预算监控等财务投资职能方面的支持。

(3)保证企业战略目标和业务战略有相应的企业资源支持。如果企业制定了每年30%的营业收入增长目标，可能需要相应的资金、人力资源支持；如果确定了一些新的区域市场，可能这些区域市场需要相应的新广告投放、渠道开发资金和人力资源的支持。

二、核心发展能力

在企业发展能力中，最为关键的是核心发展能力。核心发展能力在职能战略里扮演最为关键的角色，职能战略必须打造面向未来的发展能力，以支撑企业的战略目标和业务战略。

什么叫核心发展能力呢？核心发展能力是企业基于未来战略目标和业

务战略所需要的核心资源与能力。核心发展能力是对企业未来发展最具价值的资源和能力，对企业未来发展和盈利能力起着决定性作用，关乎未来发展的成败。如果战略目标和业务战略有相应的核心发展能力支撑，就比较容易实现，否则，战略目标和业务战略就只是一种空想，最后以失败而告终。

核心发展能力通常表现企业跨部门、跨职能的各种知识、能力、资源、技术的整合能力，对企业发展具有决定性作用，一般来说，它具有以下几个特征：

首先，核心发展能力是未来发展的能力。核心发展能力是根据未来发展趋势能使企业在未来发展领域保持主导地位并获得稳定超额利润的能力，是将技能资产和运作机制有机融合的企业组织能力，是决定企业未来能否持续发展的核心因素。

其次，核心发展能力能够显著地为客户带来价值或节约成本。核心发展能力能很好地实现顾客所看重的价值，如：能显著地降低成本，提高产品质量，提高服务效率，增加顾客的效用，从而给客户带来竞争优势。

再次，核心发展能力建设需要很长的时间。核心发展能力是企业长期建设的结果，是企业所特有的，并且是竞争对手难以模仿的，也就是说它不像材料、机器设备那样能在市场上购买到，而是难以转移或复制的。这种难以模仿的能力能为企业带来超过平均水平的利润。

最后，核心发展能力还具有延展性，能够同时应用于多个不同的任务，使企业能在较大范围内满足顾客的需要。如：佳能公司利用其光学镜片成像技术和微处理技术方面的核心发展能力，成功地进入了复印机、激光打印机、照相机、扫描仪以及传真机等二十多个产品领域；本田公司的核心专长是引擎设计和制造，这支撑了小汽车、摩托车、割草机和方程式赛车的制造。

大家也许会问，我们以前学的都是核心竞争力，那核心发展能力与核心竞争力有什么不同呢？

核心发展能力是企业基于战略目标和业务战略未来所需要的核心能力，而核心竞争力是基于现状的核心能力。比如，比亚迪在进入汽车产业之前，其核心竞争力是充电电池核心技术和低成本制造能力，但这对于它的发展是远远不够的，因为它要进入汽车产业，这时比亚迪需要的是核心发展能力。由于比亚迪是从低档汽车做起，对新产业来说，需要低档汽车生产与销售的核心能力，比如汽车产品研发能力、汽车低成本制造能力、汽车销售网络能力等。那时，比亚迪基于现状的核心竞争力与基于发展的核心发展能力存在较大的差距。如果比亚迪从生产低档汽车向生产高档汽车战略转型,高档汽车消费者对价格并没有那么敏感,他们需要高性能的汽车,这时比亚迪汽车的核心能力也需要转变,其原来具有的低成本制造能力可能刚好是它的软肋,因为低成本能力放弃了汽车的高性能制造能力,这需要比亚迪从低成本制造能力向高品质制造能力转变,比亚迪未来的发展需要围绕生产高档汽车打造相应的核心发展能力。

一般来说,一个快速发展的企业,其现有能力相对于其未来发展来说,是不足够的,企业只有根据战略目标和业务战略,构建相应的核心发展能力,才能支撑企业的持续发展。因此,企业发展的过程,也是企业核心能力不断成长的过程。

核心发展能力不仅可以表现在技术上,还可以表现在生产经营、营销和财务上。如:苹果电脑的产品设计创新能力、华为的低成本创新能力、海尔的服务能力、比亚迪的充电电池技术、丰田的精益生产能力、娃哈哈的市场需求发掘能力等。正是由于具有这种独特的能力,公司取得了发展。常见的核心发展能力如表 8-1 所示。

表 8-1　常见的核心发展能力

方面	常见核心能力因素
技术研发	科学研究技能 工艺改进能力 产品开发能力 特定技术上专有技能 运用互联网人事电子商务活动的能力
生产制造	低成本生产能力 高固定资产利用率 低成本的生产工厂定位 获取足够娴熟劳动力的能力 提高劳动生产率 低成本产品设计与产品工艺 个性化产品定制与生产能力
分销	强大的批发分销商网络 强大的依赖互联网建立起来的电子分销渠道能力 强大的自建分销渠道与网点 低成本的分销体系 快速的货物配送体系

续表

方面	常见核心能力因素
营销	优质的客户服务 良好的商品推销技巧 有吸引力的包装、款式 优良的广告策划 多数量可供选择的产品
员工	员工拥有卓越的才能 员工在某一项具体方面拥有专有的技能 卓越的创新能力和精神 极强的执行能力 员工宝贵的经验
其他	卓越的信息系统 公司极强的品牌影响力 公司良好的声誉 较强的融资能力 便利的经营门店 良好的政府关系 对稀缺自然资源的开采权

在明确了愿景、战略目标和业务战略之后，企业须确定其未来需要的核心发展能力，并根据核心发展能力确定未来的投入重点。比如品牌能力是未来所需要的核心发展能力，企业在未来的投入上，就会向品牌能力建设倾斜，品牌投入就相对比其他职能投入要大。如果成本控制能力是未来核心发展能力，未来投入资源就会向成本控制方面倾斜。

【示例 8－1】　波特投资核心发展能力的提炼

波特投资①是一家大型的投资集团公司，公司涉及的领域有化工、医药、能源等。由于公司多年来发展速度缓慢，利润率较低，主业不突出。于是在 2011 年请我们辅导其制定战略。

根据调研我们发现，波特集团经营领域特别广泛，但集团总部采取了较为集权的管控模式。由于公司多产业多区域经营，经营管理的复杂程度较高，集团集中决策的体系，导致决策效率缓慢低下，也制约了下属子公司的

① 为保护客户机密，用“波特投资”代替了原公司名，并简化了战略涉及的核心内容。

创造性和企业家精神，所以我们准备咨询的第一步是重新界定集团总部与子公司的功能定位，确定了集团管控模式由原来的操作型管控向战略管控转型的思路，集团总部要向子公司释放部分决策权，精简总部，激发子公司的创业激情。

在明确了总部与子公司各自功能定位、职能分工及相关组织结构的调整之后，我们把整个集团战略分成两个层面：一个是集团层面的战略，一个是子公司层面的战略。集团层面的战略主要解决大的、宏观的产业层面的战略，子公司层面的战略主要解决各自业务领域的发展问题，包括区域战略、客户战略和产品战略，以及相应的职能战略。

在集团战略层面，我们通过集团各产业的外部分析和内部分析，预测了未来各产业发展的机会点、威胁点，并根据波特集团现有核心能力与优势，分析了未来可能的战略选择路径及相关问题。最后，我们与集团核心骨干讨论明确了发展愿景、战略目标及产业战略选择，并根据总部定位讨论确定了未来的核心发展能力。

核心发展能力的形成花了整整两天的时间。核心发展能力是怎样讨论形成的呢?

我们这次讨论采用头脑风暴法的讨论形式，这次参与讨论的人员有集团中高管理层及子公司主要高层，共 30 人，被随机分成 5 个小组，都集中在一个酒店会议室里进行。整个讨论过程共分为四步进行：

第一步，核心能力因素搜集。首先各个小组思考这个问题：根据集团愿景、战略目标、业务战略，集团未来发展需要哪些能力的支撑？这个思考采取头脑风暴法，是发散式的，不要评论，尽可能多地搜集更多的因素。然后每个小组成员都提出自己的意见，并把这些能力因素写在一张大白纸上。最后 5 张大白纸上写满了答案。

第二步，核心能力因素提炼。5 个小组交换意见后，吸纳了其他小组的意见，然后对核心能力因素进行整理、提炼，要把相近、类似的一些需求因素进行合并。随后 5 个小组又进行交流，大家共同推选一个小组的提炼方案，再在这个小组方案的基础上进行补充。最后形成了 43 项因素。

第三步，核心能力因素评估。大家对 43 项因素进行评估，分为 3 档：最符合的为 5 个，给 2 分；较为符合的为 5 个，给 5 分；其他的都给 0 分。5 个小组首先各自做出自己的评估，然后根据各个小组的评分，打出总评分，选出10项能力因素。

第四步，核心发展能力确定。根据10项能力因素，要求各个小组进行总结，最后大家形成3大核心能力，每个核心能力由3项因素构成。如果发现对因素的归纳不合适，可以从原来10项能力因素之外的因素进行补充，并剔除多余的因素。

最后经过交流，各小组进行评估，挑选一个小组的答案为初版，大家在此版本基础上提出意见。

经过多轮的头脑风暴、提炼、评估，最终形成波特投资的核心发展能力，如图8-1所示。

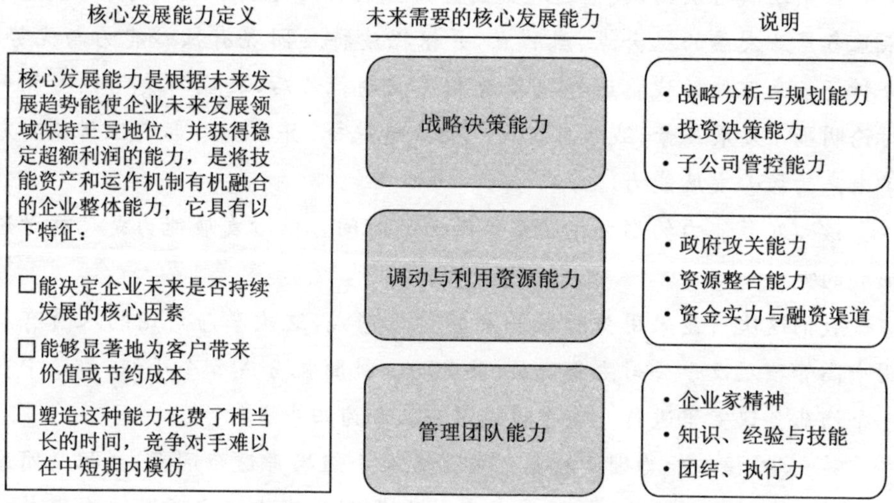

图8-1　波特投资核心发展能力

【示例8-2】　苏宁未来需要怎样的核心发展能力

苏宁于1990年在南京创立，最初从事空调批发业务。历经20多年的发展，苏宁从空调批发，发展为家电零售连锁，再发展为3C零售连锁；从南京拓展到华东地区，再拓展到全国一线城市，最后实现覆盖全国市场。苏宁目前已经成为中国最大的商业企业集团。截至2011年底，连锁网络覆盖中国内地、中国香港和日本地区共600多个城市，拥有1700多家连锁店，员工18万人，营业收入1100多亿元。

苏宁在长期发展的过程中，随着规模的扩大、连锁网点的增多、专业服务能力的增强、成本控制能力的提升、总部管控能力与服务支持能力的加强，逐步形成了在家电连锁行业的四大核心竞争力。这四大核心竞争力分别是零售网点能力、专业服务能力、成本管制能力、总部管控与支持能力，如图 8-2 所示。苏宁依靠四大核心竞争力在家电零售连锁行业建立了强大的竞争优势，已经远远超过了同行，甚至超越了曾经多年排在家电零售连锁行业老大的国美。

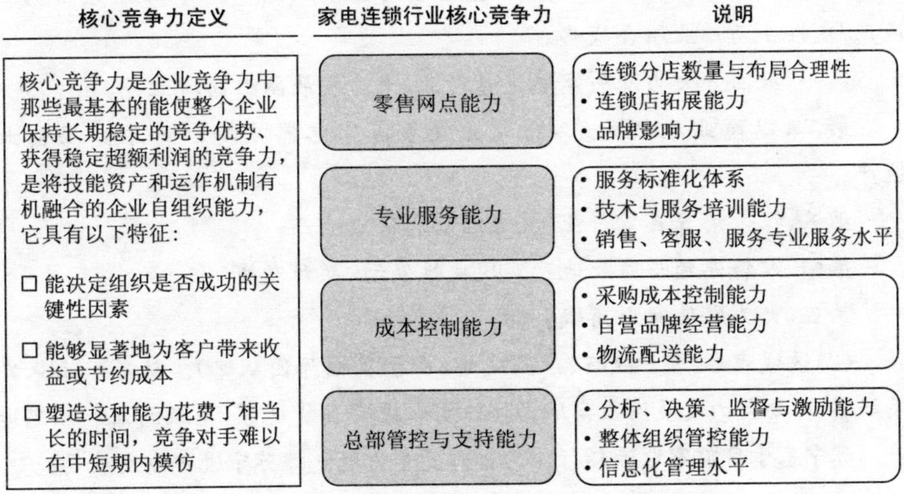

图 8-2　苏宁四大核心竞争力

从未来发展的角度来看，苏宁并不乐观。一方面，家电连锁行业会逐步迎来成熟期，发展放缓，而对于增长势头比较好的县、镇、乡市场，苏宁家电连锁模式并不能形成明显的优势；另一方面，随着计算机网络的普及，年轻一代具有较好计算机及上网技能的消费者崛起，网上商城发展势头迅猛，以淘宝、京东、当当、卓越为代表的网络商城在逐步蚕食现有的家电连锁市场。

在此形势下，苏宁为了进一步发展的需要，同时为了面对新的替代者的竞争，做了一系列战略调整。下面具体来看看苏宁 2011 年至 2020 年的 10 年战略①。

1. 苏宁愿景

打造具备全球化竞争力的世界级企业。

① 这里只简单罗列苏宁战略概况，详细战略参见《战略对决》。

2. 战略目标

(1)电器连锁方面：到 2020 年，连锁店总数将达 3500 家，销售规模将达 3500 亿元，网络销售规模将达 3000 亿元。

(2)综合地产开发方面：到 2020 年完成 300 家自建电器旗舰店、60 个物流基地、100 个高星级酒店和 50 个大型购物中心，营业规模达到 2000 亿元。

3. 业务战略

(1)产业战略。在大力发展零售连锁的基础上，推行“零售连锁＋商业地产”良性互动产业组合战略。

第一，巩固并大力发展家电连锁行业，大力发展网上商城业务。

第二，以商业连锁为基础，大力发展苏宁电器广场和苏宁广场商业地产。

第三，探索培育百货行业、星级酒店和住宅地产。

第四，零售连锁与商业地产实现良性互动、互助发展。

第五，大力发展网上商城。

(2)区域战略、客户战略、产品战略(由于篇幅原因从略)。从苏宁未来发展规划看，要大力发展网上商城、商业地产，培育百货连锁、星级酒店和住宅地产。苏宁基于目前家电连锁行业的核心竞争力能支撑苏宁进一步发展吗?

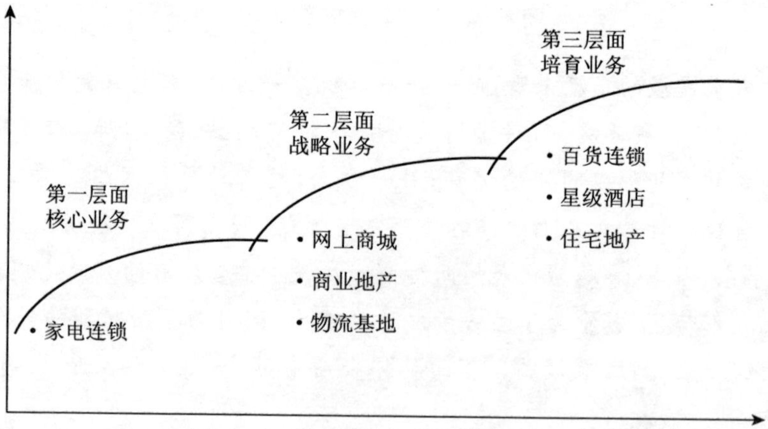

图 8－3　苏宁三层面产业组合战略

如果苏宁目前的核心竞争力不能支撑其进一步发展，那么它未来又需要什么样的发展能力呢？从产业发展看，苏宁未来需要构建网上商城、商业地产、百货连锁、星级酒店、住宅地产等方面的核心发展能力。这需要苏宁在维持现有家电零售连锁核心竞争力的基础上，再分行业去判断这些行业未来所需具备的核心能力，去构建新的核心发展能力，并采取相应的职能战略去实现这些核心发展能力。

三、职能战略分解矩阵

愿景、战略目标、业务战略和核心发展能力都需要职能战略来保证。怎样来制定职能战略呢？

我们在长期的战略咨询实践中，形成了一个非常实用的职能战略分解矩阵，如图 8－4 所示。

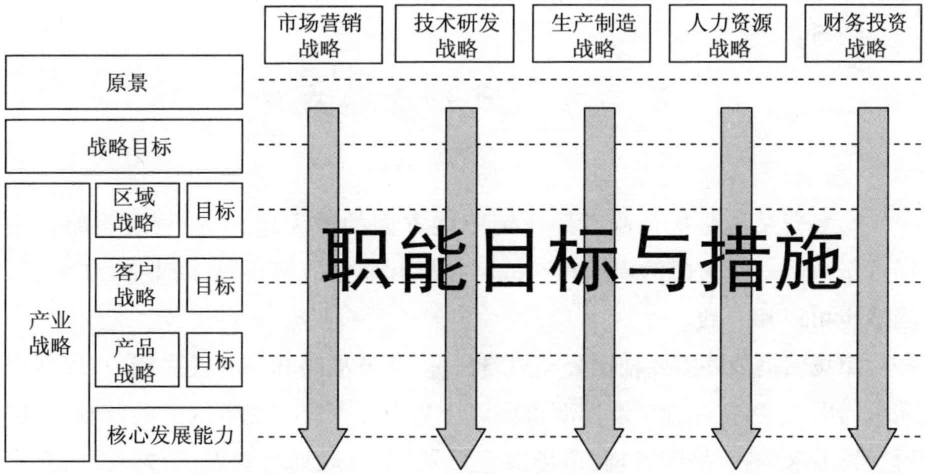

图 8－4　职能战略分解矩阵

职能战略来源于企业愿景、战略目标、业务战略和核心发展能力。我们不妨把愿景、战略目标、业务战略和核心发展能力排列起来，然后分别询问：

（1）为实现愿景，在市场营销、技术研发、生产制造、人力资源、财务投资等方面需要什么样的目标、策略及措施？

（2）为实现战略目标，在市场营销、技术研发、生产制造、人力资源、财务投资等方面需要什么样的目标、策略及措施？

（3）为实现产业、区域、客户、产品等业务战略，在市场营销、技术研发、生产制造、人力资源、财务投资等方面需要什么样的目标、策略及措施？

(4)为构建企业核心发展能力，在市场营销、技术研发、生产制造、人力资源、财务投资等方面需要什么样的目标、策略及措施？

为回答这些问题，我们分别就市场营销、技术研发、生产制造、人力资源、财务投资等方面进行归纳、整理、提炼，形成了市场营销战略、技术研发战略、生产制造战略、人力资源战略和财务投资战略。如果企业还有其他的重要职能，也可以将其加入职能分解矩阵中，形成相应的职能战略。这些职能战略包含了相应的职能目标、职能规划及职能措施。

通过职能战略分解矩阵，我们可以使各职能部门战略清晰起来，使各职能部门工作与企业愿景、战略目标、业务战略和核心发展能力有效衔接起来，使企业战略不再飘在空中，而是实实在在落到职能部门身上，最终实现企业愿景、战略目标、业务战略和核心发展能力的有效落地。

第二节　市场营销战略

市场营销战略是企业市场营销职能方面的重大选择、规划及策略。市场营销战略一般考虑的周期相对战略目标和业务战略要短，以1～3年为宜，当然也可以相一致。

市场营销战略需要根据公司战略目标、业务战略和核心发展能力，以客户需求为出发点，在综合考虑外部市场机会及内部资源状况等因素的基础上，进行市场需求调查、品牌管理、市场推广策划、渠道规划与管理、销售管理、客户服务、客户关系管理等一系列市场营销活动。

市场营销战略进一步细分主要包括：品牌战略、推广战略、渠道战略、价格战略、促销战略、客服战略等。下面重点谈谈品牌战略、渠道战略和客服战略。

一、品牌战略

品牌战略是产品战略最重要的支撑。对家庭和个人消费者，一个产品的品牌力，往往决定了消费者是否能够知道这个产品，是否了解这个产品，以及最终是否选择和购买这个产品。品牌往往是决定消费者购买产品最重要的考虑因素。

品牌战略涉及品牌开发、品牌建设、品牌维护和品牌使用等几个方面。

一般而言，品牌的建设需要大量的长期投资，特别是需要用在广告、促销和包装上。品牌有了一定影响力之后，也需要一定的维护投入，品牌能使产品取得比没有品牌（或品牌没有影响力）的产品更高的溢价。

品牌战略选择通常要思考以下几个问题：

（1）是自有品牌，还是贴牌？

（2）是自建品牌，还是收购品牌？

（3）是单品牌，还是多品牌？

（4）品牌的核心是什么？如何从理念，到行为，到视觉？

（5）如何宣传、推广、维护？

（6）采取什么样的形式推广？电视、报纸、杂志、平面广告、互联网、新闻策划、事件营销、展会、促销活动？

品牌战略一定要与公司战略目标、业务战略相匹配。一是品牌开发与建设的力度要与企业战略目标、各业务目标一致；二是品牌开发与建设的方向要与业务战略中的产业战略、区域战略、客户战略和产品战略保持一致。例如，企业要进入某些新的产业或者生产新的产品，需要考虑是使用新的品牌还是沿用原来的品牌；当要大力发展某类产品时，要考虑是否有相应品牌建设投入的力度；当重点发展某片区域市场时，要考虑品牌投入是否加大。总之，品牌战略要与企业战略目标、业务战略有效地结合起来。

二、渠道战略

渠道战略是市场营销战略中的重要一环。为使目标顾客能接近和得到自身产品，企业必须有效利用各种中间商和营销服务设施，以便更有效地将产品和服务提供给目标市场。企业必须了解各种类型的零售商、批发商和从事实体分销的公司以及它们是如何进行决策的。

渠道战略包括渠道的拓展方向、分销网络建设和管理、区域市场的管理、营销渠道自控力和辐射力设计等方面。渠道的选择将直接影响到其他的营销决策，如产品价格策略、促销策略，也是企业是否能够成功开拓市场、实现销售及经营目标的重要手段。

渠道战略通常要思考以下几个问题：

（1）是直销，还是分销？

（2）是自建渠道，还是收购兼并渠道？

(3)是实体店销售,还是网络销售?

(4)在大卖场销售,还是专卖店销售,或是专柜销售?

(5)渠道怎么布局?销售网点怎样考虑?

(6)如何与分销商进行合作、分工?

(7)是订单式销售,还是库存式销售?

(8)是品类齐全,还是饥饿销售?

渠道战略一定要与企业战略目标和业务战略保持一致。一是渠道开发要与建设的力度与企业战略目标、各业务目标一致;二是渠道开发与建设的方向要与业务战略中的产业战略、区域战略、客户战略和产品战略保持一致。只有这样才能形成战略目标和业务战略的有效支撑。如果企业要进入某类新市场区域,就需要考虑渠道建设;如果要大力发展某区域市场,可能需要加大渠道密度的建设;当要发展某类产品,就要考虑这类产品的渠道建设。总之,渠道战略要与企业战略目标、业务战略有效地结合起来。

三、客服战略

客服战略也是市场营销战略中重要的一环。有效地服务好客户是维护好客户关系、使客户持续购买企业产品和服务的基础,也是吸引新客户的重要基础。客服工作表现为日常工作行为,企业主要通过客服制度化、流程化、标准化的服务体系来确保客服的质量、效率、成本。

客服战略通常需要考虑以下几个问题:

(1)如何处理客服质量、客服效率与客服成本的关系?

(2)如何根据产品价值,建立相应的客服理念、行为,形成标准化的体系?

同样,客服战略也需要与企业战略目标和业务战略保持高度一致,包括客户服务建设的力度和方向,只有这样才能有效地支撑战略目标和业务战略。

【示例 8-3】　　联想鞋业的渠道战略

联想公司是一家高档女鞋的 OEM 制造商,主要替国外品牌鞋业公司提供加工服务。通过分析,我们认为联想进一步发展必须建立自己的品牌,开拓国内市场,于是帮助其确定由高档女鞋 OEM 制造商向高档女鞋品牌和渠道运营商的转型战略。

在渠道战略规划中,我们首先要帮助联想鞋业对渠道模式进行选择。

女鞋企业的渠道模式分为分销和直营两种：①分销指生产者通过其他第三方经营者（特许加盟商、外贸公司等），将产品销售给终端消费者的销售方式，生产者不直接面对消费者，其与第三方经营者之间的关系可以是批发式的简单买卖关系，也可以是包含授权、单方许可、买卖等多重合同关系的特许加盟方式；②直营指生产者直接向终端消费者进行销售的方式，具体形式包括开立直营店、店中店、面对大客户或通过网络进行销售。

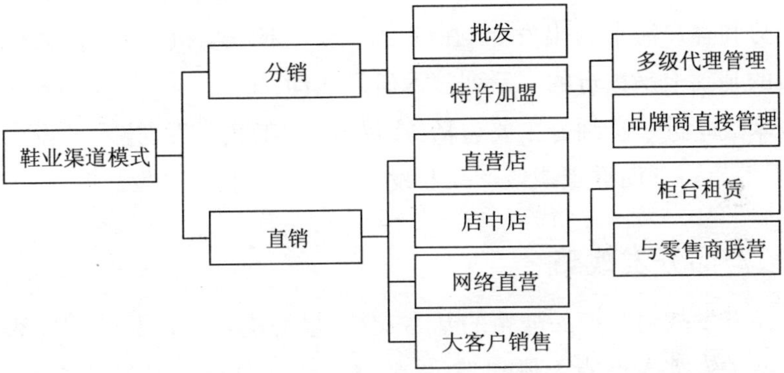

图 8－5　联想鞋业的渠道选择

由于联想鞋业当时只是女鞋制造商，为了减少销售网络建设的投入、降低成本、有效控制库存，同时为了吸取经验，确定了以批发、特许加盟为主，以品牌直营店为辅的分销模式。特许加盟店的核心目标是实现销售、取得利润，而直营店的核心目标是扩大品牌影响力、吸引加盟商加盟。

根据战略目标和区域发展战略，联想鞋业确定了每年加盟店和直营店的发展数量目标，并根据区域发展战略把战略目标分解至各城市，确定了各城市的加盟店及直营店发展目标。为了吸引加盟商，并实现对加盟商的有效管理，联想鞋业制定了相应的激励政策，并确定了与加盟商之间的相关责任与义务。

第三节　技术研发战略

技术研发战略是企业在技术研发职能方面的重大选择、规划及策略。技术研发既包括有形产品的研发，也包括无形产品的研发，如服务。技术研发战略一般考虑的周期相对战略目标和业务战略要短，以 1～3 年为宜，当然也可以与战略目标、业务战略一致，在基础技术方面可能考虑得更长一些。

技术研发战略在当今企业战略中的地位越来越重要。尤其是在一些技术高度密集型的行业中（如电子、宇航、新型材料、生物工程与医药行业等），技术是决定企业未来命运的主要因素。对于这些行业的企业来说，正确的技术研发战略能使技术作为一种强有力的手段，保证企业获得并保持竞争中的卓越地位。

技术研发战略是根据公司战略目标、业务战略和核心发展能力，以技术发展趋势和客户需求为出发点，在综合考虑外部市场机会和内部资源状况等因素的基础上来进行的一系列技术研发活动。

技术战略进一步细分主要包括：产品开发、工艺开发、技术开发、产品标准制定，等等。下面重点谈谈产品开发、工艺开发、技术开发战略。

一、产品开发战略

产品开发战略是产品战略的基本支撑，最终决定了产品战略能否成功。客户一些关键需求点能否得到满足，最终须落实到产品开发能否设计出与客户需求点相对应的产品特征上。例如，汽车消费者对安全的关注，需要汽车企业在开发产品时设计相应的安全配置。

产品开发又分为全新产品开发、产品改进和新材料开发几个方面。全新产品开发是产品的一个巨大变化，往往涉及基础技术的改变；大多数企业所称的新产品开发往往是产品改进，是某些细微性能或技术的少量改进；有时企业为了提升产品质量和降低成本，往往有新材料的开发。

产品开发通常需要思考以下几个问题：

(1)是产品改进，还是新产品开发？

(2)是自己开发，还是产品引进？

(3)是面向功能的开发，还是面向成本的开发？

(4)产品开发要对哪些要素进行改进与创新？（核心要素、外围要素、外观、包装等）

(5)产品开发周期应以多长为合适？

(6)怎样达成产品竞争战略中产品设计的核心因素？

产品开发要与企业战略目标、业务战略和核心发展能力保持一致。产品开发的数量与质量要足以支撑企业战略目标和产品销售目标，产品开发的结构要反映公司的产品战略结构要求，产品开发的特性要反映产品价值曲线的设计，满足客户的核心需求。

二、工艺设备开发战略

工艺设备开发战略也是产品战略实用的重要一环。产品能否以比较经济的成本、比较稳定的质量生产出来，生产工艺起到决定性的作用。例如，伏特当年采用流水线生产汽车，这是汽车产业生产技术的重大突破，使劳动生产效率大幅提高，汽车生产成本大幅降低，为汽车走进家庭起到了不可磨灭的贡献；比亚迪采取“人＋夹板”替代机器人生产模式，也大幅度降低充电电池生产成本，使比亚迪能从众多充电电池厂家中崛起。

工艺设备开发包括设备与工具开发、工艺开发和工艺改进。生产工艺的开发对提高生产效率和产品质量、减少劳动消耗、降低成本、改善劳动条件、促进生产发展有重要意义。

工艺设备开发通常需要思考以下几个问题：

(1)是自动化工艺设备还是人工化工艺设备？

(2)是工艺设备开发还是工艺设备引进？

(3)如何权衡工艺的成本和工艺的质量？

工艺设备开发要与企业战略目标、业务战略和核心发展能力保持一致。推出新产品战略可能伴随新工艺开发的需要，降低成本可能伴随改进工艺的需要。工艺设备开发是支撑战略实现的重要保证。

三、技术开发战略

技术开发分为基础技术开发和应用技术开发。

基础技术是技术中最基本的技术。在成熟产业中，基础技术可能是许多企业共用的、无差异的、不需购买的技术，如汽车发动机技术、电机变压技术、面包发酵技术等。但在新兴产业中，基础技术可能是领先者取得巨大领先优势的技术，跟随者使用可能要付出大笔的专利使用费。基础技术开发一般成本高昂、产生效益周期很长，绝大部分企业一般都放弃基础技术研发。

一个企业如果想成为产业领先者，一定要进行基础技术研发的投入，特别是产业更新、升级中，往往需要基础技术的突破。基础技术战略一般要与公司的战略目标、产业战略和核心发展能力相对应。如果企业要进入一个新的产业或进行产业升级，往往考虑对基础技术的更新换代，并采取基础技术研发或基础技术引进来实现目标。例如，苹果就预测到了手机智能化的趋势，为了实现对传统手机企业的超越，潜心研究智能手机技术，最终推出iPhone智能技术，实现了对手机巨头诺基亚的超越。

大部分企业技术研究属于应用技术开发层面，只是在基础技术上，加上一些微小技术的应用，例如产品外观设计的更新就是许多企业典型的应用技术开发。由于应用技术很多情况下是产品研发的一环，这里就不再讲述了。

第四节 生产制造战略

生产制造战略是企业在生产制造职能方面的重大选择、规划及策略。生产制造既包括有形产品的生产制造，也包括无形产品的生产制造，如服务。生产制造战略一般考虑的周期相对战略目标和业务战略要短，以1～3年为宜，当然也可以与战略目标、业务战略一致。

生产制造涉及对生产企业产品或服务的系统进行选择、设计和改造等问题，而这个作业系统包括将各类投入转化为产品或服务所需要的过程及活动。任何生产系统，无论是服务型的还是制造型的，都是由人员、原料、设施和信息所构成。制造型作业系统将投入转换为有形产品；而服务型作业系统将知识或技能转化为无形产品。许多企业拥有制造型和服务型相混合的作业系统。

生产制造战略是根据公司战略目标、业务战略和核心发展能力，在综合考虑外部市场机会及内部资源状况等因素的基础上，选择相应的生产制造组合，并予以有效实施和控制的过程。

生产制造战略包括生产能力规划、生产布局、设备规划、生产计划、生产组织和生产控制等方面。下面重点谈谈生产能力与布局战略、生产系统设计战略、生产运行战略、采购供应战略和物流运输战略。

一、生产能力与布局战略

生产能力与布局战略是企业战略的核心一环。根据公司战略目标、业务战略和核心发展能力，需要多少生产能力？生产应如何布局？例如，某汽车厂家制定了未来5年销售量达到100万辆的销量目标，这时生产要做相应的设计，明确这 100 万辆销量来自哪些市场，并做相应的生产能力布局。

生产能力与布局战略首先要考虑生产能力规划。生产能力要满足企业战略目标和业务战略的要求，可以考虑自有产能建设、外协加工和收购兼并等方面。如果生产能力与企业战略目标或业务战略目标不对应，就会形成满足不了企业销售要求或者产能过剩、资源浪费的问题。

生产能力与布局战略通常要思考以下几个问题：

(1)产能如何满足战略目标需求？

(2)是自己生产还是外协生产？

生产能力与布局战略其次要考虑生产能力布局。生产能力布局既要考虑有效接近客户或市场区域的原则，还要考虑生产规模优势的原则，把两者有效地结合起来。

二、生产系统设计战略

生产系统设计战略主要包括生产系统功能设计和生产系统结构设计。生产系统功能设计是指企业根据客户的需求特性和自身的竞争战略来定义产品的目标，再由产品将这些目标转换为对生产系统的功能要求；生产系统结构设计是指企业根据既定的系统功能和生产系统固有的结构功能特性，进行生产类型的“匹配”。

生产系统设计战略通常要考虑以下几个问题：

(1)是规模化生产，还是弹性化生产？

(2)如何考虑产品特点，设计相应的生产系统？

(3)如何提升生产系统效率？

(4)如何降低生产系统导致的产品成本？

与传统的生产系统设计过程相比，生产系统设计战略更强调对产品竞争优势的保证和系统各要素之间在生产类型结构框架下的协调性，而传统的生产系统设计过程仅以成本和效率为中心，强调提高生产系统的产出率、先进生产技术的应用。

三、生产运行战略

生产运行战略，即从战略的角度对生产系统的正常运行进行计划、组织和控制，以使企业按照技术文件和市场需求充分利用自身的资源条件，实现高效、优质、安全和低成本生产，最大限度地满足市场销售和企业盈利的要求。

一般而言，生产运行有四个最基本的目标，即数量、进度、质量和成本的目标。

生产运行战略通常要思考以下几个问题：

(1)如何组织生产，保证生产产量达到战略目标的要求？

(2)如何合理组织生产和安排计划，保证产品生产节奏与市场销售的一致？

(3)如何保证产品质量与产品设计质量达到一致？

(4)如何控制产品成本与产品设计成本一致？

总之，企业需要通过合适地组织生产，保证产品生产数量与企业战略规定一致，与战略目标、业务目标相对应，并确保产品生产进度、质量、成本达到客户的需求。

四、采购供应战略

采购供应战略是指根据企业战略和经营管理需要，企业在物料采购、原材料供应方面所采用的带有指导性、全局性和长远性的基本运作方案。采购供应战略对企业竞争与发展来说非常重要。

采购供应战略通常要思考以下几个问题：

(1)如何选择采购品种？包括品种种类、性质、数量和质量等的选择。

(2)如何选择采购方式？包括采购主体、采购技术、采购途径、联合方式。

(3)如何选择供应商？包括招标方式、考核方式、评价方式和使用方式等的选择。

(4)如何进行订货谈判？包括采购的品种规格、数量、质量、价格、服务和风险分摊等。

五、物流运输战略

物流运输战略是指根据企业战略和经营管理需要，企业在物流、运输方面所采用的带有指导性、全局性和长远性的基本运作方案。

物流运输战略通常要思考以下几个问题：

(1)如何做到运输成本最小？此处的运输成本主要包括运输和仓储

成本。

(2)如何做到投资最小？在保持服务水平不变的前提下，我们可以采用多种方法来降低企业的投资。

(3)如何保证服务质量？顾客在选择公司时除了考虑价格因素外，及时准确到货也越来越成为公司的有力筹码。

【示例8-4】 巨能化工职能战略

巨能化工[①]是一家民爆公司，主要研制、生产、销售炸药。在相当长的一段时期内公司处于一个发展相对停滞的状态，为了进一步发展，于2011年请我们辅导其制定战略。

由于国家在炸药牌照、产能指标及区域流通等方面的限制，公司在内生式发展方面也受到限制，虽然国家鼓励民爆行业兼并收购，但受地方保护主义的影响，兼并收购已难有作为。因此，巨能化工基本不能通过增加产能、区域扩张的方式去实现企业的发展。

那么，巨能化工该如何发展呢？通过仔细的分析和讨论，我们制定了发展型战略目标，并确定了纵向一体化的发展战略思路，通过向下游爆破服务、土建施工延伸，同时向上游炸药助剂、精细化工拓展，为企业冲破了发展的“天花板”，尤其是土建施工，打开了企业无限成长的空间。最终我们确立了产业战略：巩固并发展工业炸药核心产业，大力发展爆破服务及工程施工战略产业，培育炸药助剂及相关精细化工战略产业。

根据产业战略，我们进一步把产业战略细化成区域战略、客户战略及产品战略。并根据四大业务战略确定了市场营销能力、生产制造能力、安全控制能力三大核心发展能力。

根据愿景、战略目标、业务战略及核心发展能力，我们制定了五大职能战略，具体内容如下：

(1)技术研发战略

建立与完善技术研发体系，大力加强技术能力和自主创新能力；努力开发应用安全环保、节能低耗、性能优良的新产品、新材料、新工艺、新装备；进行生产线改造，使生产工艺水平达到《工业和信息化部关于民用爆炸物品行

① 为了保护客户机密，我们用“巨能化工”代替了原公司名，战略所阐述的内容有大幅度的删减和调整。

业技术进步的指导意见》的技术发展目标；研究客户需求，改进现有炸药产品性能和生产线工艺水平；加强爆破服务和炸药混装等产品及服务模式的研究，提升公司研发、生产、销售与服务一体化能力；努力改进安全生产技术、设备与工艺，提升安全控制水平；改进公司炸药助剂产品性能与质量，推进炸药助剂生产线新建、扩建，推动公司战略发展；积极探索与研究炸药助剂相关精细化工领域的技术研究，努力寻找与培育公司新的战略发展点。

(2)市场营销战略

建立与完善公司市场营销体系，提升公司品牌影响力与市场营销能力；在巩固现有联合销售公司市场的基础上，通过与渠道合作等模式积极开拓贵州黔西南、黔东南市场，中长期进一步寻求省外周边市场；观察了解客户需求，积极寻找改进产品与服务的方法，提升客户满意度；积极开拓爆破服务、混装炸药、炸药助剂等市场，推进公司战略发展；积极做好炸药助剂相关精细化工领域等市场调研及市场可行性工作，探索与培育公司新增长点。

(3)生产制造战略

建立与完善公司生产制造与品质管理体系，提升生产制造与品质控制能力；加快炸药生产线改建工程建设，早日提升公司生产产能规模；积极响应市场需求，提升公司炸药产品质量、交期、成本控制能力；完善安全生产制度与流程，加强安全意识教育与培训，提升安全控制能力；积极协助炸药现场混装、爆破服务等产品与服务创新及相关试验，快速形成此类产品及服务能力；根据公司战略，积极做好炸药助剂新建、扩建准备及施工工作，支持公司战略发展；积极配合公司炸药助剂相关精细化工领域的探索与培育，做好相关生产准备。

(4)财务投资战略

建立与完善公司财务管理体系，提升公司会计核算、资金管理、财务预算控制等能力；加强和完善公司成本管理、全面预算管理体系，严格控制各项成本与费用，增强低成本竞争能力；根据公司新建生产线、股权投资等战略项目以及日常经营管理资金需求，制订企业资金计划与融资计划，满足企业运营资金需求；建立与完善公司投资管理体系，加强投资项目可行性研究，提高公司投资项目的科学性与效益；充分利用和争取国家与地方政府政策，取得相关政策优惠及较好的投资机会支持。

(5)人力资源战略

建立与完善组织与人力资源管理体系，提升公司组织与人力资源管理能力。根据公司炸药生产线扩建、炸药助剂产业发展、新兴产业发展需求，制订相关人力资源规划，满足企业战略发展需求；进行组织机构改革，明确组织与岗位职责，推行人事制度改革，实行竞聘上岗；规范经营管理，理顺主要经营管理流程与制度；改革和推进目标绩效体系，改革激励薪酬体系，提升公司激励水平；加大培训开发力度，引进优秀人才，提升经营管理团队能力；积极培育公司对控股公司、参股公司的管控能力，支持发展对外投资及战略发展需要。

第五节 人力资源战略

人力资源战略是企业在人力资源管理职能方面的重大选择、规划及策略。人力资源战略一般考虑的周期相对战略目标和业务战略要短，以1～3年为宜，当然也可以与战略目标、业务战略一致。

人才是企业的核心资源，人力资源战略在企业职能战略中处于核心地位。人力资源管理的主要任务是根据企业战略目标及业务战略，预测企业未来所需的人员，通过各种人力资源手段，使企业人力资源供给与企业未来需要相匹配。人力资源是企业经营管理最核心的因素，企业人力资源管理职能工作做得如何，影响到企业人力资源配置状况，影响到人力资源整体能力，影响到人力资源效率发挥，最终影响到企业战略目标及业务战略是否能实现。

人力资源战略是根据企业战略目标、业务战略和核心发展能力，在综合考虑外部市场机会及内部资源状况等因素的基础上，确定相应的人力资源管理策略组合，并予以有效实施和控制的过程。

人力资源战略包括组织结构战略、人力资源规划、人力资源配置战略、人力资源激励战略和人力资源开发战略等。下面重点来谈这些人力资源战略。

一、组织结构战略

企业组织结构设计与调整要符合企业战略的需要，与企业战略目标、业务战略和核心发展能力相匹配，支持企业战略实现。

组织结构战略通常包括组织规模调整、组织结构及模式调整和组织职能调整等。例如，当企业制定更高的战略目标时，组织规模一般会相应调整；企业进入新区域时，区域组织结构会发生相应的变化；随着企业不断成长，企业组织模式可能会从直线制转化为职能制，再转化为事业部制、集团公司制。

组织结构需要思考以下几个问题：

(1)采用什么样的组织结构？

(2)采用什么样的管控模式及职能分工？

总之，组织结构及职能分工一定要支撑企业的战略发展。

【示例 8－5】　万科集团对子公司的管控

万科构建了总部、区域、一线的三级架构体系。在三级架构体系下，总部对区域本部和子公司的授权和职责划分坚持不相容职责相分离原则；总部各专业部门统一制定相关制度，对一线公司进行专业指导，并通过内部审计、专业检查、监事巡查等手段，检查、监督公司各层级职责的有效履行。

集团总部对子公司的管控，主要表现为以下几条：

第一，集团总部对子公司的设立、转让和注销等业务实施控制，制定了包括《法人事项管理办法》在内的一系列管理制度，建立法人信息系统平台，实现信息化管理，规范各项股权变更业务的控制流程。对于超过公司董事会授权范围的子公司设立、对外转让股权、子公司注销清算等业务，除履行公司内审批程序外，还需报公司董事会审议通过后方可加以实施；对于董事会授权公司管理层决策的法人事项，则在管理层履行决策后，报董事会备案。

第二，重大事项报告与审议方面，集团建立了统一规范的报告渠道和方式，已制定了《信息管理办法》，建立包括经营管理例会、总裁办公会等在内的定期、不定期专题办公会议制度，以及时把握公司的整体经营状况，决策重大经营管理事项。子公司定期向总部上报各类经营信息，遇临时重大事项，须即时向区域或总部相关职能部门专项报告。

第三，财务核算管理方面，各子公司执行统一的会计政策，总部财务与内控管理部制定并修订了包括《万科集团会计管理及核算规范》和《万科集团内部往来、内部交易核算规范》等在内的一系列财务核算管理制度，指导子公司进行财务核算工作。财务报告期末，各子公司须按照总部财务与内控管理部发布的“结算通知”要求报送各项财务报表及管理报表，每季度末由总部财务与内控管理部对各子公司的核算质量进行考核与评价。

第四,日常经营管理方面,集团相关部门制定了《地产公司奖励制度》《计息负债率管理办法》和《万科集团资本投资与融资管理办法》等,分别从激励考核、资本与负债管理、新项目投资资金管理和内外部融资管理等方面规范子公司资本投资、融资及运营管理等经营行为,以保证公司经营导向的贯彻落实。

第五,对于新并购的子公司,集团积极加强业务整合,通过应用公司统一的内部信息系统平台,实现信息的及时沟通及传递。与此同时,集团还通过企业文化宣讲、内部培训、内部交流等方式,促进加快企业融合进程。

二、人力资源配置战略

人力资源配置是根据公司战略目标、业务战略和核心发展能力,确定相应的人力资源数量、结构、质量需求,并采取相应人力资源配置策略,使企业未来人力资源供给与企业发展需求保持一致。

人力资源配置包括人力资源规划、人员配置规划和人力资源管理规划等。例如,企业准备进入某新产业开发某类新产品时,就要对此产业的技术研发人才、市场营销人才、生产制造人才等方面的人力资源做相应的预测,并通过各种人力资源管理政策吸引、获取、激励相应的人才,以满足人员的需求。

人力资源配置需要考虑以下几个问题:

(1)人力资源数量、结构、质量如何规划?

(2)人才选拔以内部选拔还是外部选聘为主?

(3)哪些岗位是核心岗位?哪些员工是核心员工?

总之,人力资源配置一定要支撑战略发展要求。

三、人力资源激励战略

人力资源激励战略也是根据战略目标、业务战略和核心发展能力,采取相应的激励政策和措施,以保证企业战略实现。

人力资源激励战略包括薪酬激励策略、发展激励策略和精神奖励等。例如,企业开拓新区域市场时,新区域市场的激励力度与现有市场要有所突出,这样区域战略才能够得到有效保证;企业推出重点新产品时,需要采取对新产品生产、销售方面的激励政策,以保证新产品战略得以实现。

人力资源激励通常要思考以下几个问题:

(1)如何考虑企业整体薪酬水平与市场薪酬水平？

(2)如何考虑薪酬与岗位价值的关系？

(3)如何考虑薪酬与员工能力的关系？

(4)如何考虑薪酬与绩效之间的关系？

(5)如何考虑核心骨干的长期激励？

(6)如何确保员工绩效、部门绩效、企业绩效与企业战略保持一致？

总之，人力资源激励要与企业战略发展保持一致。

四、人力资源开发战略

人力资源开发指有效地发掘企业和社会上的人力资源，积极地提高智慧和能力，帮助企业实现战略目标。

人力资源开发战略也要根据企业战略目标、业务战略和核心发展能力，确定人力资源的开发战略，使人力资源能力与企业核心发展能力保持一致，并最终支持企业战略目标和业务战略的实现。

人力资源开发通常包括核心人员开发、核心能力开发和关键知识培训等。总的目的是使人力资源知识、能力、素养与企业战略目标、业务战略、核心发展能力所要求的知识、能力与素养保持一致。

人力资源开发通常要思考以下几个问题：

(1)如何使企业员工发展与企业发展保持一致？

(2)如何根据企业核心发展能力，建立公司员工能力素质模型？

(3)如何根据企业核心能力、价值观体系及职能职责，建立公司培训规划？

(4)如何建立企业课程体系、教材体系、讲师队伍？

总之，人力资源开发要与企业战略发展保持一致。

第六节　财务投资战略

财务投资战略是企业在财务投资职能方面的重大选择、规划及策略。财务投资战略一般考虑的周期相对战略目标和业务战略要短，以1～3年为宜，当然也可以与战略目标、业务战略一致。

财务投资在公司职能管理中扮演重要角色，财务投资通常涉及财务预算、会计核算、现金管理、筹资管理、资产管理、税务管理、资本管理和投资管理等活动，其中会计核算、现金管理等属于日常性管理活动，筹资管理、投资管理属于重大财务投资活动。

财务投资战略是企业根据战略目标、业务战略及核心发展能力，在综合考虑外部市场机会及内部资源状况等因素的基础上，进行的一系列财务投资管理活动。

财务投资战略通常包括筹资战略、投资战略和财务运营战略等，下面我们具体来阐述一下。

一、筹资战略

企业的生产经营过程，一方面表现为物化运动，另一方面则表现为资金运动（或价值运动），二者是一体两面的关系。财务管理正是从价值的角度对企业的生产经营活动进行控制。资金平衡、有效地流动是企业生存和发展的重要前提，因此，财务管理的核心内容就是关于如何保持企业资金均衡流动，以及如何确保公司资本的保值增值。而资金流动的起点和终点是现金，其他的资产只是现金在流动过程中的转化形式，因此资金流动的本质即是现金流动。实现资金的均衡、有效流动，实质上就是实现现金的均衡、有效流动。

所谓现金的均衡流动主要是指现金流入与流出之间适当匹配。一方面，当企业出现现金需求时，必须有足够数量的现金流入以供使用，否则，就会出现资金流转链条中断，企业的盈利、发展乃至存续便会受到威胁。另一方面，当企业有大量闲置的现金时，应及时为这些现金寻找增值的渠道，否则，就会出现资金时间价值的损失，影响企业的盈利能力。由此可见，企业要生存、要发展，就必须实现现金流转上的均衡，即现金流入等于现金流出。因此，在制定财务投资战略时，首先需要关注的是未来现金的流动，通过筹资或投资活动保持资金的平衡和资金的有效使用。

企业筹资战略是实现企业战略目标、业务战略的有效保证。当企业采取发展战略目标时，意味着所需项目投资资金和运营资金的增加，这时就需要对未来资金需求做出相应的预测，并采取筹资战略去满足未来的资金需求。

筹资方式通常来说包括银行贷款、股权融资、股票上市和债券发行等方式，企业可以根据具体情况来满足企业未来发展的资金需求。

筹资战略通常要思考以下几个问题：

(1)如何根据未来现金流预测，确定企业未来发展资金需求？

(2)如何通过银行贷款、企业借款、股权融资、债券发行进行融资，弥补发展资金需求？

二、项目投资战略

项目投资战略是根据企业战略目标、业务战略和核心发展能力要求，对企业有关投资活动所做的全局性谋划。

项目投资战略包括直接资产投资、股权投资、参股投资、收购和兼并等，投资战略是企业业务战略的具体执行过程。例如，企业要进入某个新产业可选取的投资战略有自己直接建生产基地和销售网络、与合作伙伴合资建生产基地和销售网络、收购已有的生产基地和销售网络等多种选择。

目前中国大多数企业比较喜欢新建厂、新建销售渠道的投资战略。但到了发达国家成熟市场，许多公司通常采用控股收购的投资战略，既实现了有效的控制，又避免了供给增加而导致市场竞争的加剧。

项目投资战略通常要思考以下几个问题：

(1)如何建立科学的投资决策体系？

(2)如何提升企业战略决策能力？

(3)如何确保企业投资项目成功？

(4)如何利用公司富余资金，保持低风险高收益？

三、财务运营战略

财务运营战略是根据企业战略目标、业务战略和核心发展能力要求，采取企业资产更加有效运营的战略。例如，加快资产的周转，可以增加资产的周转次数，从而实现在同样资产下能产生更多的营业收入和利润，提升资产的作用效益。当然也有企业并不在意资产的周转，而使部分资产囤积起来，通过资产增值来实现更大的效益。例如，21 世纪初的中国房地产企业，大部分都采取了囤地行为，虽然降低了资产周转率，但地价的大幅升值使其取得了更加高额的利润。

财务运营战略的选择也反过来影响企业的筹资战略和投资战略。

四、资本运营战略

资本运营就是对企业所拥有的一切有形与无形的存量资产，通过流动、裂变、组合、优化配置等各种方式进行有效运营，以最大限度地实现增值。

资本运营是比项目投资更高一层的投资，资本运营的目的并不在于产品的收益，而在于生产产品的资产增值。许多投资公司就是典型的资本运营公司，它们通过收购企业资产，并采取一些合适的手段，使企业资产增值，最终把资产套现，以高于收购的价格把企业资产卖掉，来实现公司盈利。

【示例 8－6】　苏宁电器职能战略

围绕愿景、战略目标、业务战略和四大核心能力，苏宁电器制定了家电零售连锁业的 2011 年职能战略，具体如下：

1. 组织发展战略

为适应人、财、物全国范围分散的连锁经营模式，保证连锁模块的全面复制、运营的统一管理，公司已开始在全国范围内逐步建立和完善“总部—地区总部—大区—子公司”的四级管理架构。

为适应不同市场类型，改变原先以行政区划为标准的划分模式，建立起以市场规模和物流半径为单位的管理体系，集约管理成本。

进一步整合店面、服务终端和职能部门架构，充分调动体系内各职能的协同合作，优化编制、缩短流程、提升效率、集合资源，发挥企业最大优势。

组织机构设立将全面贯彻“质量效益”导向，提高部门沟通协作效率及人员投入的产出水平。

2. 连锁发展战略

进一步深化、完善连锁标准，在规范标准、固化流程的基础上，依托核心商圈多开高质量店面，突出中心店、旗舰店建设，做到“标准化、专业化、精细化”的推进连锁发展。

进一步优化店面质量，通过创新展示方式、丰富产品类型、统一形象建设等手段提高坪效产出；关注连锁筹建过程中费用控制问题，提升连锁发展质量。

围绕自建店、购置店等发展目标进行连锁发展形式创新，解决商业地产租金价格虚高问题。

3. 营销战略

加大品类拓展力度，丰富产品结构，提高店面单位面积产出。

深化采购合作模式，在进一步完善B2B的基础上，通过大单采购、包销、定制、OEM等手段，提升公司综合毛利水平。

丰富营销渠道，在加强店面零售同时重点拓展团购工程、网上购物、批发等销售渠道，充分利用公司资源，填补空白领域，有效提升规模。

加大企业的品牌形象和内涵建设，创新消费者关系管理，扭转以往简单、直接的营销方式，逐步向文化营销、品牌营销方向发展。

加强销售终端管理，优化资源配置，降低销售成本费用。

4. 财务战略

在连锁规模发展的基础上，重视企业内部资源整合，挖掘成本管理潜力，提升规模效益。

进一步优化信息系统，不断优化系统应用功能，发挥信息系统对企业管理各环节的全面支撑作用。

5. 人力资源战略

通过外部招聘和内部提拔相结合的手段引进人员，在一定程度上满足公司快速发展过程中的专业人才需求。

加强人才培训，加大核心团队的内部建设，为公司培养一支忠诚、稳定、敬业的中层管理团队。

进一步完善现有的薪资考核体系，采取多种方式激励核心岗位、核心人员。

致　谢

千言万语难表感谢之情

本书的写作主要是利用研究、咨询和培训工作之余的时间来进行的，写作的过程既充满艰辛，又充满欣喜。艰辛可能会让人放弃，但欣喜会让人振奋，激励着我把自己多年来在管理咨询实践和理论研究方面的心得、体会，形成的思想、理念及方法论体系以比较完整的形式呈现出来。本书的修订用了一年多的时间，虽然艰辛，但最终感到很欣喜，希望能对读者有所帮助，这也是我最大的欣慰。

在本书的写作过程中，我得到了不少同事和朋友的大力支持和帮助，他们分别是冉斌、水藏玺、孙健耀、张建武、许小年、胡为民、吴平新、赵晓东、昝鹏、魏志峰、王建超、刘志坚、眭昆、谭文平、陈宗平、许伟波、张锐、曹国栋、伍俊辉、张辉、杨序国、谢石亮、李军、陈兴松、吴龙、魏涌泉、徐林文、吴海涛、杨猛、曹建辉、任军、邓宏伟、郑有坤、刘文胜、欧阳涛、赖文威、汤晓娟、夏春阳、盛军锋、陈超、郑歌、毛敬文、曾诚、王晶晰、陈超、陈小艳、王宁宁、李海英、王峰、熊英、高小玲、高艺、黎兴蓉、潘慧峰等，在此向他们表示诚挚的感谢！

我非常感谢许多客户一直在关注和支持我们，在战略规划咨询中对我们工作的全力支持和配合，他们让我和我的同事得到了许多战略思考和实践的机会；我也十分感谢他们愿意奉献企业咨询实际案例，既为我的写作提供了素材，又帮助读者对企业战略制定有更清晰的认识。

我非常感谢柳工董事长曾光安、三友集团董事长宋朝阳、锐捷网络总裁刘中东等企业家及管理人员，同时感谢吉林大学张秀娥教授（博士生导师）、南京大学吴福象教授（博士生导师）、复旦大学张青教授（博士生导师）、西南财经大学朱南教授（博士生导师）、吉林大学赵静杰教授（博士生导师）、山东大学教授李军等学者，他们为东方战略实战管理系列丛书提供了非常中肯和宝贵的意见，并联袂进行了推荐。

我还非常感谢一些企业家界朋友，他们对东方战略实战管理系列丛书图书进行了试读。他们是上市公司或者大型企业的掌门人，从亲身实践的角度提出了非常宝贵的意见。他们分别是久立集团董事长周志江、爱施德董事长黄文辉、德力股份董事长施卫东、科华恒盛董事长陈成辉、海兰信董事长申万秋、山河智能董事长何清华、华平股份董事长刘焱、舒泰神董事长周志文、科大讯飞董事长刘庆峰、顺网科技CEO寿建明、双林股份总经理只炳辉、海康威视总裁胡扬忠、瑞普生物总裁李守军、山东墨龙总经理张云三等。

我还非常感谢一些管理学界朋友，他们也对东方战略实战管理系列丛书进行了试读。他们绝大部分是管理学专业博士生导师或学术界泰斗，从理论研究和多年教学角度提出了非常宝贵的意见。他们分别是清华大学的陈涛涛教授、吴维库教授、朱武祥教授、宋学宝教授、王洪教授、杨思群教授，复旦大学的项保华教授、黄沛教授、郁义鸿教授、宁钟教授、胡奇英教授、胡建绩教授，浙江大学的陈劲教授、刑以群教授，南京大学陈传明教授，武汉大学的李锡元教授、刘明霞教授、吴先明教授，中山大学的魏明海教授、谢康教授，南开大学的李桂华教授、戚安邦教授，东北大学的赵希男教授，湖南大学的熊正德教授，华南理工大学的黄培伦教授，山东大学的陈志军教授，西安交通大学的杨建君教授、梁巧转教授、宋合义教授、高山行教授、庄贵军教授，厦门大学的李常青教授、翁君奕教授、许志端教授，西南财经大学的罗珉教授、谢庆红教授、卿涛教授、黄旭教授，西安陕西师范大学的孙根年教授，暨南大学的董伟教授等。

我也特别感谢中国经济出版社的李煜萍老师，她对本书编辑付出了许多辛苦的劳动！还要感谢李会武副社长和王振岭老师，他们对本书提出了许多宝贵的建议！

我非常感谢我的父亲唐富祥、母亲肖成志和妻子林冬杏，他们一直在鼓励我、支持我！我还要感谢我的女儿珈珈，在写作疲惫的时候，是她给我带来轻松和欢乐！

由于篇幅的关系，我不能列举所有帮助我、支持我和鼓励我的人，在此我衷心地谢谢你们！

由于时间仓促，书中难免还有不完善或需要改进的地方，非常欢迎大家批评指正。如果有什么疑惑或不同的观点，可以直接来信与我联系，我期待着与大家交流，我的电子邮箱是：tangdongfang@163.com，QQ：876095675，手机：13827463646，微信：DFZL02。

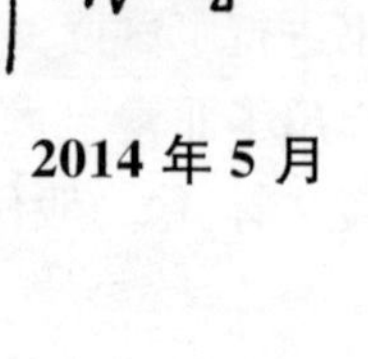

2014年5月

東方戰略 东方战略

www.dfzl.com.cn

东方战略咨询机构简介

东方战略咨询机构(www. dfzl. com. cn)是中国战略咨询领导者。东方战略以战略咨询为核心,以投融资、营销、人力资源、集团管控、流程等咨询为主要支撑,为企业提供整体发展解决方案,帮助企业解决发展问题,实现企业快速、健康、持续发展。

东方战略是国内第一家提出“价值咨询”并推行价值咨询的咨询机构,认为所有管理咨询活动要以实现企业价值、提升企业价值和创造企业价值为根本目的。东方战略聚集了国际国内顶级的咨询人才,他们大多具有世界顶级咨询公司和国内领先咨询机构工作经历,在战略、投融资、营销、人力资源、集团管控、流程等咨询领域积累了丰富的经验。东方战略顾问们曾为中国人保财险、苏宁电器、徐工集团、柳工、中国平安、兴业银行、广州友谊、金立手机、欢乐谷、西洋肥业、富安娜、好孩子、广西投资、建峰化工、青松建化、中恒集团、华美集团、安兴纸业、劲嘉股份、南京远洋、世纪证券、星河集团、深圳市政设计院、三友电器、深圳燃气、徐工集团、中国移动、中国联通、仙琚药业、晨鸣纸业等四百余家客户提供了高附加值的管理咨询服务,其中近四分之一为国内五百强企业和上市公司。

东方战略秉承“聚集顶级人才,提升企业价值”使命,聚集了国际国内顶级的咨询人才,奉行“追求、责任、诚信、创新”精神,共同为提升中国企业价值而奋斗,实现“成为中国咨询行业领航者”的愿景。